Natur-
wissenschaften 5|6

Teil 1

Pflanzen – Tiere – Lebensräume 9

Kennzeichen des Lebendigen 12
Was kennzeichnet
 ein Lebewesen? 12
Auch Pflanzen sind Lebewesen! 13

Zu Hause hätt' ich gern ein Tier… 14
Tierhaltung zu Hause 14
Partner Hund (Auswahlthema 1) 16
■ ARBEITSWEISE:
 Das Interview 16
Haustier Katze
 (Auswahlthema 2) 18
Auf dem Reiterhof
 (Auswahlthema 3) 20

Tiere und Pflanzen im Klassenzimmer 22
Das Meerschweinchen - ein
Schweinchen? 22
Die Haltung von Meerschweinen . . . 24
■ ARBEITSWEISE: So liest man
 einen Text 25
Selbst forschen 26
Wir pflegen Zimmerpflanzen 28
Vom Samen zum Keimling 30
Der Keimling wächst heran 32
Zusammenfassung 34

Nutztiere und Nutzpflanzen 36
Der landwirtschaftliche Betrieb 36
■ ARBEITSWEISE: Wir gestalten
 eine Wandzeitung am Beispiel
 Landwirtschaft 39
Das Nutztier Rind
 (Auswahlthema 1) 40
Das Hausschwein
 (Auswahlthema 2) 42
Unser Getreide
 (Auswahlthema 3) 44
■ ARBEITSWEISE: Infokarten 44
Die „tolle Knolle" Kartoffel
 (Auswahlthema 4) 46
■ ARBEITSWEISE: Wir bereiten
 eine Ausstellung vor 46

Der Boden 50
Boden ist nicht gleich Boden 50
Bodenbewohner 52
Wie entsteht Humus? 54

Erfassen eines Lebensraums 56
Klassenprojekt Schulgelände 56
Wir fangen Tiere 58
■ ARBEITSWEISE: Kartieren 59
Wir erfassen Standortfaktoren 62
Auswerten und präsentieren 64
Lebensraum "Schulgelände" 65
Zusammenfassung 66

Der Wald – ein weiterer Lebensraum 68
Der Wald 68
Klassenprojekt Wald 70

Tiere in der Natur 74
Vögel 74
Aus dem Leben
 einer Ringelnatter 76
Vom Laich zum Lurch 75
Die Forelle 78
Zusammenfassung 80

Tiere im Zoo 82
Im Zoo rund um die Erde 82
■ ARBEITSWEISE: Gestaltung
 einer Wandzeitung am Beispiel
 Zoobesuch 82
Zootiere aus unterschiedlichen
 Lebensräumen 84
Die Menschenaffen 86

Pflanzen in Garten und Park 88
Blütenpflanzen unserer Heimat 88
■ ARBEITSWEISE: Wir legen
 eine Blattsammlung an 89
Von der Blüte zur Frucht 90
Die Verbreitung von Samen
 und Früchten 92
Die Heckenrose und
 ihre Verwandten 94
■ ARBEITSWEISE: Wir arbeiten
 mit einem Bestimmungs-
 schlüssel 96
Kreuzblütengewächse 98
Korbblütengewächse 99
Heil- und Giftpflanzen 100
Zusammenfassung 102

Sonne – Wetter – Jahreszeiten 105

Wir beobachten die Natur 108
Die Jahreszeiten 108
Ein Laubbaum im Jahreslauf 109
Die Sonne bestimmt unseren
　Lebensrhythmus: der Tag 110
Das Jahr 112
Die Sonne bestimmt
　unser Leben 114
Wie Tiere überwintern 115
Zusammenfassung 119

Rund ums Wetter[z] 120
Wir messen Temperaturen 120
　■ ARBEITSWEISE:
　　Diagramme anfertigen 121
Bewölkung und Niederschläge 122
Luftfeuchtigkeit und
　Wolkenbildung 123
Windrichtung und Windstärke 124
Der Luftdruck 125
Hat Luft ein Gewicht? 126
Kannst du das Wetter
　vorhersagen? 130
Zusammenfassung 131

Die Sonne und andere Wärmequellen 132
Nicht nur die Sonne
　spendet Wärme 132
　■ ARBEITSWEISE:
　　Der Gasbrenner 134
　■ ARBEITSWEISE:
　　Der Tauchsieder 135
Gut, dass die Sonne scheint 136
Im Winter wird geheizt 138
Wie sich Menschen und
　Tiere vor Kälte schützen 142
Schnee, Eis, Regen – alles
　nur Wasser 146
　■ ARBEITSWEISE:
　　Messkurven zeichnen 147
Wie das Thermometer
　zu seiner Skala kam 148
Das Teilchenmodell 150
Zusammenfassung 152

Sommerhitze und Winterkälte 154
Verbogene Schienen - platzende
　Rohre 154
Lernstationen Wärme-
　ausdehnung 156
Wasser verhält sich
　außergewöhnlich 160
Warum frieren Seen nicht
　bis zum Boden zu? 162
Zusammenfassung 164

Umgang mit Stoffen aus dem Alltag 167

Stoffeigenschaften 170
Gegenstände bestehen
　aus Stoffen 170
Stoffeigenschaften erkennen –
　ohne Hilfsmittel 172
　■ ARBEITSWEISE:
　　Wie man an Lernstationen
　　arbeitet 173
Stoffeigenschaften erkennen –
　mit einfachen Hilfsmitteln 176
Stoffeigenschaften messen –
　Schmelz- und Siede-
　temperatur 178
Stoffeigenschaften messen –
　Dichte 180
Stoffgruppen bringen
　Übersicht 182
Zusammenfassung 186

Gemische und ihre Trennung 188
Trinkwasser aus Meerwasser? 190
Aus Rohsalz wird Kochsalz 192
Rund um den Orangensaft 194
Zusammenfassung 195

Ein teures Gemisch 196
Wohin mit dem Müll 196
Trennverfahren für den Müll 197
Recycling – die
　"zweitbeste Lösung" 198

Teil 2

Welt des Großen – Welt des Kleinen — 205

Mikrokosmos – die Welt des Kleinen — 208
Das Geheimnis des weißen Goldes 208
Wir erstellen und sichern Spuren 210
Lupe und Mikroskop 212
■ ARBEITSWEISE:
Mikroskopieren 213
Wir üben das Mikroskopieren 214
■ ARBEITSWEISE:
Wir erstellen ein mikroskopisches Präparat 214
Die Zelle - Grundbaustein aller Lebewesen 216
■ ARBEITSWEISE:
Wie man eine mikroskopische Zeichnung anfertigt 218
Zusammenfassung 219

Sonne, Mond und Sterne — 220
Vom Mikroskop zum Fernrohr 220
Mit den Augen unterwegs in die Ferne 222

Licht – Auge – Sehen — 226
Lichtquellen 226
Die Ausbreitung des Lichts 227
Löcher erzeugen Bilder 228
Linsen machen scharfe Bilder 230
Das Auge erzeugt Bilder 232
Wir sehen die Welt farbig 234
Die Brille 236
Zusammenfassung 239

Sehen – mit Auge und Gehirn — 240
Das Gehirn bestimmt, was man sieht 240

Licht unterwegs: Schatten — 242
Wie Schatten entstehen 242
Farbige Schattenbilder 244
Mondfinsternis und Sonnenfinsternis 245
Zusammenfassung 246

Kontrolliere deinen Lernstand 248

Körper – Gesundheit – Entwicklung — 249

Wahrnehmung mit allen Sinnen — 252
Zusammenspiel der Sinne 252
■ ARBEITSWEISE:
Lernen an Stationen 252
Blinde Menschen 256

Wie Schall entsteht und sich ausbreitet — 258
Es schwingt und klingt 258
Laut und leise - hoch und tief 260
Schall unterwegs 262
Schallausbreitung in verschiedenen Stoffen 264
■ ARBEITSWEISE:
Versuchsprotokoll 266
Schall geht um die Ecke und kommt zurück 268
Orientieren mit Schall 270
Ultraschall in der Medizin 272
Zusammenfassung 273

Wie wir hören — 274
Der Bau des Ohres 274
Was man alles hören kann 276
Zusammenfassung 277

Sprechen und Sprache — 277
Verständigung durch Sprache 277

Schall und Gesundheit — 280
„Power" für die Ohren? 280
Projekt Lärm und seine Folgen 284
■ ARBEITSWEISE: Projektarbeit:
Planen – Durchführung – Präsentation 285

Ernährung und Verdauung 286
Woraus unsere Nahrung besteht 286
Unser Energiebedarf 290
Der Weg der Nahrung im Körper 292
Fit bleiben durch gesundes Essen 294
Zusammenfassung 295

Atmung und Blutkreislauf 296
Wie wir atmen 296
■ ARBEITSWEISE: Lernen an Stationen – Bewertung 296
Bau und Aufgabe der Lunge 300
Der Blutkreislauf 302
Zusammenfassung 303

Sich entwickeln – erwachsen werden 308
Ich bin kein Kind mehr 308
Ich werde eine Frau – Ich werde ein Mann 310
Menstruation und Empfängnisregelung 312
Was in der Schwangerschaft geschieht 314
Mein Körper und meine Gefühle 316
Kommt Sucht von Suchen? 319
Selbst stark sein: Nein sagen 320
Zusammenfassung 323

Kontrolliere deinen Lernstand 324

Körper und Bewegung 325

Wie Bewegung in unseren Körper kommt 328
Wie Gelenke dich beweglich machen 330
Wunderwerk Knochen 334
Der aufrechte Gang 336
Wie Muskeln den Körper bewegen 338
Ich halte mich fit 340
Zusammenfassung 345

Formen der Bewegung 346
Die Geschwindigkeit 346
Ganz schnell bremsen! 350
■ ARBEITSWEISE: Wie liest man ein Diagramm? 351
Wir bauen Modellautos und -schiffe 354
Zusammenfassung 356

Fortbewegung im Tierreich 358
Wie sich Landtiere fortbewegen 358
Jäger und Gejagte 360
Kriechen und Schlängeln 362
Die Mehrfachkönner 363
Vögel - angepasst ans Fliegen 366
Wie Vögel fliegen 368
Flugformen 368
Fortbewegung im Wasser 370
Beobachtungen an Fischen 372
Säugetiere, die im Wasser leben² 374
Zusammenfassung 375

Anhang I
Kontrolliere deinen Lernstand – Lösungen II
Sach- und Namenverzeichnis VI

So sind die Kapitel aufgebaut

6 Thema

Einstieg

Bilder, Texte, Problemstellungen, … sollen dich neugierig machen auf das Thema, das behandelt werden soll. Oft stehen hier auch Fragen oder Denkanstöße – ob du darauf schon erste Antworten hast?

Probier's mal!

1 Vorbereitende Aufträge
Manche Probleme kannst du schon lösen, indem du einfache Experimente (z. B. Freihandversuche) durchführst – vielleicht sogar schon vor dem Unterricht zu Hause. Dafür benötigst du keine teure Gerätesammlung. Manchmal kannst du ein Problem auch ohne Geräte – im Kopf – klären. Durch eine gezielte Frage sollen deine Gedanken in die richtige Richtung geleitet werden.

2 Aufträge und Versuche
Beobachtungen und Schülerversuche spielen eine wichtige Rolle im Unterricht. Viele lassen sich aber nur mit den Geräten der Schule durchführen. Wahrscheinlich brauchst du dabei auch die Unterstützung anderer.

Grundlagen …

Hier und in der Zusammenfassung steht das Wichtigste zum Thema. Oft folgen auch noch Aufgaben oder Fragen.
Wenn du die nicht lösen kannst, solltest du den Text noch einmal gründlich lesen. Wenn das nicht reicht, hilft dir bestimmt deine Lehrerin oder dein Lehrer.

Und so sind wichtige Aussagen hervorgehoben.

A Aufgaben
Sie sollen dir helfen, tiefer in das behandelte Thema einzudringen.
B

Lesetexte …

Hier stehen interessante Ergänzungen zum Thema. Dabei geht es um Alltag, Umwelt, Technik, Gesundheit, Geschichte, …
Die Lesetexte zeigen dir, wo die Naturgesetze im Alltag überall verborgen sind.

C Diese Aufgaben helfen dir, wichtige Aussagen des Textes zu erfassen.
D …

Zusammenfassung

▬ Hier steht – kurz gefasst – das Wichtigste aus dem Kapitel. Dieser Teil ist ideal zum Nachlernen und Wiederholen – am besten zusammen mit den Grundlagen-Texten.

Und so sind wichtige Aussagen in den Zusammenfassungen gekennzeichnet.

Arbeitsweise …

Wissenschaftler benutzen bestimmte Methoden, die du erlernen und anwenden sollst:
– Sie planen Versuche, führen sie durch und werten sie aus.
– Sie beobachten, messen und protokollieren.
– Sie zeichnen Diagramme.
– Sie ordnen Pflanzen, Tiere und Stoffe nach Gemeinsamkeiten.

Zu deinen Arbeitsmethoden gehört außerdem:
– Versuche an Lernstationen selbstständig durchzuführen,
– Informationen zu beschaffen (z. B. durch Interviews oder mithilfe des Internets),
– Erkenntnisse zusammenzufassen und an andere weiterzugeben.

Alles klar?

A Die Alles-klar-Aufgaben sollen dir zeigen, ob du in dem Thema fit bist.

B* Knifflige Aufgaben erkennst du an einem Sternchen. Da reicht eine knappe Antwort meist nicht aus. Nimm dir also Zeit für solche Aufgaben.

Pflanzen – Tiere – Lebensräume

Pflanzen – Tiere – Lebensräume

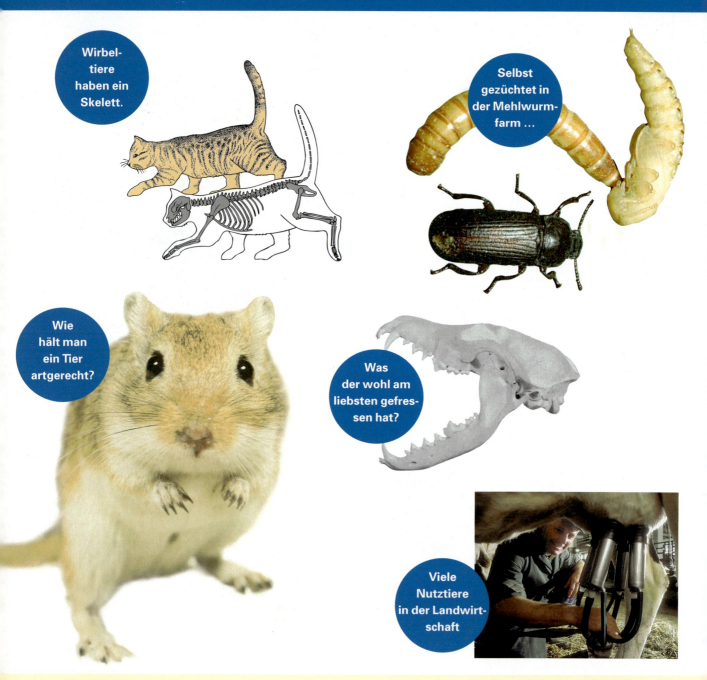

Wie Tiere und Pflanzen leben

Millionen von Tierarten kann man heute unterscheiden. Allein bei den Säugetieren gibt es rund 6000 Arten. Einige Arten kennst du. Sie leben im Haus, in Gärten und Parks, in landwirtschaftlichen Betrieben und im Zoo.

Ohne Pflanzen gäbe es für uns Menschen nichts zu essen. Und auch die Luft zum Atmen ginge uns bald aus. Viele Pflanzen erfreuen uns zusätzlich durch ihre schönen Blüten. Mehr als 240 000 verschiedene Blütenpflanzen haben die Biologen bisher gezählt.

In diesem Kapitel kannst du

– viele Tiere beobachten, pflegen und sogar selbst züchten,
– ganz unterschiedliche Lebensräume von Tieren kennen lernen,
– das Verhalten der Tiere und ihre Abstammung erkunden,
– Beobachtungen und Untersuchungen an Pflanzen durchführen,
– die Pflege und Vermehrung von Zimmerpflanzen erlernen und Pflanzenfamilien kennen lernen.

Auch Bäume sind so aufgebaut.

Was haben diese Früchte mit Rosen gemeinsam?

Sechs Getreidesorten werden vom Bäcker genutzt.

Verschiedene Arbeitsweisen
Du wirst
– Informationen aus Texten und Bildern herausarbeiten,
– Ausstellungen und Wandzeitungen gestalten,
– über artgerechte Tierhaltung diskutieren,
– Bestimmungsbücher benutzen,
– Gedankenkarten, Steckbriefe und Infokarten anfertigen,
– eine Blattsammlung anlegen.

Ausblicke
Zum Thema „Pflanzen – Tiere – Lebensräume" gehört noch viel mehr – z. B. die Frage, wie die Saurier lebten und warum sie ausgestorben sind. Darauf erhältst du in diesem Buch keine Antwort.
Du möchtest aber gerne mehr zu den Themen wissen?
Bestimmt findest du Informationen darüber in einem Lexikon, in der Bücherei oder im Internet.

Kennzeichen des Lebendigen

Was kennzeichnet Lebewesen?

1 George

2 Terrier

George ist ein kleiner Hund, der auf Knopfdruck läuft, springt, bellt und schläft. Man kann ihn sogar dressieren. Der Terrier ist ein Lebewesen, aber George ist eine Maschine. Wodurch unterscheidet sich ein Lebewesen von unbelebten Dingen? Bei Tieren und Menschen ist diese Frage recht einfach zu beantworten …

Grundlagen Kennzeichen des Lebendigen bei Tier und Mensch

Bewegung
Der Gepard läuft beim Jagen mit 100 Kilometer pro Stunde. 3 Andere Tiere kriechen, springen, klettern, schwingen sich von Baum zu Baum, schwimmen oder fliegen.

Reizbarkeit
Mit seinem Geruchssinn ortet der Schillerfalter Futterquellen wie Dung oder Käse. Näherst du dich dem am Boden sitzenden Falter, fliegt er davon. Mit seinen Beinen hat er die Erschütterungen gespürt, die deine Schritte hervorrufen.

Wachstum und Entwicklung
Die Weinbergschnecke legt ihre Eier in feuchte Erde. Nach wenigen Wochen schlüpfen 5 mm große Jungschnecken. Sie haben schon ihr eigenes Haus, aber es ist noch durchsichtig und weich. Bis sie ausgewachsen sind, dauert es mehrere Jahre.

Stoffwechsel
Der Goldhamster nimmt Nahrung zu sich, verdaut sie und scheidet nicht verwertbare Stoffe aus. 4 Er braucht außerdem Luft zum Atmen.

Fortpflanzung und Vererbung
Früher kam es auch bei uns oft vor, dass Eltern sechs und mehr Kinder hatten. Heute sind es meist ein oder zwei Kinder. Kinder sehen ihren Eltern ähnlich, manche sind ihren Eltern sogar „wie aus dem Gesicht geschnitten". 5 Kinder erben Eigenschaften ihrer Eltern.

Kennzeichen des Lebendigen
– Lebewesen bewegen sich.
– Alle Lebewesen nehmen Stoffe aus ihrer Umgebung auf und geben Stoffe ab (Stoffwechsel).
– Sie nehmen Reize aus der Umwelt (Licht, Geräusche, Temperaturen …) wahr und reagieren darauf.
– Lebewesen wachsen und entwickeln sich.
– Sie pflanzen sich fort und vererben Eigenschaften.

A Welche Kennzeichen des Lebendigen fehlen einer brennenden Kerze?
B Welche Kennzeichen des Lebendigen entdeckst du in den Bildern auf dieser Seite?

3 Gepard bei der Jagd

4 Goldhamster frisst Klee.

5 Mutter mit ihren Töchtern

Auch Pflanzen sind Lebewesen!

Die Kennzeichen des Lebendigen sind bei den Pflanzen nicht so offensichtlich wie bei Tieren. Oft kann man sie nur bei sorgfältiger Beobachtung wahrnehmen.

|6 Die Mimose klappt bei Berührung ihre Blätter zusammen.

Grundlagen Kennzeichen des Lebendigen bei Pflanzen

Bewegung
Pflanzen können ihren Standort nicht verlassen. Trotzdem bewegen sie sich: Blüten öffnen und schließen sich. Der Stängel der Bohne wächst und windet sich langsam um die Stange.
Setzt sich eine Fliege auf das Blatt einer Venusfliegenfalle, klappen die Blatthälften zusammen. |7

Stoffwechsel
Unsere Laubbäume werfen im Herbst ihre Blätter ab. Im Frühjahr sprießt frisches Grün. Manche Pflanzen legen in Knollen oder Früchten Vorräte an. Kartoffelknollen, Getreidekörner, Nüsse oder Sonnenblumenkerne enthalten solche Vorratsspeicher.
Im Sonnenlicht können die grünen Pflanzen viele Stoffe, die sie zum Leben brauchen, selbst herstellen.

Reizbarkeit
Das Scharbockskraut wendet seine Blüten immer der Sonne zu. Junge Sprosse wenden sich in Richtung des Lichts. Wurzeln orientieren sich stets zum Erdboden hin.
Die Mimose und die Venusfliegenfalle sind für Berührungen empfindlich. |6|7

Wachstum und Entwicklung
Aus dem nicht einmal 1 Gramm schweren Samenkorn einer Birke entwickelt sich in 20 Jahren ein viele Tonnen schwerer Baum. |8

Fortpflanzung und Vererbung
Bei der Birke wachsen neue Pflanzen aus Samen heran. Tulpe und Kartoffel können sich auch durch Zwiebeln und Knollen fortpflanzen. Die Tochterpflanzen gleichen den Mutterpflanzen in vielen Eigenschaften.

Kennzeichen des Lebendigen
- *Bei Pflanzen bewegen sich Teile.*
- *Pflanzen haben einen Stoffwechsel.*
- *Sie reagieren auf Reize aus der Umwelt.*
- *Pflanzen wachsen und entwickeln sich.*
- *Sie pflanzen sich fort und vererben Eigenschaften.*

C Welche Kennzeichen von Lebewesen kannst du bei den Pflanzen in den Bildern auf dieser Seite entdecken?
D Beschreibe zu jedem Kennzeichen des Lebendigen ein Beispiel. Wähle jeweils eine Pflanze aus deiner Umwelt.

|7 Venusfliegenfalle

|8 Birkensamen und Birke

Zu Hause hätt' ich gern ein Tier …

Tierhaltung zu Hause

1 Wellensittiche

Vielleicht wünschst du dir ein eigenes Tier für zu Hause. Vorher müssen folgende Fragen geklärt sein:
– Welches Tier ist für mich am besten geeignet?
– Welche Ansprüche hat das Tier?
– Habe ich genügend Zeit, mich um mein Tier zu kümmern?
– Sind deine Eltern und der Vermieter einverstanden?
– Welche Krankheiten kann das Tier bekommen oder übertragen?
– Was geschieht, wenn ich ein Pärchen habe und dieses Nachwuchs bekommt?
– Welche Kosten entstehen für Kauf, Erstausstattung und Haltung? Denke auch an Folgekosten für den Tierarzt und die Versicherung sowie an Steuern.
– Wer versorgt das Tier im Urlaub?

Regeln für den Umgang mit einem Wellensittich:

1. *Der Vogel sollte einmal am Tag frei im Zimmer fliegen dürfen. Vorher die Fenster schließen!*
2. *Wellensittiche sollte man immer zu zweit halten.*
3. *Erschrecke den Vogel nie! Nach einer Eingewöhnungszeit kommt er von alleine auf deine Hand.*
4. *Den Vogel nie ohne Futter und Wasser lassen!*
5. *Der Käfig muss an einem ruhigen, nicht zu kalten und nicht zu warmen Ort stehen. Nachts wird er mit einem Tuch abgedeckt.*

Steckbrief Wellensittich

Herkunft: Wellensittiche stammen aus dem trockenen, heißen Australien.
Lebensweise: Sie leben in Schwärmen. Wenn das Weibchen brütet, wird es vom Männchen gefüttert.
Alter: Die Vögel werden bis zu 15 Jahre alt.
Haltung: Vogelkäfig mindestens 50 cm lang, 30 cm breit und 40 cm hoch. Frische Äste zum Klettern und Knabbern, Futter- und Wassernapf, Badewanne, Kalkstein. Näpfe täglich mit heißem Wasser ausspülen!
Nahrung: fertige Samenmischung mit Iodzusatz, gelegentlich ein Salatblatt, ein Stück Apfel oder Kolbenhirse.

1 **Was ist bei Haustieren zu beachten?**
Versuche für den Umgang mit Meerschweinchen und Zwergkaninchen fünf Regeln aufzuschreiben.

2 **Informationen zu einem Haustier**
Informiere dich z. B. im Zoohandel über ein weiteres Haustier, das dich interessiert.
– Wo hält man das Tier?
– Womit füttert man es?
– Wann fühlt sich das Tier wohl?
– Braucht das Tier viel Pflege? Benötigt es besondere Einrichtungen wie Laufrad oder Kratzbaum?
– Welche Kosten verursacht es?
– Erstelle einen Steckbrief über das Tier.

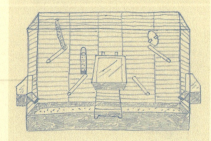

2

3

Zur Diskussion Tierhaltung heißt Verantwortung

Allergien – trotzdem ein Haustier?
Wenn in eurer Familie immer wieder allergische Krankheiten wie Heuschnupfen, Hautveränderungen oder Asthma auftreten, sollte man vorsichtig mit der Anschaffung eines Haustiers sein. Haustiere können nämlich Allergien auslösen. Oft sind die Haare der Tiere dafür verantwortlich.

Ein Fall von „Tierquälerei"?
Jana hat zum Geburtstag ein Meerschweinchen bekommen. Es soll sich ausgiebig sonnen können. Deshalb stellt sie es im Käfig auf den Balkon. Sie nimmt auch noch das störende Schlafhaus heraus. Als ihr Vater am Nachmittag nach Hause kommt, ist er entsetzt und spricht ernsthaft mit ihr.

Auszug aus dem Tierschutzgesetz
§ 1 Grundsatz
Zweck dieses Gesetzes ist es, aus der Verantwortung des Menschen für das Tier als Mitgeschöpf dessen Leben und Wohlbefinden zu schützen. Niemand darf einem Tier ohne vernünftigen Grund Schmerzen, Leiden oder Schäden zufügen.
§ 2 Wer ein Tier hält, betreut oder zu betreuen hat, muss das Tier seiner Art und seinen Bedürfnissen entsprechend angemessen ernähren, pflegen und verhaltensgerecht unterbringen …
§ 3 Es ist verboten, … ein in Obhut des Menschen gehaltenes Tier auszusetzen oder es zurückzulassen, um sich seiner zu entledigen …

A Wirklich „ein Fall von Tierquälerei"? Lies dir den Text oben durch.
1 Was hat Jana falsch gemacht? |4
2 Wie konnte es passieren, dass Jana sich so verhalten hat? Sie wollte doch schließlich nur das Beste für ihr Meerschweinchen…
3 Wie kannst du bei deinem Haustier Fehler vermeiden?
4 Kennst auch du einen Fall von ungewollter Tierquälerei?
Schildere ihn in einem kurzen Protokoll, z. B. so:
– Wie quält die Person das Tier?
– Warum leidet das Tier unter der Behandlung?
– Was weiß der Tierhalter nicht?
– Wie verhält man sich richtig?

B Stellt Umfragen zum Thema „Die beliebtesten Haustier" an.
1 Befragt eure Mitschüler, welches Haustier sie am liebsten hätten.
2 Welche Haustiere haben eure Mitschüler?
3 Fasst die Antworten eurer Umfrage in einer Tabelle zusammen. Stellt die Ergebnisse im Klassenzimmer aus.

C Oben siehst du einen Auszug aus dem *Tierschutzgesetz*.
1 Welcher Paragraph des Tierschutzgesetzes verbietet ein Aussetzen von Haustieren? |5
2 Welche Absicht verfolgt man mit diesem Gesetz?
3 Was schreibt das Tierschutzgesetz über die Haltung von Tieren vor?

|6 In Deutschland leben Haustiere in etwa 12 Millionen Haushalten.
(Vögel 8 Mio, Katzen 5,5 Mio, Hunde 5 Mio, Kleintiere 4 Mio, Aquarien 3 Mio (mit 80 Mio Fischen))

|4 Ob das dem Meerschweinchen gut tut?

|5 Traurig – an der Straße ausgesetzt!

Partner Hund (Auswahlthema 1)

1 In der Hundeschule

Wer lernt was in der Hundeschule – und warum? |1

1 Besuch in einer Hundeschule
Eine gute Möglichkeit, etwas über Hunde zu erfahren, ist der Besuch einer Hundeschule.
Fragt vorher nach einem Interviewpartner zum Thema „Hunde und ihre Erziehung". Bereitet das Interview gut vor.

Wissenswertes Hunde erziehen

Der Hund – unser Partner
Viele Menschen sehen in ihrem Haustier ein Schmusetier oder sogar Ersatz für fehlende Mitmenschen. Schon vor Tausenden von Jahren begannen Menschen damit, *Hunde* zu halten. Deshalb gilt der Hund als unser ältestes Haustier.

Abstammung des Hundes
Alle Haushunde stammen vom Wolf ab. Wölfe leben in Rudeln von bis zu 20 Tieren.
Innerhalb des Rudels lernen junge Wölfe, wie man sich untereinander verständigt. Und sie lernen sich unterzuordnen.
Dem Haushund fehlt die Erziehung durch das Rudel. Deshalb beginnt man im Alter von 4 bis 6 Monaten mit seiner Erziehung. |1 |3

Arbeitsweise Das Interview

Wenn du ein Interview führen willst, musst du dich vorbereiten. Überlege dir genau, welche Fragen du stellen willst. Informiere dich deshalb vorher über das Thema des Interviews (z. B. aus Büchern oder im Internet). Während des Interviews werden die Antworten notiert oder aufgenommen.
Einige Tipps für Interviews:
– Frage nicht so, dass die Antwort nur Ja oder Nein lauten kann. Verwende Fragewörter wie „warum", „was", „wie", „wozu".
– Formuliere deine Fragen klar und verständlich auf einem Zettel.
– Gehe nicht allein zum Interview.
– Fertige während des Interviews Notizen an. Ein Kassettenrekorder ist natürlich hilfreich.
– Vielleicht redet dein Gesprächspartner zu lange hintereinander. Dann unterbrich ihn höflich mit einer Zwischenfrage.
– Frage nach, wenn du eine Antwort nicht verstanden hast.
– Bedanke dich am Schluss des Interviews für das Gespräch.
– Fasse die Ergebnisse deiner Befragung in deinem Heft zusammen.

2 Hilfsmittel

3 Belohnung

Grundlagen Erfahrungen mit Hunden

Welpen
Nach der Paarung des *Rüden* mit der *Hündin* entwickeln sich im Leib der Hündin 4 bis 10 Junge *(Welpen)*. Bei der Geburt sind diese noch blind, taub und hilflos. Sie werden von der Hündin mit Milch gesäugt. Hunde sind Säugetiere. |4

Der Körperbau des Hundes
Am Skelett erkennt man, warum der Hund schnell und ausdauernd ist. |5 Die kräftigen Beine sind an Schulter- und Beckengürtel mit der Wirbelsäule verbunden.
Beim Laufen treten die Hunde nur mit den Zehen auf. Ihre stumpfen Krallen können sie nicht einziehen.

Die Sinne des Hundes
Der Hund hat einen guten Geruchssinn. In seiner Nase befinden sich viele Sinneszellen.
Hunde hören ausgezeichnet – sogar hohe Töne, die der Mensch nicht hören kann (Ultraschall).

Das Hundegebiss
Die großen Eckzähne sind ein Überbleibsel vom Wolf. Mit diesen Fangzähnen fängt der Hund Beutetiere. Mit den größten Backenzähnen reißt er die Beute (Reißzähne). Mit allen Backenzähnen zerkleinert er das Fleisch. Fleischreste an den Knochen zupft und schabt er mit den Schneidezähnen ab. |6

|4 Hündin mit neugeborenen Welpen

So verständigt sich der Hund
Der gesamte Körper des Hundes gibt Hinweise auf seine Stimmung. Man erkennt die Stimmung vor allem an
– der Haltung des Schwanzes,
– der Stellung der Ohren,
– seinem Gesichtsausdruck und
– den Lauten, die er äußert. |6
Hunderüden markieren immer wieder mit Harnspritzern an Pfosten und Bäumen ihr Revier. So kennzeichnen sie durch Duftmarken ihren Aufenthaltsort.

A Hundewelpen sind Nesthocker. Erkläre, was das bedeutet.
B Man bezeichnet Hunde auch als „Nasentiere" oder „Ohrentiere". Was will man damit ausdrücken?
C Hunde werden vom Menschen für vielfältige Aufgaben abgerichtet. Nenne Beispiele, für die Hunde besonders ausgebildet werden.
D Fertige einen Steckbrief zu einer Hunderasse an.
E Welche Bedürfnisse des Hundes müssen beachtet werden, wenn man Hundebesitzer werden möchte?

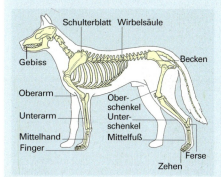

|5 Das Skelett des Hundes

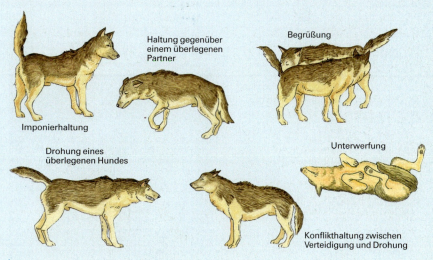

|6 Die Körpersprache des Hundes

Haustier Katze (Auswahlthema 2)

|1 |2 „Schmusekatze"?

Ein Interview mit einem Katzenbesitzer liefert sicherlich interessante Informationen (Aufgabe A).

Probier's mal!

1 Beobachtungen an Katzen
… bei der Jagd oder beim Jagdspiel

Vielleicht hast du Gelegenheit, eine Katze beim Jagen zu beobachten. Wenn nicht, dann wirf ihr ein Papierbällchen zu, das an einem Faden hängt.

a Beschreibe die Haltung der Katze. Achte auch auf die Stellung von Ohren und Augen.
b Wie schleicht sich die Katze an?
– In welcher Reihenfolge setzt sie die Beine?
– Welche Fußteile setzt sie auf?
– Siehst du ihre Krallen? Beschreibe!
– Aus welcher Entfernung setzt sie zum Sprung an?

2 Beobachtungen an Katzen
… wie sie sich verständigen

Katzen können mit ihrem Körper ausdrücken, wie ihnen zumute ist. Man sagt: Sie gebrauchen ihre „Katzensprache". |3

a Beschreibe die Körperhaltung der Katzen:
– Gib die Stellung der Haare, der Wirbelsäule und des Schwanzes an.
– Wie wehrt sich die Katze?
b Achte auf die verschiedenen Laute einer Katze:
– Wann hörst du sie schnurren?
– Wann faucht die Katze?
– Wann miaut sie?

3 Beobachtungen an Katzen
… im Haus

a Die Katze bei der Körperpflege:
– Wie putzt sich die Katze?
– Welche Körperteile werden geputzt?
b Beobachte sie beim Milchtrinken:
– Wie bewegt sie ihre Zunge?
– Prüft sie die Milch?
c Die Katze beim Schlafen:
– In welcher Stellung schläft sie?
– Hat sie einen festen Schlafplatz?
– Wie reagiert die schlafende Katze auf leise knisternde Geräusche?
d Betrachte die Augen der Katze bei unterschiedlicher Helligkeit.
Wie verändert sich die Pupille? |4

|3 Drohgebärde der Katze

|4 So sieht die Pupille im Dunkeln aus.

Grundlagen **Erfahrungen mit Katzen**

So fühlt sich die Katze wohl
Unsere Katze stammt ursprünglich aus dem warmen Ägypten. Katzen wurden bereits zur Zeit der Pharaonen als Haustiere sehr geschätzt. Sie mögen Wärme und sonnen sich gern stundenlang.
Wie der Hund ist die Katze heute ein beliebtes Haustier. Im Unterschied zum Hund lebt sie gern als Einzelgänger. Sie gewöhnt sich zwar an den Menschen, geht aber keine feste Bindung zu ihm ein. Viel eher noch ist sie mit der Wohnung verbunden, in der sie ständig lebt.
Katzen sind Säugetiere. Sie ernähren ihre Jungen mit Muttermilch. |5

|5 Eine Katzenmutter säugt ihre Jungen.

Der Körperbau der Katze |6
Die Katze ist ein Schleichjäger. Sie hat eine biegsame Wirbelsäule und starke Muskeln. Das macht ihr das Anschleichen an die Beute und das Springen leicht. Ihre Krallen kann sie einziehen. Die weichen Ballen an den Pfoten machen den Schritt fast unhörbar. Ihr Gebiss ist ein Raubtiergebiss.

Die drei Katzensprachen
Katzen verständigen sich durch die Haltung ihres Körpers, mit ihrer Stimme und mit Duftmarken. Wird eine Katze angegriffen, macht sie einen Buckel und faucht. |7 Andere Katzen verstehen das.

Fühlt sich die Katze wohl, schnurrt sie. Hin und wieder verspritzt sie Harn, um damit ihre Anwesenheit anzuzeigen.

Die Sinnesorgane der Katze
Ihre Umwelt nimmt die Katze durch Hören, Sehen und Tasten wahr.
Das Auge ist ihr schärfstes Sinnesorgan. Bei Dämmerung sieht sie viel besser als der Mensch.
Im Dunkeln orientiert sie sich mit ihrem feinen Gehör.
Mit den Schnurrhaaren der Oberlippe kann sie Hindernisse abtasten.

A Befrage einen Katzenbesitzer nach seinen Erfahrungen mit Katzen:
– Warum wird die Katze gehalten?
– Wo hält sich seine Katze am liebsten auf? Lässt sich das begründen?
– Darf die Katze nach draußen? Jagt sie dort nach Beute?
– Jagt sie auch, obwohl sie regelmäßig gefüttert wird?
– Wie verhält sich die Katze, wenn sie Angst hat?
Hinweise zu Interviews findest du auf Seite 16.
B Wie ändern sich die Pupillen der Katze, wenn sie von der Dämmerung ins Licht kommt?
C Informiere dich über eine Katzenrasse und fertige einen Steckbrief an.

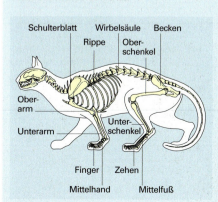

|6 Das Skelett der Katze

|7 Die Katze zeigt ihre Stimmungslage.

Auf dem Reiterhof (Auswahlthema 3)

1 Reitstunde

2 Arbeit im Wald

Das Pferd – ein Arbeitstier?

Mehr über Pferde könntest du durch ein Interview erfahren (Auftrag 2).

Grundlagen Wissenswertes über Pferde

Das Pferd – ein Herdentier
Pferde sind Herdentiere, die bei Gefahr fliehen. Ein Leithengst führt die Herde. Das Fluchtverhalten haben die Pferde von ihren wild lebenden Vorfahren ererbt.

Der Körperbau des Pferdes
Der Körperbau des Pferdes ist auf schnelles Laufen eingerichtet. Deutlich wird das am Beinskelett. 3
An jedem Fuß besitzt das Pferd nur eine Zehe. Diese ist von einem Huf aus Horn umgeben. Dadurch ist sie vor Verletzungen geschützt.
Der Fuß des Pferdes berührt nur mit der Zehenspitze den Boden.

Die Sinne
Der Geruchssinn und der Gehörsinn sind gut ausgebildet. Deshalb kann das Pferd Gefahren rechtzeitig erkennen.

Pferde sehen nicht sehr scharf. Ihre Augen sprechen aber auf Bewegtes stark an. Da sie seitlich stehen, können Pferde beinahe rundum sehen.

Der Pflanzenfresser
Pferde sind Pflanzenfresser. Mit ihren Schneidezähnen rupfen sie auf der Weide Gras ab. Bei längeren Pflanzen helfen dabei die Lippen mit. Mit den breiten Backenzähnen zerkauen die Tiere das Gras gründlich, bevor sie es schlucken.
Ihr Magen ist klein und einteilig. Dafür ist ihr Darm besonders lang.

Fohlen
Nach der Paarung des Hengstes mit der Stute entwickelt sich im Leib der Stute 11 Monate lang das Fohlen. Es kann schon kurz nach der Geburt laufen. Die Stute säugt das Fohlen etwa 6 Monate lang.

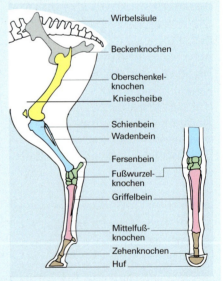

3 Das Hinterbein des Pferdes

Wissenswertes Pferde für verschiedene Arbeiten

4 Eine Stute säugt ihr Fohlen.

Vor über 5000 Jahren begann der Mensch das Wildpferd zu zähmen. Daraus züchtete er dann das Hauspferd. |4
Pferde haben wie alle Säugetiere eine gleich bleibende Körpertemperatur.

Die Pferderassen fasst man zu mehreren Gruppen zusammen: *Kaltblut-, Warmblut-* und *Vollblutpferde.* Diese Bezeichnungen haben nichts mit der Körpertemperatur zu tun. Sie beziehen sich auf das Temperament der Pferde.
– *Kaltblutpferde* (z. B. das Schwarzwälder Kaltblut) besitzen ein ruhiges Temperament. Sie haben einen kräftigen Körper und sind gut zum Arbeiten geeignet, z. B. zum Holzrücken im Wald. |2
– *Warmblutpferde* (z. B. die Trakehner) werden gerne als Dressur-, Reit- und Springpferde eingesetzt. |5
– *Vollblutpferde* (z. B. die Araber) sind am temperamentvollsten; sie sind besonders schnell. Man bevorzugt diese Pferde bei Pferderennen. |6
Kleinwüchsige Pferderassen (kleiner als 1,50 m) nennt man *Ponys*. |7

5 Warmblutpferd beim Dressurreiten

6 Vollblutpferde beim Pferderennen

7 Ponys

1 Wir beobachten Pferde auf dem Reiterhof
a Was tun die Pferde während deiner Beobachtung? Beschreibe ihre Verhaltensweisen.
b Lässt sich eine Rangordnung erkennen? Beschreibe das Verhalten, wenn sich zwei Tiere begegnen.
c Kannst du auffällige Ausdrucksweisen deuten?

2 Wir interviewen einen Mitarbeiter des Reiterhofs
Was bei einem Interview zu beachten ist, findet ihr auf Seite 16. Sicherlich fallen euch viele Fragen selbst ein. Einige Anregungen:
a Warum gehen Pferde leicht durch, wenn sie erschreckt werden?
b Mit wie viel Jahren kann eine Stute zum ersten Mal ein Fohlen bekommen?
c Welche Bedeutung hatten Pferde früher? Welche haben sie heute?
d Welche Pferderassen gibt es auf dem Reiterhof?

3 Vielleicht darfst du ein Pferd führen …
a Reagiert es bei dir ebenso wie bei einem Pferdeführer des Reiterhofs?
b Gibt der Pferdeführer dem Pferd Signale, die es versteht?
c Warum sollte der Reiter die Körpersprache des Pferdes unbedingt kennen?

Tiere und Pflanzen im Klassenzimmer

Das Meerschweinchen – ein Schweinchen?

Den Namen trägt das Meerschweinchen, weil es Geräusche wie ein kleines Schwein macht und weil es über das Meer von Südamerika nach Europa gebracht wurde.

Vielleicht kennst du jemanden, der ein Meerschweinchen besitzt. Oder besitzt du gar selbst eines? Dann solltest du die Aufträge auf dieser Seite ausführen.

1 Meerschweinchen
2

1 Wir beobachten Meerschweinchen
Meerschweinchen haben in ihrem Gehege eine kleine Hütte. Du musst leise sein und darfst dich nicht bewegen, sonst bleiben die Tiere in ihrem Versteck. 3
a Wo halten sich die Meerschweinchen am liebsten auf?
b Entfernt vorsichtig die Hütte, wenn die Tiere sie nicht verlassen wollen. Bleiben die Meerschweinchen ruhig sitzen? Laufen sie hintereinander her? Bleiben sie in Gruppen zusammen?
c Wie verständigen sich die Tiere miteinander?
d Fressen die Tiere allein oder mit Familienmitgliedern? Welche Nahrung bevorzugen sie?

2 Ein neues Revier
Setze ein Meerschweinchen in ein anderes Gehege, das mit Sägespänen, Futter, Wasser und Schutzhütte ausgestattet ist.
a Beschreibe, wie sich das Meerschweinchen verhält.
– Erkundet es den Käfig?
– Frisst es?
– Versucht es sich zu verstecken?
– Gibt es Laute von sich?
b Setze einen Artgenossen mit in das neue Revier.
– Wie begrüßen sich die Tiere?
– Bleiben sie zusammen?
– Erkunden sie gemeinsam das Revier?
Notiere deine Beobachtungen. 4

Name: Datum:

Verhalten von Meerschweinchen Beobachtungsprotokoll

Verhaltensweise	Dauer der Tätigkeit
Die Meerschweinchen sitzen im Versteck.	3 Minuten
Das schwarze Tier verlässt das Versteck ...	
Nach dem Entfernen der Hütte ...	

4 Beobachtungsprotokoll (Muster)

3 Expertenaufgabe
Meerschweinchen können „sprechen". Achte auf die verschiedenen Laute.
Fertige eine Tabelle an und ordne die unterschiedlichen Laute einer besonderen Situation zu.

Laut	Situation
Pfeifen	Gefahr
...	

3 Selbstgebaute Kartonhütte

Natur Meerschweinchen in freier Natur

Die Heimat des Meerschweinchens

Die zahmen, zutraulichen Haustiere kommen aus Mittel- und Südamerika. Dort besiedeln sie das weit reichende Grasland der Pampas im Tiefland bis hinauf zu den steilen Hängen der Anden. |5

Die Wildform unseres bunten Meerschweinchens ist hellgrau bis graubraun mit glattem Fell. Das Fell ist überall gleich lang, nur am Kopf ist es kürzer.

Die Indianer Südamerikas, die Inkas, hielten Meerschweinchen als Haustiere. Sie dienten als Fleischlieferanten und als Opfertiere.

|5 Heimat des Meerschweinchens

So lebt das Meerschweinchen

Meerschweinchen leben in kleinen Familiengruppen von fünf bis zehn Tieren in einem Erdbau, den sie selbst graben oder von anderen Tieren übernehmen. Der Bau dient als Schutz vor Feinden. |6

In den Gruppen gibt es nur ein männliches Tier. Jeder männliche Artgenosse wird als Rivale bekämpft. Paarungen und Geburten gibt es das ganze Jahr über. Meerschweinchen ernähren sich von Gräsern, Kräutern, Blättern und anderen Pflanzenstoffen.

Das Verhalten der Meerschweinchen

Meerschweinchen sind sehr gesellige Tiere. Ihre Familienmitglieder erkennen sie am Gruppengeruch. Meerschweinchen suchen den Körperkontakt zu ihren Gruppenmitgliedern beim Schlafen, Ruhen und Fressen. In großen Freilaufgehegen findet man sogar Trampelpfade, oft benutzte Wege, die die Gruppe im „Gänsemarsch" abwandert: Die Jungtiere werden schützend in der Mitte gehalten. Ausgewachsene Tiere sichern die Spitze, das Ende und die Seiten des kleinen Zuges. Der enge Kontakt, verbunden mit beruhigend gurrenden Lauten, vermittelt allen Familienmitgliedern das Gefühl von Sicherheit. |7

Die Verständigung untereinander erfolgt durch Körpersprache (Körperhaltung, Berührung …) und vielfältige Laute. Meerschweinchen haben eine eigene „Sprache" entwickelt: Hohes Quieken bedeutet Angst oder Schmerz. Die Tiere gurren oder quietschen leise, wenn sie zufrieden sind und sich geborgen fühlen. Das Zähneklappern zeigt feindseliges Verhalten an.

|6 Wildform

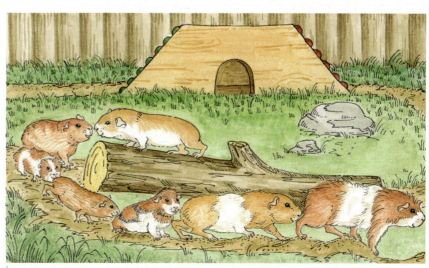

|7 Meerschweinchen im „Gänsemarsch"

Die Haltung von Meerschweinchen

Der Käfig muss dem natürlichen Lebensraum der Tiere ähneln …

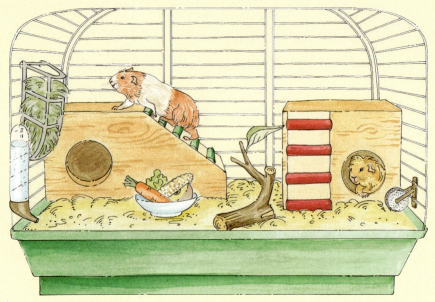

1 Meerschweinchenkäfig

Wissenswertes Die richtige Pflege

Meerschweinchen sind gesellige Tiere. Einzeln sollten sie nicht gehalten werden. Sie brauchen mindestens einen Artgenossen.
Die Tiere sind leicht zu halten und ausgesprochen zahm. Eigentlich beißen sie nicht.

Der Käfig
Der Käfig muss groß genug für zwei (oder mehr) Tiere sein und genügend Platz zum Bewegen bieten. Für jedes Tier sollte darin eine eigene Hütte vorhanden sein. Zusätzlich sollten sie ein Freilaufgehege haben. Im Haus muss der Käfig nicht abgedeckt sein, da Meerschweinchen weder springen noch klettern. Das Freigehege allerdings muss von oben gegen Katzen gesichert sein.

Das richtige Futter
Meerschweinchen ernähren sich als Wildtiere hauptsächlich von den harten Gräsern der Pampas. Ihr Verdauungssystem ist auf rohstoffreiches Gras und Heu eingestellt. Das Futter sollte vor allem aus Heu bestehen, zusätzlich erhalten sie Obst, Gemüse und Trockenfutter (Körner). Meerschweinchen benötigen die Zweige ungiftiger Sträucher zum Abschleifen der Zähne. Außerdem brauchen sie täglich frisches Wasser. Wasser und Futter müssen immer sauber und einwandfrei sein.

Die regelmäßige Pflege 2
Damit die Meerschweinchen gesund bleiben, ist ein sauberer Käfig wichtig. Er muss zweimal pro Woche vollständig gereinigt werden. Dazu wird das Stroh entfernt und die Bodenschale feucht ausgewischt und abgetrocknet. Futter- und Trinkgefäße müssen ebenfalls sauber gehalten werden.
Zur richtigen Haltung gehört auch die Gesundheitsvorsorge, vor allem die Kontrolle der Zähne. Meerschweinchen werden zwischen sieben und neun Jahre alt und brauchen ihr ganzes Leben lang die richtige Pflege. Nur wer genau weiß, dass er ein Tier über diesen langen Zeitraum pflegen kann, sollte sich ein Meerschweinchen anschaffen.

2 Meerschweinchen brauchen Pflege.

A Schreibe einen Steckbrief vom Meerschweinchen.
B Was fressen Meerschweinchen?
C Begründe, wieso Meerschweinchen nicht einzeln gehalten werden sollen.
D Informiere dich im Internet über Meerschweinchen.

Grundlagen Das Meerschweinchen ist ein Säugetier

Kennzeichen von Säugetieren
Nach einer Tragzeit von 62 bis 70 Tagen werden bis zu vier Jungtiere geboren. Die Jungtiere entwickeln sich vollständig im Mutterleib. Sie werden sehend und behaart geboren. Junge Meerschweinchen sind *Nestflüchter*. Sie sind nach der Geburt selbstständig. Sie laufen umher, spielen und fressen.
Trotzdem werden sie noch drei Wochen lang vom Muttertier gesäugt. |3
Das weibliche Meerschweinchen hat nur zwei Zitzen (Austrittsöffnungen für die Muttermilch). Es kann also nur zwei Junge gleichzeitig säugen. Aus diesem Grund ist es lebenswichtig, dass die Jungtiere früh selbstständig fressen – als Ergänzung zur Muttermilch.
Nach drei Wochen verlieren die Jungtiere das Interesse an Muttermilch. Sie sind jetzt unabhängig von der Mutter. Nach fünf Wochen sollten sie von der Familie getrennt werden. Weibchen sind nämlich schon mit fünf bis sechs Wochen geschlechtsreif, Männchen mit neun Wochen.

Tiere, die wie das Meerschweinchen ihre Jungen mit Muttermilch säugen, nennt man Säugetiere. Sie entwickeln sich vor der Geburt im Mutterleib. |4
Nur die Säugetiere besitzen Haare, die ein Fell bilden.
Säugetiere haben eine gleich bleibende Körpertemperatur. Man sagt: Sie sind gleichwarm. |5
Ausnahmen bilden Igel, Hamster und Fledermäuse. Sie senken die Temperatur im Winterschlaf ab.

|3 Das Muttertier beim Säugen der Jungen

|4 Embryo im Mutterleib (vergrößert)

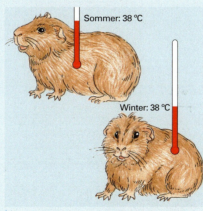
|5 Gleich bleibende Körpertemperatur

Arbeitsweise So liest man einen Text

In dem Grundlagen-Text erfährst du etwas über Säugetiere.
– Lies den Text aufmerksam durch.
– Kläre dann unbekannte Begriffe: zunächst in deiner Arbeitsgruppe, bei Bedarf auch bei deiner Lehrerin oder deinem Lehrer.
– Arbeite den Text gründlich durch. Suche dabei nach Antworten zu den gestellten Fragen (Aufgabe E).
– Schreibe die Antworten auf diese Fragen in dein Heft.
– Berichte deinem Tischnachbarn kurz den Inhalt des Textes aus dem Gedächtnis.

E Beantworte die folgenden Fragen.
1 Wie lange dauert die Tragzeit bei Meerschweinchen?
2 Beschreibe das Aussehen der jungen Meerschweinchen direkt nach der Geburt. Was können sie alles?
3 Erkläre den Begriff *Nestflüchter*.
4 Wie ernähren sich junge Meerschweinchen?
F In dem Text geht es um die Kennzeichen von Säugetieren. Fasse die wichtigsten Aussagen des Textes in zwei Sätzen zusammen.

Tiere und Pflanzen im Klassenzimmer

Selbst forschen

Entwickeln sich Mehlwürmer und Mehlkäfer aus Mehl?

1 Mehlkäfer im Glas

Grundlagen Vom Ei zum Mehlkäfer

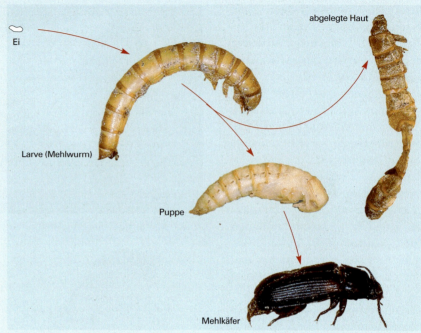

3 Mehlkäfer – Stadien der Entwicklung

Mehlkäfer sind Insekten. Aus den abgelegten Eiern schlüpfen Larven, die Mehlwürmer. Beim Wachsen häuten sie sich mehrmals. Dann verwandeln sie sich in eine Puppe. Aus der Puppe schlüpft dann der Mehlkäfer. 3

Mehlwürmer werden in Zoogeschäften als Lebendfutter für Fische und Vögel verkauft.

Der Mehlkäfer entwickelt sich in mehreren Schritten: Ei, Larve, Puppe, Käfer.

1 Wir halten Mehlwürmer und Mehlkäfer

In einem einfachen Zuchtbehälter kann man die Entwicklung dieser Tiere gut verfolgen.

a Ein großes Schraubglas dient als Zuchtgefäß. 1
Fülle es zur Hälfte mit Mehl.

b Gib etwa 20 Mehlwürmer in das Glas. Decke die Würmer mit einem kleinen, sauberen Lappen zu. Den Lappen musst du jeden zweiten Tag mit einigen Tropfen Wasser anfeuchten. Als Zusatzfutter bekommen die Mehlwürmer wöchentlich eine halbe Scheibe zerbröckeltes Vollkornbrot oder Haferflocken.
Verschließe das Zuchtgefäß sorgfältig mit einem Gazetuch und einem Gummiband und stelle es an einen schattigen Standort.

c Betrachte einen Mehlwurm mit der Lupe:
– Wie viele Körperringe hat er?
– Wie viele Beine erkennst du?
– Zeichne einen Mehlwurm.

2 Die Entwicklungsstadien

Du wirst sehen, dass sich in deiner „Mehlwurmfarm" etwas tut.

a Untersuche einmal pro Woche das Zuchtgefäß. Dazu nimmst du den Lappen aus dem Glas und schüttest den Inhalt vorsichtig aus – am besten auf Zeitungspapier. Zähle Mehlwürmer, Puppen und Käfer aus.

b Fertige ein Protokoll an und trage die Ergebnisse ein. 2

Meine Mehlwurmfarm

Versuchsbeginn: ...   Versuchsende: ...
Zahl der Mehlwürmer zu Beginn: 20   Futter: Vollkornbrot

	1. Woche	2. Woche	3. Woche	4. Woche	5. Woche
Larven, lebend	?	?	?	?	?
Larven, tot	?	?	?	?	?
Puppen	?	?	?	?	?
Käfer, lebend	?	?	?	?	?
Käfer, tot	?	?	?	?	?

2 Muster für eine Beobachtungstabelle

4 Stabheuschreckeneier (vergrößert)

5 Jungtier

6 Ausgewachsenes Tier

3 Die Gespenstheuschrecken-Schau
a Als Insektenkäfig könnt ihr ein Aquarium verwenden. Deckt es mit Fliegengitter ab. Legt dann Zweige von Flieder, Efeu oder Brombeere als Futter in den Insektenkäfig.
Besprüht den Käfig zweimal wöchentlich mit etwas Wasser.
b Besorgt euch im Zoogeschäft Stabheuschrecken. Setzt sie hinein. Nach einiger Zeit legen die Tiere Eier auf den Boden. Aus ihnen schlüpfen sehr kleine Stabheuschrecken. |4 – |6
Vergleiche die Entwicklung der Stabheuschrecke mit der Entwicklung des Mehlkäfers. |3

4 Beobachtungen an Spinnen
a Ihr könnt mit einfachen Mitteln einen Spinnenkäfig bauen. |7
b In den Käfig setzt ihr eine Netzspinne ein. Die Spinne wird bald mit dem Bau eines Netzes beginnen.
c Welche Fäden spinnt die Spinne zuerst? Versucht die Bauabschnitte des Netzbaus in Zeichnungen festzuhalten.
d Als Futter bringt ihr jeden Tag mehrere lebende Fliegen oder andere kleine Insekten in den Käfig.
Wie überwältigt die Spinne ihre Beute? Wie verzehrt sie sie?
e Wenn ihr die Spinne beim Netzbau beobachtet habt, lasst ihr sie wieder frei.

5 Wir beobachten Bänderschnecken
a Haltet einige Bänderschnecken in einem abgedeckten Glasgefäß. |8
Füttert sie jeden Tag mit frischen Salat- oder Löwenzahnblättern. Besprüht die Tiere täglich mit Wasser.
b Setzt eine Schnecke auf eine saubere Glasscheibe.
– Beobachtet auf der Unterseite des Glases die Fußsohle der Schnecke beim Kriechen.
– Messt, wie weit die Schnecke in einer Minute kriecht.
– Wie überwindet die Schnecke ein Hindernis, z. B. einen Bleistift?
c Zieht mit Zitronensaft einen Kreis um die Schecke. Beobachtet, wie sich die Schnecke jetzt verhält.
Was könnt ihr daraus schließen?

8 Bänderschnecke

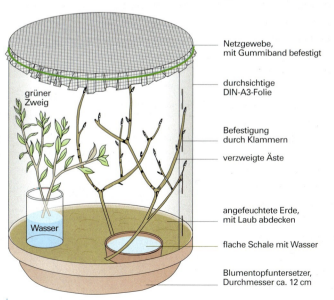
7 Bauanleitung für einen Spinnenkäfig

Wir pflegen Zimmerpflanzen

|1 Zimmerpflanzen auf der Fensterbank

|2 Mangelnde Pflege

1 Was muss ich über meine Pflanzen wissen?

Viele Zimmerpflanzen stammen aus fernen Ländern. Damit sie richtig gedeihen, müssen sie die Lebensbedingungen ihrer Heimat haben. Dazu musst du die Namen der Pflanzen kennen und etwas über ihre Ansprüche erfahren.

a Stelle fest, wie die Pflanzen in eurem Klassenzimmer heißen. Beschrifte sie mit kleinen Namensschildern.

b Tipps für die Pflege der Pflanzen bekommst du beim Gärtner oder im Blumenladen. Erstelle für jede Pflanze einen Steckbrief mit Pflegeanleitung.

c Legt fest, wer Pflegeaufgaben für welche Pflanzen übernimmt.

2 Wie pflege ich meine Pflanzen?

Achtet gemeinsam darauf, dass die Pflege regelmäßig und ohne Unterbrechung in den Ferien erfolgt.

a Das Gießen:
Prüfe mit den Fingern, ob die Erde im Topf trocken ist.
Gieße dann so lange, bis die Erde im Topf gleichmäßig feucht ist. Wenn im Untertopf Wasser steht, musst du es ausleeren.

b Das Umtopfen:
Hebe die Pflanze vorsichtig samt ihrem Wurzelballen aus dem Topf.
Wenn dabei viele Wurzeln sichtbar werden, wird es höchste Zeit, die Pflanze umzutopfen. |3

3 Die Vermehrung der Pflanze |4

a *Durch Stecklinge:* Begonien, Buntnesseln und Philodendron kannst du leicht durch Stecklinge vermehren. Beim Zypergras bewurzeln sich abgeschnittene Blattschirme im Wasser. Schneide davon mit einem scharfen Messer längere Triebe ab; stelle sie in einen Wasserbecher. Nachdem sich Wurzeln gebildet haben, pflanzt du die Stecklinge in Blumenerde.

b *Durch Ableger und Ausläufer:* Bei der Grünlilie wächst eine neue Pflanze an der Spitze heran. Beim Brutblatt wachsen an den Blatträndern Tochterpflänzchen. Trenne die Ableger und Ausläufer von der Mutterpflanze ab und stecke sie in lockere Blumenerde.

c *Durch Teilen:* Die Flamingoblume Anthurium z. B. kann man beim Umtopfen teilen. Ziehe dabei den Wurzelballen vorsichtig auseinander.

|3 So wird eine Pflanze sachgerecht umgetopft.

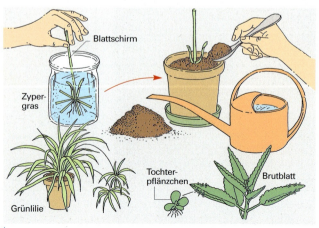

|4 So werden Pflanzen vermehrt.

Kennübung **Zimmerpflanzen aus fernen Ländern**

5 Fleißiges Lieschen. Heimat: Bergland Ostafrikas (feuchtes Klima)

6 Usambaraveilchen. Heimat: Bergland Ostafrikas (feuchtes Klima)

7 Aloe. Heimat: Südafrika (trockenwarmes Klima)

8 Flamingoblume. Heimat: Mittel- und Südamerika (tropisch-feuchtes Klima)

9 Igelkaktus. Heimat: Mexiko (trockenheißes Klima)

10 Orchidee. Heimat: Indien (tropisch-feuchtes Klima)

Steckbrief: Fleißiges Lieschen

Heimat: Gebirge in Ostafrika
Blütenfarben: weiß, rosa und rot
Größe: 30 bis 50 cm
Standort: heller Fensterplatz, keine direkte Sonnenbestrahlung
Temperatur: 15–20 °C, bei tieferen Temperaturen verliert sie ihre Blätter und blüht nicht mehr
Wasser: Der Wurzelballen sollte ständig feucht gehalten werden. Täglich gießen! Keine Staunässe an den Wurzeln verursachen.
Düngen: im Sommer wöchentlich
Vermehrung: aus Samen und durch Stecklinge
Schädlinge: bei trockner Luft anfällig für Blattläuse und Spinnmilben

A Die Aloe kommt aus trockenen und sonnigen Gebieten Südafrikas. Das Dickblatt und der Christusdorn wachsen in Gegenden, in denen es oft über längere Zeit nicht regnet. Stelle eine Pflegeanleitung für diese Pflanzen auf.
B Wovon hängt der Wasserverbrauch einer Pflanze ab?
C Eine Pflanze muss auch rechtzeitig umgetopft werden. Gib an, warum das Umtopfen für die Pflanze wichtig ist. Worauf musst du beim Umtopfen auf jeden Fall achten?
D Zimmerpflanzen kränkeln manchmal. Woran ist das zu erkennen? Nenne drei mögliche Ursachen für das Kränkeln von Pflanzen.
E Ein Entwicklungsprotokoll: Wähle eine Zimmerpflanze aus und verfolge ihre Entwicklung. Beginne bei der Vermehrung dieser Pflanze. Fertige immer dann eine Skizze an, wenn sich in der Entwicklung Entscheidendes ändert. (Zeichne z. B. die Bewurzelung des Stecklings.)
F Wollt ihr mehr wissen? Bereitet ein Interview mit einem Gärtner vor und führt es durch.

Vom Samen zum Keimling

1 Feuerbohnensamen

2 Feuerbohnenpflanze

> **Wettbewerbsaufgabe**
>
> Wer zieht aus einem Samenkorn die größte Feuerbohnenpflanze heran?
> Zeit: 4 Wochen
> Anzahl der Samenkörner: 5
>
> Führt den Wettbewerb am besten in Gruppen durch. Fertigt ein Wachstumsprotokoll an.

1 Wir untersuchen den Samen der Feuerbohne

Die Samen der Feuerbohne lagen einen Tag lang in einer Schale mit Wasser. Dabei sind sie aufgequollen.

a Entferne die Samenschale vorsichtig mit dem Fingernagel; du wirst zwei Bohnenhälften entdecken.
Klappe sie auseinander und untersuche sie mit der Lupe:
- Findest du die kleine Keimwurzel?
- Wo liegen die Keimblätter? Wie viele sind es? Welche Farbe haben sie?
- Fertige eine Skizze an. Beschrifte sie mithilfe der Bilder. 3 4

b Wiege einen trockenen Samen der Feuerbohne ab; miss auch seine Länge. Mache dasselbe mit einem gequollenen Samen. Was fällt dir auf? Erkläre!

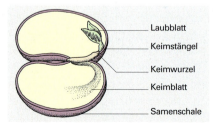

3 Samen der Feuerbohne

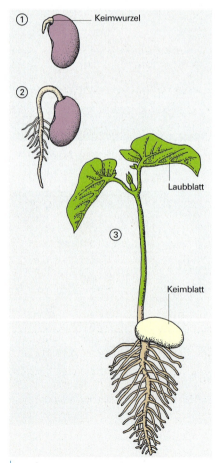

4 Ablauf der Keimung

2 Die Keimung der „Superfeuerbohne"

Wir verwenden wieder Samen der Feuerbohne, die einen Tag lang in Wasser gelegen haben.

a Fülle zunächst ein Einmachglas mit angefeuchteter Watte. Um das Glas herum wickelst du schwarzen Karton. Drücke einige gequollene Samenkörner ein wenig in die Watte hinein.
Halte die Watte während des Versuchs immer feucht. Stelle das Gefäß an einen warmen und hellen Ort.

b Erstelle in deinem Heft ein Wachstumsprotokoll. 5
Miss dazu 3 Wochen lang täglich die Länge des Keimstängels und der Keimwurzel. Trage die Messwerte in die Tabelle ein.

c Fertige immer dann eine Zeichnung des Keimlings an, wenn sich etwas verändert hat. Notiere an jeder Zeichnung das Datum.

3 Was Samen zum Keimen brauchen

Die Bedingungen für das Keimen kann man mit Kressesamen besonders leicht herausbekommen. |6

|6 Kresse wird zum Keimen gebracht.

a Gib je 15 Kressesamen in fünf Petrischalen (oder Untertassen).
Lege die Samen …
– in Schale 1: auf trockene Erde,
– in Schale 2: auf feuchte Erde,
– in Schale 3: auf feuchte Erde (verschließe diese Schale mit ihrem Deckel und verklebe den Rand mit Klebeband),
– in Schale 4: auf feuchte Erde (stelle die Schale in den Kühlschrank),
– in Schale 5: auf ein angefeuchtetes Küchentuch,
– in Schale 6: auf feuchte Erde (stelle die Schale ins Dunkle).
Die Samen der Schalen 2–6 darfst du nicht austrocknen lassen.

b Erstelle ein Versuchsprotokoll. Notiere jeden Tag, wie viele Samen in den unterschiedlichen Schalen gekeimt sind. |7

c Was brauchen Kressesamen zum Keimen? Bedenke, welche Lebensbedingungen die Samen in den verschiedenen Schalen hatten.
– In welcher Schale sind die Samen am besten gekeimt?
– In welcher Schale fehlte dem Samen etwas?
– Warum war es gut, dass du jeweils mehrere Samen genommen hast?

Wachstumsprotokoll   Name:
Keimen von Feuerbohnensamen   Klasse:

Datum	Länge des Stängels in mm	Länge der Wurzel in mm	Anmerkungen Maßnahmen
1. September	?	?	z. B. erstes Blatt
2. September	?	?	?
3. September	?	?	?
4. September	?	?	?
5. September	?	?	?
6. September	?	?	?
…	…	…	…

|5 Wachstumsprotokoll (Muster)

Versuchsprotokoll: Name: Datum:
Keimen von Kressesamen   Klasse:

Schale Nr. …	ohne …?	Wie viele Samen sind am … schon gekeimt?					
		1. Tag	2. Tag	3. Tag	4. Tag	5. Tag	6. Tag
1	Wasser	0	0	0	0	0	0
2	…	…	…	…	…	…	…
3	…	…	…	…	…	…	…
4	…	…	…	…	…	…	…
5	…	…	…	…	…	…	…
6	…	…	…	…	…	…	…

|7 Muster eines Versuchsprotokolls

Der Keimling wächst heran

1

2

3

Die Pflanzen sind unterschiedlich gewachsen. 1–3
Warum?

1 Wasserleitung in den Pflanzen

a Du benötigst zwei weiß blühende Fleißige Lieschen (mit Wurzeln). Die Pflanzen sollen gleich groß sein. Stelle mit Tinte eine stark gefärbte Wasserlösung her. Fülle zwei Glasgefäße zu zwei Dritteln mit der Lösung. Stelle in jedes Gefäß eine Pflanze. 4
Streiche die Ober- und Unterseite aller Blätter *einer* Pflanze mit Vaseline ein. Markiere das Gefäß mit einem wasserfesten Stift. Gieße zum Schluss auf die Tintenlösung eine dünne Schicht Öl und stülpe über jedes Gefäß einen Standzylinder.

b Beobachte diesen Versuchsaufbau über mehrere Tage und notiere deine Beobachtungen. Achte darauf:
– Verändert sich die Menge der Tintenlösung? Welche Bedeutung hat die Ölschicht?
– Was passiert in der Pflanze mit der Tinte?
– Betrachte die Wände der Standzylinder. Gibt es Unterschiede zwischen den beiden Zylindern? Welche Bedeutung hat die Vaseline auf den Blättern?

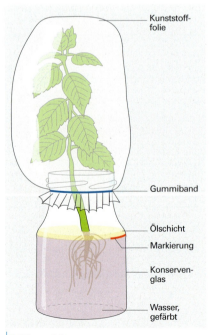

4 Wasserleitung

2 Allein mit Wasser geht es nicht

In einem Versuch haben Pflanzen drei Wochen in unterschiedlichem Wasser gestanden. 5
a Beschreibe das Aussehen der Pflanzen in den drei Gefäßen.
b Welche Schlüsse kannst du aus deiner Beobachtung ziehen?

5 „Mangelversuch"

Grundlagen **Was Pflanzen zum Leben brauchen**

Vom Aufbau einer Blütenpflanze
Alle Blütenpflanzen haben denselben Grundaufbau. Die *Wurzel* verankert die Pflanze im Erdboden und versorgt sie mit Wasser. Zum *Spross* gehören *Stängel*, *Laubblätter* und *Blüten*. |6

Vom Samen zum Keimling
Alle Blütenpflanzen entwickeln sich aus *Samen*, die in der Blüte gebildet werden. Der Samen enthält den *Keimling* der Pflanze.
Zum Keimen braucht der Keimling Nährstoffe. Während der Keimung ernährt er sich von den Nährstoffen, die im Speichergewebe vorhanden sind.
Samen keimen nur, wenn ihnen ausreichend Wasser, Wärme und Luft zur Verfügung stehen. Erst dann wächst die Keimwurzel, die den Samen fest verankert. Gleichzeitig durchbricht der Keimstängel die feste Samenschale, wächst zum Licht hin und treibt bald Blätter aus. Die neue Pflanze entsteht.

Die Rolle des Wassers
Im Wasser sind Mineralstoffe aus dem Boden gelöst. Wasser und Mineralstoffe nimmt dann die Pflanze mithilfe ihrer feinen Wurzelhaare auf. Der Stängel leitet das Wasser in die Blätter. Dort verdunstet es an der Blattunterseite. |7
Fehlen lebenswichtige Mineralstoffe im Wasser, ist die Entwicklung der Pflanze gestört.

Die Rolle von Licht und Luft
Tiere und Menschen müssen essen, um leben zu können. Ähnlich geht es den grünen Pflanzen – aber natürlich können sie nicht essen.
Die Pflanzen stellen Zucker, Stärke, Fett und Eiweiß selbst her. Aus Wasser und einem Bestandteil der Luft (Kohlenstoffdioxid) bauen sich grüne Pflanzen selbst die Nährstoffe auf, die sie brauchen. Dafür ist es unbedingt nötig, dass sie im Licht stehen. Gleichzeitig geben die Pflanzen den für uns lebenswichtigen Sauerstoff ab. |7

A Nenne die verschiedenen Teile einer Blütenpflanze und ihre Aufgaben?
B Zeichne einen Querschnitt durch einen Feuerbohnensamen und beschrifte ihn.
C Beschreibe, wie eine Feuerbohne keimt.
Was benötigen Samen zum Keimen?
D Plane ein Experiment, mit dem du herausfinden kannst, dass Pflanzen Mineralstoffe für ihr Wachstum benötigen.
E Die Pflanze im Bild unten zeigt eine Mangelerscheinung. Was fehlte der Pflanze? |8 |9

|8

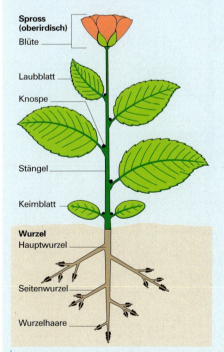
|6 Grundaufbau einer Blütenpflanze

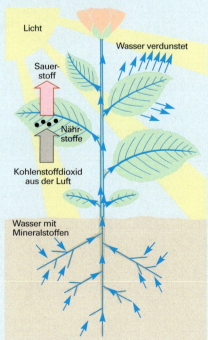
|7 Licht, Luft und Wasser

|9

Zusammenfassung

Säugetiere

*In der Regel gebären Säugetiermütter ihre Jungen. Nach der Geburt säugen sie die Jungtiere mit Milch, die sie in Milchdrüsen bilden.
Säugetiere haben meistens ein Fell.
Sie sind stets gleichwarm.* |1

Der artgerechte Lebensraum

Alle Tiere brauchen einen artgerechten Lebensraum. |1

Das Tier wird artgerecht gehalten, wenn wir ihm eine Umgebung schaffen, die seiner natürlichen Umwelt ähnlich ist. Wer ein Haustier halten will, muss Ausdauer und Zuneigung zu dem Tier aufbringen.

Vom Aufbau der Blütenpflanzen

Alle *Blütenpflanzen* sind ähnlich aufgebaut:
Sie haben Wurzeln und einen Spross. Dieser besteht aus Stängel, Laubblättern und Blüten. |2
Die Teile der Blütenpflanze haben unterschiedliche Aufgaben:
Die *Wurzel* verankert die Pflanze im Boden. |3 Von dort nimmt sie Wasser mit gelösten Mineralstoffen auf.
Durch den *Stängel* wird das Wasser mit den Mineralstoffen aus den Wurzeln in die Blätter und Blüten transportiert.
Mithilfe der grünen *Blätter* bildet die Pflanze die zum Leben nötigen Nährstoffe. Dazu braucht sie Licht.
Die *Blüten* dienen der Fortpflanzung.

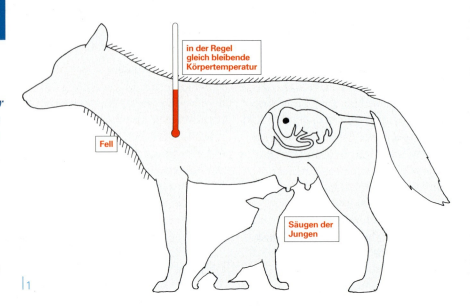

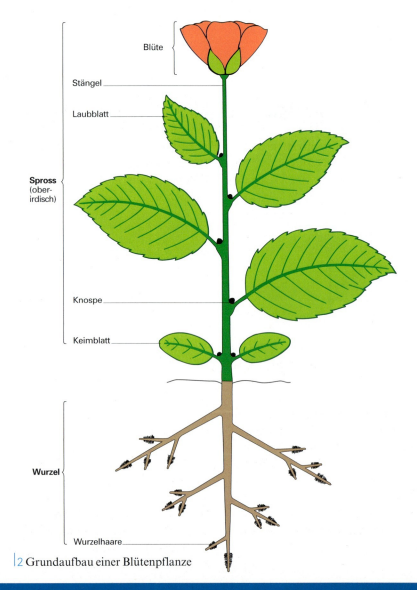

|2 Grundaufbau einer Blütenpflanze

Was Pflanzen brauchen

Pflanzen entstehen aus *Samen*. Zum Keimen benötigen die Samen Wasser, Wärme und Luft.
Bei der Keimung wächst der *Keimling* zu einer jungen Pflanze heran. |3
Die nötigen Nährstoffe erhält er aus den Keimblättern.

Grüne *Pflanzen* stellen Stärke, Zucker und Fette selbst her. Dazu benötigen sie Licht, Luft und Wasser.

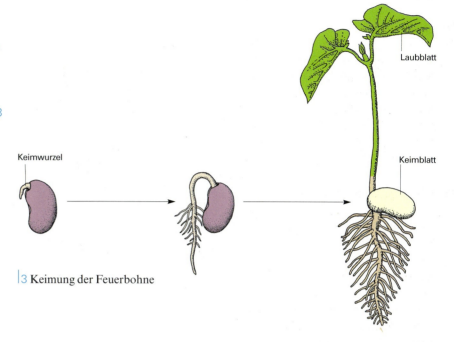

|3 Keimung der Feuerbohne

Alles klar?

A Was musst du tun, um ein Tier artgerecht zu halten. Beschreibe an einem Beispiel.
B Nenne die Merkmale, die ein Meerschweinchen als Säugetier kennzeichnen?
Wodurch ist das Meerschweinchen an seinen Lebensraum angepasst?
C Wie musst du einen artgerechten Käfig für Meerschweinchen ausstatten?
D Nenne drei Teile aus dem Skelett eines Säugetiers.
E Vergleiche Meerschweinchen, Wellensittich und Stabheuschrecke. Stelle die wichtigsten Unterschiede und Gemeinsamkeiten zusammen (Tabelle).
F Gehe in eine Gärtnerei und suche eine dir noch unbekannte Zimmerpflanze. Schreibe einen Steckbrief und eine Pflegeanleitung für die Pflanze. Stelle sie in der Klasse vor.
G Woher stammen Flamingoblume, Aloe und Usambaraveilchen? Nenne weitere Zimmerpflanzen aus fernen Ländern.

H Wovon hängt der Wasserverbrauch einer Pflanze ab?
I Wie kannst du Pflanzen vermehren? Nenne die verschiedenen Möglichkeiten und jeweils ein Pflanzenbeispiel.
J Warum müssen Pflanzen umgepflanzt werden?
K Aus einem Samen ist im Zimmer eine Feuerbohne herangewachsen.
1 Was braucht ein Samen zum Keimen?
2 Beschreibe die verschiedenen Entwicklungsstufen vom Samen zur blühenden Feuerbohnenpflanze.
3 Wohin wächst die Pflanze, wenn Licht von der Seite einfällt?
L* Je 10 Samen vom Fleißigen Lieschen wurden in zwei Reihen auf feuchtes Fließpapier geklebt und in einen Glaszylinder mit Wasser gestellt. |4
1 Vergleiche die Ausbildung der Wurzelhaare nach einer Woche.
2 Welche Unterschiede bestehen zwischen den beiden Reihen?
3 Erkläre das Versuchsergebnis. |4

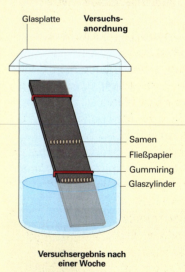

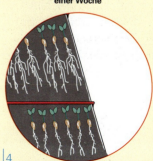

Nutztiere und Nutzpflanzen

Der landwirtschaftliche Betrieb

Nico besucht mit seinen Eltern einen landwirtschaftlichen Betrieb. Neugierig erkundet er das Gelände. |1

|1 Bauernhof

A Welche Tiere hat Nico entdeckt? Trage in eine Tabelle ein:
1. Welche dieser Tiere sind Haustiere?
2. Welche sind Säugetiere?

B In dem landwirtschaftlichen Betrieb werden auch Hühner gehalten. Vergleiche die Ernährung der Küken mit der der Kälber.

C Welche Tätigkeiten führen die Personen in den Bildern auf der rechten Seite aus?
Welche weiteren Tätigkeiten fallen in der Landwirtschaft an?

|2

|3

|4

|5

|6

7

8

9

10

11

12

13

14

15

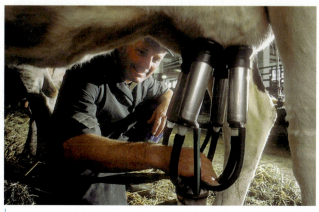
16

Nutztiere und Nutzpflanzen

1 Wir erkunden einen landwirtschaftlichen Betrieb

a *Erste Überlegungen:*
Gibt es in eurer Nähe einen landwirtschaftlichen Betrieb?
Wie kommt man dahin? Fragt an, ob eure Klasse den Betrieb besichtigen darf. Vereinbart einen Termin, an dem euch jemand für Fragen zur Verfügung steht.

b *Bildung von Arbeitsgruppen:*
Der Besuch des Betriebs ist etwas Besonderes. Fertigt darüber gemeinsam eine *Wandzeitung* an. Sie könnte überschrieben sein: „Besuch beim Landwirt" (s. Nachbarseite).
Dafür solltet ihr Gruppen bilden. Jede übernimmt ein Teilthema, das sie bearbeitet.
Mögliche Teilthemen:
– Aufbau des Betriebs
– Arbeitsweisen in der Landwirtschaft früher und heute
– Vom Erzeuger zum Verbraucher
– Nutztiere in der Landwirtschaft

c *Vorbereitung von Fragen:*
Vor der Erkundung solltet ihr euch Fragen überlegen. Schreibt sie dann in Form eines Fragebogens auf. Einige Beispiele dazu seht ihr rechts.

Gruppe A
Zum Betrieb
– Wie groß ist der Betrieb? Welche Gebäude gehören dazu? Wie viel davon ist Ackerland, Grünland, Wald?
– Wer arbeitet im Betrieb?
– Welche Ausbildung braucht man dafür?

Gruppe B
Zur Tierhaltung
– Welche Tiere werden gehalten?
– Wie werden sie gehalten? Welche Arbeiten sind dafür nötig?
– Womit werden die Tiere gefüttert?
– Wie werden die Erzeugnisse der Tiere vermarktet?
– Wer kauft die Tiere? Wie läuft der Verkauf ab?

Gruppe C
Zu den angebauten Pflanzen
– Welche Pflanzen werden angebaut?
– Wozu wird die Ernte verwendet?
– Welche Arbeiten sind von der Aussaat bis zur Ernte nötig?
– An wen wird die Ernte verkauft?

Grundlagen Haustiere als Nutztiere

Der Mensch hat einige wilde Tiere durch Züchtung zu Haustieren gemacht. So entstanden Rassen mit besonders günstigen Eigenschaften.

Das Hausschwein z. B. stammt vom Wildschwein ab, der Hund vom Wolf. |1|2
Auch Hauskatze, Ziege, Rind, Pferd und Schaf sind Haustiere, die durch *Züchtung* entstanden sind.
Haustiere, die der Mensch nutzt, um Fleisch, Milch, Haut oder Wolle zu gewinnen, bezeichnet man als *Nutztiere*.
Hund und Katze, die mit uns Menschen gemeinsam in der Wohnung leben, kennst du als *Heimtiere*.

|1 Hausschweine und Wildschweine

|2 Hunde und Wölfe

Arbeitsweise **Wir gestalten eine Wandzeitung am Beispiel Landwirtschaft**

Bei eurem Besuch in einem landwirtschaftlichen Betrieb sammelt ihr eine Vielzahl von Informationen. In Form einer *Wandzeitung* könnt ihr sie an andere weitergeben.

Wie bereiten wir die Wandzeitung vor?
Eine Wandzeitung soll schön aussehen. Sie soll den Betrachter aber auch anregen. |3
Ein solches Plakat kann ein Einzelner kaum erstellen. Ihr müsst also die Arbeit – vor dem Besuch des landwirtschaftlichen Betriebs – unter euch absprechen und aufteilen.

Informationsbeschaffung
Zunächst müssen Informationen gesammelt werden. Manches findet ihr in diesem Buch. Anderes steht im Lexikon, in Büchern, in Informationsschriften, Zeitungen oder im Internet. |4
Wer einen Landwirt kennt, sollte ihn um Auskunft bitten.

Materialbeschaffung
Gleichzeitig versucht ihr Bildmaterial für euer Teilthema zu sammeln. Wer Bilder zu einem anderen Thema hat, bietet sie denjenigen an, die es bearbeiten. |5
Manches kann man auch während des Besuchs zeichnen, fotografieren oder aufschreiben.

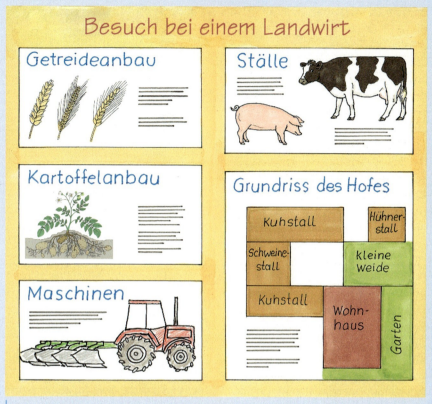

|3 Wandzeitung: „Der landwirtschaftliche Betrieb im Klassenzimmer"

Fertigstellung
Besorgt euch Packpapier, ein Papiertischtuch oder Tapeten, Stifte, Scheren, Klebstoff und farbiges Band. Gemeinsam entscheidet ihr:
– Welches Material soll auf dem Plakat veröffentlicht werden? In welcher Form soll das geschehen?
– Wie werden die Materialien übersichtlich angeordnet? Prüft nach, ob die Zeitung aus der Nähe und auch aus der Ferne wirkt.
– Denkt an die Beschriftung der Bilder: Achtet auf Größe und Lesbarkeit der Schrift. Unterscheidet verschiedene Schriftgrößen.

Präsentation
Nach der Fertigstellung erläutert jede Gruppe vor der Klasse den eigenen Teil der Arbeit.
Die fertige Wandzeitung soll zeigen, wie heute Landwirtschaft betrieben wird.

|4 Suche im Internet

|5 „Das wäre gut für dein Thema."

Das Nutztier Rind (Auswahlthema 1)

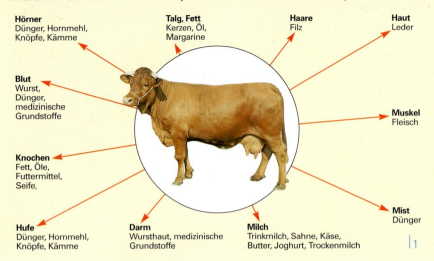

Hörner Dünger, Hornmehl, Knöpfe, Kämme
Talg, Fett Kerzen, Öl, Margarine
Haare Filz
Haut Leder
Blut Wurst, Dünger, medizinische Grundstoffe
Muskel Fleisch
Knochen Fett, Öle, Futtermittel, Seife,
Hufe Dünger, Hornmehl, Knöpfe, Kämme
Darm Wursthaut, medizinische Grundstoffe
Milch Trinkmilch, Sahne, Käse, Butter, Joghurt, Trockenmilch
Mist Dünger

1

2 Rinder auf der Weide

Grundlagen Das Rind – ein Pflanzenfresser

Das Rind – ein Wiederkäuer

Stundenlang grast das Rind. Dabei nimmt es ausschließlich Pflanzen auf. Es ist ein *Pflanzenfresser*. Andere Kühe haben sich niedergelegt – und sie kauen immer noch. Warum? Nach dem Fressen stößt ein Rind immer wieder auf. Dabei gelangt verschlucktes Gras vom Magen in das Maul zurück. Jetzt erst wird es ausgiebig zerkaut. Tiere, die ihre Nahrung so verarbeiten, heißen *Wiederkäuer*.
Rinder haben einen sehr großen Magen. Er besteht aus vier Teilen. 3
Durch die Speiseröhre gelangt die Pflanzennahrung zuerst in den *Pansen*. Hier befinden sich Kleinstlebewesen (Bakterien), die die gefressenen Pflanzen zum Teil verdauen. Danach gelangt die Nahrung in den *Netzmagen*. Von hier aus werden kleine Nahrungsballen in das Maul zurückbefördert. Dort wird schließlich die Nahrung gründlich zerkaut. Den eingespeichelten Nahrungsbrei schluckt das Rind nun nochmals. Er kommt jetzt in den *Blättermagen*, wo ihm das Wasser entzogen wird. Im *Labmagen* und im langen Darm wird die Nahrung endgültig verdaut.

Das Gebiss des Rinds

Das Gebiss des Rinds ist für Pflanzennahrung bestens geeignet. 4
Die Backenzähne stehen dicht beieinander. Ihre breiten Kronen haben harte Zahnschmelzleisten. Dadurch entsteht eine raue Kaufläche, mit der die Pflanzenteile zerrieben werden (*Pflanzenfressergebiss*).

…und seine Hufe

Beim Grasen treten die Rinder nur mit den Endgliedern zweier Zehen eines jeden Fußes auf. Sie gehen also auf Zehenspitzen. 5
Die Endglieder der Zehen sind zur Verstärkung und zum Schutz mit Horn überzogen. Tiere mit solchen Hufen heißen *Huftiere*.
Weil das Rind an jedem Fuß zwei behufte Zehen hat, nennt man es *paarzehiges Huftier (Paarhufer)*.

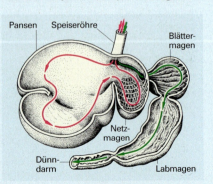

3 Der Weg der Nahrung beim Rind

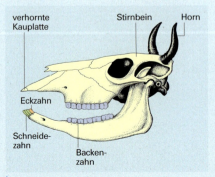

4 Schädel und Gebiss

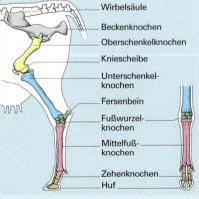

5 Hinterbein

1 Verkostung von Milchproben

Kauft frische pasteurisierte und homogenisierte Vollmilch mit 3,8 % Fettgehalt, Bio-H-Vollmilch mit 3,5 % Fettgehalt, fettarme H-Milch mit 1,5 % Fettgehalt, entrahmte H-Milch mit 0,3 % Fettgehalt, Buttermilch und Rohmilch.

a Füllt von jeder Milch etwas in verschiedene Gläser, die ihr entsprechend beschriftet.
b Erstellt eine Tabelle über Aussehen, Geruch und Geschmack.
c Verkostet anschließend Molke und vergleicht mit dem Ergebnis der Trinkmilchsorten.

2 Eine Gesichtsmaske aus Quark

Ihr benötigt:
Magerquark, flüssigen Honig, ein Gefäß, Löffel und ein Handtuch.
So wird's gemacht:
Verrührt nun 2 Esslöffel Magerquark und 1 Esslöffel Honig, bis sich eine gleichmäßige Masse gebildet hat. Tragt die Maske auf eure gereinigten Gesichter auf. |6
Beschreibt eure Empfindungen. Wascht die Quarkmaske nach 5 Minuten mit lauwarmem Wasser ab. Wie fühlt sich die Haut an?

|6 Gesichtsmaske

3 Joghurt – selbst hergestellt!

Besorgt nicht pasteurisierten reinen Joghurt (z. B. in einem Bio-Laden oder einem Bio-Hof), einen Liter haltbare Milch und mehrere kleine, saubere Gläser mit Schraubverschluss.

a Füllt nun die haltbare Milch in die Schraubgläser. Achtet darauf, dass der Rand nicht verschmiert ist.
b Gebt in jedes Glas einen Teelöffel des nicht pasteurisierten Joghurts hinzu. |7
c Verschließt dann die Gläser mit dem Schraubverschluss.
Stellt die verschlossenen Gläser 24 Stunden lang bei 30 °C bis 35 °C in Heizungsnähe oder – falls vorhanden – in einen Wärmeschrank.
Der fertige Joghurt ist im Kühlschrank mehrere Tage haltbar.
Guten Appetit!

Die Fortpflanzung

Das männliche Rind heißt *Bulle* oder *Stier*, das weibliche *Kuh*. Mit etwa eineinhalb Jahren bringt die *Kuh*, ihr erstes Kalb zur Welt, nachdem sie durch den Stier befruchtet wurde. Danach kann sie jährlich ein Kalb gebären.
Die Kuh bildet von nun an Milch in den Milchdrüsen ihres Euters. Zwei Monate lang saugt das Kalb. Danach kann die Kuh zur Milchgewinnung weitergemolken werden.

Das Rind als Nutztier

Rinder liefern vor allem Milch und Fleisch. Kuhmilch enthält zahlreiche wichtige Nährstoffe: Eiweiß, Fett, Zucker, Mineralsalze und Vitamine. In der Molkerei wird die Milch zu Milchprodukten verarbeitet.
Aus der Haut des Rinds wird Leder hergestellt, aus seinen Haaren Filz. Die gemahlenen Hörner und Hufe dienen als Rohstoff bei der Produktion von Hornmehl (Dünger).
Eine durchschnittliche Milchkuh liefert etwa 15 Liter Milch pro Tag. Hochleistungskühe geben bis zu 60 Liter Milch und werden zweimal am Tag gemolken.

A Beschreibe den Weg der Nahrung durch den Rindermagen.
Warum nennt man das Rind einen Wiederkäuer?
B Weshalb ist das Gebiss des Rinds für einen Pflanzenfresser gut geeignet? Welche Besonderheiten erkennst du an seinem Fuß?
C Für das Rind gelten folgende Begriffe: Wirbeltier, Säugetier, Nutztier, Haustier, Pflanzenfresser, Wiederkäuer, Zehenspitzengänger, Paarhufer, Hornträger. Begründe!
D Das Rind ist unser wichtigstes Nutztier. Erstelle eine übersichtliche Tabelle mit den „Rohstoffen" und den Produkten.
E Fertige eine Bildleiste zum Thema „Vom Gras zur Milch" an.

|7 Materialien zur Joghurtherstellung

Das Hausschwein (Auswahlthema 2)

|1 Schweine im Maststall …

Unterschiedliche Lebensbedingungen:
Schweine in engen Boxen in einem Maststall und in Freilandhaltung auf der Weide. |1 |2

|2 … oder auf der Weide

Landwirtschaft Das Hausschwein – unser wichtigster Fleischlieferant

Zusammen mit ihren Ferkeln stehen die Muttersauen auf der *Weide*. Mit ihrer kräftigen Schnauze wühlen sie in der Erde nach Nahrung. Sie fressen Gräser, Kräuter und Wurzeln, aber auch Schnecken, Würmer und Insektenlarven. Schweine sind *Allesfresser*.

Wo eine Schlammpfütze ist, wälzen und suhlen sie sich. Anschließend legen sie sich in den Schatten der Bäume. Die Nacht verbringen die Hausschweine im Stall.
Meistens werden Schweine aber in großen *Mastställen* untergebracht. Hier leben oft viele Tiere auf engem Raum zusammen.

Die Fütterung und Ausmistung erfolgt automatisch. Zweimal täglich bekommen die Tiere Kraftfutter. Da sie sich wenig bewegen, haben sie nach 5 bis 7 Monaten ihr Schlachtgewicht erreicht (ca. 110 kg). Durch die Massenhaltung ist das Schweinefleisch recht preisgünstig. Im Durchschnitt isst bei uns jeder pro Jahr 50 kg Schweinefleisch. Die meiste Wurst, die wir essen, enthält Schweinefleisch.

A Vergleiche die Lebensbedingungen für das Hausschwein bei der Massentierhaltung und bei der Freilandhaltung. Lege dazu in deinem Heft eine Tabelle an.

B Das Hausschwein ist ein ergiebiger Fleischlieferant. |3
Zu welchen Fleisch- und Wurstwaren wird Schweinefleisch verarbeitet? Erkundige dich dazu bei einem Metzger.

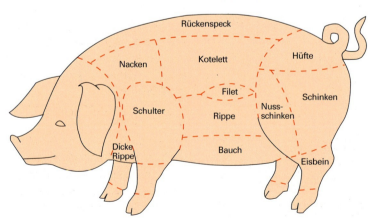

|3 Das Hausschwein als Fleischlieferant

Wissenswertes **Vom Wildschwein zum Hausschwein**

4 Bache mit ihren Frischlingen

Beobachtungen an Wildschweinen
In freier Natur sind Wildschweine sehr scheu. Im Wildgehege aber lassen sie sich gut beobachten. Oft wälzen sie sich im Schlamm, um das Ungeziefer in ihrem Fell loszuwerden. Mit ihrem langen, kräftigen Rüssel durchwühlen sie den Boden. Wildschweine haben einen feinen Geruchssinn; ihnen entgeht nahezu nichts Fressbares.
Ein Wildschwein frisst fast alles, was es auf und im Boden findet: Wurzeln, Knollen, Insekten, Würmer und Schnecken. Es frisst auch junge Säugetiere wie z. B. Ratten, Kaninchen und Mäuse. Selbst tote Tiere dienen als Nahrung.
Das Gebiss des Wildschweins kann sowohl pflanzliche als auch tierische Nahrung zerkleinern (*Allesfressergebiss*). 5
Das männliche Wildschwein, den *Eber* oder *Keiler*, erkennst du an seinen mächtigen Eckzähnen. Das weibliche Tier, die *Bache*, ist immer etwas kleiner. Anfang April bringt sie in einem nestartigen Wurfkessel ihre Jungen, die *Frischlinge*, zur Welt.
Wildschweine leben in Familienverbänden (*Rotten*).

Vom Wildschwein zum Hausschwein
Das Hausschwein stammt vom Wildschwein ab. Vor mehr als 6000 Jahren wurde es aus Wildschweinen gezüchtet.
Im Aussehen unterscheiden sich das Hausschwein und das Wildschwein beträchtlich. Das Hausschwein hat z. B. kürzere Beine als das Wildschwein. Es bildet außerdem eine starke Fettschicht aus.
Im Freien zeigen Hausschweine noch Verhaltensweisen, die denen des Wildschweins ähnlich sind.

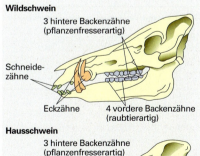

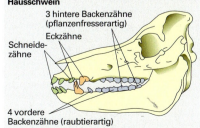

5 Gebiss von Wild- und Hausschwein

Züchtung von Hausschweinrassen
Bei der Züchtung wählt man Tiere aus, die für den Menschen vorteilhafte Eigenschaften besitzen. Man sorgt dafür, dass sich Tiere mit diesen Eigenschaften paaren: Man *kreuzt* sie. Diese Auslese nennt man *Züchtung*. Durch Züchtung lassen sich zahlreiche Körpermerkmale verändern. 6 So entstehen unterschiedliche Rassen.
Die Schweinerasse *Deutsches Edelschwein* wächst schnell heran und hat fettarmes Fleisch. Eine andere Rasse hat 16 statt 12 Rippen. Dadurch lassen sich pro Schlachtschwein 8 Koteletts mehr verkaufen.

6 Das Schwäbisch-Hällesche Schwein

C Welche Verhaltensweisen des Wildschweins zeigen Hausschweine bei Freilandhaltung ebenfalls?
D Einige Körpermerkmale wurden durch Züchtung verändert.
Trage Unterschiede und Gemeinsamkeiten von Haus- und Wildschwein in eine Tabelle ein.
E Lies den Text über die Lebensweise des Wildschweins.
1 Welches sind typische Verhaltensweisen des Wildschweins?
2 Welche Ansprüche an eine artgerechte Tierhaltung bei Hausschweinen kannst du daraus ableiten? Welche dieser Ansprüche können im Schweinemaststall nicht erfüllt werden?

Unser Getreide (Auswahlthema 3)

1 Roggen

2 Gerste

3 Hafer

4 Aus einem Bauernkalender (um 1460): Säen – Schneiden – Dreschen

Welche Getreidearten werden bei uns angebaut? Nenne die Unterscheidungsmerkmale. |1–|3

Vom ausgesäten Getreidekorn bis zum fertigen Gebäck sind viele Tätigkeiten erforderlich … |4

Arbeitsweise Infokarten

Anfertigen einer Infokarte
– Fertige für jeden wichtigen Produktionsschritt eine Infokarte an.
– Notiere auf der Infokarte die wesentlichen Arbeitsabläufe.
– Versuche die Teilschritte durch Bilder oder Skizzen zu veranschaulichen.
Siehe dazu das Beispiel. |5

Vom Rohstoff zum Endprodukt
– Ordne die Infokarten in der Reihenfolge der Arbeitsschritte (vom Rohstoff zum Endprodukt).
– Vergleiche deine Ergebnisse mit denen der anderen.
– Klebe die Karten in dein Heft.

In der Bäckerei
In der Mühle
Die Arbeit des Bauern – Winterweizen

Herbst: Pflügen, Zerkleinern der Erdkrumen mit der Egge, Düngen, Aussaat

Frühjahr: Düngen, Ausbringen von Schädlingsbekämpfungsmitteln

Sommer: Ernte mit dem Mähdrescher In einem Arbeitsgang wird der Weizen gemäht und gedroschen sowie das Stroh in Ballen gepresst. Einlagern der Ernte und Verkauf, Einkauf von Saatgut

|5 Beispiele für Infokarten

1 Vom Getreidekorn zum Gebäck

Den gesamten *Produktionsablauf* vom Getreidekorn bis zum fertigen Gebäck könnt ihr mit Infokarten darstellen. Dazu müsst ihr z. B. Folgendes in Erfahrung bringen:
– Wie erfolgt die Getreideproduktion auf dem Acker?
– Was geschieht mit dem geernteten Getreide?
– Woher bezieht der Bäcker sein Mehl?
– Wie wird Brot gebacken?
– Welche Getreideprodukte gibt es in der Bäckerei?
– Welche Unterschiede bestehen zwischen Weizenprodukten und den anderen Getreideerzeugnissen?

Grundlagen Weizen als Beispiel einer Getreidepflanze

Die Weizenpflanze
Der runde Stängel der Weizenpflanze, der *Halm*, ist im Vergleich zu seiner Länge sehr dünn. |6
Er ist biegsam und innen hohl. Verdickungen am Stängel, die *Knoten*, erhöhen seine Festigkeit. Oberhalb der Knoten kann der Stängel in die Länge wachsen. Hier bilden sich auch die schmalen *Blätter*. Mit ihrem unteren Teil umhüllen sie den Halm.
An der Spitze des Halms entwickeln sich die *Blüten*. Viele unscheinbare Einzelblüten bilden einen Blütenstand, die *Ähre*. |7
Aus jeder Einzelblüte entwickelt sich ein *Weizenkorn*.

Das Weizenkorn
Das Weizenkorn ist von einer harten Hülle umgeben. Innen liegt der stärkehaltige Mehlkörper. |8
Am unteren Ende des Weizenkorns kann man den *Weizenkeimling* erkennen.
Je nachdem, wie fein das Korn gemahlen wird, entsteht Weizenschrot, Graupen, Grieß oder Mehl.

A Zeichne eine Weizenpflanze in dein Heft. Beschrifte die Skizze.
B Welche Getreidepflanzen kennst du? Stelle ihre Besonderheiten in einer Tabelle zusammen. Beschaffe dir die nötigen Informationen.

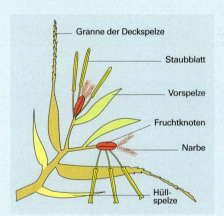

|7 Aufbau eines Ährchens mit zwei Blüten

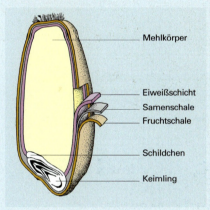

|6 Schnitt durch ein Weizenkorn

2 Wir lassen Weizenkörner keimen
a Lege feuchtes Filterpapier in eine (Petri-)Schale. Lass darauf einige Weizenkörner keimen. Protokolliere mehrere Tage lang deine Beobachtungen.
b Warte, bis die ersten Wurzeln erscheinen. Pflanze dann die Keimlinge in einen Topf mit Blumenerde. Führe dein Beobachtungsprotokoll noch einige Tage weiter.

3 Wir untersuchen Weizen
a Schneide den Getreidehalm quer durch. Betrachte den Querschnitt mit der Lupe und zeichne ihn.
b Wie viele Körner enthält eine Weizenähre? Wie sind sie in der Ähre angeordnet?
c Schneide ein Weizenkorn mit einem Messer der Länge nach durch. Erkennst du den Mehlkörper und den Keimling?

|6 Die Weizenpflanze

Die „tolle Knolle" Kartoffel (Auswahlthema 4)

|1 Auch ein solches Plakat – eine Wandzeitung – gehört zur Kartoffel-Ausstellung.

Vielleicht könnt auch ihr über dieses Grundnahrungsmittel eine *Ausstellung* durchführen. |1
Es würde sich lohnen, denn man kann die Kartoffel nach vielen Gesichtspunkten untersuchen, z. B.:
– Lebensmittel, die aus Kartoffeln hergestellt sind (Im Supermarkt findet ihr viele. Lest die jeweilige Zutatenliste. Überlegt, welche Rolle die Erzeugnisse bei der Ernährung spielen.)
– Von der Kartoffelknolle zum Kartoffelprodukt (Wie entstehen z. B. Kartoffelchips? …)
– Kartoffeln als Viehfutter (Wie werden sie dazu aufbereitet? Welche Tiere bekommen sie? …)
– Die Kartoffel als nachwachsender Rohstoff (Welche Rolle spielt Kartoffelstärke als Verpackungsmaterial? …)
– Geschichte der Kartoffel
– Kartoffelanbau

Arbeitsweise Wir bereiten eine Ausstellung vor

Erste Überlegungen
– Wo soll die Ausstellung aufgebaut werden?
– Auf welche Weise kann man die Kartoffelpflanze am besten vorstellen?
– Wie wird in der Schule auf die Ausstellung hingewiesen?
– Wer betreut die Ausstellung, nachdem sie fertig gestellt ist?

Los geht's!
Jeder erwirbt Kenntnisse über die Kartoffelpflanze (siehe rechte Seite). Gemeinsam wird überlegt, welche Teilthemen sich für eine Ausstellung eignen würden.
Welche Gruppen könnten für die Erarbeitung gebildet werden?
In den Gruppen wird beraten, …
… wer Zeichnungen, Grafiken oder Texte anfertigt;
… wie man lebende Pflanzen ausstellen kann; |2
… wo man Informationen zu einem Teilthema erhalten könnte.
Zu klären ist z. B.:
– Wie wird das betreffende Kartoffelprodukt hergestellt?
– Welche Speisen lassen sich daraus zubereiten?
– Welche Nährstoffe enthält das jeweilige Essen?
– Enthält es auch Vitamine und Mineralstoffe?

|2 „Wie wollen wir's anpacken?"

1 Welche Nährstoffe befinden sich in Kartoffelprodukten?

In frischen Kartoffeln sind viele Nährstoffe enthalten. |3
Vergleiche diese Werte für frische Kartoffeln mit denen der Fertigprodukte.

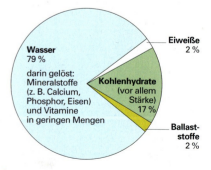

|3 Nährstoffe in Kartoffeln

2 Wir untersuchen eine Kartoffel

Eine Lupe hilft dir, wenn du eine Kartoffel genauer untersuchen willst:

a An deiner Kartoffel wirst du kleine Vertiefungen erkennen – die „Augen". Welche Organe der Pflanze entwickeln sich wohl aus ihnen?

b Betrachte auch eine austreibende Kartoffelknolle. Was stellst du fest?

c Zeichne eine Kartoffelknolle.

d Aus welchen Kartoffelteilen werden die Knollen der Kartoffel gebildet? (Der Text und die Bilder rechts helfen dir.)

3 Nachweis von Vitamin C und von Stärke in der Kartoffel

Wir untersuchen eine frische, durchgeschnittene Kartoffel.

a Nachweis von Vitamin C |4
Teste noch andere vorher angefeuchtete Kartoffelprodukte. Tauche das Teststäbchen auch in „vitaminhaltigen" Orangensaft.

|4 Nachweis von Vitamin C

b Nachweis von Stärke |5
Gib einen Tropfen Lugolscher Lösung auf Stücke von Kartoffeln, Äpfeln oder auf Würfelzucker. Vergleiche!

|5 Nachweis von Stärke

Grundlagen Die Nutzpflanze Kartoffel

Die Kartoffel gehört zu den wichtigsten Nahrungsmitteln. Sie enthält viele Nährstoffe, die wir zum Leben brauchen. Dazu gehört vor allem die Stärke.

Die Kartoffelpflanze ist einjährig. |6 Nach drei bis vier Monaten sterben alle ihre oberirdischen Teile ab. Blätter und Stängel der Pflanze sind giftig. Aus den Blüten entwickeln sich giftige grüne Früchte. |7 |8

Bei der Kartoffelpflanze wächst der sonst grüne Spross unter der Erde weiter. Er bleibt farblos und bildet Ausläufer. Im Frühsommer verdicken sich die Enden dieser Ausläufer und werden zu *Knollen*. |9 Kartoffeln sind umgewandelte, verdickte Sprosse ohne Blätter.

Die Vertiefungen in der Kartoffelknolle nennt man „Augen". Das sind die Knospen. |10

In der Knolle sind alle Nährstoffe für die Überwinterung gespeichert. Die gespeicherten Nährstoffe reichen dann im nächsten Frühjahr so lange, bis sich die junge Pflanze selbst ernährt.

|7 Blüten

|8 Früchte

|9 Knolle

|10 Keimende Knolle

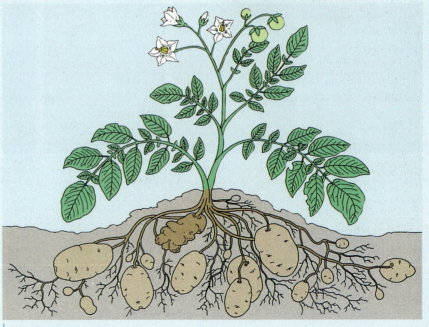

|6 Kartoffelpflanze

4 Anleitung
Herstellung einer Folie aus Kartoffelstärke

Du brauchst: 1
1 Becherglas (250 ml) mit einem Uhrglas als Abdeckung,
1 Becherglas (400 ml) mit Wasser als Wasserbad,
1 Brenner und Dreifuß,
1 Stativ mit Halter für ein Becherglas
1 Glasstab,
Schüssel oder Platte aus Kunststoff (PE),
2,5 g Kartoffelstärke,
2,5 ml Glycerin-Wasser-Lösung (1 : 1),
20 ml Wasser, 1 bis 2 ml Lebensmittelfarbstofflösung.

So wird's gemacht:

a Gib das Wasser und die Glycerinlösung in das kleinere Becherglas. Streue die trockene Kartoffelstärke in die Flüssigkeit und verrühre sie. Falls du farbige Folie herstellen willst, musst du einen Lebensmittelfarbstoff in die Mischung geben.

b Die Mischung deckst du mit dem Uhrglas ab. Das Ganze stellst du in das Wasserbad. Die Mischung wird mindestens 15 Minuten lang gekocht und zwischendurch umgerührt.

c Danach soll das heiße Gel noch so flüssig sein, dass es aus dem Becherglas fließt. Gib sonst etwas Wasser hinzu und koche es noch einmal auf.

d Anschließend wird das heiße Gel auf den Boden der umgedrehten Schüssel oder Platte gegossen.

e Zum Trocknen stellst du die Schüssel bei 100 bis 105 °C in einen Trockenschrank. Du kannst das Gel auch bei Zimmertemperatur über Nacht trocknen lassen.

Die Folie kann dann von der Platte abgezogen werden. 2 Ihren Rand solltest du mit einer Schere beschneiden, um zu dünne oder eingerissenen Stellen zu entfernen und weiteres Einreißen zu verhindern.
Du kannst die Stärkemasse auch auf eine Kunststofffolie gießen.

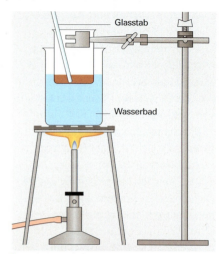

1 Versuchsaufbau

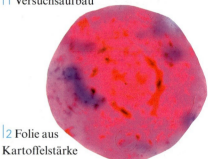

2 Folie aus Kartoffelstärke

Wissenswertes Kartoffelanbau im Schulgarten

Mitte Mai
Umgraben und Furchen ziehen.

3

Mai
Kartoffeln in die Furchen legen.

Anfang Juni
Unkraut jäten, mit der Hacke den Boden auflockern.

Ab Anfang Juni
Erde über den Knollen aufhäufeln.

Juli/August
Mit einer Forke die Kartoffelknollen ausgraben.

Ab Mitte Mai zieht ihr mit der Hacke 20 cm tiefe Furchen in den Boden (Abstand: ca. 50 cm). 3
In die Furchen legt ihr im Abstand von 30 cm je eine Kartoffelknolle. Sie wird mit Erde bedeckt.
Die Knospen (Augen) an den Knollen beginnen bald auszutreiben. Nach 3 Wochen erscheinen die ersten grünen Laubtriebe. Jetzt gilt es, den Boden um die jungen Pflanzen herum aufzulockern.
Häufelt von Zeit zu Zeit die Erde um die Pflanzen herum auf. Das ist nötig, damit sich an den unterirdischen Ausläufern viele Knollen bilden.
Bis zur Ernte fallen weitere Arbeiten an: hacken, Unkraut jäten und bei trockener Witterung gießen.
Tipp: Kartoffeln kann man auch in einem großen Blumentopf anbauen.

Geschichte **Als die Kartoffel zu uns kam**

Die Heimat der Kartoffel ist das Hochland von Peru und Bolivien (Südamerika). |4
Mit der Eroberung des Inkareichs durch die Spanier kam sie auch nach Europa (Anfang des 16. Jahrhunderts). |5
Erst ab 1621 wurde die Kartoffel in Deutschland angepflanzt.
Wegen ihrer schönen Blüten und der vielen Blätter schätzte man sie aber zunächst nur als Zierpflanze. Die Knollen blieben unbeachtet.
Es war aber schon bekannt, dass die Kartoffel ein wertvolles Nahrungsmittel ist. Also lud Friedrich II. von Preußen – der „Alte Fritz" – 1745 seine Hofbeamten zum Kartoffelessen ins Schloss. Er wollte so die Kartoffel als Nahrungsmittel bekannt machen. Die Bauern waren nämlich noch gar nicht vom Wert der Kartoffel überzeugt. Sie fürchteten die Giftigkeit der Pflanze.
Der König ließ den Kartoffelanbau überwachen. |6 Doch die Bauern warfen die geernteten Knollen nur den Schweinen vor.
Im Siebenjährigen Krieg (1756–1763) wurde die Kartoffel aber eine bedeutende Hilfe für die hungernde Bevölkerung. Von nun an nahm ihr Anbau auch in unserem Land zu. Bald waren die Kartoffeln als Nahrungspflanze so wichtig, dass Missernten bei ihrem Anbau zu Hungersnöten führten.
Heute ist die Kartoffel ein wichtiges Grundnahrungsmittel. Darüber hinaus wird sie vielfach als Rohstoff verwendet.

A Erzähle, auf welche Weise die Kartoffel in Europa zur Nutzpflanze wurde.
B Berichte von den Schwierigkeiten bei der Einführung der Kartoffel als Nahrungsmittel.
Was bezweckte Friedrich II. mit dem öffentlichen Kartoffelessen?
C Woher rührten wohl die Bedenken der Bauern?

|4 Von Südamerika nach Europa

|5 Inkas beim Pflanzen von Kartoffeln

|6 Der „Alte Fritz" kontrolliert den Kartoffelanbau.

Die Kartoffel als Rohstoff

Stärke-Industrie	Spiritus-Industrie	Trocknungsindustrie
Kartoffelmehl	Liköre	Kartoffelflocken und -schnitzel
Sago	Essig	Püreepulver
Sirup	Treibstoff	Kartoffelchips
Stärke	Kosmetikerzeugnisse	Pommes frites
Puddingmehl	Brennspiritus	Backhilfsmittel
Textilstärke	diverse chem. Produkte	Kartoffelkloßmehl

|7 Vielseitig verwendbar …

Der Boden

Boden ist nicht gleich Boden

Bodenreste an den Schuhen verraten, ob jemand am Strand oder im Wald gewesen ist. Denn es gibt viele verschiedene Arten von Böden. Einige Eigenschaften des Bodens kannst du durch einfache Untersuchungen ohne besondere Hilfsmittel feststellen …

|1

Grundlagen Woraus besteht Boden?

Zum größten Teil besteht Boden aus *mineralischen* Bestandteilen. Es handelt sich dabei um kleine Körnchen, die durch die Verwitterung von Gestein entstanden sind. Bei der Verwitterung wird Gestein nach und nach in immer kleinere Bruchstücke gespalten. So entsteht ein Gemisch aus größeren und kleineren Bruchstückchen, die du durch Siebe mit unterschiedlichen Lochgrößen voneinander trennen kannst. Die kleinsten Bodenstückchen sind mit bloßem Auge gar nicht mehr erkennbar.

Ein kleiner Teil des Bodens, etwa ein Zehntel, sind *organische* Substanzen. Das sind Stoffe, die von Tieren und Pflanzen stammen. Es kann sich dabei um lebende oder abgestorbene Tiere und Pflanzen(teile) handeln.

Zum lebenden Anteil gehören lebende Pflanzenwurzeln und Bodenlebewesen (vor allem Regenwürmer, Pilze, Bakterien). Abgestorbene, verrottete Lebewesen machen den größten Teil der organischen Bodenbestandteile aus. Man bezeichnet ihn als *Humus*.

Böden mit einem hohen Humusgehalt sind besonders fruchtbar.

1 Die „Fingerprobe"

Auf einfache Art und Weise kannst du die Bodenart identifizieren. Du brauchst dazu nur Daumen und Zeigefinger. |2 |3

|2

2 Bestandteile von Bodenproben

Ihr braucht: 1 grob- und 1 feinmaschiges Sieb.

Durchführung: Die Bestandteile der verschiedenen Bodenproben lassen sich voneinander trennen. Siebt die Proben zunächst mit dem grobmaschigen Sieb durch.

Notiert, welche Bestandteile im Sieb hängen bleiben, z. B. Steinchen unterschiedlicher Größe, Pflanzenteile, eventuell auch kleine Tiere.

Mit dem feinmaschigen Sieb untersucht ihr jetzt den Teil der Proben, der durch das erste Sieb gefallen ist. Notiert auch hier die Ergebnisse.

Wie fühlt sich die Bodenprobe an?	Bodenart
Körnig, rau, nicht klebrig; geringe Bindigkeit, hohe Luft- und Wasserdurchlässigkeit	Sand
Klebrig, lässt sich zu bleistiftstarken Walzen ausrollen	lehmiger Sand
Klebrig, lässt sich zu Walzen ausrollen, die deutlich dünner als ein Bleistift sind	sandiger Lehm
Klebrig, kann sehr gut ausgerollt und zu Figuren geformt werden, beim Zerreiben knirschen enthaltene Sandkörner	Lehm
Sehr gut ausrollbar, enthält sehr feine Sandkörner, die nur zwischen den Zähnen knirschen	lehmiger Ton
„Seifig", „fettig", sehr gut ausrollbar; hohe Bindigkeit, kaum luft- und wasserdurchlässig	Ton

|3 Bestimmung von Böden mit der Fingerprobe

Durchmesser der Korngrößen	Bezeichnung des Bodens
über 20 mm	Steine
20–2 mm	Kies
2–0,2 mm	Grobsand
0,2–0,063 mm	Feinsand
0,063–0,002 mm	Schluff
unter 0,002 mm	Ton

|4 Bodenarten nach Korngrößen

Für die folgenden Versuche benötigt ihr verschiedene Bodenprobe. Sammelt sie in Schraubgläsern und beschriftet sie mit ihrer Herkunft. Notiert die Versuchsergebnisse in einer Tabelle (s. Muster unten).

3 Kalkgehalt von Böden
Böden unterscheiden sich durch ihren Gehalt an Kalk. Gebt von jeder Probe einen Löffel Boden auf ein Uhrglas. Euer Lehrer oder eure Lehrerin gibt dann fünf Tropfen Salzsäure auf die Bodenprobe. Beobachtet! |5 |6
Vorsicht! Salzsäure nicht auf die Haut oder die Kleidung bringen. Sie wirkt reizend.

Beobachtung	Bezeichnung des Bodens
keine Reaktion	kalkarm
schwaches Aufbrausen	gering kalkhaltig
kurzes, starkes Aufbrausen	kalkhaltig
anhaltendes, starkes Aufbrausen	kalkreich

|5 Salzsäuretest – Kalkgehalt von Böden

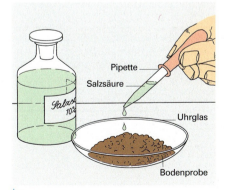

|6 Ermittlung des Kalkgehalts

4 Säuregrad von Böden
Ein Boden kann auch sauer sein – wenn auch nicht so sauer wie eine Zitrone. Wie sauer er ist, kannst du mit einem Teststreifen ermitteln. An einer Farbskala kannst du den *pH-Wert* des Bodens ablesen. |7 Je niedriger der pH-Wert, desto saurer der Boden.
a Probiert die Teststreifen in Zitronensaft, Leitungswasser, destilliertem Wasser, Limonade … aus.
b Gebt 2 Löffel Boden und 50 ml destilliertes Wasser in das Glasgefäß. Wenn sich der Boden abgesetzt hat, taucht ihr den Teststreifen in das Wasser und ermittelt den pH-Wert.

5 Wasserhaltefähigkeit von Böden
Wie viel Wasser eine bestimmte Bodenart halten kann, lässt sich mit einem einfachen Versuchsaufbau feststellen. |8
Füllt 10 Löffel luftgetrockneten Boden in ein dickes Glasrohr. Unter das Glasrohr stellt ihr den Messzylinder. Dann schüttet ihr 100 ml Wasser vorsichtig in das Rohr. Sobald kein Wasser mehr abläuft, lest ihr die durchgelaufene Menge ab.
Berechnet, wie viel Wasser im Boden zurückgehalten wurde. Notiert das Ergebnis in eurer Tabelle.

6 Humusgehalt des Bodens
Den Humusgehalt von Böden ermittelt man durch Ausglühen. Da Humus pflanzlichen und tierischen Ursprungs ist, verbrennt er bei starker Erhitzung einer Bodenprobe. Sandkörner und kleine Steine bleiben übrig.
a Gebt 50 g von der Bodenprobe in einen Eisentiegel. Der Boden muss vorher an der Luft getrocknet sein. Erhitzt den Tiegel mit dem Brenner, bis der Boden ausgeglüht ist (Abzug!).
b Nach dem Erkalten wird der ausgeglühte Boden gewogen. Berechnet den Humusanteil.
Wenn 100 g Boden mindestens 20 g Humus enthalten, spricht man von einem Humusboden.

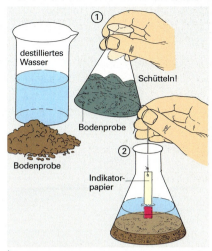

|7 Bestimmung des pH-Wertes

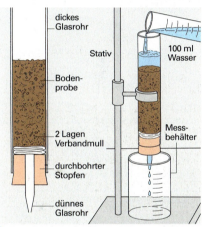

|8 Ermittlung der Fähigkeit des Bodens, Wasser zu speichern

Herkunft der Bodenprobe	Kalkgehalt	pH-Wert	Wasserhalte-fähigkeit	Humus-boden
Wald	?	?	? ml	ja/nein
Sandkasten	?	?	? ml	ja/nein
…				

|9 Mustertabelle

Bodenbewohner

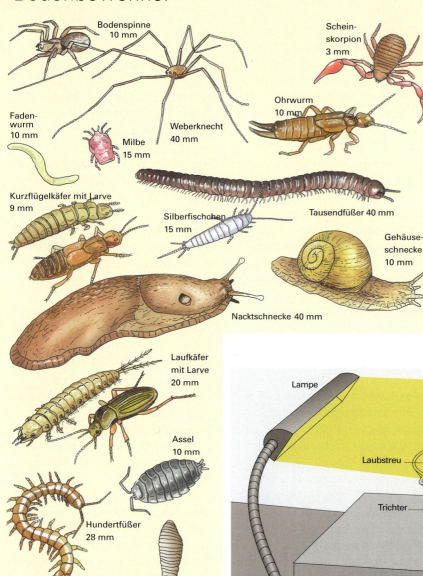

1 Tiere im Boden und in der Laubstreu

1 Die Lichtfalle für Bodenlebewesen

Ihr braucht: Trichter, grobes Sieb, Pappkarton, Lampe, Glasschale, angefeuchteten Pinsel, Lampe, leere Konservendose ohne Boden und Deckel, Waldboden mit Laubstreu, Lupe.

So wird's gemacht: Drückt die Dose wie einen Stechzylinder in den Waldboden. Entnehmt die obere Bodenschicht samt der Streu und gebt sie in das Sieb. Setzt das Sieb auf den Trichter, der in eine dunkle Schachtel ragt. Lasst die Probe langsam im Licht austrocknen. 2 Die Tiere fliehen vom Hellen ins Dunkle und fallen in das Glas unter dem Trichter.

Betrachtet die Tiere mit der Lupe. Benutzt dabei auch den Pinsel. Versucht sie zu bestimmen. 1

Lasst die Tiere nach Beendigung der Untersuchung wieder im Wald frei.

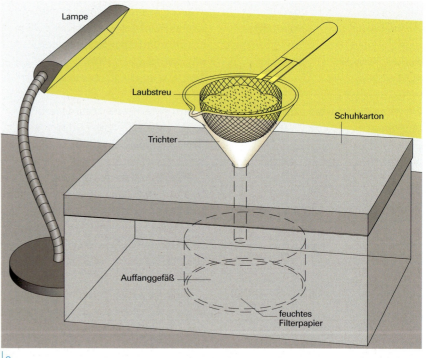

2

2 Das Regenwurmglas

Fülle in ein Glasgefäß jeweils 4 cm hohe Schichten lockere Gartenerde oder helle Komposterde oder hellen Sand. Auf der Komposterde werden einige Blätter verteilt. Die Erde wird gleichmäßig befeuchtet.
Jetzt werden etwa zehn Regenwürmer eingesetzt.
Beobachte das Glasgefäß über einen längeren Zeitraum. Was ist mit der Erde und dem Sand nach einer Woche, was nach zwei Wochen geschehen?

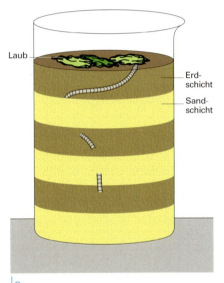

3

Umwelt   Der Regenwurm – ein nützlicher Bodenbewohner

Bodenverbesserer

Regenwürmer erhöhen die Bodenfruchtbarkeit.
Sie fressen keine Wurzeln, wie viele glauben, sondern nur verrottende und verwesende Pflanzenteile. Gern ziehen sie bei Nacht abgefallene Blätter in ihre Bodenröhren. Sobald die Blätter sich zersetzen, werden sie vom Regenwurm zusammen mit Erde gefressen. Der Wurmkot wird entweder in den Bodenröhren oder an der Erdoberfläche in kleinen Häufchen abgelagert. Er ist mit Pflanzenresten angereichert, die eine fruchtbare Erde entstehen lassen.
In einem Kubikmeter Erde können über 300 Regenwürmer leben. Sie graben Gänge bis in 2 m Tiefe. Durch ihre Tätigkeit lockern sie den Boden. Bei Regen dringt das Wasser durch die Gänge schnell in die Erde ein. Bei Trockenheit fördern die Gänge die Durchlüftung.

Feuchtlufttier

In feuchten Nächten kommen die Regenwürmer aus der Erde und gehen auf Nahrungssuche. Nach starken Regenfällen sieht man oft viele Regenwürmer auf der Erdoberfläche. 4 Sie haben ihre Röhren verlassen um nicht zu ersticken. Die gleiche Gefahr droht ihnen, wenn die Sonne ihre Haut austrocknet. Regenwürmer atmen durch die Haut. Das ist aber nur möglich, wenn sie feucht ist. Doch auch bei ausreichender Feuchtigkeit sterben die Tiere an der Erdoberfläche rasch, weil ihre Haut durch die Sonnenstrahlung geschädigt wird. Regenwürmer legen Eier, aus denen nach 2 bis 5 Monaten kleine Würmchen schlüpfen. Die Tiere können 10 Jahre alt werden.
Der Regenwurm sorgt für fruchtbaren Boden: Er lockert, durchmischt und düngt ihn.

Haltung von Regenwürmern

Achtung! Vergiss nicht, dass Regenwürmer Lebewesen sind.
Wenn du sie transportieren willst, füllst du ein Glas mit Schraubverschluss mit feuchter Erde und etwas Gras oder Laub. Gib nicht mehr als 4 bis 6 Regenwürmer in ein Glas. Stelle das Glas möglichst kühl und dunkel und halte die Regenwürmer nur so kurz wie möglich in dem Glas.
Wenn du Versuche mit Regenwürmern durchführst, schütze sie vor grellem Licht und lass die Erde nicht austrocknen. Setze die Regenwürmer nach Beendigung des Versuchs wieder im Freien auf lockerer Erde aus.

4 Regenwurm

Wie entsteht Humus?

Ein Garten macht Freude, wenn die Pflanzen gut gedeihen. Auf reinem Sandboden ist gutes Pflanzenwachstum kaum zu erwarten. Deshalb müssen Gartenbesitzer oft erst dunkle, fruchtbare Gartenerde heranschaffen. Solche Erde enthält viel *Humus*.
Wie bildet sich Humus?

1 Minikomposthaufen

Ihr braucht: 1 altes Aquarium, etwas Zeitungspapier, ungekochte Obst- und Gemüseabfälle (besonders geeignet: Porreereste), Blumenerde, Laubstreu, etwas Kompost, einige Regenwürmer, 1 Wasserzerstäuber.
Achtung, vergesst nicht, dass Regenwürmer Lebewesen sind! Geht vorsichtig mit ihnen um.
So wird's gemacht: Gebt das Kompostmaterial ins Aquarium, mischt es etwas durch und schiebt es zu einem Haufen zusammen. Legt anschließend die Regenwürmer obenauf und beobachtet sie. |2
Deckt das Aquarium nicht ab und stellt es nicht in die pralle Sonne. Der Komposthaufen muss feucht gehalten werden. Sprüht ihn daher regelmäßig mit Wasser ein.
Beobachtet über einige Wochen die Veränderungen eures Komposthaufens. Von Zeit zu Zeit könnt ihr auch neues Kompostmaterial mitbringen und oben auf den Haufen geben.

2 Recycling in der Natur

Ihr braucht: 3 saubere Bechergläser, Sand, Gartenerde, Haushaltsfolie, Filterpapier, Laubblätter, Holzstückchen, Plastik, Klebestreifen.
So wird's gemacht: Befestigt je einen Streifen Filterpapier und Kunststoff, ein Blatt sowie ein Holzstückchen mit Klebestreifen an der Innenseite der Gläser. |3
Füllt ein Glas mit Sand, die anderen mit Gartenerde. Feuchtet die Erde an und verschließt die Gläser mit Haushaltsfolie.
Stellt ein Glas mit Erde in den Kühlschrank, die anderen ins warme Zimmer. Haltet die Erde feucht. Kontrolliert täglich den Zustand der Gegenstände in den Gläsern.
Fertigt ein Beobachtungsprotokoll an. Nach drei Wochen ist der Versuch beendet. Entnehmt die Gegenstände und untersucht sie. Tragt eure Beobachtungen wieder in das Protokoll ein. |4
Wertet euer Protokoll anschließend aus. Wie lassen sich die Ergebnisse erklären?

|2 Komposthaufen zum Ausprobieren

|3

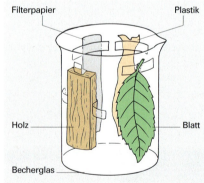

Beobachtungsprotokoll				
Datum	Gegenstand	in Sand	in Erde (warm)	in Erde (kalt)
21.06.	Filterpapier	?	?	?
	Blatt	?	?	?
	Holz	?	?	?
	Plastik	?	?	?

|4

Umwelt Aus Gartenabfällen wird Humus

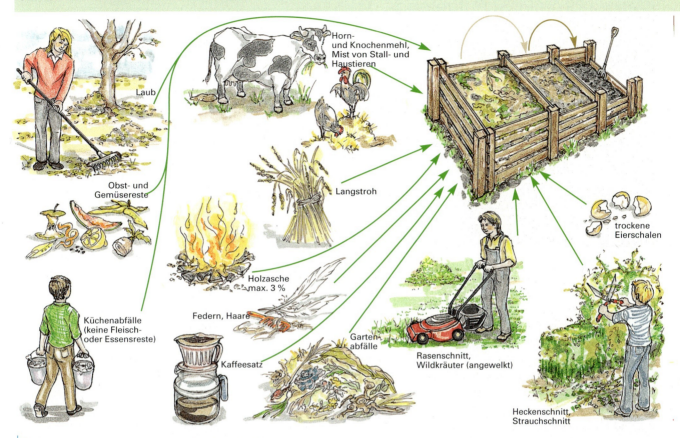

5 Kompostierung von Garten- und Küchenabfällen

Die Bildung von Humus ist das gemeinsame Werk von Bodentieren und Mikroorganismen. Das ist ein langsam ablaufender Vorgang. Er ist z. B. von der Beschaffenheit des Bodens abhängig.
Wer einen Garten hat, bemüht sich deshalb ständig um Nachschub an Humus für die Beete. Man kann ihn kaufen oder durch Anlegen eines eigenen Komposthaufens gewinnen. Dieser wird mit verschiedenen Abfällen „gefüttert". 5
Schon nach kurzer Zeit bildet sich – unter Mithilfe von Bodentieren und Kleinstlebewesen – fruchtbare, humushaltige Gartenerde. So löst der Komposthaufen zwei Probleme auf einmal: Küchen- und Gartenabfälle werden umweltfreundlich beseitigt und man erhält den kostbaren Humus.
Um besonders schnell Humus zu erhalten, bietet sich das „Drei-Kammer-System" an: Der Komposthaufen besteht aus drei Kammern. In die größte werden die frischen Abfälle eingefüllt. Nach etwa 5 bis 6 Wochen wird ihr Inhalt in die zweite und nach weiteren 6 Wochen in die dritte Kammer umgefüllt. Die leeren Kammern nehmen jeweils wieder neue Abfälle auf.

Humus hat keine einheitliche Zusammensetzung. Es lassen sich mehrere Arten von Humus unterscheiden.
Zum Beispiel ist Torf eine sehr saure Humusart. Sein pH-Wert liegt bei 3,5 bis 4,5. Man findet Torf im Boden von Nadelwäldern, in der Heide und in Torfmooren.

Erfassen eines Lebensraums

Klassenprojekt Schulgelände

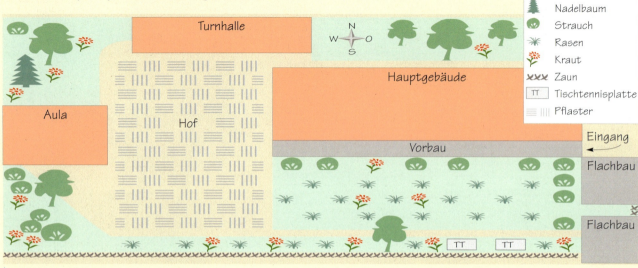

1 Lebensraum Schulgelände

2 Leben zwischen Pflastersteinen

3 Löwenzahn

5 Rispengras

7 Spitzahorn

4 Hausrotschwanz

6 Kleiner Fuchs

8 Marienkäfer

Das Schulgelände soll nach *Pflanzen* und *Tieren* abgesucht werden. Dabei kommt es auf jede Art an, egal ob ihr sie kennt oder nicht. Ihr werdet selbst an Orten, die kahl und unbewohnbar erscheinen, Pflanzen- und Tierarten entdecken.

Lebewesen suchen sich den Ort aus, an dem sie alles haben, was sie zum Leben brauchen. An geeigneten Orten können so Gemeinschaften mit erstaunlich vielen Pflanzen- und Tierarten entstehen. Man spricht von *Artenvielfalt*.

1 Klassenprojekt: Wir erarbeiten einen Fahrplan

a Verabredet ein Thema und legt es schriftlich fest.
b Erstellt einen Zeitplan von Beginn bis zum Abschluss der Projektarbeit. |9
c Bildet Arbeitsgruppen mit drei bis vier Mitgliedern. Jede Arbeitsgruppe übernimmt einen Teilbereich des Schulgeländes. Überlegt euch, welche Teilthemen und Aufgaben ihr in eurer Arbeitsgruppe übernehmen wollt. Überprüft dabei, ob die selbst gewählten Aufgaben dem Projektziel entsprechen. Beispiele: „Pflanzen zwischen Steinplatten"; „Tiere in Rasenflächen"; „Kleintiere in der Rinde". |10
d Trefft euch in regelmäßigen Abständen und informiert jeweils die anderen Gruppen über den Stand eurer Arbeit. |11
e Am Ende eurer Projektarbeit soll ein „Produkt" entstehen, das eure Erkenntnisse enthält. Jeder Einzelne soll sich darin mit seinem Beitrag wiederfinden. Hier bietet sich die Gestaltung von Plakaten an. |12
Die Plakate stellt ihr anschließend in der Schule oder beim Elternabend vor. Ihr könnt auch ein Verzeichnis aller gefundenen Arten des Lebensraums „Schulgelände" (mit Bildern) auf einer CD zusammenstellen.

Datum	Uhrzeit	Aufgabe
5. 5. 200…	7.45	Wir einigen uns auf eine Projektidee
10. 5. 200…	9.30	Tiere fangen
…	…	…
…	…	…

|9 Zeitplan

|10 Themenfächer

|11 Beim Austausch von Informationen

|12 Ergebnisse werden dargestellt und erläutert.

Wir fangen Tiere

1 Geräte zum Finden und Fangen

Tiere können klein und groß oder schnell und langsam sein. Sie können sich an unterschiedlichen Orten aufhalten und am Tag oder bei Nacht unterwegs sein. Wer sie fangen will, braucht eine Ausrüstung.

1 Wir fangen Tiere

– Viele Kleintiere versuchen sich vor ihren Feinden zu verbergen. Spüre sie auf und fange sie vorsichtig ein. |2 |3 Stülpe ein Fangglas über sie oder lass sie vorsichtig hineinkriechen und schließe den Deckel.
– Sammle Raupen, Käfer oder Wanzen in Schnappdeckelgläsern. Gib jeweils etwas vom Fundort dazu, z. B. ein Blatt des Strauches.
– Sauge sehr kleine Tiere ein |4 oder nimm sie mit Löffel oder Pinsel auf.
– Fange Blütenbesucher am besten mit der Fangschere.
– Nimm Gliedertiere mit weicher Außenhülle mit der Federstahlpinzette auf.

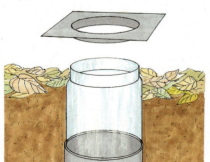

2 Barberfalle

3 Abklopfen von Zweigen mit Leintuch

4 Vorsichtiges Einsaugen von Kleintieren

2 Wir beobachten Tiere

Nicht alle Tiere lassen sich so einfach einfangen.
– Vögel haben einen großen Fluchtabstand. Beobachte sie mit einem Fernglas und vergleiche sie mit den Abbildungen eines Bestimmungsbuchs. Notiere die Namen.
– Andere hinterlassen als Zeichen ihrer Anwesenheit Reste ihrer Mahlzeiten oder andere Spuren. Zeichne oder fotografiere die Reste und Spuren.

Naturschutz Fangt nicht alle Tiere

Lurche wie Grasfrosch und Erdkröte, aber auch Kriechtiere wie Eidechse und Ringelnatter unterliegen der Artenschutzverordnung. Sie sind somit ganzjährig geschützt und dürfen auf keinen Fall gefangen genommen werden!
Manche Tiere sind zart und verletzlich. Achte darauf, dass sie nicht zu Schaden kommen. Schmetterlinge solltest du deshalb nicht einfangen, sondern an Ort und Stelle bestimmen oder zeichnen bzw. fotografieren.

Arbeitsweise Kartieren

Um den Fundort von Tieren festzuhalten, braucht man einen Plan des Lebensraums. In diesen Plan kann man die Funde genau eintragen. Das nennt man *kartieren*.

Kartiert euer Schulgelände:
- Nehmt kariertes Papier, Schreibunterlage, Bleistift und Radiergummi.
- Stellt euch auf den Schulhof und fangt bei eurer Planzeichnung mit dem Schulgebäude an. Achtet darauf, dass ihr groß genug zeichnet. Schulhof, Gebäude, Mauern, Zäune, Bäume, Sträucher und Rasenflächen sollen in ihrer Größe und Lage ungefähr stimmen.
- Die Grünflächen könnt ihr mit Buntstiften färben.
- Damit jeder sich zurechtfindet, kennzeichnet ihr die Einzelheiten mit einem Buchstaben oder Symbol und schreibt eine Erklärung dazu. |5
- Teilt den Plan dann so auf, dass gleich große Teile für die jeweiligen Arbeitsgruppen entstehen.

Mit dem Fotokopierer könnt ihr die Teilpläne vergrößern. Jede Arbeitsgruppe trägt nun ihre Tierfunde am Fundort in ihren Teilplan ein. |6
- Setzt die Teilpläne anschließend wieder zu einem Gesamtplan zusammen. Klebt ihn auf einen Karton oder Packpapier. Jetzt habt ihr eine genaue Übersicht über die Tiervorkommen, die es auf eurem Schulgelände gibt. Als Nächstes müsst ihr eure Funde bestimmen.

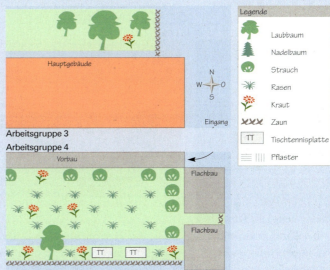

|5 Der Gesamtplan wird in Teilpläne aufgeteilt.

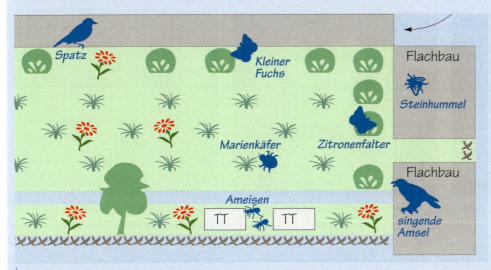

|6 In einem Teilplan trägt die jeweilige Arbeitsgruppe ihre Funde ein.

Kennübung **Tiere des Schulgeländes**

1 *Bänderschnecke:* Gehäuse 20 mm breit und 15 mm hoch, mit braunen Längsbändern; frisst grüne Blätter von Kräutern und Gehölzen; Nahrung der Singdrossel, sie schlägt das Gehäuse auf.

2 *Mauerassel:* 3–18 mm groß; gegliederter Körper, Rückenschilder grau oder hell gezeichnet; 7 sichtbare Beinpaare; auffällig gewinkeltes Fühlerpaar; ernährt sich von welken Pflanzenresten.

3 *Streifenwanze:* 9–11 mm groß; auffallend rot-schwarze Färbung; saugt an blühenden Kräutern und Gräsern, indem sie mit ihrem Saugrüssel die Leitungsbahnen anstich.

4 *Kreuzspinne:* bis 12 mm groß; weißes Kreuz auf dem Hinterleibsrücken; ernährt sich von Fluginsekten wie Fliegen und Hummeln.

5 *Steinkriecher:* bis 30 mm groß; kräftig dunkelrotbraun; mit 15 Paar Laufbeinen; am Kopf ein Paar schnurförmige Fühler; ernährt sich von lebenden Kleinsttieren.

6 *Ohrwurm:* bis 17 mm lang; glänzend braun mit Zangen am Hinterleib; besitzt drei Beinpaare; frisst pflanzliche und tierische Nahrung.

7 *Grashüpfer:* bis 24 mm lang; grünlich, bräunlich oder rötlich; Flügel beim Weibchen kürzer als beim Männchen; flugunfähig; ernährt sich von Pflanzen, vor allem von Gräsern.

8 *Wegameise:* bis 10 mm lang; dunkelbraun bis schwarz; nistet in Erde, Holz und Mauerritzen; ernährt sich vorwiegend vom Honigtau der Blattläuse.

9 *Rüsselkäfer:* bis 9 mm lang; braunschwarz, manche schillernd grün; saugt Pflanzensäfte aus Brennnesseln und anderen krautigen Pflanzen.

Kennübung **Pflanzen des Schulgeländes**

|10 *Weißklee:* Schmetterlingsblütengewächs; bis 30 cm hoch; Einzelblüten weiß oder rötlich weiß, bis 13 m lang; Blättchen abgerundet, leicht gezahnt; verbreitet auf Wiesen und Rasen.

|11 *Breitwegerich:* Wegerichgewächs; bis 30 cm hoch; flache Rosette aus kräftigen, gerippten Blättern; Blüte grünlich gelb, klein, Staubblätter hervorstehend; häufig an Fußwegen.

|12 *Gänseblümchen:* Korbblütengewächs; bis 10 cm hoch; Zungenblüten weiß, Röhrenblüten gelb; Rosette aus löffelförmigen, gekerbten Blättern; weltweit verbreitet.

|13 *Löwenzahn:* Korbblütengewächs; bis 50 cm hoch; gelbe Zungenblüten; Stängel mit Milchsaft; Rosette mit länglichen, unregelmäßig gesägten Blättern; auf Wiesen.

|14 *Vogelmiere:* Nelkengewächs; bis 40 cm lang; Blüte weiß, klein; Blätter oval; untere Blätter gestielt, obere sitzend; weltweit verbreitete Pflanze auf Wiesen.

|15 *Vogel-Knöterich:* Knöterichgewächs; niederliegend und stark verzweigt; Blüten hellrot bis weiß; Blätter länglich, zugespitzt; an Wegen und auf Wiesen häufig.

|16 *Hirtentäschelkraut:* Kreuzblütengewächs; bis 40 cm hoch; Blüten weiß; Blätter unten in einer Rosette, oben stängelumfassend; weltweit verbreitet auf Wiesen und an Wegen.

|17 *Strahlenlose Kamille:* Korbblütengewächs; bis 40 cm hoch; nur gelbgrüne Röhrenblüten; BlätteR fein gefiedert; süßlicher Duft; häufig an Wegen und Wiesen.

|18 *Einjähriges Rispengras:* Süßgräser; bis 90 cm hoch; rauer, aufrechter Stängel; Blüten in einer Rispe; Blätter dunkelgrün, bis 20 cm lang; häufiges Wiesengras.

Wir erfassen Standortfaktoren

Pflanzen und Tiere haben eine Vorliebe für bestimmte Wuchs- und Aufenthaltsorte.
Wenn du Standorte an der Südseite eures Schulgebäudes mit der Nordseite vergleichst, wirst du die Unterschiede am besten feststellen …

|1 Süd- und Nordseite des Schulgebäudes

Mit „Messinstrumenten" kannst du die Unterschiede der Standorte herausfinden und als *Standortfaktoren* messen. Alle Messungen solltest du am selben warmen und sonnigen Tag zur gleichen Uhrzeit durchführen, damit die Ergebnisse vergleichbar sind.

1 Standortfaktor Temperatur
Miss die Luft- und Bodentemperatur an Standorten deines Schulgeländes, die du auf Pflanzen- und Tiervorkommen untersucht hast.
– Achte darauf, dass das Thermometer für die Luftmessung nicht der direkten Sonneneinstrahlung ausgesetzt ist.
– Bohre für die Messung der Bodentemperatur zuerst ein kleines Loch. Stecke dann das Bodenthermometer 10 cm tief in den Boden. |2 |3

2 Standortfaktor Verdunstung
a Stelle ein eigenes Verdunstungsmessgerät her. |4
Du brauchst dazu ein kleines Reagenzglas (z. B. 10 ml), Blumenbindedraht, Filterpapier, Klebeband, Drahtbügel und ein Gummiband.
Fülle das Reagenzglas vollständig mit Wasser und verschließe es mit einem runden Filterpapier (Durchmesser: 4 cm). Das Filterpapier muss in der Mitte eine etwa stecknadelgroße Öffnung haben und mit dem Blumenbindedraht befestigt werden.
b Hänge das Verdunstungsmessgerät am Untersuchungsort auf. Den Wasserverlust kannst du mit einem Stift markieren, mit dem Lineal messen und in Millimetern angeben.

|2 Messung der Bodentemperatur

|3 … mit dem Bodenthermometer

|4 Selbst gebautes Verdunstungsmessgerät

Grundlagen **Standortfaktoren**

Wichtige Standortfaktoren sind Licht, Luft- und Bodentemperatur, Bodenfeuchtigkeit und Verdunstung (Luftfeuchtigkeit). Sie entscheiden über die Pflanzen- und Tiervorkommen eines bestimmten Standorts. So braucht ein Grasfrosch eine hohe Luftfeuchtigkeit und Schatten, sonst würde seine empfindliche feuchte Haut austrocknen. |7
Das Einjährige Rispengras hingegen kommt mit der niedrigen Luftfeuchtigkeit an sonnigen Standorten mit wenig Wasser und Boden in den Pflasterritzen des Schulhofs gut zurecht. |8
Pflanzen und Tiere sind also an bestimmte Aufenthaltsorte angepasst und deshalb auch dort anzutreffen.

|7 Grasfrosch

|8 Rispengras

A Überlege, wie du die Bodenfeuchtigkeit untersuchen kannst.
B An welche Standortfaktoren sind die Kräuter des Waldes, der Obstwiese und des Ackers angepasst? Informiere dich in diesem Buch.
C Welche Standortfaktoren herrschen in einer Wüste, der Antarktis oder im tropischen Regenwald vor? Beschaffe dir Informationen.
D Miss die Standortfaktoren in deinem Klassenzimmer.

3 Standortfaktor Licht

Stell ein Gerät zur Lichtmessung her. Besorge dir dafür eine Papprohre (Küchenrolle) und Kopierpapier, auf DIN-A6-Größe geschnitten.
a Für die Messung brauchst du einen sonnigen Tag. Schau durch die Röhre hindurch und richte sie auf den Boden. Halte nun so viele Papierblätter davor, dass du deinen Zeigefinger gerade nicht mehr siehst. Zähle die Papierblätter und notiere die Zahl.
b Die Lichtstärke kannst du auch mit einem im Handel erhältlichen Messgerät, dem Luxmeter, messen. |5

4 Auswertung der Messungen

Halte die Messergebnisse aller Standortfaktoren in einer Tabelle fest. |6

Standort	Lufttemperatur in °C	Bodentemperatur in °C	Verdunstung in mm	Lichtstärke (Anzahl der Papierblätter)
Rasen				
Schulhof				
Gebäudesüdseite				
Hecke				
…				

|6 Standortfaktoren im Lebensraum „Schulgelände"

|5 Die Lichtstärke ist einfach zu messen.

Auswerten und präsentieren

Du hast ein Tier gefangen. Mit der Becherlupe kannst du es genauer *betrachten*. Dabei fallen dir viele Besonderheiten auf: Kopf mit Fühlern, die in winzige Abschnitte aufgeteilt sind; sechs rotbraune Beine, die aus mehreren Gliedern und einem starken „Schenkel" bestehen; zwei dunkelbraune Flügeldecken mit parallel verlaufenden Rillen …

Dein Gehirn kann die vielen Einzelheiten nur wenige Augenblicke speichern. Wenn du deinen Blick abwendest, vergisst du schon die ersten Merkmale.

Du sollst dir die Gestalt des Tiers merken und konzentrierst dich deshalb auf den Körperumriss. Alle anderen Merkmale musst du zunächst übersehen.

Dein Gehirn übersetzt die Körperform des Tiers in Zeichenbewegungen, die deine Hand mit dem Bleistift ausführt. So entsteht eine *Strichzeichnung*. Du lernst, dass ein Käfer aus drei Abschnitten (Kopf, Brustabschnitt und Hinterleib) und drei Beinpaaren besteht. Du kannst Käfer nun von anderen Gliedertieren unterscheiden.

1 Unterscheide das Wichtige vom Unwichtigen!

1 Zeichnen
Wählt in der Klasse ein Tier aus, das ihr zeichnen möchtet.
a Zeichne das Tier mit Bleistift so groß wie deine Hand. Achte darauf, dass klare durchgehende Linien entstehen. Wenn die Strichzeichnung fertig ist, darfst du sie mit Buntstiften vorsichtig einfärben.
b Vergleicht eure Zeichnungen gemeinsam in der Klasse. Welche Gemeinsamkeiten entdeckt ihr? Schaut noch einmal das Tier an und korrigiert Ungenauigkeiten oder Fehler.
c Beschrifte die Zeichnung: Tiername, Großgruppe, Datum und Fundort.

2 Bestimmen und ordnen
a Nehmt eure Funde mit ins Klassenzimmer. Versucht die Pflanzen und Tiere mithilfe von Bestimmungsbüchern zu bestimmen.
b In den Bestimmungsbüchern, im Internet sowie in zusätzlicher Literatur findet ihr weitere Informationen zu den Lebewesen: Nahrung, Feinde, Standort. Schreibt sie neben eure Zeichnungen.
c Legt für die Pflanzen und Tiere jeweils eine Liste an, in der alle Funde nach Großgruppen geordnet sind.

3 Ergebnisse vorstellen
a Besorgt euch eine Rolle Packpapier als Plakatunterlage, Stifte und Klebstoff.
b Setzt eure Teilpläne wieder zum Gesamtplan des Schulgeländes zusammen und klebt ihn auf das Packpapier.
c Jede Gruppe klebt zu ihrem ursprünglichen Teilplan das ganze Material dazu, das sie erarbeitet hat. Ihr habt nun einen Überblick über die Pflanzen und Tiere, die es auf eurem Schulgelände gibt.
d Stellt euer Poster dem Rest der Klasse in Form eines Kurzreferats vor.

Lebensraum „Schulgelände"

2 Häufige Bewohner des Schulgeländes

1 Nahrungsketten

a Zeichnet eine Ansicht eures Schulgeländes mit Pflastersteinen, Rasen, Betonflächen, Gehölzen … auf ein großes Plakat.

b Zeichnet eure Pflanzen- und Tierfunde mit Bleistift und Buntstiften auf runde Papierscheiben mit einem Durchmesser von 7 cm. Klebt die Scheiben auf das Plakat jeweils an den Ort, wo ihr sie gefunden habt.

c Sucht nun nach Nahrungsketten und kennzeichnet sie durch rote Pfeile. Die Pfeile müssen immer in die Richtung zeigen, in der die Nahrung aufgenommen wird. Da sich die Nahrungsketten verzweigen, erhaltet ihr das *Nahrungsnetz* eures Schulgeländes. Unten seht ihr ein Beispiel. 3

d In diesem Kapitel findet ihr Bilder von weiteren Tieren des Schulgeländes. Sucht heraus, welche Nahrung sie brauchen. Fügt sie ins Nahrungsnetz ein.

Grundlagen Lebensraum

Alle *Pflanzen* brauchen in ihrem *Lebensraum* Licht, Kohlenstoffdioxid, Wasser und Mineralsalze aus dem Boden. Außerdem verankern sie sich in der Regel durch ihre Wurzeln. Sie sind also fest an ihren Standort gebunden und müssen mit Hitze, Kälte und Trockenheit im Lauf des Jahres zurechtkommen. Dabei können die Bedingungen sehr unterschiedlich sein.

Mit ganz unterschiedlichen Standortfaktoren kommen Bäume und Sträucher zurecht. Sie gedeihen überall dort, wo ihre Wurzeln Fuß fassen können.

Anders als die Pflanzen können Tiere ihren Standort wechseln und teilweise große Strecken zurücklegen. Meist sind sie jedoch dort anzutreffen, wo sie Nahrung und Unterschlupf oder einen Nistplatz finden. Die meisten Tiere sind *Pflanzenfresser*. Sie ernähren sich von allem, was Pflanzen im Jahreslauf bilden. Selten schädigen Pflanzenfresser ihre Nahrungspflanzen so, dass diese absterben. Denn die Pflanzen bilden mehr Nährstoffe, als sie selbst benötigen.

Wenn Tiere andere Tiere fressen, dann sprechen wir von *Fleischfressern* oder *Räubern*. Oft werden die Räuber selbst das Opfer von anderen Fleischfressern.

Die Beziehung zwischen einer Pflanze, einem Pflanzenfresser und einem Fleischfresser nennt man eine *Nahrungskette*.

Die meisten Tiere haben mehrere Nahrungsquellen. Nahrungsketten sind also miteinander verknüpft. So entsteht ein *Nahrungsnetz*. Die Pflanzen und Tiere eines Lebensraums sind eng miteinander verbunden. Sie bilden eine *Lebensgemeinschaft*.

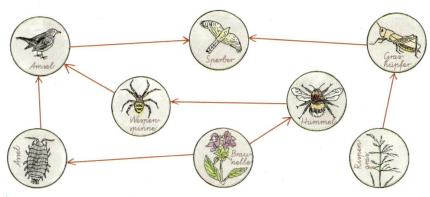

3 Nahrungsnetz. (Hinweis: „→" bedeutet „… wird gefressen von …".)

Zusammenfassung

Standortfaktoren

Entscheidend für Pflanzen- und Tiervorkommen sind die Standortfaktoren: Licht, Luft und Bodenbeschaffenheit, Temperatur, Wasser und Luftfeuchte.

Das Schulgelände ist wie unsere Städte und Dörfer stark durch die menschliche Nutzung geprägt. Manche Bereiche sind lebensfeindlich.

1 Dieser Schulhof bietet wenige Lebensräume für Pflanzen und Tiere.

Standortfaktoren für Pflanzen

Damit sich Pflanzen ansiedeln, muss Platz für Wurzeln vorhanden sein. Nur so können sie sich mit Wasser und Mineralsalzen versorgen. Eine Pflanze ist an ihren Standort gebunden. Sie muss an die bestehenden Bedingungen angepasst sein.

Jeder Lebensraum hat seine speziellen Standortfaktoren: Temperatur, Wind, Trockenheit, Bodenbeschaffenheit, Bodenqualität, Sonneneinstrahlung … Die Pflanzenvielfalt wird von diesen Faktoren bestimmt.

2 Lebensraum Pflasterritze

3 Standortfaktor Bodentemperatur

Standortfaktoren für Tiere

Den Pflanzen folgen Tiere, die sich von ihnen ernähren oder die Unterschlupf und Nistraum suchen. Die Zahl der Pflanzenfresser hängt von der Vielfalt der Pflanzenarten ab. Manche Pflanzenfresser sind auf wenige Nahrungspflanzen angewiesen. Wenn sie fehlen, bleibt das Tier aus. Fleischfresser ernähren sich von der großen Zahl der Pflanzenfresser oder von anderen Fleischfressern.

4 Hummel sammelt Nektar.

5 Amsel frisst Assel.

Nahrungsnetze

Pflanzen, Pflanzenfresser und Fleischfresser sind über Nahrungsbeziehungen verknüpft. Viele Tierarten nutzen mehrere Nahrungsquellen.

Zwischen Pflanzen und Tieren besteht ein Netz von Nahrungsbeziehungen, ein Nahrungsnetz. |6

Je mehr Nahrungsquellen vorhanden sind, umso sicherer ist das Überleben von Tier- und Pflanzenarten.

Die Vielfalt von Lebensräumen mit unterschiedlichen Standortfaktoren ist Voraussetzung für die Pflanzenvielfalt. Diese ermöglicht ein reiches Tiervorkommen und stabile Lebensgemeinschaften, in der keine Arten aussterben müssen.

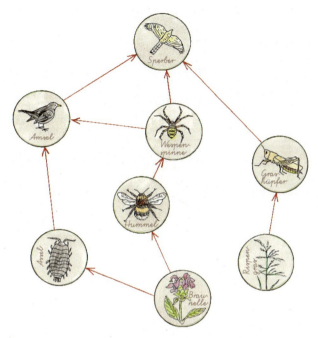

|6 So könnte das Nahrungsnetz eines Schulgeländes aussehen.

Alles klar?

A Wie organisiert man ein Klassenprojekt? Entwickle ein übersichtliches Schaubild, in dem alle wichtigen Vorgehensschritte zu erkennen sind.
B Was sind Standortfaktoren und wovon hängen sie ab?
C Nenne Standortfaktoren für eine selbst ausgewählte Beispielpflanze.
D Nenne Standortfaktoren für das Beispiel eines Tiers.
E Wähle einen Standortfaktor und erläutere, wie und womit man ihn misst und wie man ihn auswertet.
F Ordne die gezeigten Tiere nach Pflanzen- und Fleischfressern. |7 Beobachtungen der Tiere auf dem Schulgelände helfen dir sicher bei der Einteilung.

G Erläutere den Begriff Nahrungsnetz an einem Beispiel.
H Du hast ein Tier gefangen. |8 Fertige eine Bleistiftzeichnung an.

|7

|8

Der Wald – ein weiterer Lebensraum

Der Wald

1 Fichtenwald

2 Laubmischwald

Vergleiche die beiden Fotos oben. Welche Unterschiede fallen dir auf? Die Zeichnung daneben hilft dir bei deinen Überlegungen.

3 Stockwerkaufbau in einem Laubmischwald und in einem Fichtenwald

Klassenprojekt Wald

Ihr könnt einen Tag der Vielfalt auch im Wald durchführen. |1

|1 Unterwegs mit dem Revierförster

1 Klassenprojekt Wald
Führt ein Klassenprojekt zum Thema „Wald" durch. Versucht das Thema ähnlich wie beim Schulgelände aufzufächern: *Tiere im Boden, Baumarten, Sträucher, Kräuter, Höhlenbrüter, Tiere in Baumstümpfen …* Ihr könnt die gleichen Fangmethoden anwenden. Vergesst nicht, die Standortfaktoren zu messen und mit anderen Standorten zu vergleichen.
Tiere werden gezeichnet, Pflanzen herbarisiert.
Haltet die Ergebnisse aller Arbeitsgruppen auf Plakaten fest. Stellt sie beim Elternabend, im Schulhaus oder beim Schulfest vor.

2 Im Wald
Vereinbart mit dem zuständigen Revierförster einen Termin im Wald. Vielleicht ist er bereit, euch durch seinen Wald zu führen.
Sicher wird er euch Fragen beantworten, die ihr zu diesem Thema habt.

3 Nahrungsnetz im Wald
Zeichnet einen Ausschnitt eures Waldes auf ein großes Plakat.
Stellt eure Tier- und Pflanzenfunde auf runden Papierscheiben mit einem Durchmesser von 7 cm mit Bleistift und Buntstiften dar. Klebt sie auf dem Plakat jeweils an den Ort, wo ihr sie gefunden habt. Wenn ihr durch Pfeile die Richtung angebt, in der die Nahrung aufgenommen wird, erhaltet ihr ein Nahrungsnetz. |2 Bezieht auch die Tiere der folgenden Doppelseite mit ein.

Hinweis zur Darstellung (auch in ähnlichen Schaubildern): Die Pfeilspitzen weisen auf ein Tier hin, dem das angeführte Lebewesen als Nahrung dient.

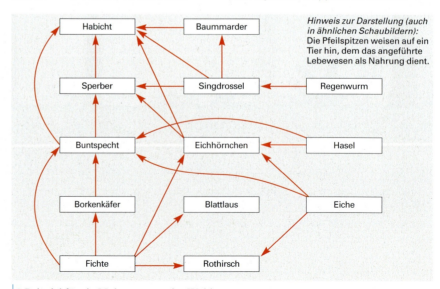

|2 Beispiel für ein Nahrungsnetz im Wald

Grundlagen **Der Wald – Geschichte, Wirtschaft und Lebensraum**

Waldgeschichte

Mitteleuropa war ursprünglich eine Waldlandschaft. Waldfreie Gebiete gab es nur dort, wo die Bodenauflage durch felsigen Untergrund so dünn war, dass Gehölze nicht wurzeln konnten.

Im Laufe der Besiedlungsgeschichte wurde der Wald teilweise gerodet. Mit der anwachsenden Bevölkerung entstanden landwirtschaftlich genutzte Flächen. Aus den verbliebenen Wäldern wurde Bau- und Brennholz gewonnen.

Im Mittelalter trieb man sogar das Vieh in die „Waldweide". Die unkontrollierte Nutzung führte gegen Ende des Mittelalters zu einem akuten Holzmangel.

Damit auch künftige Generationen genügend Holz haben, wurde die Entnahme aus dem Wald neu geregelt: Innerhalb eines Jahres darf nur noch so viel Holz geschlagen werden, wie im gleichen Zeitraum nachwachsen kann. Dieses Prinzip der *Nachhaltigkeit* wurde in vielen Ländern der Erde übernommen und auf andere Lebensbereiche übertragen.

Waldwirtschaft

Für die Bewirtschaftung des Waldes sind heute Förster oder Waldbauern zuständig. Bedarf und Bodenverhältnisse entscheiden darüber, welche Baumarten gepflanzt werden. Ernten kann der Förster oder Bauer das Holz nicht, das unter seiner Anleitung gepflanzt wurde. Bis eine Fichte hiebreif ist, vergehen nämlich 70 bis 80 Jahre. Für Buchen oder Eichen muss mit 120 bis 150 Jahren gerechnet werden.

Fallende Holzpreise und durch die Luftverschmutzung erkrankte Bäume haben die Erträge in der Waldwirtschaft in den letzten Jahrzehnten sinken lassen. Oft deckt der Gewinn gerade mal die Kosten.

Lebensraum Wald

Laubmischwälder sind Lebensräume von hoher Vielfalt. Durch ihre Gliederung in Moos-, Kraut-, Strauch- und Baumschichten haben viele verschiedene Pflanzenarten ausreichend Licht.

Zahlreiche Insekten und andere Kleintiere ernähren sich von ihnen und dienen ihrerseits räuberischen Arten als Nahrung.

Besonders artenreich sind die *Bannwälder*, in denen die absterbenden Bäume einfach umfallen und liegen bleiben. |3 Von dem modernden Holz ernähren sich Insektenlarven, wie z. B. die des Hirschkäfers.

Reine *Fichtenwälder* sind artenarm. Das Licht, das durch die dichten Baumkronen der Nadelbäume auf den Boden fällt, reicht gerade einigen Moosen zum Überleben. Kräuter und Sträucher können hier nicht gedeihen.

A Auf der vorhergehenden Doppelseite kannst du zwei verschiedene Waldtypen erkennen. Welcher ist artenreicher? Beschreibe!

|3 Bannwald

Kennübung Einige Pflanzen und Tiere des Waldes

1 *Buche:* bis 30 m hoher Laubholzbaum; dient Insekten und anderen Tieren als Nahrungsquelle; in alten Buchen baut der Schwarzspecht seine Bruthöhle, später ziehen dort Fledermaus oder Waldkauz ein.

2 *Buchenbockkäfer:* bis 30 mm lang; dunkelbraun gefärbt; Fühler auffallend lang; Weibchen legen ihre Eier in die Rinde abgestorbener Bäume und Larven fressen vom Holz unter der Rinde.

3 *Fichtenborkenkäfer:* 4–5 mm langer, kurzbeiniger Käfer, dunkelbrauner Glanz; Larven legen ihre Fraßgänge in der Fichtenrinde an; bei Massenvermehrung kann er große Schäden anrichten.

4 *Buntspecht:* bis 23 cm groß; weißer Bauch, Rücken schwarz und weiß gefleckt, Schwanzunterseite rot; frisst vorwiegend Insekten und deren Larven, die im Holz wohnen.

5 *Haubenmeise:* bis 12 cm groß; mit Federhaube; Nest in verlassenen Spechthöhlen; ernährt sich von Samen, Spinnen und Kleininsekten wie der Fichtengalllaus.

6 *Fichtengalllaus:* bis 2 mm groß; die Larven leben in Gallen an jungen Fichtentrieben; sie trinken die nährstoffreichen Säfte der Fichtentriebe.

7 *Rote Waldameise:* 6–11 mm groß; rötlich gefärbter Brustabschnitt; pflanzliche und tierische Nahrung; große Bedeutung durch die Vernichtung von Schädlingslarven.

8 *Waldkauz:* bis 38 cm groß; nistet in Schwarzspechthöhlen; jagt nachts Vögel, Mäuse und Insekten; auf alte Buchenbestände angewiesen, weil es nur dort ausreichend viele Schwarzspechthöhlen gibt.

9 *Gelbhalsmaus:* bis 12 cm groß; weit hervortretende Augen, große Ohren, weiße Füße; frisst Samen (z. B. die der Buchen und Eichen), junge Triebe, Wurzeln und Insekten.

Kennübung **Einige Pflanzen und Tiere des Waldes**

|10 Blätter von Bäumen

|11 Blätter von Sträuchern

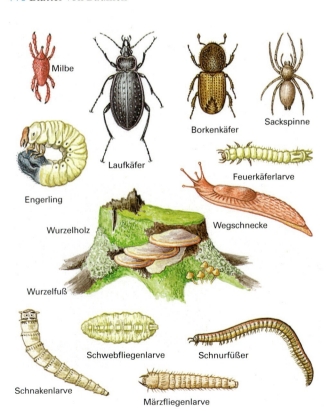

|12 Leben in Baumstümpfen

|13 Häufige Tiere des Waldes

Tiere in der Natur

Vögel

1 Einige Vögel im Garten

Körperteile: Ohrgegend, Scheitel, Nacken, Kehle, Rücken, Flügelbinde, Brust, Bürzel, Bauch, Oberschwanzdecken, Unterschwanzdecken

Schnabelformen: spitz, gebogen; hakenförmig; kräftig; gekreuzt; zierlich

Gestalt: kräftig; rundlich; schlank

2 Begriffe zur Vogelbeschreibung

In Parks und Gärten kannst du verschiedene Vogelarten beobachten. Welche Arten kennst du mit Namen? Woran erkennst du sie?

1 Wir beobachten Singvögel

Im Sommer suchen viele Vögel eine Vogeltränke oder einen Teich auf, im Winter ein Futterhaus. Hilfreich für deine Beobachtungen ist ein Fernglas.
a Notiere Vogelarten, die du im Garten oder im Park siehst.
b Warum unterscheidet sich oft das Gefieder von Männchen und Weibchen?
c Lege zu einer Art einen Steckbrief an. 3
d Vögel ernähren sich von unterschiedlichem Futter. Wieso unterscheiden sich die Schnabelformen?

Steckbrief:	Dompfaff
Kopf:	mit schwarzer Kappe
Schnabel:	schwarz, ziemlich dick
Kehle, Brust:	beim Männchen rot, beim Weibchen braun
Rücken:	graubraun
Flügel:	schwarz mit hellen Streifen

3 Mustersteckbrief

2 Ein Plakat zu den Vögeln

Stellt eure Vogelbeobachtungen auf einem Plakat dar. Das hilft beim Kennenlernen der Vogelarten.
Mögliche Themen des Plakats:
– Steckbriefe von Vögeln
– Das Leben eines Vogels im Verlauf des Schuljahrs

Grundlagen Brüten und Brutpflege

Grundlagen Unsere Singvögel

Vögel leben in der Nähe des Menschen. Die meisten gehören zur Gruppe der *Singvögel*. Die Männchen der Singvögel – nicht die Weibchen – können häufig schön singen. Auch Sperlinge und Krähen gehören zu den Singvögeln, obwohl sie nur tschilpen und krächzen.

Zugvögel und Standvögel

Unter unseren Vögeln gibt es *Zugvögel* wie den Storch und den Kuckuck. Sie ziehen im Herbst in den Süden. *Standvögel* (Haussperling und Buntspecht) bleiben auch im Winter hier. Sie sind an die Bedingungen der kalten Jahreszeit angepasst.

Insektenfresser und Körnerfresser

Nach der Art ihrer Nahrung lassen sich *Insektenfresser* und *Körnerfresser* unterscheiden. Meisen, Schwalben und Spechte gehören zu den Insektenfressern. Dompfaffen und Finken sind Körnerfresser.

4 Amselnest mit Eiern

5 Amselweibchen beim Brüten

6 Die Jungen sind nur wenige Tage alt.

7 Die Jungen sind etwa 12 Tage alt.

3 Wir untersuchen ein verlassenes Nest (im Herbst)

Im Herbst findet man verlassene Vogelnester in unbelaubten Sträuchern. Sammle einige dieser Nester ein. *Achtung:* Die Nester sind voller Ungeziefer. Verwende Plastikhandschuhe. Bitte deine Lehrerin oder deinen Lehrer, sie vor der Untersuchung zu desinfizieren.

a Welche Form haben die Nester?
b Aus welchem Material sind sie gebaut?
c Wie ist das Nest gebaut?
d Versuche herauszufinden, von welchem Vogel das Nest stammt. Ein Vogelbestimmungsbuch hilft dir dabei.

Alle Vögel legen Eier. Sie bebrüten diese Eier und betreuen dann ihre Jungen. 4–7
Je nach Vogelart schlüpfen die Jungvögel unterschiedlich: Sie sind entweder schon recht selbstständige Nestflüchter oder noch ziemlich hilflose Nesthocker. Manche Verhaltensweisen brauchen die Jungvögel nicht zu lernen. Das Aufsperren des Schnabels, wenn die Eltern kommen, ist ihnen angeboren.
Je nachdem, wo Vögel ihr Nest bauen, nennt man sie *Freibrüter* oder *Höhlenbrüter*. Amseln und Krähen sind Freibrüter. Zu den Höhlenbrütern gehören Sperlinge, Meisen und Stare. Sie nisten gerne in geschlossenen Nistkästen.

A Was versteht man unter Freibrütern, was unter Höhlenbrütern?
B Die Jungvögel der Amsel gehören zu den Netzhockern. Erläutere! Welche Vogelarten sind Nesthocker, welche Nestflüchter? Informiere dich im Lexikon.

Aus dem Leben einer Ringelnatter

Schlangen, z. B. die Ringelnatter, sieht man bei uns nur selten. Diese Tiere sind sehr scheu und lassen sich kaum beobachten. Der Film „Die Ringelnatter" zeigt aber die wichtigsten Abschnitte aus dem Leben dieser Schlange. 1–8

1 Lebensraum der Ringelnatter

2 Kriechende Ringelnatter

3 Kopf der Ringelnatter

4 Sonnenbad

5 Züngelnde Ringelnatter

6 Ein Frosch wird gefangen.

7 Ein Feind: der Mäusebussard

8 Der Nachwuchs schlüpft aus dem Ei.

A Macht euch beim Film „Die Ringelnatter" Aufzeichnungen in Form einer Mind-Map.
Lest euch vor der Filmvorführung die folgenden Fragen durch.

Fragen zum Film „Die Ringelnatter"
1 Wo lebt die Ringelnatter?
2 Woran kann man sie erkennen?
3 Sind alle Hornschuppen gleich?
4 Wie bewegt sich die Schlange fort?
5 Warum sonnt sie sich?
6 Welche Beute jagt die Ringelnatter?
7 Wie spürt sie ihre Beute auf und wie tötet sie sie?
8 Warum häutet sich die Ringelnatter?
9 Welche natürlichen Feinde hat sie?
10 Wo erfolgt die Eiablage?
11 Wie sehen die geschlüpften Jungtiere aus?
12 Kümmert sich die Mutter um ihre Jungen?
13 Wo überwintert die Ringelnatter?

Grundlagen **Kriechtiere (Reptilien)**

Kriechtiere sind an das Leben auf dem Land angepasst. Ihr Körper ist mit einem Schuppenkleid aus Horn vor Wasserverlust geschützt. Da es nicht mitwächst, müssen sich Kriechtiere immer wieder häuten. Ihre Eier legen sie an Land. Die Eischale verhindert das Austrocknen.
Zu den Kriechtieren zählen Eidechsen, Schildkröten, Krokodile und Schlangen.
Kriechtiere sind *wechselwarm*. Ihre Körpertemperatur entspricht der Umgebung. Wenn die Tiere in der Sonne liegen, steigt sie. Im Schatten oder in kühlen Erdhöhlen sinkt sie. Viele Kriechtiere wechseln daher zwischen warmen und kalten Orten hin und her.

9

Vom Laich zum Lurch

Grundlagen Kröten und andere Lurche (Amphibien)

10 Rettet die Lurche!

Kröten gehören zu den *Lurchen* oder *Amphibien*. Das sind Feuchtlufttiere, die an ein Leben im Wasser und auch an Land angepasst sind. Ihre schalenlosen Eier heißen *Laich*. Aus dem Laich schlüpfen nach 12 bis 18 Tagen fischähnliche Larven, die *Kaulquappen*. |11 Sie atmen mit

11 Kaulquappe

Kiemen, haben einen Ruderschwanz und ernähren sich von Algen. Nach drei bis vier Monaten bilden sich bei ihnen Lungen und Beine. Aus wasserlebenden Kaulquappen werden nun landlebende Lurche. Ihre nackte, drüsenreiche Haut muss ständig feucht sein, da die Tiere auch über die Haut atmen. Lurche brauchen feuchte Lebensräume. Sie sind wechselwarm.
Es gibt zwei Gruppen von Lurchen: *Froschlurche* (Frösche, Unken und Kröten) haben einen gedrungenen Körper ohne Schwanz. Ihre Hinterbeine sind länger als ihre Vorderbeine. *Schwanzlurche* haben einen lang gestreckten Körper mit einem langen Schwanz. An Land bewegen sie sich kriechend fort. Zu ihnen gehören Molche und Salamander. |13

Wissenswertes Die Krötenwanderung

Es ist Ende März. In den ersten warmen, regnerischen Frühlingsnächten regt sich etwas unter Laub und Steinen. Es kommt Bewegung in das Winterquartier der *Erdkröten*. Sie beginnen zu den Laichgewässern zu wandern – zu denselben, in denen sie aufgewachsen sind. Unterwegs warten die Männchen auf Weibchen, um sich tragen zu lassen. Nach einigen Tagen laicht das Weibchen. |12 Bis zu 6000 schwarze Eier legt es in langen, gallertartigen Laichschnüren ab. Das Männchen besamt sie *(äußere Befruchtung)*. Danach wandern die Kröten in ihre Sommerquartiere. In Wäldern und Parks jagen sie jetzt nachts Würmer, Schnecken, Spinnen und Insekten.

12 Die Erdkröte hat abgelaicht.

13 Feuersalamander

A Beschreibe das Leben der Erdkröte im Jahreslauf. |14
B Übertrage die Tabelle in dein Heft und fülle sie aus.
C Welche Lurcharten gibt es bei uns? Informiere dich in Bestimmungsbüchern und erstelle Steckbriefe.

	Kaulquappe	Erdkröte
Lebensraum	...	...
Körperform	...	...
Atmung	...	...
Fortbewegung	...	...
Nahrung	...	...

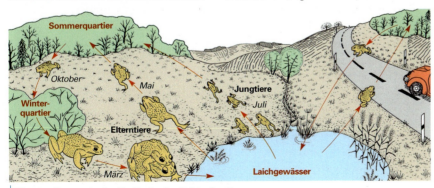

14 Wanderungen der Erdkröte im Jahreslauf

Die Forelle

1 Junge Forellen im Aufzuchtbecken

Gebirgsbäche mit sauerstoffreichem Wasser sind die eigentliche Heimat der Bachforellen.
Zum Verzehr werden sie aber auch künstlich in Becken gezogen. |1 Die Forelle ist nämlich für viele Fischliebhaber ein besonderer Genuss.

1 Wir untersuchen eine Forelle
Anleitung:
Lege eine Tabelle an, in der du deine Beobachtungen festhältst.
a Lege den Fisch auf die Unterlage. Welche Anpassungen an den Lebensraum Wasser kannst du erkennen?
b Fertige eine Umrissskizze der Forelle an. Trage die Flossen ein.
Wie sind die verschiedenen Flossen gebaut? In welche Richtung lassen sie sich bewegen?
c Untersuche mit den Fingern die Haut. Was stellst du fest?
Hebe mit einer Präpariernadel eine Schuppe ab. Wie sieht es darunter aus?
d Wie sieht es im Maul der Forelle aus? Hat die Forelle Zähne?
e Dringe vom Maul aus mit einem Bleistift in die linke Kiemenhöhle vor. Wie viele Kiemenspalten hat die Forelle auf jeder Seite?
f Hebe den Kiemendeckel mit einer Pinzette ab und betrachte die Kiemen. Welche Farbe haben sie?
g Entferne den Kiemendeckel. Wie sind die Kiemen aufgebaut?

2 Die inneren Organe der Forelle
Beim Zerlegen hilft dir die Zeichnung links. |2
① Entferne mit der Schere den Kiemendeckel.
② Schneide mit flach angesetzter Schere an der Bauchdecke entlang bis zum Ansatz der Brustflosse. Beginne am After und verletze nicht die inneren Organe.
③ Schneide entlang des ehemaligen Kiemendeckels (so weit es geht) nach oben über die Seitenlinie.
④ Schneide von der Afteröffnung (so weit es geht) nach oben über die Seitenlinie.
⑤ Schneide die entstandene Fleischkappe ab, sodass die Bauchhöhle frei liegt.
⑥ Hebe mit dem Skalpell flache Muskelschichten parallel zur Schnittrichtung von Schnitt 5 ab, bis du die Wirbelsäule spürst.
Welche inneren Organe kannst du erkennen? |3

Nach dem Präparieren:
a Reinige die Arbeitsgeräte unter fließendem Wasser und trockne sie mit Einweghandtüchern.
b Achte darauf, dass am Ende der Stunde dein Arbeitsplatz sauber ist.
c Reste entsorgst du nach Anleitung deines Lehrers oder deiner Lehrerin. Wirf sie auf keinen Fall in den Ausguss!
d Nach sauberer Arbeit kann die Forelle zubereitet und gegessen werden.

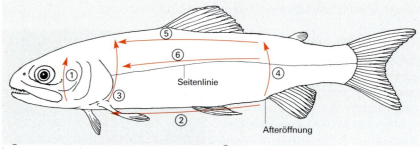

|2 Die Forelle und wie man sie zerlegen kann

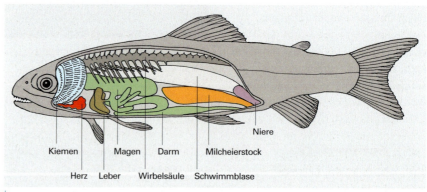

|3 Die Organe der Forelle

Grundlagen Die Bachforelle – ein Leben im Wasser

Der Lebensraum
Bachforellen leben in rasch fließenden, sauberen Bächen. |4 Hier halten sich nur gute Schwimmer. Eine Bachforelle, die stromaufwärts in der Strömung steht, schwimmt in Wirklichkeit genauso schnell, wie das Wasser stromabwärts fließt. Sie schwimmt ja gegen die Strömung an. Die Forelle ist ein gefräßiger Raubfisch. Sie jagt Insekten und Fische. Im Sprung schnappt sie sich sogar Insekten aus der Luft.

|4 Bachforelle, „stehend" in einem Bach

Der strömungsgünstige Körperbau
Fische sind an das Leben im Wasser angepasst. Bei schnell schwimmenden Arten ist der Körper spindelförmig und seitlich abgeflacht. Der gesamte Körper ist mit Knochenplättchen, den *Schuppen*, bedeckt. Sie liegen in der Haut und sind wie Dachziegel angeordnet. Darüber befindet sich eine Schleimschicht, die den Körper glitschig macht.

Fortpflanzung und Entwicklung
Das Weibchen der Bachforelle schlägt mit dem Schwanz eine Grube in das Bachbett. Dort legt es seine Eier, den *Laich*, ab. |5 Danach schwimmt das Männchen darüber und besamt die Eier. Besamung und Befruchtung erfolgen also außerhalb des Körpers des Weibchens. Man spricht daher von einer *äußeren Befruchtung*. Aus den Eiern schlüpfen *Larven*, die sich vom *Dottersack* ernähren. Wenn die Vorräte aufgebraucht sind, gehen die Jungforellen selbst auf die Jagd.

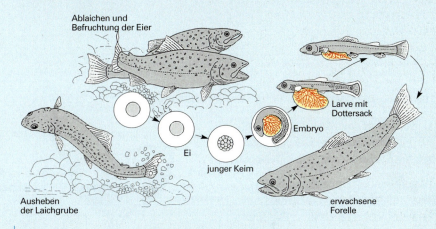

|5 Fortpflanzung und Entwicklung der Bachforelle

Atmen unter Wasser
Fische atmen mit *Kiemen*. Deren rote Farbe verrät, dass sie gut durchblutet sind.
Mit den Kiemen können Fische den Sauerstoff aufnehmen, der im Wasser gelöst ist: Durch das Maul hindurch wird frisches Wasser nach hinten zu den Kiemenbögen gedrückt. Es umspült die Kiemenblättchen. |6 Die Kiemenhaut dort ist sehr dünn. Somit gelangt der Sauerstoff in das Blut – und Kohlenstoffdioxid aus dem Blut ins Wasser. Die Kiemendeckel werden dann geöffnet und das verbrauchte Atemwasser strömt hinter den Kiemen aus.

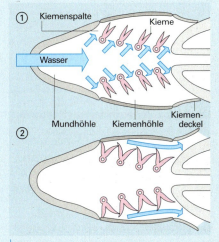

|6 Unter den Kiemendeckeln

A Nenne Besonderheiten der Haut, die den Körper des Fisches schützen.

B Beschreibe den Weg des Wassers beim Einatmen und Ausatmen des Fisches.

C Warum müssen Kiemenblättchen sehr dünn sein?

Zusammenfassung

Die Klasse der Säugetiere | 1

Säugetiere werden nach der Geburt von der Mutter mit Milch gesäugt.

Sie besitzen zwei Paar Gliedmaßen zur Fortbewegung. Säugetiere atmen mit Lungen und sind gleichwarm. Ihr Körper ist mit Haaren bedeckt.

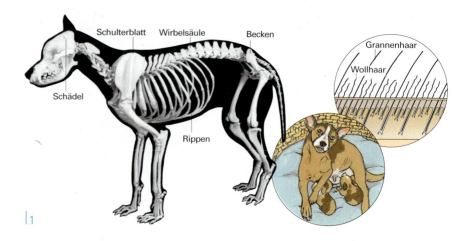

Die Klasse der Vögel | 2

Vögel sind an das Fliegen angepasst: Als Vordergliedmaßen haben sie Flügel; ihr Körper ist mit Federn bedeckt.

Vögel besitzen einen Schnabel. Sie sind gleichwarm und atmen mit Lungen. Vögel legen Eier. Die Jungen werden nach dem Schlüpfen von ihren Eltern betreut.

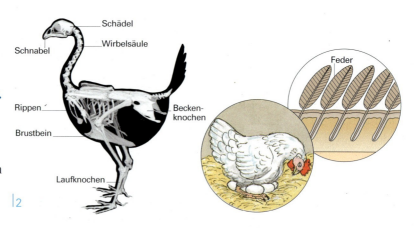

Die Klasse der Kriechtiere (Reptilien) | 3

Die meisten Kriechtiere haben vier Gliedmaßen, mit denen sie kriechen. Zu den Kriechtieren gehören Eidechsen, Schlangen, Krokodile und Schildkröten.

Ihr Körper ist durch Hornschuppen vor Austrocknung geschützt. Sie sind wechselwarm; ihre Temperatur hängt von der der Umgebung ab. Das Weibchen legt nach der Befruchtung Eier in den Boden. Die nötige Brutwärme liefert die Sonne. Nach dem Schlüpfen sind die Jungen selbstständig.

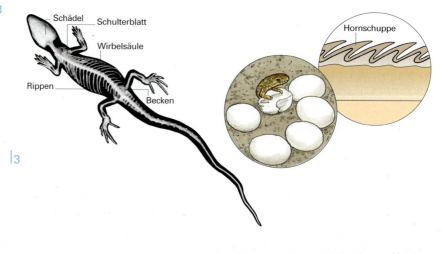

Die Klasse der Lurche (Amphibien) |4

Lurche sind Landwirbeltiere, die nur in feuchten Gebieten leben.

Larven der Lurche schlüpfen als Kaulquappen aus dem Laich, der im Wasser abgelegt wurde. Sie atmen mit Kiemen.
Aus wasserlebenden Kaulquappen werden landlebende Lurche. Sie atmen nämlich durch Lungen und über die Haut, die ständig feucht sein muss. Lurche sind wechselwarm. Sie überwintern in Winterstarre.

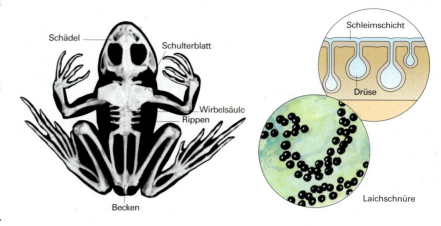

|4

Die Klasse der Fische |5

Fische sind reine Wassertiere. Sie haben eine strömungsgünstige Körperform. Ihre Flossen entsprechen den Gliedmaßen anderer Wirbeltiere.

Die Haut der Fische mit ihren Knochenschuppen ist von einer Schleimschicht überzogen. Flossen treiben den Körper im Wasser voran. Fische atmen mithilfe von Kiemen. Sie sind wechselwarm. Ihre Körpertemperatur ist von der Temperatur des Wassers abhängig. Aus dem Laich entwickeln sich Larven. Nach dem Schlüpfen ernähren sich diese vom Dotter der Eier.

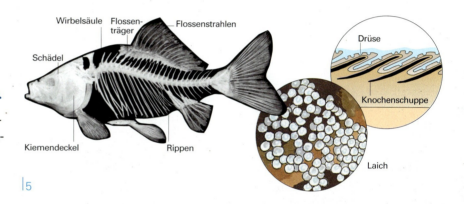

|5

Der Stamm der Wirbeltiere

Alle Wirbeltiere haben ein kennzeichnendes Merkmal: die Wirbelsäule.

Man unterscheidet fünf Wirbeltierklassen: Säugetiere, Vögel, Kriechtiere, Lurche und Fische.

Alles klar?

A Was haben alle fünf Klassen der Wirbeltiere gemeinsam?
B Warum gehören Insekten, Schnecken und Regenwürmer nicht zu den Wirbeltieren?
C Wirbeltiere bewohnen verschiedene Lebensräume. Nenne spezielle Anpassungen an den Lebensraum bei verschiedenen Wirbeltierklassen.
D Wale sind Säugetiere, Haie zählen zu den Fischen.
In welchen Merkmalen unterscheiden sich Säugetiere und Fische?
E An welchen Merkmalen kann man Fische, Lurche, Kriechtiere, Vögel und Säugetiere erkennen? Nenne für jede Klasse mindestens ein Merkmal.

F* Beispiele für Wirbeltiere sind: Meerschweinchen, Katze, Pferd, Karpfen, Dromedar, Wellensittich, Hausschwein, Ente.
1 Ordne diese Tierarten den Nutz- oder Heimtieren zu.
2 Welche Bedeutung haben die genannten Tierarten für den Menschen?
3 Zu welchen Klassen der Wirbeltiere gehören die genannten Tiere?
4 Aus welchen Klassen sind keine Arten angeführt?
G* Entwicklung und Fortpflanzung:
1 Vergleiche die Entwicklung einer jungen Ringelnatter mit der eines Meerschweinchens.
2 Beschreibe Fortpflanzung und Entwicklung bei den fünf Klassen der Wirbeltiere.

Tiere im Zoo

Im Zoo rund um die Erde

1 „Hier ist das Gehege, für das wir zuständig sind!"

Ein Zoobesuch macht immer Spaß. Er ist auch aufregend, denn man kann dort viel Neues über die Tiere entdecken.
Allerdings sollte man den Besuch des Zoos richtig vorbereiten.
Natürlich könnte man rasch von Tier zu Tier durch den Zoo eilen. Doch du erfährst mehr über ein Tier, wenn du einige Zeit vor seinem Gehege verweilst und genau beobachtest. 1

Dann könnt ihr schließlich auch eine *Wandzeitung* herstellen.

Arbeitsmethode Gestaltung einer Wandzeitung am Beispiel Zoobesuch

Ein Zoobesuch mit der ganzen Klasse ist etwas Besonderes. Man wird sich auch später gerne an ihn erinnern.
Dazu trägt sicher eine *Wandzeitung* bei, die man anschließend gemeinsam erarbeitet. 2
Ein solches Plakat kann aber ein Einzelner kaum erstellen. Ihr müsst also die Arbeit – noch vor dem Zoobesuch – unter euch aufteilen. Überlegt deshalb in einer Diskussionsrunde, welche *Teilthemen* zu bearbeiten sind.

Ideensammlung
Die Vorbereitung beginnt im Unterricht. Ihr sammelt Ideen, was man im Zoo alles erkunden könnte. Sicher wird euch dazu einiges einfallen.
Einige Anregungen könnt ihr auch den Texten und Bildern der Nachbarseite entnehmen.
Ein Plan des Zoos ist hilfreich. Besorgt euch davon möglichst mehrere Exemplare. Ihr könnt ihn auch im Internet abrufen.

Die Arbeit in der Gruppe
Am besten ist es, wenn ihr euch in Gruppen von 3 bis 5 Personen aufteilt. Dann kann jede Gruppe ein Teilthema bearbeiten.
Beschafft euch Bildmaterial zu eurem Thema.
Während des Zoobesuchs solltet ihr dann selber zeichnen, fotografieren und vor allem Notizen machen.

Fertigstellung der Wandzeitung
Nach dem Zoobesuch geht es gemeinsam an die Fertigstellung der Wandzeitung. Dafür benötigt ihr Packpapier, ein Papiertischtuch, alte Tapeten, farbige Schnüre, Stifte, Scheren und Klebstoff.
Ordnet eure Beiträge übersichtlich an. Prüft nach, ob die Zeitung aus der Nähe und aus der Ferne wirkt. Denkt auch an die Beschriftung der Bilder: Achtet auf Größe und Lesbarkeit der Schrift. Wählt verschiedene Schriftgrößen.

Die Präsentation
Nach der Fertigstellung erläutert jede Gruppe vor der Klasse den eigenen Teil der Arbeit.

2 So ähnlich könnte eure Wandzeitung aussehen.

1 Der Zoobesuch

a Bereitet den Zoobesuch vor. Überlegt, welches Teilthema ihr bearbeiten wollt und bildet dafür Arbeitsgruppen. Wahrscheinlich werdet ihr Tiere beobachten wollen – es gibt aber auch andere Themen (siehe rechts).
b Jede Gruppe geht dahin, wo es ihren Arbeitsauftrag erledigen kann.
c Hinweise zur Vorgehensweise:
– Habt ihr ein „Tierthema" gewählt? Dann betrachtet das Tier eine Zeit lang genau.
– Notiert euch sein Aussehen.
– Beobachtet seine Fortbewegung und Nahrungsaufnahme.
– Welche Verhaltensweisen zeigt es außerdem?
– Wo sind die frei lebenden Artgenossen beheimatet?
– Wie ist das Gehege gestaltet? Ist die Tierhaltung artgerecht?
– Welche Besonderheiten des Tiers gibt es sonst noch?
d Zur Ergebnissicherung verfasst die Gruppe ein Protokoll. Sie zeichnet auch einen Plan des Geheges.

2 Eine Sonderaufgabe

Am Ende dieses Kapitels („Tiere im Zoo") findet ihr eine lustige Sonderaufgabe. Zu ihrer Lösung können alle Gruppen etwas beitragen.
Haltet also die Augen offen, wenn ihr im Zoo seid …

Gruppe A
Mich interessieren Tierrekorde
– Welche Tiere sind besonders schwer und kräftig?
– Welche sind an Land, im Wasser, in der Luft am schnellsten?
– Welche Tiere sind besonders giftig?
– Welche haben eine große Zahl von Nachkommen?

Gruppe B
Ich möchte später mit Tieren arbeiten
– Welche Ausbildung hat ein Tierpfleger oder eine Tierpflegerin?
– Wie kann ich Tierarzt/Tierärztin werden?
– Gibt es im Zoo auch Gärtner oder Gärtnerinnen?

Gruppe C
Mich interessieren die Jungtiere
– Bleiben die Jungen bei ihrer Mutter?
– Wie werden sie großgezogen?
– Was passiert, wenn die Mutter krank wird oder sich nicht um das Junge kümmert?
– Welche Jungtiere müssen von ihren Eltern lernen? Welche haben von Geburt an das typische Verhalten?
– Wie spielen die Jungtiere?
– Gibt es Unterschiede beim Spiel zwischen den Tierarten?

Gruppe D
Ich will Raubkatzen untersuchen
– Welche Arten gibt es davon in diesem Zoo?
– Wo kommen sie her?
– Wie unterscheiden sie sich im Fellmuster? Welche Bedeutung hat das Fellmuster?
– Wie werden Raubtiere gefüttert?
– Wie bewegen sie sich?

Gruppe E
Ich will alles über Elefanten wissen
– Wie groß sind sie? Wo leben sie?
– Wie verhalten sich die Elefanten in der Gruppe untereinander?
– Welche Unterschiede gibt es zwischen Afrikanischen und Indischen Elefanten?

Gruppe F
Wie ich mir den idealen Zoo vorstelle
– Wie leben die Tiere im Gehege?
– Werden eine oder mehrere Arten in einem Gehege gehalten?
– Scheinen sich die Tiere wohl zu fühlen? Reicht ihnen der Platz? Wie bekommen sie ihr Futter?
– Wie kann man Zootiere beschäftigen? Wie werden sie am Verlassen ihres Geheges gehindert?
– Welche Tiere können vielleicht zunächst nur im Zoo überleben?
– Woher bekommt der Zoo Tiere?

3 Tierpfleger bei der Arbeit

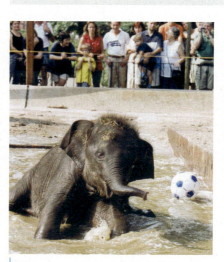

4 Jungtiere – immer wieder beliebt

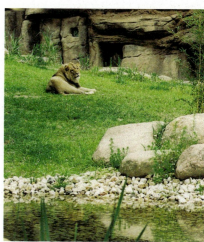

5 Ein vorbildliches Freigehege

Zootiere aus unterschiedlichen Lebensräumen

1 Eisbärin mit Jungen

2 Dromedare (Einhöckrige Kamele) in der Wüste

Eisbären – zu Hause im Eis des Polarmeers, aber auch bei uns im Zoogehege 1

Als „Wüstenschiff" ist das *Dromedar* für die Menschen der Wüste unentbehrlich. 2
Im Zoo erfreuen wir uns an den bizarren, fremdländisch aussehenden Tieren.

Natur Ein Leben in der Kälte

Lebensraum Arktis

Der Lebensraum des Eisbären ist das ewige Eis am Nordpol. Dort liegen die Sommertemperaturen kaum über dem Gefrierpunkt. Im Winter ist es oft – 40 °C kalt. Die Sonne geht monatelang nicht auf und eiskalte Schneestürme fegen über das Eis. Wenn es so kalt ist, lässt sich der Eisbär einfach mit Schnee zuwehen. Im Sommer gelangt er auf Treibeisschollen oft weit nach Süden. Da er ein guter und ausdauernder Schwimmer ist, legt er den Rückweg im Wasser zurück.

Der Eisbär ist ein Raubtier

Der Eisbär ist ein Einzelgänger. Er legt täglich viele Kilometer alleine auf dem Eis zurück. 3
Mit bis zu 500 Kilogramm Körpergewicht ist der Eisbär das größte Landraubtier der Erde. Er hat sich fast völlig auf Fleischnahrung spezialisiert, vor allem auf Robben. Das weiße Fell tarnt den Eisbären, wenn er sich an die auf dem Eis ruhenden Robben anschleicht. Oft lauert er ihnen an Eislöchern auf – da, wo sie zum Atmen auftauchen.

Fell und Fett als Kälteschutz

Der Eisbär ist an kaltes Wasser und ein Leben auf dem Eis angepasst. Auf dem Eis stellt sein dichtes Fell einen wirksamen Kälteschutz dar. 4
Die feine, dichte Unterwolle wird von Talgdrüsen wasserfest gemacht. Im Eiswasser schützt das dicke, zottige Fell nicht vor Wärmeverlust. Unter der Haut befindet sich aber noch eine dicke Fettschicht. Sie verhindert die Auskühlung im Wasser.

4 Fell und Speckschicht als Kälteschutz

Geburt in der Schneehöhle

Die Eisbärin lässt sich zu Beginn des Winters vom Schnee zuwehen. Sie zehrt dann von dem Körperfett, das sie sich vorher angefressen hat. Im Monat Dezember bringt sie zwei Eisbärenjungen zur Welt. Diese sind kaum behaart, hilflos, taub und blind. Ernährt werden sie von der fettreichen Milch der Bärin.

3 Eisbär im Polargebiet

Natur Ein Leben in der Trockenheit

Lebensraum Wüste

Die heißen Wüsten Nordafrikas und Arabiens sind der Lebensraum des *Dromedars*. Dort gibt es nur spärlichen oder keinen Pflanzenwuchs. In dem trockenen Klima steigen die Tagestemperaturen oft bis auf 50 °C. Nachts folgt eine starke Abkühlung. In den Wüsten wird das Dromedar als Reit- und Tragtier eingesetzt. Außerdem liefert es den Menschen Milch, Wolle, Leder und Fleisch.

Eine Woche ohne zu trinken!

Das Dromedar geht mit dem Wasser im Körper äußerst sparsam um: Es scheidet wenig Urin aus und schwitzt viel weniger als ein Mensch. Selbst wenn es ein Viertel seines Körperwassers verliert, gerät es nicht in Lebensgefahr. So kann es ohne zu trinken 6 bis 8 Tage in der heißen Wüste überleben. Wenn das Dromedar in einer Oase ans Wasser kommt, kann es auf einmal bis zu 100 Liter Wasser trinken. So gleicht es die großen Wasserverluste aus und legt neue Wasservorräte an.

Anpassungen im Körperbau

Auffallend am Körperbau des Dromedars sind die langen Beine, der Rückenhöcker und der hoch aufgerichtete Kopf. |5
Die langen Beine heben den Körper weit ab vom heißen Wüstenboden. Seine Hufe haben eine polsterartige Lauffläche. Beim Auftreten verbreitert sich diese noch. Das trägt dazu bei, dass das schwere Tier nicht im Wüstensand einsinkt.
Der hoch aufgerichtete Kopf ermöglicht eine gute Weitsicht. Bei einem Sandsturm schließt das Dromedar einfach seine Nasenlöcher. Lange Wimpern und viel Tränenfluss schützen die Augen vor Flugsand. Die Ohren sind im Fell versteckt.
Im Rückenhöcker des Dromedars sind Fettvorräte gespeichert. Bei gesunden Tieren sind die Höcker prall und aufrecht stehend.
Das filzige Fell hält die Tageshitze der Umgebung ab. Und bei Nacht schützt es vor Auskühlung.

A Vergleiche die Umweltbedingungen im Lebensraum des Eisbären mit denen, die er bei uns vorfindet: Welche Verhältnisse findet der Eisbär im Zoo und welche nicht?
B Beobachte, wie lange der Eisbär unter Wasser bleibt.
Wie bewegt er sich dort fort?
C Einige Merkmale im Körperbau kennzeichnen den Eisbären als Tier der Eiswüste.
1 Wie ist sein Fell beschaffen?
2 Vergleiche die Größe seiner Ohren mit der anderer Bären.
3 Achte möglichst auch auf die Fußsohlen des Eisbären.
4 Suche nach einer Erklärung für die beobachteten Kennzeichen.
D Der Eisfuchs hat ein sehr dichtes Fell, besitzt aber nur wenig Körperfett. Die Robbe hat nur ein kurzes Fell, dafür aber eine mächtige Speckschicht. Der Eisbär hat sowohl ein dichtes Fell als auch eine mächtige Speckschicht. Warum braucht er das alles?
E Welche weiteren Tierarten aus kalten Regionen findest du außerdem im Zoo?
Wie sind diese Tiere an ihren kalten Lebensraum angepasst?

F Beobachte Dromedare (Einhöckerige Kamele) im Zoo:
1 Was fressen die Dromedare im Zoo?
2 Sind sie Wiederkäuer?
3 Wie lagert das Dromedar am Boden? Achte auf die Beinstellung.
4 Welchen Vorteil hat diese Art des Liegens in der heißen Wüste?
5 Wodurch sind die Sinnesorgane am Kopf vor Sand, Sonne und Kälte geschützt?
G Der Eisbär hat eine Fettschicht unter der Haut, das Kamel aber nicht. Suche dafür eine Erklärung.
Wo speichern Kamele ihr Körperfett?
H In Wüstenländern ist das Dromedar ein wichtiges Haustier. Warum?
I Zur Gruppe der Kamele zählen auch Trampeltiere und Lamas.
Suche diese Arten im Zoo. Worin unterscheiden sie sich vom Dromedar?

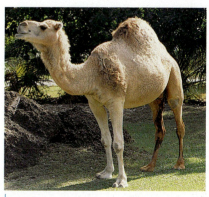

|5 Die Gestalt des Dromedars

Die Menschenaffen

1 Schimpansen im Freiland

2 Anziehungspunkt im Zoo

Schimpansen gehören zu den Affen. Sie leben in Bäumen und auf dem Boden. |1|2

Die Affen sind die am meisten besuchten Tiere im Zoo.
Woran könnte das liegen?

Natur Beobachtungen an Affen

Schimpansen im Freiland
Die Heimat der Schimpansen oder Menschenaffen ist der tropische Urwald. Dort bauen sie ihre Schlafnester im Wipfelbereich hoher Bäume.
Tagsüber sind die Schimpansen unterwegs auf Nahrungssuche. Sie fressen Früchte, Blätter, Nüsse, Rinde, Insekten und hin und wieder kleine Säugetiere.
Schimpansen sind intelligente Tiere. Zur Abwehr von Feinden oder zum Heranziehen von Nahrung verwenden sie sogar Werkzeuge.
Die Tiere leben in Gruppen zusammen. Viel Zeit wenden sie für die gegenseitige Hautpflege auf.
Junge Schimpansen bleiben 5–7 Jahre lang bei ihrer Mutter. Dadurch können sie vieles abschauen. So lernen sie z. B., was für sie essbar ist.
Beim Spielen mit ihren Geschwistern und den anderen Jungtieren üben sie bestimmte Fertigkeiten: zum Finden der Nahrung, zur Verteidigung sowie wichtige Regeln für das Zusammenleben.

Schimpansen im Zoo
Vor dem Gehege der Schimpansen stehen meist viele Menschen – vielleicht, weil Manches an ihrem Verhalten den Menschen so ähnlich ist. Im Zoo sieht man, dass sich Schimpansen durch Lautäußerungen, Gesten, Gesichtsausdruck und Körperhaltung verständigen.
Affen können leicht erkranken. Deshalb müssen die Affengehege dreimal täglich sauber gemacht werden. Dicke Glasscheiben schützen die Affen vor den Besuchern. Sie könnten sich nämlich mit Krankheiten anstecken.

Affen unterscheiden sich
Schimpansen haben viele Merkmale, in denen sie dem Menschen ähnlich sind. Sie heißen deshalb *Menschenaffen*. Zu den Menschenaffen zählen auch *Gorillas* und *Orang-Utans*. |3
Auch die *Zwergschimpansen* oder *Bonobos* gehören dazu.
Viel mehr Arten gibt es bei den *Tieraffen*. Sie haben weniger Merkmale, in denen sie den Menschen ähneln. Zu ihnen gehören z. B. die *Makaken*, die *Paviane*, die *Meerkatzen*, die *Löwenäffchen* und viele andere mehr.
Die *Gibbons* stehen zwischen den Menschenaffen und den Tieraffen. |4

3 Orang-Utan

4 Gibbon

A Zusammenleben im Zoo:
1 Wie heißt die Affenart, die ihr in ihrem Gehege beobachtet?
2 Welche Affen bilden eine Gruppe? Unterscheide nach Alter, Geschlecht oder sonstigen Kennzeichen.
3 Wer führt die Affengruppe an?
4 Wie nehmen die Tiere miteinander Kontakt auf?
5 Wie verständigen sich die Affen untereinander? Achte auf den Gesichtsausdruck und die Körperhaltung.
6 Was tun die Jungtiere?

B Anpassungen an den Lebensraum:
1 Wie bewegen sich die verschiedenen Affenarten in ihrem Gehege?
2 Suche nach den Unterschieden bei den Menschenaffen.
3 Welche Anpassungen an das Baumleben kannst du erkennen?
Wie bewegen sich die verschiedenen Arten in den Bäumen fort?

C Affen im Vergleich:
1 Welche Affenarten findest du in eurem Zoo?
2 Wie unterscheiden sich Tier- und Menschenaffen?
3 Woran erkennt man, dass Affen Säugetiere sind? Durch welche gemeinsamen Merkmale unterscheiden sich alle Affen von den anderen Säugetieren?

D Affengehege unter der Lupe:
1 Welche Teile des Geheges entsprechen dem natürlichen Lebensraum der Tiere?
2 Welche Ausstattung dient eher der Hygiene und Gesundheitsvorsorge?
3 Halten sich die Tiere bei deinem Besuch im Affenhaus oder im Freien auf?
4 Erkläre am Beispiel des Affengeheges den Begriff „artgerechte Tierhaltung".

1 Sonderaufgabe
Woraus besteht das Fabelwesen?
Natürlich gibt es das hier abgebildete Tier in Wirklichkeit nicht. |5
Dieses Fabelwesen ist das Fantasieprodukt eines Zeichners. Er hat es aus verschiedenen Körperteilen unterschiedlicher Tiere zusammengesetzt. Eine Gruppe (oder zwei) übernimmt die Aufgabe, die Tiere zu suchen, die in der Zeichnung des Fabelwesens versteckt sind.
Außerdem soll sie diese Tiere benennen und weitere Informationen über sie sammeln. Dabei helfen Informationstafeln an den Gehegen.
Folgende Fragen sind zu klären:
a Wie viele Tiere sind in dem Fabelwesen versteckt?
b Notiert jeweils den Körperteil und den Namen der versteckten Tiere.
c Gebt von jedem Tier Folgendes an:
– Wo sind seine frei lebenden Artgenossen beheimatet?
– Welchen Lebensraum hat das Tier?
– Woraus besteht seine Nahrung? Ist es ein Pflanzen-, Fleisch- oder Allesfresser?
– Lebt es einzeln oder in Gruppen?
– Ist es vom Aussterben bedroht?
– Welche Besonderheiten gibt es von dem Tier außerdem zu berichten?
d Welche Erdteile habt ihr auf eurer „Safari" besucht?
e So unterschiedlich all diese Tiere sind, sie haben dennoch viele Gemeinsamkeiten. Welche?

Habt ihr das Rätsel gelöst? Welche Gruppe hat die meisten richtigen Antworten gefunden?
Eure Ergebnisse könnt ihr z. B. auf einem Poster zusammentragen und in der Schule ausstellen.

|5 Knackst du dieses Bilderrätsel?

Pflanzen in Garten und Park

Blütenpflanzen unserer Heimat

1 Traubenkirsche

2 Wiesenschaumkraut

3 Baldrian

Jede Pflanze hat bestimmte Merkmale, durch die sie sich von anderen Pflanzen unterscheidet. Die Blätter haben unterschiedliche Formen. Bei den Blüten können die Blütenblätter frei stehend oder miteinander verwachsen sein. Man unterscheidet glockige, röhrenförmige oder trichterförmige Blüten. Oft sind mehrere Blüten zu einem *Blütenstand* vereinigt. |4
Man zieht diese Merkmale heran, wenn man erfahren will, zu welcher Art eine Pflanze gehört.

1 Blätter, Blüten und Früchte
a Sammle und beschreibe Blätter.
b Sammle Blüten und Blütenstände verschiedener Arten. |1–|3
Untersuche sie auf ihre Bestimmungsmerkmale. Benenne die Blüte mit den in der Grafik angegebenen Begriffen. |4
c Sammle verschiedene Früchte. Zu welcher Art gehört die jeweilige Frucht? Wie heißt der Fachbegriff für die jeweilige Frucht?

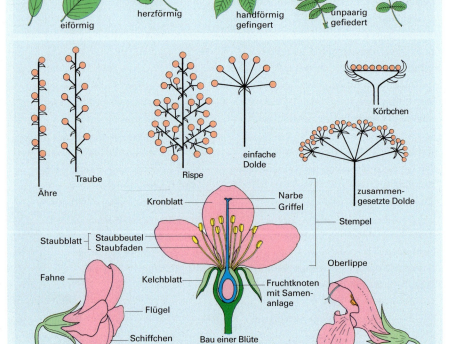

4 Merkmale von Blättern und Blüten

Arbeitsweise Wir legen eine Blattsammlung an

Eine Sammlung von Laubblättern hilft dir Bäume und Sträucher besser kennen zu lernen.

So kannst du eine Blattsammlung anlegen:

1. Schritt: Sammeln
Sammle verschiedene Laubblätter. Bestimme sie dann mithilfe eines Bestimmungsbuchs.

2. Schritt: Notieren
Notiere dir Namen, Fundort und Funddatum der Blätter.

3. Schritt: Pressen und Trocknen |5
Lege jedes einzelne Blatt zwischen mehrere Lagen Zeitungspapier. Bedecke den Stapel mit Büchern oder flachen Steinen. Lass die Blätter so zwei bis vier Wochen lang trocknen.

4. Schritt: Aufkleben |6
Sind die Blätter trocken? Dann klebe jedes für sich mit einem Streifen Klebeband auf Zeichenkarton.

5. Schritt: Beschriften |7
Ergänze jedes aufgeklebte Blatt um Artnamen, Fundort und Datum. Schreibe auch Blattmerkmale und Besonderheiten der Pflanzenart auf.

6. Schritt: Rinde aufkleben
Wenn noch Platz ist, kannst du auch ein kleines Stück Rinde des betreffenden Baumes aufkleben.

7. Schritt: Aufbewahren
Am besten bewahrst du die Papierbögen mit den gepressten Blättern lose in einer Mappe auf.

|5 So kann man eine Blattsammlung anlegen.

|6 So ähnlich könnte ein Blatt deiner Blattsammlung aussehen.

Art:	Stieleiche
Fundort:	Waldrand Krähenwald
Datum:	…
Blatt:	sehr kurzer Stiel, Rand unregelmäßig gelappt, Oberseite glänzend dunkelgrün, Unterseite mattblaugrün
Frucht:	Eichel in napfförmigem Becher mit langem Stiel
Rinde:	tief eingerissene braunschwarze Borke (bei älterem Baum)

|7 Beschriftung eines Blattes der Eiche (Beispiel)

Von der Blüte zur Frucht

1 Kirschzweig mit Kirschblüte

2 Auf der Suche nach Pollen und Nektar

3 Im Juni reifen die Kirschen.

1 Wir untersuchen eine Kirschblüte

Betrachte eine Kirschblüte mit einer Lupe.

a Welche Blütenteile erkennst du?
b Stelle mit einer Rasierklinge einen Längsschnitt der Blüte her und vergleiche mit der Zeichnung unten. |4
Streife mit dem Finger über den Pollensack eines Staubblatts. Welche Eigenschaft hat der Pollen?
c Sieh dir Kirschblüten am Zweig an: Wie lange bleiben die Blüten am Zweig? Welche Blütenblätter fallen zuerst? Wie verändert sich der Fruchtknoten?

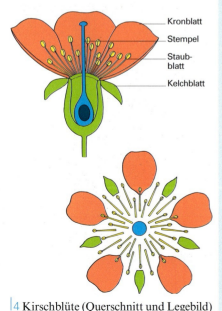

4 Kirschblüte (Querschnitt und Legebild)

Grundlagen Von der Kirschblüte zur Kirsche

Aufbau der Blüte |4

Eine Kirschblüte besteht aus fünf *Kelchblättern*, fünf *Kronblättern*, vielen *Staubblättern* und einem *Fruchtblatt* oder *Stempel* (aus Narbe, Fruchtknoten und Fruchtblatt). Jedes Staubblatt besteht aus einem *Staubfaden* und zwei *Staubbeuteln*. Diese enthalten den Blütenstaub oder *Pollen*. Im Fruchtblatt sitzt die Samenanlage mit einer *Eizelle*.

Aus der Blüte entsteht die Frucht

Die Kirschblüte bildet eine zuckerhaltige Flüssigkeit. Dieser *Nektar* stellt für viele Insekten eine wichtige Nahrung dar. Auf der Suche nach eiweißreichem Pollen und süßem Nektar fliegen Insekten von Blüte zu Blüte. Dabei übertragen sie Pollen einer Blüte auf die Narbe einer anderen Blüte. Dieser Vorgang heißt *Bestäubung*.

Nach der Bestäubung wachsen die Pollen zu *Pollenschläuchen* aus. |5
In den Pollenschläuchen entwickeln sich männliche *Geschlechtszellen*. Im Fruchtknoten verschmilzt dann die männliche Geschlechtszelle (Pollen) mit der weiblichen Eizelle. Dieser Vorgang heißt *Befruchtung*. Aus dem Fruchtknoten entsteht die Kirschfrucht: Aus der befruchteten Eizelle bildet sich der Samen. Die innere Schicht des Fruchtknotens bildet den harten Kirschkern, die mittlere das süße Fruchtfleisch. Die äußere Schicht wird zur Kirschhaut.

Bestäubung und Befruchtung sind Voraussetzungen dafür, dass sich aus Samenanlagen Samen entwickeln.

5 Befruchtung und Bildung der Frucht bei der Kirsche

Wissenswertes Bestäubung durch Insekten oder Wind

6 Blüte des Wiesensalbeis

8 Haselkätzchen mit Blütenstaub

Bestäubung durch Insekten
Auf der Suche nach Nektar steckt die Honigbiene den Kopf in die Blüte des Wiesensalbeis. |6|7
Die langen Staubblätter der Blüte senken sich auf den Rücken des Insekts und bepudern ihn mit Pollen. Auf der nächsten Blüte streift die Biene die Narbe des Fruchtblatts. Mitgeführter Pollen bleibt dabei hängen. Die Blüte wird bestäubt. Da der Pollen von einer anderen Blüte stammt, nennt man diese geschlechtliche Bestäubung *Fremdbestäubung*.

Bestäubung durch den Wind
Der Pollen des Haselstrauchs ist sehr leicht. Schon beim geringsten Windhauch entlassen die männlichen Staubblätter gelbe Wolken davon in die Luft. |8
Am gleichen Strauch sitzen – von den männlichen Blüten getrennt – auch die weiblichen Blüten: Aus kleinen Knospen ragen die Narben als *rote*, klebrige Fäden heraus. |9
Pollenkörner, die vom Wind herangetragen werden, bleiben an den Narben hängen. So ist eine Befruchtung möglich.

A Die Narbe des Fruchtblatts ist mit einer klebrigen Flüssigkeit bedeckt. Wozu dient sie?
B Beschreibe die Entwicklung von der Blüte zur Frucht.
C Eine Kirsche entsteht durch geschlechtliche Fortpflanzung. Erläutere!
D Ein Kirschzweig wurde mit einem Gazetuch umhüllt …
1 Werden sich an diesem Zweig Kirschen bilden? Begründe!
2 Warum muss der Zweig umhüllt werden, *bevor* die Blüten aufblühen?
E Beobachte an einem sonnigen Tag eine blühende Pflanze:
1 Welche Insekten kommen zur Blüte?
2 Wie viele Insekten besuchen innerhalb von 5 Minuten die Blüte? Vergleiche das mit einer anderen Pflanzenart.
3 Man unterscheidet Bienenblumen, Hummelblumen, Fliegenblumen und Falterblumen. Was meint man damit?
F Was geschieht, wenn eine Biene die Salbeiblüte besucht? |7
G Die männliche Haselblüte bildet riesige Mengen an Blütenstaub. Warum?
H Gräser sind Windblütler und haben recht unscheinbare Blüten. |10
Warum müssen sie nicht auffallen?
I Warum sind viel mehr Menschen allergisch gegen Pollen von Gräsern und Nadelbäumen als gegen Pollen von Rosen, Kirschen oder Tulpen?

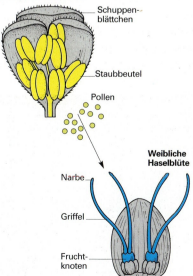

7 Bestäubung des Wiesensalbeis

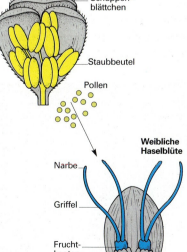

9 Windbestäubung bei der Haselblüte

10 Blühendes Rispengras

Die Verbreitung von Samen und Früchten

1 Samen des Löwenzahns …

2 … und des Ahorns unterwegs

Grundlagen Von der Samenausbreitung zur Vermehrung

Verbreitung durch den Wind
Manche Früchte und Samen werden vom Wind verbreitet. Bei diesen *Flugfrüchten* erleichtern Anhänge und Fortsätze das Schweben und Fliegen im Wind. |1 |2

Verbreitung durch Tiere
Viele Tiere verschleppen Samen und Früchte und sorgen so für deren Verbreitung. Einige Pflanzen locken mit süßen, farbigen Früchten Tiere an. Vor allem Vögel fressen solche Lockfrüchte. |3
Bucheckern, Eicheln und Haselnüsse dienen Eichhörnchen, Eichelhähern und Siebenschläfern als Nahrung. Klettfrüchte werden unbeabsichtigt als „blinde Passagiere" mitgetragen.

Selbstverbreitung
Es gibt Pflanzen, die ihre Samen selbst wegschleudern oder verstreuen. |4

Verbreitung durch Wasser
Die Samen vieler Wasser- und Uferpflanzen (Seerose, Schwertlilie …) besitzen Lufteinschlüsse. Dadurch können sie schwimmen. Wenn die Luft entweicht, sinken die Samen zu Boden und keimen dort aus.

Die Verbreitung von Samen und Früchten erfolgt durch Tiere, Wind, Wasser, durch den Menschen und von selbst. So können Pflanzen neue Standorte besiedeln, sofern es die äußeren Bedingungen zulassen.

1 Wir untersuchen Früchte
a Betrachte eine Hagebutte. Wodurch werden Vögel zur Verbreitung der Samen angelockt?
Schneide die Hagebutte durch. Versuche dann einen hellgelben Samen zu zerdrücken. Was stellst du fest?
b Betrachte mit der Lupe eine Löwenzahnfrucht. Wo befindet sich der Samen? Welche Aufgabe hat das weiße Schirmchen?
c Betrachte mit der Lupe die Oberfläche verschiedener Klettfrüchte. Fertige eine Skizze an.
Vergleiche mit technischen Klettverschlüssen.

2 Wir lassen Flugfrüchte fliegen
Sammle im Herbst Flugfrüchte. Stelle Flugversuche mit ihnen an.
a Lass die Früchte jeweils aus gleicher Höhe fliegen. Bestimme mit der Stoppuhr die Zeit, die vergeht, bis die Früchte am Boden ankommen.
b Welche der Früchte sind Schraubenflieger, welche Schirmflieger und welche Gleitflieger?
c Entferne nun die Flugeinrichtungen an den Früchten. Lass die Früchte dann erneut aus gleicher Höhe fliegen und bestimme die Flugzeit.
d Von welcher Bedeutung ist eine lange Flugzeit für diese Pflanzen?

A Vergleiche den Samen von Löwenzahn, Birke und Ahorn. Welchem Flugtyp sind sie zuzuordnen?
B Alle Pflanzen, die durch den Wind verbreitet werden, erzeugen viele Samen. Warum ist dies für diese Pflanzenarten wichtig?
C Das Springkraut findet man oft entlang von Waldwegen. Wie ist es wohl zu seinem Namen gekommen?
D Amseln fressen Vogelbeeren. |3 Warum ist es wichtig, dass deren Samenkörner unverdaulich sind?

3 Amsel an einem Vogelbeerbaum

4 Springkraut – teilweise aufgeplatzt

Wissenswertes Von der Vielfalt der Früchte

Frucht ist nicht gleich Frucht: Es gibt Früchte, die bei der Reife trocken sind. Andere dagegen sind saftig. Bei manchen Früchten ist der Samen auch im reifen Zustand von der Fruchtwand umschlossen. Bei anderen platzt die Fruchtwand auf, sodass die Samen ausgestreut werden.

E Auf den Fotos dieser Seite siehst du verschiedene Früchte. |5–|12 Darunter sind verschiedene Fruchtformen dargestellt und erläutert. |13 Ordne die in den Fotos abgebildeten Früchte den Fruchtformen zu.

F Sammle Früchte oder deren Bilder.
1 Ordne sie nach Fruchtformen.
2 Nenne Beispiele für Steinfrüchte, Beeren, Nüsse und Streufrüchte.
3 Welchen Teil der ehemaligen Blüte isst du bei den jeweiligen Früchten?

|5 Johannisbeere |6 Haselnuss |7 Erbse |8 Erdbeere
|9 Apfel |10 Raps |11 Klatschmohn |12 Pflaume

Scheinfrucht
An der Bildung des „Fruchtfleisches" sind außer den Fruchtblättern noch andere Teile der Blüte wie z. B. der Blütenboden beteiligt.

Steinfrucht
Der äußere Teil der Fruchtwand ist saftig, der innere steinhart.
Fruchtwand
Samen

Sammelfrucht
Mehrere einsamige Einzelfrüchte sind bei der Fruchtbildung zusammengewachsen.

Nuss
trockene Schließfrucht; im Innern der harten Schale ist nur ein Samen.

Kapsel
Streufrucht, mit Spalt- oder Porenöffnungen; aus Blüten mit mehreren Fruchtblättern entstanden.

Beere
saftige Schließfrucht; im Innern der fleischigen Fruchtwand liegen mehrere Samen.

Hülse
Das Fruchtblatt reißt bei der Reife an zwei Seiten auf.

Schote
aus zwei Fruchtblättern hervorgegangen, die bei der Reife aufreißen.

|13

Die Heckenrose und ihre Verwandten

|1 Heckenrosenstrauch

An Waldrändern findet man häufig einen sehr schönen Strauch: die *Heckenrose*. |1
Dieser Strauch ist auch als Hecke sehr beliebt, denn ein Heckenrosenstrauch ist so gut wie undurchdringlich.
Seine besonderen Kennzeichen sind: zahlreiche rötliche Blüten,
rote Früchte (*Hagebutten* genannt),
gefiederte Blätter und
Stacheln an verholzten Stängeln.

A Die Heckenrosen kommt in Märchen und Volksliedern oft vor. Nenne Beispiele dafür.
B Die Heckenrose ist für viele Tiere doppelt nützlich. Warum?
C *Hagebutte* nennt man die Frucht der Heckenrose. |2
1 Schlage im Lexikon nach, was *Hag* und *Butte* bedeuten.
2 Erkundige dich, wozu Hagebutten verarbeitet werden.

1 Beobachtungen am Heckenrosenstrauch
a Der Heckenrosenstrauch besitzt junge Triebe, aber auch Zweige aus dem Vorjahr. Worin unterscheiden sie sich? Welche tragen Blüten?
b Beobachte die Blüten der Heckenrose am Abend, am frühen Morgen und an einem sonnigen Mittag. |3
Wie sehen sie aus, wenn am Mittag feuchtes Wetter herrscht? Welche Insekten besuchen die Blüten?

2 Wir untersuchen Blätter, Blüten und Früchte der Heckenrose
a Löse ein Blatt der Heckenrose direkt am Stängel ab. Skizziere es. Beschrifte deine Zeichnung.
b Löse eine Blüte der Heckenrose ab. Betrachte die Blüte von oben. |3
Zeichne nun ein Legebild der Blüte.
c Schneide die Blüte vorsichtig der Länge nach durch. Zeichne dann einen Längsschnitt von ihr. |4
Beschrifte deine Zeichnung.

|2 Frucht der Heckenrose (Hagebutte)

|3 Blüten der Heckenrose

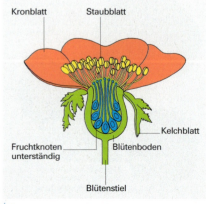

|4 Längsschnitt der Blüte

Grundlagen Ordnung in der Pflanzenwelt

Familie – Gattung – Art |7
Manche Pflanzen sind einander grundsätzlich ähnlich. So können z. B. ihre Blüten den gleichen Grundbauplan haben. Man fasst solche Pflanzen zu *Familien* zusammen. Bei den Pflanzen einer Familie gibt es auch Unterschiede, z. B. bei den Früchten. Man unterteilt sie deshalb in *Gattungen*.
Sind Pflanzen einander so ähnlich, dass sie sich untereinander fortpflanzen können, gehören sie zu einer *Art*.

Die Familie der Rosengewächse
Die Blüten dieser *Familie* haben als Merkmal fünf Kelchblätter, fünf freie Kronblätter und einen Kranz von Staubblättern. |8–|11
Zu ihr gehören alle Rosenarten sowie einige Obstarten und die Beispiele der folgenden Seite.

D Vergleiche die Blüten der gezeichneten Pflanzen. |8–|11 Welche gemeinsamen Merkmalen erkennst du?

Blüten: 5 grüne Kelchblätter, 5 weiße Kronblätter, viele Staubblätter, 1 Stempel
Früchte: Der Fruchtknoten bildet meist eine rote Frucht, die außen fleischig ist. Vom Fruchtfleisch umschlossen, liegt der Samen mit einem harten Gehäuse (Steinobst).
Blätter: eiförmig, gesägt

|8 Kirsche

|7 Ordnungsschema für Rosengewächse

- Familie: Rosengewächse
  - Gattung: Rose
    - Art: Feldrose
    - Art: Heckenrose
  - Gattung: Erdbeere
    - Art: Zimterdbeere
    - Art: Walderdbeere

Blüten: 5 Kelchblätter, 5 weiße Kronblätter, viele Staubblätter, 1 Stempel
Früchte: Sammelfrucht mit vielen Samen
Blätter: gefiedert

|9 Feldrose (auch Kriechende Rose)

3 Wir untersuchen eine Hagebutte
a Schneide eine Hagebutte der Länge nach durch. Zeichne und benenne die Bestandteile der Frucht.
b Warum kann man bei der Hagebutte von einer *Sammelfrucht* sprechen? |5

4 Dornen oder Stacheln?
Dornen entspringen aus dem Holz eines Stängels. Deshalb ist es schwer, den Dorn einer Pflanze abzubrechen.
Stacheln bilden sich nur aus der Rinde. Sie lassen sich leicht ablösen.
a Schneide mit einem Messer vorsichtig einen Stängel der Heckenrose der Länge nach durch. |6
b Besitzt die Heckenrose nun Dornen oder Stacheln? Begründe!

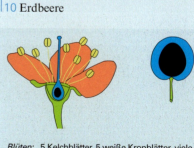

Blüten: 2-mal 5 grüne Kelchblätter, 5 weiße Kronblätter, viele Staubblätter, viele Stempel auf kegelförmigem Blütenboden
Früchte: Aus jedem Fruchtknoten wird ein Nüsschen; der Blütenboden bildet das rote Fruchtfleisch (Sammelnussfrucht).
Blätter: dreigeteilt, grob gesägt

|10 Erdbeere

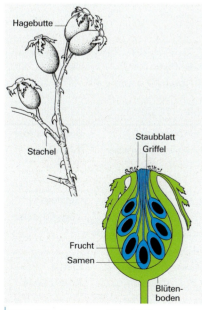

|5 Die Hagebutte und ihre Teile

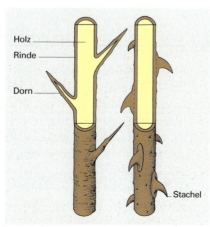

|6 Dornen und Stacheln

Blüten: 5 Kelchblätter, 5 weiße Kronblätter, viele Staubblätter, 1 Stempel
Früchte: Aus dem Fruchtknoten entsteht eine schwarzblaue Steinfrucht (Steinobst).
Blätter: eiförmig, mit gesägtem Rand

|11 Schlehe (Schwarzdorn)

Arbeitsweise: Wir arbeiten mit einem Bestimmungsschlüssel

Zu welcher Art eine Pflanze gehört, findest du mit einem Bestimmungsbuch heraus. Das Vorgehen lernst du an einem Beispiel:
Die abgebildete Pflanze ist ein Rosengewächs. 1 Im Bestimmungsschlüssel rechts sind Merkmale beschrieben. Du musst schrittweise überprüfen, welche von zwei Möglichkeiten auf die Pflanze zutrifft.
- Schau dir die Pflanze genau an und entscheide dann, welche der beiden Möglichkeiten passt.
- Lies die Beschreibung immer genau durch. Manchmal kommt es nämlich auf Einzelheiten oder Besonderheiten an.
- Am Ende der Zeile steht dann, wohin du weitergehen musst.

Wenn du diesen Arbeitsweg einhältst, kannst du am Ende des Bestimmungsvorgangs den Namen des Rosengewächses lesen.

A Bestimme die abgebildeten Rosengewächse 1 2 mithilfe des Bestimmungsschlüssels.

1 Ein Rosengewächs – aber welches?

2 Welches Rosengewächs ist das?

Bestimmungsschlüssel für Rosengewächse (Beispiel)

Nr.	Beschreibung	Bestimmung
1	Die Pflanze hat rote, gelbe oder grünliche Blüten.	gehe zu **2**
1*	Die Pflanze hat weiße Blüten.	gehe zu **4**
2	Die Pflanze hat rote Blüten. *Die Blüten der krautigen Pflanze stehen in länglichen Blütenköpfchen, die Einzelblüten sind dunkelrot. Die Laubblätter sind unpaarig gefiedert. Der Wiesenknopf wird bis zu 150 cm hoch und wächst auf feuchten Wiesen.*	**Großer Wiesenknopf**
2*	Die Pflanze hat gelbe oder grünliche Blüten.	gehe zu **3**
3	Die Pflanze hat gelbe Blüten. *Die Blüten dieser krautigen Pflanze stehen einzeln und sind langstielig. Die Laubblätter sind gefiedert, die Teilblättchen sind tief gesägt. Die Pflanze wird bis zu 50 cm hoch und kommt an Wegen, Bahndämmen, Schuttplätzen und auf Wiesen vor.*	**Gänsefingerkraut**
3*	Die Pflanze hat grünliche Blüten. *Die kleinen Blüten der krautigen Pflanze sind unscheinbar grünlich. Die Laubblätter sind im Umriss rundlich nierenförmig. Die Pflanze wird bis zu 50 cm hoch und wächst an feuchten Stellen in offenem Grünland.*	**Gemeiner Frauenmantel**
4	Die Laubblätter der Pflanze sind gefiedert oder tief gelappt.	gehe zu **5**
4*	Die Blätter der Pflanze sind anders geformt.	gehe zu **6**
5	Die Laubblätter der Pflanze sind gefiedert. *Die Blüten sind klein und weiß. Die Laubblätter sind gefiedert mit 9–15 Teilblättchen, die kurz gestielt, länglich und spitz gezähnt sind. Die holzige Pflanze wird bis zu 15 m hoch und kommt in feuchten Laubwäldern vor.*	**Wilde Vogelbeere (Eberesche)**
5*	Die Laubblätter der Pflanze sind tief gebuchtet. *Die Blüten des Holzgewächses sind weiß und haben nur einen Griffel. Die Laubblätter sind meist drei- bis fünflappig. Die Lappen sind vorn gesägt und spitz. Der dornige Strauch wird bis 8 m hoch und wächst an Wegen und auf Steinhalden.*	**Eingriffeliger Weißdorn**
6	Die Laubblätter sind eher länglich.	gehe zu **7**
6*	Die Laubblätter sind eher breit.	gehe zu **8**
7	Die Laubblätter sind länglich und haben die Form einer Lanzenspitze. *Die Blüten der Mispel sind weiß. Der Strauch kann bis zu 6 m hoch werden. Er kommt in Gebüschen und Wäldern an warmen Standorten vor.*	**Mispel**
7*	Die Laubblätter sind elliptisch. *Die Blüten dieser holzigen Pflanze sind weiß. Die Laubblätter sind elliptisch, kurz gestielt und scharf gesägt. Die Schlehe kommt in Gebüschen und Waldrändern vor.*	**Schwarzdorn (Schlehe)**
8	Die Laubblätter sind verkehrt einförmig. *Die Blüten dieses Holzgewächses sind weiß. Die Vogelkirsche kommt in Laubwäldern und Mischwäldern vor. Sie ist die Wildform der Kulturkirsche.*	**Gemeine Vogelkirsche**
8*	Die Laubblätter sind handförmig. *Die Blüten der krautigen, oft im unteren Bereich auch verholzten Pflanze sind weiß. Die Pflanze kommt an Waldrändern, Äckern, in Gärten und auf Lichtungen vor.*	**Echte Brombeere**

Wissenswertes **Von der Vielfalt der Rosengewächse**

|3 *Bachnelkenwurz:* Kraut, 30–50 cm hoch; Blütezeit: April bis Juni; nach unten nickender Blütenstängel; alte Heilpflanze; wächst auf nassen Wiesen und an Bächen.

|4 *Odermenning:* Kraut, 30–130 cm; Blütezeit: Juni bis August; Blüten in langen Trauben; alte Heilpflanze, die an sonnigen Waldrändern und Wegrainen wächst.

|5 *Kartoffelrose:* bis zu 2,5 m hoher Strauch; Blütezeit: Juni/Juli; Blüten einzeln an Blütenstielen; wächst an sonnigen Standorten.

|6 *Traubenkirsche:* Baum, 3–15 m hoch; Blütezeit: Mai; Blüten in hängenden Trauben; wächst an Bachufern.

|7 *Himbeere:* Strauch, 50–120 cm hoch; Blütezeit: Mai bis August; rote Stacheln; wächst in lichten Wäldern; Früchte reich an Vitamin C.

|8 *Apfel:* Obstbaum bis 6 m hoch; Blütezeit: April bis Juni (rosaweiße Trauben); Wildapfel mit kleinen, säuerlichen Früchten; wächst in Auwäldern und Gebüschen.

|9 *Wildbirne:* Obstbaum, bis 20 m hoch; rote Staubblätter; Stammform der Kulturbirne; der Baum wächst in Laubwäldern.

|10 *Pflaume (Zwetschge):* Baum, bis 8 m hoch; Blütezeit: April bis Juni; Frucht: aus dem Fruchtknoten wird eine Steinfrucht; kommt in verschiedenen Kulturformen vor (z. B. *Mirabelle, Reneklode*).

Zur Familie der Rosengewächse gehören die Rosen, verschiedene Obstsorten, viele Wildkräuter und Heilpflanzen. |3 – |10

B Nenne die familiären Gemeinsamkeiten der Rosengewächse.
C Überprüfe diese Gemeinsamkeiten – so weit möglich – anhand der Abbildungen auf dieser Doppelseite.

Kreuzblütengewächse

Familie: Kreuzblütengewächse
Blüte: 4 Kelchblätter, 4 Kronblätter, 4 lange Staubblätter – jeweils kreuzförmig angeordnet; 2 kurze Staubblätter, 1 Stempel
Blütenstand: Traube
Frucht: Schote aus 2 Fruchtblättern

Kelchblätter
Kronblätter
Staubblätter
Fruchtblätter

|1

Die **Rapspflanze** gehört zur Familie der Kreuzblütengewächse. |1 |2
Sie ist ein Lieferant für Speiseöl und Biodiesel sowie eine Futterpflanze. Du erkennst die typischen Familienmerkmale:
Die *Blütenteile* (4 Kelchblätter, 4 Kronblätter, 6 Staubblätter) sind kreuzförmig angeordnet.
Die *Früchte* entstehen aus den beiden miteinander verwachsenen Fruchtblättern des Fruchtknotens. Eine Scheidewand trennt diese Schote in zwei Fächer.
An ihr hängen die ölhaltigen *Samen* links und rechts in vier Reihen.
Nicht nur Raps, sondern auch viele andere Blütenpflanzen besitzen Kreuzblüten und haben *Schoten* als Früchte. |3– |6 Sie gehören also ebenfalls zu den „Kreuzblütlern". Von dieser Familie gibt es in Mitteleuropa etwa 200 Arten.

1 Wir untersuchen eine Rapsschote
Öffne mit der Pinzette eine Rapsschote. Untersuche die Anordnung der Samen an der Scheidewand und zähle die Samen. Zeichne und beschrifte.

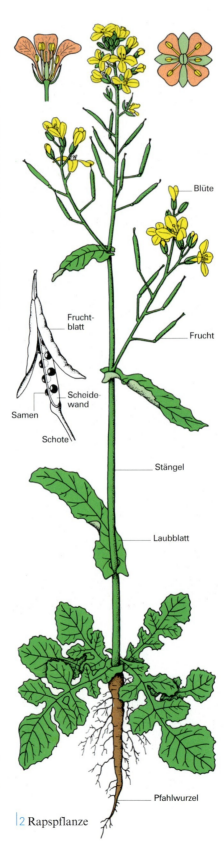

|2 Rapspflanze

|3 Wiesenschaumkraut

|4 Gartenrettich

|5 Goldlack

|6 Hirtentäschelkraut

Korbblütengewächse

Ein bekannter Vertreter der Korbblütengewächse sind die **Sonnenblume** und der **Löwenzahn**. |7 – |10
Bei beiden sind die *Blütenstände* aus vielen Einzelblüten zusammengesetzt. Allerdings hat der Löwenzahn fast ausschließlich Zungenblüten.
Die Familie der Korbblütengewächse ist mit etwa 20 000 Arten außerordentlich groß. Fast alle „Korbblütler" sind Kräuter. |11 |12
Einige Korbblütengewächse (z. B. das Edelweiß, einige Distelsorten und Arnika) sind geschützt.

Familie: Korbblütengewächse
Viele Einzelblüten bilden körbchenartige Blütenstände. Je nach Art enthalten die Blütenstände Röhrenblüten, Zungenblüten oder beide zugleich. Beim Löwenzahn gibt es nur Zungenblüten, bei der Kornblume nur Röhrenblüten, beim Gänseblümchen Zungen- und Röhrenblüten.

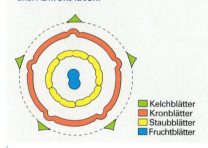
|7

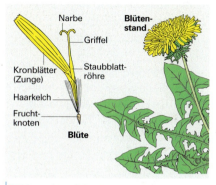
|9 Blütenstand des Löwenzahns …

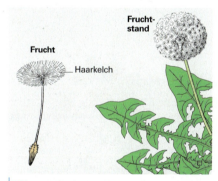
|10 … und sein Fruchtstand

|11 Kamille

2 Wir untersuchen die Sonnenblume
a Zupfe aus dem Blütenkorb einer Sonnenblume Blüten aus dem Korbinnern und vom Rand. |13 |14
Betrachte die Einzelblüten mit der Lupe.
b Vergleiche deine Blüten mit der Grafik der Blütenkorbhälfte. |7
– Was unterscheidet die Einzelblüten aus der Korbmitte von den anderen?
– Welche Blütenblätter erkennst du?
c Beide Formen der Einzelblüten ergänzen einander:
– Welche Blüten locken Insekten zur Bestäubung an?
– In welchen Blüten kann es zur Befruchtung kommen?

|12 Kornblume

|13 Sonnenblume

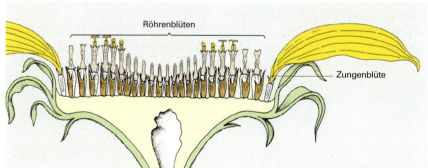
|8 Sonnenblume

|14 Sonnenblumenkorb

Heil- und Giftpflanzen

1 Ob der Tee gegen die Erkältung hilft?

Ein Hustentee
Aus getrockneten *Huflattichblättern* und *-blüten* kannst du selbst einen Hustentee zubereiten:
Übergieße dazu 1 Teelöffel Blüten und Blätter in einer Tasse mit kochendem Wasser.
Decke die Tasse ab und lass den Aufguss 5 bis 10 Minuten lang ziehen.
Gieße dann durch ein feines Sieb in eine zweite Tasse ab.

Ein selbst gemachter Hustensaft
Mische 1 Teelöffel getrockneten *Salbei*, 1 Teelöffel *Thymian*, 100 g Zwiebeln und 80 g braunen Kandiszucker mit einem Viertelliter Wasser.
Köchle die Zutaten so lange, bis der Zucker aufgelöst ist.
Seihe die lauwarme Mischung in ein verschließbares Glasgefäß.
Im Kühlschrank hält sich der Hustensaft etwa eine Woche lang.

Kennübung Heilpflanzen

Zitronenmelisse |2
Sie soll neben ihrer beruhigenden Wirkung auch bei Erinnerungsproblemen helfen. Außerdem dient die Pflanze als Gewürz.

Johanniskraut |3
Es wächst auf trockenen Wiesen. Ein Tee aus Blüten hilft gegen Gallenleiden. Das Öl des Johanniskrauts heilt Brandwunden.

Baldrian |4
Er gedeiht auf feuchten Wiesen. Aus der Baldrianwurzel gewinnt man ein Beruhigungsmittel, das als Tee getrunken wird.

Ringelblume |5
Sie ist eine ausgezeichnete Heilpflanze zur Behandlung von Quetschungen, Geschwüren, Verbrennungen und schlecht heilenden Wunden.

Knoblauch |6
Man nimmt an, dass Knoblauch das Risiko von Herz-Kreislauf-Erkrankungen verringert. Die frische Blüte des Knoblauchs wird als Arznei verwendet.

Echter Salbei |7
Er hilft bei Erkältungskrankheiten. Außerdem stärkt die Pflanze die Abwehrkräfte; sie wirkt keimtötend und schweißhemmend.

A Heilpflanzen werden vielseitig verwendet. Informiere dich darüber z. B. beim Apotheker, in Gesundheitsläden und in entsprechenden Ratgebern. Lege eine Tabelle an und trage die Ergebnisse deiner Erkundigungen ein. |8

B Beschaffe Teerezepte gegen Magenbeschwerden, Durchfall und Vitamin-C-Mangel.

C Sammelt Bilder von Heilpflanzen und fertigt daraus ein Plakat. Ordnet die Übersicht nach Anwendungsgebieten.

Heilpflanze	Verwendete Teile	Mittel	Anwendung
Kamille	Blüte	Tee	bei Entzündungen
…	…	…	…

8 Muster für die Heilpflanzen-Tabelle

Wissenswertes Giftpflanzen

9 *Roter Fingerhut:* Er wächst auf sonnigen Kahlschlägen im Wald. In seinen Blättern und Samen ist ein starkes Gift enthalten. In geringen Mengen ist es als Herzmittel wirksam.

10 *Tollkirsche:* Sie wächst in Wäldern. Vorsicht vor den reifen schwarzen Beerenfrüchten! Sie enthalten nämlich ein Gift, das auf uns Menschen tödlich wirken kann.

11 *Liguster:* Obwohl seine Beeren giftig sind, wird er häufig als Hecke angepflanzt. Wer die schwarzen Beeren isst, bekommt heftige Bauchschmerzen und Krämpfe.

12 *Aronstab:* Er wächst in feuchten Wäldern. Sämtliche Pflanzenteile sind giftig. Die leuchtend roten Früchte verführen dazu, davon zu essen.

13 *Pfaffenhütchen:* Alle Teile dieses Zierstrauchs sind giftig. Vor allem die Früchte enthalten ein Gift, das zu Erbrechen und Durchfall führt.

14 *Goldregen:* Die oft als Zierstrauch angepflanzte Pflanze stammt aus dem Mittelmeergebiet. Alle Teile des Strauchs, vor allem aber die Samen, sind stark giftig.

D Vom Arzt *Paracelsus* (1493–1541) stammt die Aussage: „Allein die Dosis macht, dass ein Ding Gift ist." Erkläre diese Aussage anhand der Wirksamkeit von Digitoxin (Gift des Fingerhuts):
0,1–1 mg: Heilwirkung – Verstärkung der Herztätigkeit, vermehrte Urinabgabe,
10–20 mg: Giftwirkung – Appetitlosigkeit, Erbrechen, gestörte Herztätigkeit.
1 g (Gramm) = 1000 mg (Milligramm).

E Untersuche deine Umgebung (Garten, Schulweg) auf Giftpflanzen.

F Womit würdest du einen Spielplatz bepflanzen: Hasel, Hainbuche, Goldregen, Heckenrose, Liguster, Weißdorn, Pfaffenhütchen? Begründe!

Grundlagen Heilpflanzen sind auch Giftpflanzen!

Viele Heilpflanzen sind gleichzeitig Giftpflanzen.
Die Dosis (die Menge, die Konzentration) entscheidet darüber, ob eine Pflanze heilt oder schädigt.

Der Mensch nutzt die wirksamen Inhaltsstoffe der *Heilpflanzen*, um Krankheiten vorzubeugen und Beschwerden zu lindern.
Heilpflanzen werden auf unterschiedliche Art und Weise – z. B. in Form von Tees, Spülungen, Bädern oder Tinkturen – angewandt.

Die Arzneimittel-Industrie bemüht sich darum, die schmerzlindernden oder wundheilenden Wirkstoffe der Heilpflanzen in möglichst reiner Form zu erhalten. Dazu sind komplizierte Verfahren erforderlich.
Manche Pflanzen sind *Giftpflanzen*. Sie besitzen nämlich Inhaltsstoffe, die Gesundheitsstörungen hervorrufen können.
Manche Inhaltsstoffe von Giftpflanzen finden auch in Arzneimitteln Verwendung. Die Dosis der Inhaltsstoffe muss dann aber gering sein.

Zusammenfassung

Aus Blüten werden Früchte | 1

Die Blüten besitzen Staubblätter. Diese liefern den (männlichen) Blütenstaub oder Pollen. Die Fruchtblätter der Blüten enthalten die (weiblichen) Eizellen.

Bei der Bestäubung gelangt Pollen durch Insekten oder den Wind auf die Narbe des Fruchtblatts einer Blüte. Er wächst zum Pollenschlauch aus.

Bei der Befruchtung verschmilzt eine männliche Geschlechtszelle, der Pollen, mit einer weiblichen Eizelle („geschlechtliche Fortpflanzung"). Nach der Befruchtung entwickelt sich der Samen.

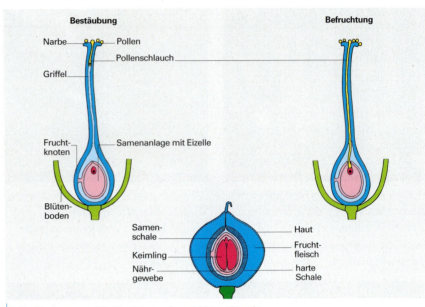

1 Bestäubung und Befruchtung einer Blüte – Frucht

Verbreitung von Samen | 2

An der Samenverbreitung können Tiere, Wind und Wasser beteiligt sein.

Der *Wind* trägt die Flug- und Streufrüchte gemeinsam mit deren Samen fort. Das *Wasser* transportiert die Schwimmfrüchte.
Vögel und andere Tiere übertragen Lockfrüchte und Klettfrüchte. Schleuderfrüchte verbeiten *sich selbst*.

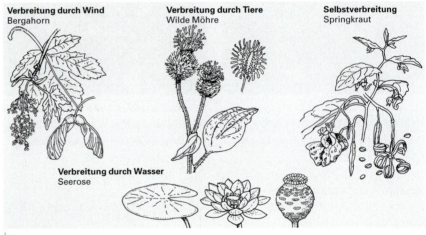

2 Verbreitung des Samens

Verbreitung durch Ableger, Tochterzwiebeln und Ausläufer | 3

Bei zahlreichen Pflanzen gibt es auch eine *ungeschlechtliche Vermehrung* durch Ableger, Tochterzwiebeln oder Ausläufer. Die Erdbeere z. B. bildet Ableger, die Tulpe Zwiebeln und die Kartoffel Ausläufer mit Knollen.

 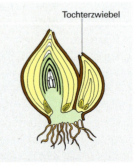 

3 Erdbeerableger, Tulpenzwiebel und Kartoffelknollen

Ordnung in der Pflanzenwelt

Um die Vielfalt der Blütenpflanzen zu ordnen, stellt man die miteinander verwandten Pflanzen zu Familien zusammen. Verwandtschaft lässt sich bei Pflanzen am besten am *Bau der Blüten* feststellen. Pflanzen, die einander so ähnlich sind, dass sie sich untereinander fortpflanzen können, gehören zu einer Art. Ähnliche Arten fasst man zu Gattungen zusammen, ähnliche Gattungen zu einer Familie.

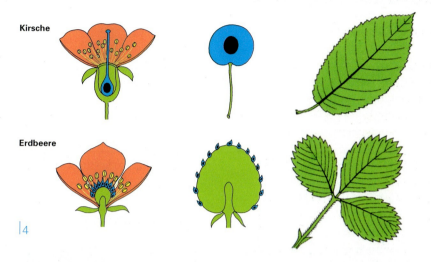

4

Beispiel: 4
Zur *Familie der Rosengewächse* gehören außer der Heckenrose und den Zierrosen auch viele Nutzpflanzen. Ihr gemeinsames Merkmal sind Blüten mit fünf Kelchblättern, fünf freien Kronblättern sowie ein Kranz von Staubblättern.

Alles klar?

A Kirsche und Birne sind Rosengewächse. Woran kann man das erkennen?
B Nenne Nutzpflanzen unter den Rosengewächsen.
C Erkläre den Unterschied zwischen Bestäubung und Befruchtung.
D Nenne Möglichkeiten der Bestäubung.
E Zeichne den Blütenbau einer Kirschblüte und einer Rapsblüte. Vergleiche.
F Nenne verschiedene Gift- und Heilpflanzen und ihre jeweilige Wirkung.
G Beschreibe, wie Frucht und Samen entstehen. Beginne bei der Blüte.
H Wie können Früchte und Samen verbreitet werden? Nenne Beispiele. Welchen Sinn hat die Verbreitung?

I* Der Löwenzahn wächst auf Wiesen.
1 Warum ist die „Blüte" des Löwenzahns eigentlich ein Blütenstand?
2 Wie ist die Frucht des Löwenzahns aufgebaut? Wie wird sie verbreitet?
3 Zu welcher Pflanzenfamilie gehört der Löwenzahn?
4 Nenne weitere Arten aus dieser Familie.

J* Der Aronstab ist eine Pflanze, die in feuchten Laubwäldern wächst. Insekten bestäuben ihn. 5 Im Innern des Blütenhüllblatts befinden sich unfruchtbare Blüten mit Sperrborsten. Darunter sitzen die männlichen Blüten (bräunlich) und – noch tiefer – die weiblichen (grünlich). Der obere Teil der Blüte verströmt Aasgeruch. Er ist innen von einem Ölfilm überzogen. Nach einigen Tagen welken die Borsten, sodass sie sich absenken. Auch die Innenwände trocknen dann.
1 Was lockt die Insekten an?
2 Wodurch gelangen sie ins Innere?
3 Wieso kommen sie nicht gleich wieder heraus?
4 Beschreibe, wodurch die weiblichen Blüten bestäubt werden.
5 Wie erfolgt die Befruchtung?
6 Wie kommt es, dass die Insekten die Blüte schließlich verlassen können?

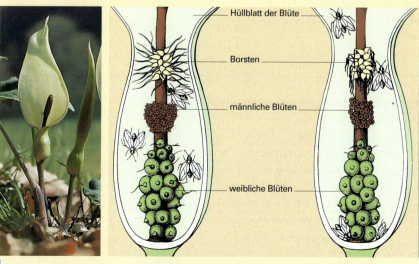

5 Der Aronstab – eine Insektenfalle auf Zeit

Kontrolliere deinen Lernstand

A Du sollst die Frage klären: „Wie viel Futter frisst eine erwachsene Rennmaus in einer Woche?"
1 Schreibe Vorschläge auf, wie du diese Frage lösen könntest.
2 Entwirf einen Plan, wie du das Problem experimentell lösen könntest.
3 Welche naturwissenschaftlichen Arbeitsweisen setzt du dabei ein?
4 Welche Angaben muss ein Protokoll deiner Beobachtungen auf jeden Fall enthalten?
5 Bei einer erwachsenen Rennmaus wird das Körpergewicht in einer Woche nicht zunehmen. Warum nicht?

B Viele Menschen halten sich einen Hund als treuen Freund. Wahrscheinlich stammen alle Hunde vom Wolf ab. Durch langjährige Züchtung entstanden viele verschiedene Hunderassen.
1 Am Körperbau und am Verhalten kann man erkennen, dass Hund und Wolf miteinander verwandt sind. Zähle vier Gemeinsamkeiten auf.
2 Hunde sind viel einfacher abzurichten als Katzen. Erkläre! (Tipp: Denke daran, wie die Wildtier-Vorfahren der beiden Haustiere leben.)
3 Der Mensch hält Haustiere zu verschiedenen Zwecken. Nenne mehrere Beispiele.
4 Du wünschst dir einen Hund als Spielgefährten. Was musst du vor dem Kauf bedenken?

C Bei den Wirbeltieren unterscheidet man fünf Klassen.
1 Ordne jedes der abgebildeten Wirbeltiere einer Klasse zu. |1
2 Notiere in einer Tabelle Hautbeschaffenheit, Atmung und Körpertemperatur der verschiedenen Wirbeltierklassen.
3 Beschreibe für die Lurche die Art der Fortpflanzung.

|1

|2 Kartoffelpflanze

D Bild |2 zeigt eine Kartoffelpflanze.
1 Aus welchen Pflanzenorganen setzt sich eine Kartoffelpflanze zusammen?
2 Warum ist die Kartoffelknolle keine Frucht?
3 Beim Kartoffelanbau ist die ungeschlechtliche Vermehrung entscheidend. Begründe!
4 Wie pflanzt sich die Kartoffel geschlechtlich fort?

E Nach einem kühlen, stürmischen Frühling trägt der Kirschbaum im Sommer wenig Früchte. Beim Haselstrauch dagegen haben sich trotz des kalten Wetters viele Haselnüsse gebildet.
1 Begründe diesen Sachverhalt.
2 Wie erfolgt die Bestäubung bei der Kirsche, wie bei der Hasel?
3 Zu welcher Fruchtform gehört die Kirschfrucht, zu welcher die Frucht der Hasel?
4 Warum ist die Verbreitung der Samen für die an einem Ort wachsenden Pflanzen so wichtig?

Die Lösungen findest du im Anhang.

Schätze deine Kenntnisse und Fähigkeiten ein:

Aufgabe	Ich kann …
A	einen Plan entwickeln, um das Verhalten eines Tiers zu beobachten.
B	die Verantwortung einschätzen, wenn man ein Haustier halten will.
C	für die fünf Wirbeltierklassen die Erkennungsmerkmale nennen sowie ihre Fortpflanzung beschreiben.
D	den Aufbau und die Vermehrung der Kulturpflanze Kartoffel beschreiben.
E	die Vermehrung von Blütenpflanzen beschreiben und kenne die Bedeutung von Samen und Früchten.

Auswertung
Ordne deiner Aufgabenlösung im Heft ein Smiley zu:
☺ Ich habe die Aufgabe richtig lösen können.
😐 Ich habe die Aufgabe nicht komplett lösen können.
☹ Ich habe die Aufgabe nicht lösen können.

Sonne – Wetter – Jahreszeiten

Sonne – Wetter – Jahreszeiten

Auch wir müssen uns vor der Kälte schützen ...

Wie schützen sich Tiere vor der Kälte?

Wieso ist es im Sommer warm und im Winter kalt?

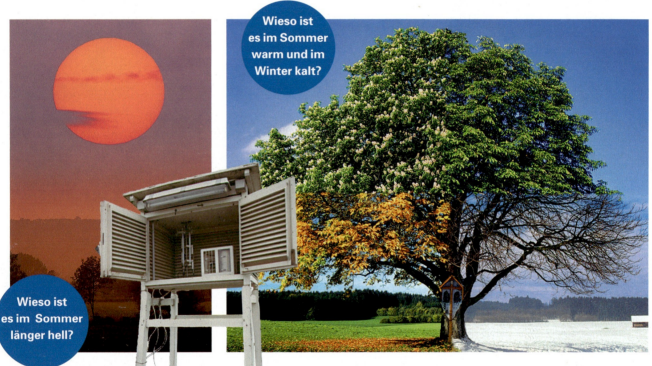

Wieso ist es im Sommer länger hell?

„Sonne – Wetter – Jahreszeiten"
Der Sonnenstand bestimmt die Jahreszeiten. Die Natur passt sich an die unterschiedlichen Temperaturen an. Damit wir nicht frieren, müssen wir heizen und dafür viel Geld ausgeben. Für Mensch und Tier ist daher eine gute Wärmedämmung wichtig.
In Winter gefriert Wasser. Das ist z. B. die Ursache dafür, dass Felsen zerbröckeln.

Ständig verdunstet Wasser. Aus dem Wasserdampf entstehen Wolken und Nebel, Regen, Schnee und Hagel.
Wenn du über längere Zeit beobachtest, kannst du erfahren, welchen Einfluss Temperaturen und Sonnenstand auf die Pflanzen und Tiere haben.

In diesem Kapitel kannst du
– beobachten, wie sich die Natur im Lauf von Wochen und Monaten verändert,
– untersuchen, wie sich Wärme ausbreitet,
– Wasser in verschiedenen Zustandsformen kennen lernen,
– einfache Feuermelder erfinden und bauen,
– einiges zum Thema Wetter erfahren.

Das soll nichts als Wasser sein?

Woraus bestehen Wolken?

Sommerhitze und Winterkälte

Verschiedene Arbeitsmethoden
Du wirst
- Langzeitbeobachtungen durchführen und protokollieren,
- aus Messwerten ein Diagramm erstellen,
- deine Beobachtungsergebnisse darstellen,
- Gasbrenner und Thermometer benutzen,
- an Lernstationen selbstständig arbeiten.

Ausblick
Zum Thema „Sonne – Wetter – Jahreszeiten" gehören z. B. auch die Klimazonen auf der Erde mit ihren unterschiedlichen Lebensbedingungen. Darauf wirst du in diesem Buch keine Antwort finden.
Du möchtest aber gerne mehr zu diesem Thema wissen?
Vielleicht bekommst du Informationen aus Erdkundebüchern, in der Bücherei oder im Internet.

Wir beobachten die Natur

Die Jahreszeiten

- Für die Jahreszeiten ist der Stand der Sonne von großer Bedeutung …
- Welche Veränderungen können wir bei Pflanzen und Tieren beobachten?
- Wie ändert sich das Wetter (Temperatur, Niederschläge, Wind) im Lauf des Jahres?

Ein Laubbaum im Jahreslauf

2 Ein Kastanienbaum – vier Jahreszeiten

1 Einen Baum beobachten
Benötigt werden: Baumschere, Zeichenkarton, Klebestreifen, Fotoapparat.
Durchführung: Sucht einen einzeln stehenden Laubbaum in eurer Umgebung aus. Besucht ihn ein Jahr lang alle vier Wochen und erfasst Veränderungen.
a Fotografiert den Baum jedes Mal von dem gleichen Standort aus.
b Kennzeichnet einen gut sichtbaren Zweig mit einem Bindfaden, damit ihr ihn später wiederfindet. Messt seine Länge und die der Blätter oder Blattknospen. Notiert die Anzahl der Blüten, Knospen oder Blätter dieses Zweigs. 3
c Zeichnet Knospen, Blätter, Blüten und Früchte. Fertigt auch Zeichnungen von der Rindenstruktur und von der Wuchsform des Baums an.
d Legt eine Sammlung von Blättern, Knospen, Blüten und Früchten an. Schneidet nur kleine Teil mit der Gartenschere ab. Reißt nichts ab!
Trocknet die Blätter ein paar Tage in einem Stapel Zeitungen. 4 Klebt sie dann auf Karton auf.
e Schreibt zu dem Baum einen Steckbrief. Informationen findet ihr im Lexikon und in Bestimmungsbüchern.
g Stellt ein Wandplakat her.

Baumbeobachtung
Pflanze: Rosskastanie
Mitglieder der Arbeitsgruppe: …
Standort: hinter der Schule

Datum	Beobachtung
18. 9.	Die Blätter sind grün. Der Baum hängt voller Früchte. Der Zweig ist 60 cm lang.
18.10.	…

3 Muster für ein Beobachtungsprotokoll

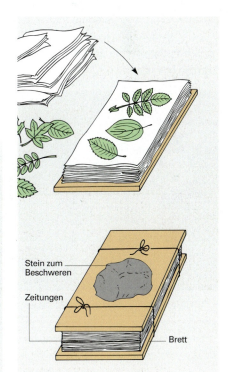

4 Blätter trocknen und pressen

Die Sonne bestimmt unseren Lebensrhythmus: der Tag

Die Erde bewegt sich gegenüber der Sonne. Ihre Bewegungen bestimmen Tag und Nacht sowie die Jahreszeiten.

|1 Tag und Nacht auf der Erde

Probier's mal

1 Die Länge deines Schattens
„Wir treffen uns morgen auf dem Marktplatz, wenn dein Schatten zehn Fuß lang ist." So verabredete man sich, als es noch keine Uhren gab.
Finde heraus, was die Schattenlänge mit der Uhrzeit zu tun hat.

|2 Schattenlänge

2 Die Erde als riesige Kugel
Die Erdachse verläuft vom Nordpol zum Südpol. Sie steht aber nicht gerade, sondern schräg zur Sonne.
a Mit einem Globus und einer hellen Lampe kannst du ausprobieren, wie Tag und Nacht entstehen. |3
b Befestige einen Aufkleber dort, wo auf dem Globus Deutschland liegt. Wie muss der Globus stehen, damit in Deutschland Mittag, Mitternacht, Morgen oder Sonnenuntergang ist?

|3 Von außen beleuchteter Globus

3 Bauanleitung
Wir bauen eine einfache Sonnenuhr
Suche dir einen Platz, der den ganzen Tag über in der Sonne liegt. Stecke dort an einem sonnigen Tag einen 60 cm langen Stab senkrecht in die Erde. Markiere mit Stöckchen möglichst zu jeder vollen Stunde oder wenigstens alle 2 Stunden die Spitze des Schattens, den das Stöckchen wirft.
Klebe auf die Stöckchen ein Schild mit der jeweiligen Uhrzeit. Ergänze diese Markierungen zu einem Zifferblatt. |4
Am Folgetag kannst du bei Sonnenschein die Zeit ablesen.

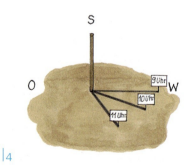

|4

Grundlagen Tag und Nacht

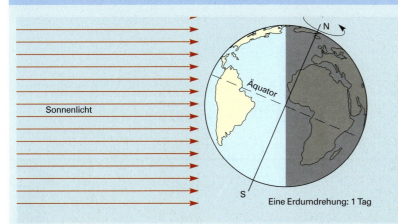

|5 Eine Erdumdrehung ist 1 Tag.

Ohne die Sonne mit ihrem Licht und ihrer Wärme gäbe es auf unserer Erde kein Leben.
Jeden Morgen geht sie in östlicher Richtung auf; sie steigt am Himmel empor. Wenn sie den höchsten Punkt über dem Horizont erreicht hat, ist es Mittag. Die Sonne steht dann genau im Süden.
Anschließend sinkt sie in weitem Bogen wieder zum Horizont ab; sie geht im Westen unter.
Diese Beschreibung entspricht unseren Beobachtungen. Doch in Wirklichkeit bewegt sich die Sonne gar nicht um die Erde. |5

*Die Erde dreht sich täglich einmal um sich selbst – und wir mit ihr.
Wenn wir dabei ins Sonnenlicht kommen, ist es bei uns Tag. Die „Reisezeit" im Schatten der Erde nennen wir Nacht.*

Auf der „Tagseite" werfen alle Körper, die von der Sonne beschienen werden, einen Schatten. Dessen Länge und Richtung ändert sich langsam. |6 Das nutzten Menschen schon vor Jahrtausenden, um die Zeit einzuteilen. So kam es zum Bau von Sonnenuhren.
Noch heute bestimmt die Sonne unsere Zeiteinteilung – trotz modernster Quarz- und Funkuhren.

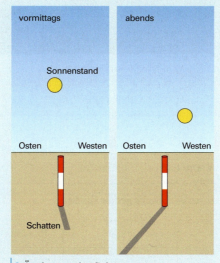

|6 Änderung des Schattens

Die Zeitspanne zwischen zwei Höchstständen der Sonne ist ein Tag und dauert 24 Stunden.

A Wieso gibt es auf der Erde Tag und Nacht?
B Wann ist der Schatten eines Gegenstands am kürzesten?
C Marvin sagt: „Heute dauert der Tag 16 Stunden und die Nacht 8 Stunden." Sandra erwidert: „Unsinn, jeder Tag dauert 24 Stunden." Wer hat Recht?
D Jeden Tag „reisen" wir in Deutschland mit der Erddrehung mehr als 24 000 km weit im Kreis herum. Wir sind dabei schneller als ein Airbus. Wieso merken wir nichts davon?

Interessantes Sonnenuhren

Vor 5000 Jahren wurden in Ägypten schon Sonnenuhren benutzt. Diese Uhren können die Zeit recht genau anzeigen. Es gibt sie in vielen Ausführungen. Bei allen verrät die Richtung oder die Länge des Schattens die Tageszeit |7– bei guten Sonnenuhren auf die Minute genau.

|7 Sonnenuhr

4 Bauanleitung
Ein Joghurtbecher als Sonnenuhr
Wenn der Becher von der Sonne beschienen wird, wirft sein Rand einen bogenförmigen Schatten. |8
Markiere am Becher die tiefste Stelle des Schattens zu unterschiedlichen Zeiten (mit einem Folienstift). Ergänze die Markierung zu einem „Stundenring" und schreibe die Uhrzeiten an den Ring. Prüfe die Genauigkeit der Sonnenuhr am folgenden Tag – natürlich bei Sonnenschein.

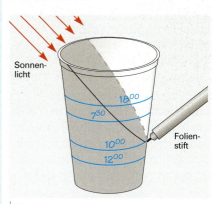

|8 Joghurtbecher-„Sonnenuhr"

Das Jahr

Tag und Nacht, Sommer und Winter werden durch den Stand der Sonne bestimmt – und auch unser Wetter hängt davon ab.
Im Sommer steht die Sonne viel länger am Himmel als im Winter. Wie kommt das eigentlich?
Geht sie immer an der gleichen Stelle auf? |1

|1 Ort des Sonnenaufgangs

1 Die Sonne beobachten

Benötigt werden: Meterstab, Kompass, Geodreieck, Fotoapparat.
Durchführung:
a Haltet den Meterstab senkrecht auf den Boden. Messt und notiert die Schattenlänge in jeder Naturwissenschaftsstunde.
b In Tageszeitungen findet ihr die Uhrzeiten für Sonnenaufgang und Sonnenuntergang. Überprüft die Zeitangaben durch eigene Beobachtungen.
c *Vorsicht, auch mit Sonnenbrille dürft ihr nie direkt in die Sonne schauen! Das Bild der Sonne würde sich in die Netzhaut einbrennen. Bittet euren Lehrer, euch Stücke von einem schwarzen Diafilm zu geben.*
Beobachtet im Abstand einiger Tage (Wochen, Monate), an welchem Punkt ihr morgens die ersten oder abends die letzten Sonnenstrahlen seht. Stellt euch dazu immer an den gleichen Platz. |2
Tragt in eine Skizze auf einem Stück Tapete den Ort von Auf- oder Untergang mit Datum und Uhrzeit ein. Ihr könnt auch Digitalbilder anfertigen und den Sonnenstand auf eine Folie übertragen.
d In welche Himmelsrichtung wandert der Punkt des Sonnenauf- oder Sonnenuntergangs im Lauf der Zeit?
e Stellt eure Beobachtungen z. B. als Wandzeitung dar. |2

Der Sonnenstand im Jahreslauf

Name: …
Ort: Köln
Uhrzeit: zweite große Pause

	15. Nov.	14. Dez.	12. Jan.
Schattenlänge des 60-cm-Stabs	190 cm	?	?
Einfallsrichtung des Sonnenlichts	(Schattenstab / Sonnenstrahl / Schattenlänge)	?	?
Sonnenaufgang	10.11.2004		21.11.2004

|2 Beobachtung des Sonnenstands – Wandzeitung

Grundlagen **Wie die Jahreszeiten entstehen**

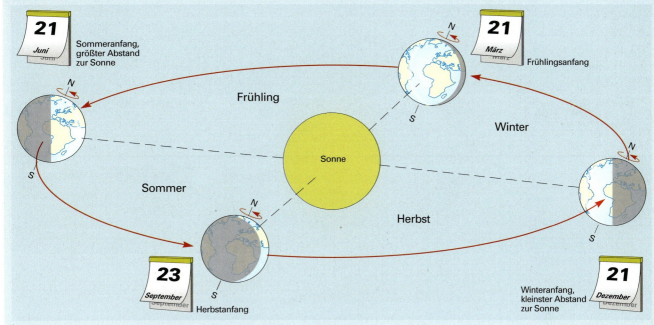

3 Der Lauf der Erde um die Sonne

In 24 Stunden dreht sich die Erde einmal um ihre Achse. Dabei ist immer eine Hälfte im Sonnenlicht (Tagseite), die andere ist im Schatten (Nachtseite).
Wieso aber sind die Nächte im Winter länger als im Sommer? Ursache hierfür ist, dass die Erde eine weitere Bewegung ausführt: |3

Im Laufe von ca. 365 Tagen umkreist die Erde einmal die Sonne. Außerdem steht die Achse der Erde etwas schief.

Im Dezember ist der nördliche Teil der Erde von der Sonne weg geneigt. In Deutschland bewegen wir uns dann täglich auf einer Bahn um die Erde, die 16 Stunden lang im Dunkeln liegt. Die helle Tageszeit dauert jetzt nur acht Stunden – es ist Winter.
Am 21. März sind Nacht und Tag bei uns gleich lang. Nun beginnt für uns der Frühling.
Am 21. Juni wird es bei uns Sommer. Die nördliche Erdhälfte ist jetzt zur Sonne hin geneigt. Unsere Tage sind mit 16 Stunden länger als zu den anderen Jahreszeiten. Entsprechend kürzer sind die Nächte.
Im Sommer steht die Sonne mittags besonders hoch. Sie strahlt steil auf uns herab und trifft dabei auf eine kleinere Fläche als im Winter. Deshalb erwärmt sie den Erdboden im Sommer stärker. |4|5
Am 23. September sind Tag und Nacht wieder gleich lang; der Herbst beginnt.
Nach 365 Tagen und sechs Stunden steht die Erde wieder in Ausgangsposition. Ein Jahr ist vergangen.

A „Im Osten geht die Sonne auf, im Süden ist ihr Mittagslauf, im Westen …" Wie geht's weiter? Stimmt der Spruch eigentlich? Begründe!
B Warum wird der Erdboden im Sommer stärker erwärmt als im Winter? |4
C Ein Jahr dauert ca. 6 Stunden länger als 365 Tage. Was bedeutet das für den Kalender?
D Wenn die Erdachse senkrecht zur Sonne stünde, gäbe es keine vier Jahreszeiten. Erkläre!

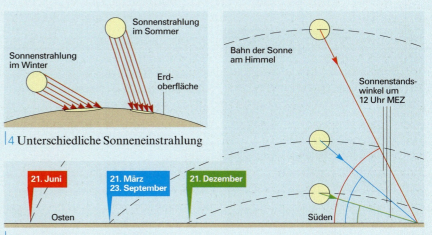

4 Unterschiedliche Sonneneinstrahlung

5 Bahn der Sonne am Himmel

Die Sonne bestimmt unser Leben

|2 Seerosen bei Tag

|1 Seerosen in der Nacht

|3 Hermelin im Sommer

|4 Hermelin im Winter

Alltag Die Sonne bestimmt unser Leben

Ohne die Sonne wäre unsere Erde eine riesige, öde Steinkugel im dunklen, eiskalten Weltall.
Das Leben der Pflanzen und Tiere hängt vom Licht und von der Wärme der Sonne ab.
Ohne sie gäbe es auch weder Wind noch Wolken, weder Regentropfen noch Flüsse, weder Kohle noch Erdöl.
Da ist es kein Wunder, dass die Menschen schon vor Jahrtausenden die Sonne als Himmelsgöttin verehrten. Man war überzeugt davon, dass sie alles Leben auf der Erde bestimmt.
Die Sonne legt z. B. mit ihrem Licht fest, wohin die Triebe der Pflanzen wachsen.
Von der Sonne hängt es auch ab, wann die Vögel morgens zu singen beginnen.
Und auch die Seerose öffnet ihre Blüten nur bei Sonnenschein. |1 |2

Die Sonne bestimmt mit ihrer Wärme, wann die Eidechse morgens zwischen den Steinen hervorkriecht und wann der Igel sich zum Winterschlaf zurückzieht.
Auch wir werden von der Sonne stark beeinflusst. Allerdings denken wir selten darüber nach …

A Nenne Beispiele für den Einfluss der Sonne
1 auf deinen Tagesablauf,
2 auf deine Nahrung,
3 auf deine Kleidung,
4 auf deine Stimmung.

B Beim Planen eines Wohnhauses muss man berücksichtigen, wo die Sonne aufgeht und wo sie untergeht.
1 Was ist damit gemeint?
2 Die Bauherren wünschen auf dem Dach eine Solaranlage. Welche Dachseite ist dafür geeignet?

Wie Tiere überwintern

|5 Fledermaus (Säugetier) – Winterschlaf

|6 Ringelnatter (Reptil) – Winterstarre

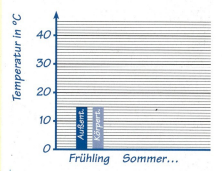

|7 Musterdiagramm Zauneidechse

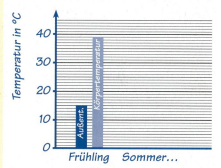

|8 Musterdiagramm Fledermaus

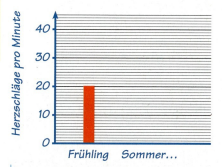

|9 Musterdiagramm Zauneidechse

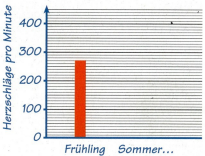

|10 Musterdiagramm Fledermaus

1 Wie Zauneidechse und Fledermaus überwintern
Sieh dir die Tabelle zu Zauneidechse und Fledermaus an. Übertrage die Säulendiagramme ins Heft und ergänze sie. |7 – |10

a Was fällt dir auf, wenn du die Werte bei der Zauneidechse vergleichst?
b Was fällt dir an den Werten der Fledermaus auf?
c Vergleiche die Diagramme für Eidechse und Fledermaus. Welchen Unterschied stellst du fest?

Jahreszeit	Zauneidechse			Fledermaus	
	Außen-temperatur	Körper-temperatur	Herzschläge (pro Minute)	Körper-temperatur	Herzschläge (pro Minute)
Frühling	15 °C	15 °C	20	39 °C	270
Sommer	25 °C	25 °C	45	39 °C	270
Herbst	5 °C	5 °C	12	39 °C	270
Winter	2 °C	2 °C	weniger als 1	5 °C	10

Grundlagen Wie Tiere überwintern

Wechselwarme Tiere
Kriechtiere, Lurche, Fische und Insekten sind *wechselwarm*. Ihre Körpertemperatur wechselt mit der ihrer Umgebung. Wenn die Tiere in der Sonne liegen, steigt ihre Körpertemperatur. Sie sinkt im Schatten oder in kühlen Erdhöhlen.
Im Winter werden sie starr und steif; sie verfallen in die *Winterstarre*. Um zu überleben, brauchen sie einen frostsicheren Platz.

Gleichwarme Tiere
Säugetiere und Vögel hingegen sind *gleichwarm*. Ihre Körpertemperatur bleibt immer gleich. Nur die *Winterschläfer* unter ihnen bilden eine Ausnahme: Beim Winterschlaf sinkt ihre Körpertemperatur auf 4 bis 6 °C ab. Die Übersicht zeigt, wie Tiere den Winter überstehen. |1

A Wie überwintert die Zauneidechse? Was passiert, wenn die Temperatur in ihrem Versteck weit unter den Gefrierpunkt sinkt?

B Welche Säugetiere halten einen Winterschlaf?

Wechselwarme Tiere

Fische
Winterstarre
– Fische überwintern an tiefen Stellen im Gewässer.
– Ihre Körpertemperatur entspricht der Wassertemperatur.
– Atmung und Herzschlag werden langsamer.
– Die Fische bewegen sich kaum noch.

Lurche – Kriechtiere
Winterstarre
– Die Tiere brauchen weder Fettpolster noch Vorräte.
– Sie verstecken sich an geschützten, frostsicheren Stellen, z. B. im Schlamm eines Teichs.
– Atmung und Herzschlag werden stark verlangsamt.
– Die Tiere werden starr und können sich nicht bewegen.

Gleichwarme Tiere

Vögel
– *Standvögel* bleiben am Ort. Sie schützen sich, indem sie das Gefieder aufplustern und sich eng aneinander kuscheln.
– *Zugvögel* ziehen in wärmere Gegenden, da sie hier im Winter keine Nahrung finden.

Säugetiere
Winterfell und Fettpolster
Katze, Hase, Reh …
– sind das ganze Jahr über aktiv,
– bekommen ein dichtes Winterfell und
– fressen sich ein Fettpolster an.

Winterschlaf
Igel, Feldhamster, Murmeltier, Fledermaus …
– fressen sich im Spätsommer ein Fettpolster an,
– verschlafen den Winter in frostsicheren Verstecken (oft unter der Erde),
– Atmung und Herzschlag sind stark verlangsamt.
– Die Körpertemperatur sinkt stark ab.
– Bei Temperaturen nahe 0 °C erhöht sich die Körpertemperatur, das Tier wacht auf.

Winterruhe
Eichhörnchen, Bär, Dachs …
– fressen sich Fettpolster an.
– Manche Arten legen Vorräte an,
– manche bekommen ein dickes Winterfell.
– Die Tiere dösen, schlafen, ruhen in einem frostsicheren Bau.
– Atmung und Herzschlag sinken kaum ab.
– Die Tiere wachen bei günstiger Witterung auf und gehen an ihre Vorräte.

|1 Überwinterung: Winterfütterung von Rotwild, Haselmaus beim Winterschlaf, Laubfrosch in Winterstarre, Weißstörche in Afrika

Interessantes Der Igel in den Jahreszeiten

Im August wirft die Igelin zwei bis zehn nackte Junge. Jedes wiegt etwa 20 g und ist 6 bis 10 cm lang. Die jungen Igel kommen mit rund 100 weichen Stacheln zur Welt. Sie fallen später aus und werden durch harte Stacheln ersetzt. In der zweiten Woche öffnen sich Augen und Ohren. Nach vier Wochen wiegen sie bereits 160 g und nehmen auch feste Nahrung auf. Dennoch säugt die Igelin die Jungen noch bis zu 6 Wochen. |2 |3 Dann gehen sie eigene Wege, Igel sind Einzelgänger. Sie werden 25 bis 35 cm lang und 1000 g schwer.

In der Dämmerung erwacht der Igel und verlässt sein Versteck unter einer Hecke, am Waldrand oder im Garten. Seine Schnauze hält er dicht über den Boden, wo er mit seiner empfindlichen Nase seine Beute erschnüffelt. Dazu gehören Insekten, Würmer, Schnecken, aber auch tote Frösche, Mäuse und Jungvögel. Auch Bucheckern und reife Beeren stehen auf seinem Speiseplan.

Im Spätsommer und Frühherbst frisst sich der Igel Fettreserven an. Im Oktober oder November zieht er sich mit einem zusätzlichen Gewicht von bis zu 400 g in sein Nest aus Moos, Laub oder Heu zurück. Wenn es dann kälter wird, sinkt seine Körpertemperatur bis auf 6 °C. Er fällt in den Winterschlaf. Er atmet seltener. Verdauung und Herztätigkeit werden eingeschränkt. Fällt die Körpertemperatur unter 6 °C, so setzt der Weckreiz ein. Die Körpertemperatur steigt an. Der Igel atmet schneller. Mit dem zusätzlichen Sauerstoff werden Fettreserven zur Energieerzeugung genutzt.
Wenn die Fettreserven durch Störungen oder lange, kalte Winter vorzeitig verbraucht werden, überlebt der Igel den Winter nicht.

|2 Igelmutter mit Jungen

|3 Jungtier

Mit zunehmender Tageslänge und steigenden Temperaturen erwachen die Igel im März oder April aus dem Winterschlaf. Sie haben ein Fünftel ihres Gewichts verloren und sind hungrig. Durch das reichliche Nahrungsangebot erreichen sie im Mai wieder ihr ursprüngliches Gewicht. Im Juni und Juli ist Paarungszeit. Auf der Suche nach einem Weibchen wandern die Igelmännchen oft weite Strecken.
Bei Gefahr rollt sich der Igel zu einer Stachelkugel zusammen. Das erschreckte Tier spreizt die Stacheln kreuz und quer ab. So kann er sich gegen fast alle Feinde zur Wehr setzen. Nur Eulen und Greifvögel sowie Füchse, Dachse und Hunde können ihm gefährlich werden.

C Stelle das „Igeljahr" dar. Schreibe zu jedem Monat auf eine Karteikarte, was der Igel tut. Überlege wie du die 12 Karten des „Igeljahres" an einer Plakatwand übersichtlich gestalten kannst. Ergänze durch weitere Texte, Bilder und Zeichnungen.
D Veranschauliche die Tabelle zur Igelnahrung |4 in einem Diagramm.
E Informiere dich, wie du den Igel sinnvoll schützen kannst. Erstelle dazu ein Flugblatt, das z. B. im Zoohandel Interessierten zur Verfügung gestellt werden kann.
F Ein Garten soll igelfreundlich gestaltet werden. Beachte die Ansprüche des Igels an die Umwelt. Zeichne einen Gartenplan (mit Beschriftung).

Nahrungstiere des Igels

Nahrungstier	Anteil
Käfer	39 %
Raupen	24 %
Regenwürmer	19 %
Ohrwürmer	6 %
Käferlarven	5 %
Schnecken	4 %
Fliegenlarven	5 %
Tausendfüßer	1 %

|4

Wissenswertes Der Mond und seine Gestalt

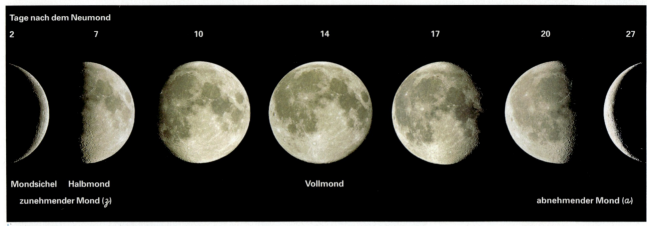

1 Verschiedene Mondphasen

Der Mond umkreist in 29,5 Tagen einmal die Erde. Die Gestalt des Mondes, die wir sehen, ändert sich von Tag zu Tag. 1 *Ein Monat ist ungefähr die Dauer eines Mondumlaufs.* Oft kannst du den Mond auch am helllichten Tag beobachten. Im Lauf eines Monats sieht man alle Gestalten: zunehmende und abnehmende Mondsichel, Halbmond, Vollmond. Nur bei Neumond siehst du ihn nicht. Die Uhrzeit des Mondaufgangs verschiebt sich ebenfalls jeden Tag deutlich.
Ob der Mond zunimmt oder abnimmt, kannst du leicht überprüfen:

Wenn man die Mondsichel zu einem „z" ergänzen kann, ist der Mond zunehmend. Kann man in Gedanken mit der Sichel ein „a" schreiben, ist er abnehmend.
Wie die Mondphasen entstehen, könnt ihr euch vor Augen führen: 2 Eine Gruppe von Schülern stellt sich eng zusammen. Sie stellen die Beobachter auf der Erde dar. Eine Styroporkugel oder ein weißer Ball stellt den „Mond" dar. Er wird von einer starken Lampe beleuchtet. Ein Schüler trägt den Ball über seinem Kopf um die Beobachter herum. Sie sehen die verschiedenen Mondphasen.

A Prüfe die folgenden Aussagen durch eigene Beobachtungen:
1 „Eine schmale abnehmende Mondsichel ist nur frühmorgens in der Nähe der Sonne zu sehen, niemals woanders."
2 „Die zunehmende Mondsichel ist nur abends auch wieder in der Nähe der Sonne zu sehen."
3 „Blickt man zum Vollmond, dann steht die Sonne immer in der entgegengesetzten Richtung."
B Expertenaufgabe:
Schaue einen Monat lang täglich am Nacht- oder Taghimmel nach, ob der Mond zu sehen ist. Fertige jeweils eine Zeichnung an. 3
Gestalte aus allen Bildern ein Plakat.

2 Modellversuch zur Entstehung der Mondphasen

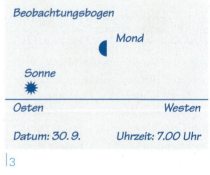

3

Zusammenfassung

Tages- und Jahreszeiten

Die Erde ist immer in Bewegung: Sie dreht sich um sich selbst und wir drehen uns mit ihr. Deshalb wird nur immer eine Hälfte der Erde von der Sonne beschienen. Die andere Hälfte liegt im Schatten. Dadurch gibt es bei uns Tag und Nacht. Gleichzeitig bewegt sich die Erde auch noch in riesigem Abstand um die Sonne herum.
Weil die Erdachse etwas schief steht, wird mal die Nord- und mal die Südhälfte der Erde stärker beleuchtet. Dadurch gibt es vier Jahreszeiten.

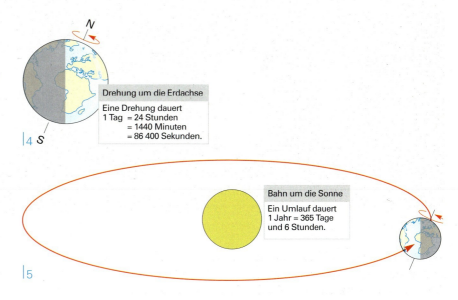

Drehung um die Erdachse
Eine Drehung dauert
1 Tag = 24 Stunden
= 1440 Minuten
= 86 400 Sekunden.

|4

Bahn um die Sonne
Ein Umlauf dauert
1 Jahr = 365 Tage und 6 Stunden.

|5

Die Natur im Jahreslauf

Die Sonne beleuchtet und erwärmt die Erde im Lauf eines Jahres verschieden stark.
Pflanzen und Tiere sind an den Wechsel der Jahreszeiten angepasst.

|6

Frühling: Samen keimen, Tiere haben Nachwuchs.

Sommer: Pflanzen und Tiere wachsen heran.

Herbst: Blätter verfärben sich. Zugvögel fliegen fort.

Winter: Ruhezeit in der Natur.

Alles klar?

A Welche Jahreszeit herrscht jeweils in Deutschland, wenn die Erde so wie in den Zeichnungen zur Sonne steht? |4 |5
B An welchem Datum sind bei uns Tag und Nacht jeweils genau 12 Stunden lang?
C Erkläre durch eine einfache Zeichnung, wieso es bei uns im Winter kälter ist als im Sommer.
Tipp: Denke an den Einfall der Sonnenstrahlung.

D Nenne Blumen, die im Frühjahr zuerst blühen.
E Ein Apfelbaum sieht im Frühling, Sommer, Herbst und Winter unterschiedlich aus. Beschreibe sein Aussehen in jeder der vier Jahreszeiten.
F Zum Aussehen des Mondes:
1 Warum sehen wir die Sonne immer als Scheibe, nicht aber den Mond?
2 Weshalb ist der Neumond dunkel?
3 Wie stehen Sonne, Mond und Erde bei Neumond, wie bei Vollmond? Zeichne die Stellungen auf.

G Zwischen zwei Vollmonden vergehen immer 29,5 Tage. In dieser Zeit hat der Mond die Erde einmal umkreist. Wie viele Umläufe macht der Mond in einem Jahr? Was bedeutet das für unsere „Monate"?

Rund ums Wetter

Wir messen Temperaturen

1 Temperaturmessung im Teich

2 Ablesen des Thermometers

Grundlagen Temperaturmessung

Die Temperatur gibt an, wie warm oder kalt etwas ist. Als Messgerät benutzt man ein Thermometer. Es gibt Flüssigkeitsthermometer und Digitalthermometer. |3

Temperaturen werden in der Einheit 1 Grad Celsius (1 °C) gemessen. Temperaturen unter 0 °C erhalten ein Minuszeichen. Bei Temperaturen über 0 °C kann man ein Pluszeichen schreiben. Beispiel: Die Körpertemperatur des Menschen beträgt +37 °C.

3 Verschiedene Thermometer

Regeln zur Temperaturmessung
– Lies die Temperatur erst ab, wenn sich die Anzeige nicht mehr ändert. Das kann ein bis zwei Minuten dauern.
– Beim Messen der Lufttemperatur muss der Temperaturfühler trocken sein. Sonst wird eine zu niedrige Temperatur angezeigt.
– Die Lufttemperatur wird im Schatten ungefähr 2 m über dem Boden gemessen.

Die Durchschnittstemperatur
Beispiel: Anna und Markus haben eine Woche lang um 10 Uhr die Lufttemperatur gemessen:

Wochentag	Temperatur
Montag	7 °C
Dienstag	8 °C
Mittwoch	5 °C
Donnerstag	4 °C
Freitag	1 °C
Samstag	–1 °C
Sonntag	2 °C

Rechnung
7 °C + 8 °C + 4 °C + 1 °C – 1 °C + 2 °C
= 21 °C
21 °C : 7 = 3 °C
Die Durchschnittstemperatur der Woche beträgt also 3 °C.

1 Temperaturmessungen
Lest euch die *Regeln zu Temperaturmessung* durch.
Messt an verschiedenen Stellen die Lufttemperatur: im Klassenraum in 10 cm Höhe und in 2 m Höhe, über dem Heizkörper, im Flur, auf dem Schulhof. Messt auch die Temperaturen von Wasser: Leitungswasser, Sprudel aus dem Kühlschrank, Wasser von Zimmertemperatur.

2 Luft-, Boden- und Wassertemperaturen messen
Wir wollen über einen längeren Zeitraum Temperaturen messen.
a Lufttemperatur: Messt zweimal täglich die Lufttemperatur, möglichst am gleichen Ort und jeweils zur gleichen Zeit (z. B. vor Beginn und am Ende des Unterrichts).
b Bodentemperatur: Messt einmal täglich die Bodentemperatur. Ihr müsst mindestens in 10 cm Tiefe messen.
c Wassertemperatur: Messt einmal täglich die Wassertemperatur in 10 cm Wassertiefe (z. B. im Schulteich).
d Die Messergebnisse tragt ihr in eine Tabelle in eurem Klassenraum ein. |4

Temperaturen	Datum		
	2. 11.	3. 11.	…
Luft (morgens)	? °C	? °C	…
Luft (mittags)	? °C	? °C	…
Boden	? °C	? °C	…
Wasser	? °C	? °C	…

4 Mustertabelle

Arbeitsweise Diagramme anfertigen

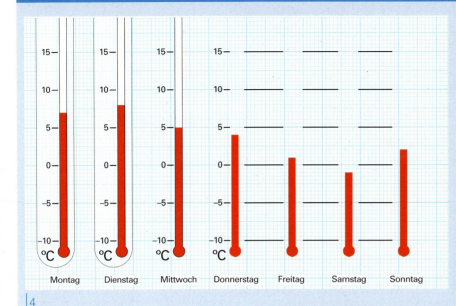

|4

Anna und Markus haben Temperaturen gemessen. Die Tabelle auf der linken Seite zeigt ihre Messwerte. Sie wollen die Messwerte aufzeichnen. Sie wollen ein *Diagramm* anfertigen. Markus hat die Idee, für jeden Tag ein Thermometer zu zeichnen. |4 Weil es weniger mühsam ist, zeichnet er schießlich nur noch die Flüssigkeitssäule.

„Noch einfacher ist es, nur mit einem kleinen Kreuz einzuzeichnen, wie hoch die Flüssigkeit jeweils steht", meint Anna.

So zeichnest du die Messwerte ein: |5
- Suche die gemessene Temperatur auf der *Temperaturachse*. Von dort aus zeichnest du mit Bleistift eine dünne waagerechte Hilfslinie.
- Auf der *Zeitachse* suchst du den zugehörigen Wochentag und ziehst eine senkrechte Linie.
- Am Schnittpunkt der beiden Linien zeichnst du ein Kreuz.
- Auf dieselbe Weise finden wir die anderen Punkte. Das geht sogar, ohne jedes Mal die Hilfslinien zu zeichnen.
- Jetzt verbinden wir die Punkte mit dem Lineal. Dann können wir gut erkennen, ob die Temperatur fällt oder steigt.

|5 Zeichnen eines Diagramms

|6 Lufttemperatur, Durchschnittswerte der Monate

A Zeichne ein Diagramm mit den Lufttemperaturen (Mittagswerte), die ihr gemessen habt.
Zeichne im selben Diagramm mit anderen Farben die Boden- und Wassertemperaturen ein.
Die Verbindungslinie zwischen den Messpunkten heißt Kurve. Was fällt dir auf, wenn du die drei Kurven vergleichst?

B Das Diagramm zeigt die Durchschnittstemperaturen für alle Monate eines Jahres. |6 Warum können die Messungen nicht aus Deutschland stammen? Wo könnten solche Temperaturen gemessen werden?

Bewölkung und Niederschläge

|1 Es gibt nicht nur Regen …

Alltag „2 mm Niederschlag"

„1 Liter Milch, 20 Milliliter Wasser", so gibt man Flüssigkeitsmengen an. Im Wetterbericht jedoch heißt es: „Die Niederschlagsmenge betrug zwei Millimeter." Was bedeutet das? Wäre der Regen auf ein Kuchenblech gefallen, so stünde das Wasser darin 2 mm hoch. Es würde dort aber schnell verdunsten. Man müsste die Messung also schnell vornehmen. Deshalb benutzt man ja einen Regenmesser.
„1 mm Niederschlag" bedeutet, dass auf jeden Quadratmeter Bodenfläche genau 1 Liter Regen gefallen ist. Bringt ein Gewitterschauer 20 Liter Regen pro Quadratmeter, so steigt der Wasserspiegel in einem Schwimmbecken um 20 mm an.

1 Bewölkung und Niederschläge beobachten

Benötigt werden: Regenmesser (gekauft |2 oder selbst gebaut), Fotoapparat.

Durchführung:

a Schreibt nach jedem Regen die Niederschlagsmenge auf und leert danach den Regenmesser. Addiert die Messwerte für eine Woche.

b Schreibt auf, was der Wetterbericht im Radio und in der Tageszeitung zu Bewölkung und Niederschlag vorhersagt. Notiert auch, wie das Wetter tatsächlich wird. |3 – |5

c Beobachtet an unterschiedlichen Tagen wenigstens 10 Minuten lang, wie sich eine Wolke verändert.

d Fotografiert Wolken und notiert gleichzeitig die Wetterentwicklung an diesem und dem folgenden Tag.

e Versucht aus der Art der Bewölkung vorherzusagen, ob es bald regnen wird.

f „Morgenrot – schlecht Wetter droht." Informiert euch über „Bauern-Wetterregeln". Prüft, ob deren Vorhersagen zutreffen.

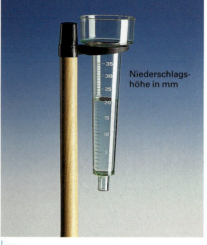

|2 Regenmesser

|3 Symbole für Bewölkung

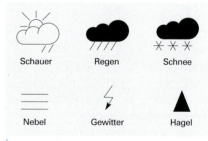

|4 Symbole für Niederschlag

Datum	Bewölkung vorhergesagt	Bewölkung tatsächlich	Niederschlag	Besondere Beobachtungen
1. Nov.	☁	☁	🌧	Regenbogen
2. Nov.	?	?	?	?
3. Nov.	?	?	?	?

|5 Darstellung der Beobachtungen (Wandzeitung)

Luftfeuchtigkeit und Wolkenbildung

Wenn die Wolkenränder „ausfransen", kannst du den Regenschirm zu Hause lassen.
Die Wolke wird sich in der trockenen Umgebungsluft bald auflösen.

Die Ränder dieser Wolken sind scharf begrenzt. An den Oberseiten quellen immer neue Wolkenhügel hervor. Bald wird es regnen. Aber warum?

6 Wolke löst sich langsam auf.

7 Wolke wächst rasch.

1 Aus Wasserdampf wird Wasser

Du brauchst eine leere Saftflasche mit weiter Öffnung.

a Trockne die Flasche sorgfältig innen und außen ab. Lege sie geöffnet mehrere Stunden lang in den Kühlschrank. So wird die Luft in der Flasche stark abgekühlt.

b Hole die Flasche aus dem Kühlschrank und hauche zwei- oder dreimal in sie hinein. |8
Die Feuchtigkeit deines Atems bildet an der Innenwand der Flasche Nebel. Du siehst ihn deutlich, wenn du die Flasche gegen das Licht hältst.

c Verschließe die Flasche mit einem passenden Deckel. Stelle sie dann an einen sonnigen, warmen Platz. Was ist nach einiger Zeit zu sehen?

d Lege die verschlossene Flasche zurück in den Kühlschrank.

e Erkläre deine Beobachtungen.

|8

Grundlagen Wenn Luftfeuchtigkeit kondensiert …

Wenn Wasser verdampft, wird die Luft immer feuchter. In jedem Kubikmeter Luft kann sich aber nur eine begrenzte Menge Wasserdampf befinden. Wie groß diese Menge ist, hängt von der Temperatur ab.
Bei 24 °C können sich höchstens 22 g Wasserdampf in einem Kubikmeter Luft befinden. Die Luft ist dann mit Wasserdampf „gesättigt". Man sagt, sie ist zu 100 % feucht.
Sehen kann man Wasserdampf zwar nicht, aber man spürt ihn. In so feuchter Luft fühlen wir uns nämlich nicht wohl. Es ist dann wie in einem Treibhaus: Der Schweiß auf unserem Körper kann nicht mehr verdunsten. Er bleibt auf der Haut liegen und die nasse Kleidung klebt am Körper.
Wenn 100 % feuchte Luft abkühlt (z. B. in Aufwinden), kondensiert der Wasserdampf. Es bilden sich winzige Wassertröpfchen. Eine weiße Wolke entsteht. Wenn die Wolke so tief hängt, dass du in ihr spazieren gehen kannst, nennt man sie Nebel.
Werden die Wolkentröpfchen größer und schwerer, beginnt es zu regnen. Ist die Wolke sehr kalt, gefrieren die Tropfen zu Graupeln oder Hagelkörnern.

Wolken und Niederschläge entstehen also immer dann, wenn sich feuchte, warme Luft abkühlt. |9

A Wieso kann man in Wolken spazieren gehen?
B Morgens hängen an den Gräsern oft Tautropfen. Wieso lösen sie sich meist rasch auf?

|9 Niederschlagsbildung

Windrichtung und Windstärke

Der Wetterhahn schaut immer genau in die Richtung, aus der gerade der Wind weht.
Schaut der Hahn nach Westen, dann weht der Wind aus Westen in Richtung Osten.
Der Windsack zeigt in die Richtung, in die der Wind weht.
Ob man aus der Windrichtung und -stärke bereits abschätzen kann, wie morgen das Wetter wird?

1 Wetterhahn

2 Sturmschäden

1 Wir beobachten Windrichtung und Windstärke

Benötigt werden: Windstärkemesser, Kreppband, Kompass, Fotoapparat.

a Übt mit dem Messgerät und anhand der Tabelle unten, Windstärken zu schätzen. |4

b Messt mit dem Gerät möglichst in freiem Gelände. Mit dem Kreppband als Windfahne könnt ihr die Windrichtung bestimmen, also die Richtung, aus der der Wind kommt. Protokolliert im Abstand mehrerer Tage die vorherrschende Windrichtung und schreibt auf, wie sich das Wetter entwickelt. |6

c Im Wetterbericht der Tageszeitung werden Windrichtungen und -stärken vorhergesagt. Überprüft, ob die Vorhersagen stimmen.

d Fotografiert Wirkungen des Windes, z. B. Rauchfahnen über Schornsteinen, krumm gewachsene Bäume, Schneewehen, Sturmschäden …

e „Ziehn hohe Wolken dem Wind entgegen, gibt's am nächsten Tag schon Regen." – „Ostwind im Winter ist ein rauer Vetter, doch bringt er uns beständig Wetter." Informiert euch über solche „Bauern-Wetterregeln". Prüft, ob deren Vorhersagen zutreffen.

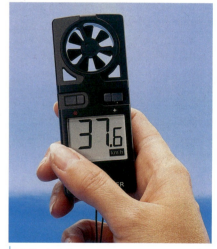

3 Windstärkemessgerät

Windstärke	Bezeichnung	Geschwindigkeit in $\frac{km}{h}$	Auswirkungen des Windes
0	Windstille	0 bis 1	Rauch steigt senkrecht nach oben; auf See gibt es keine Wellen.
1	leichter Zug	1 bis 5	Rauch steigt schräg empor; Blätter bewegen sich nicht.
2	leichte Brise	6 bis 11	Wind im Gesicht spürbar; Blätter säuseln; Windfahne bewegt sich.
3	schwache Brise	12 bis 19	Blätter und dünne Zweige bewegen sich; Wimpel wird gestreckt.
4	mäßige Brise	20 bis 28	Wind bewegt Zweige und Äste, hebt Staub und loses Papier hoch.
5	frische Brise	29 bis 38	Kleine Bäumchen schwanken; weiße Schaumkronen auf See.
6	starker Wind	39 bis 49	Starke Äste bewegen sich; Regenschirme kaum zu halten.
7	steifer Wind	50 bis 61	Bäume bewegen sich; Gehen gegen den Wind wird schwieriger.
8	stürmischer Wind	62 bis 74	Zweige brechen von Bäumen; das Gehen wird stark behindert.
9	Sturm	75 bis 88	Kleine Schäden an Häusern; Dachziegel lösen sich; Äste brechen.
10	schwerer Sturm	89 bis 102	Bäume entwurzelt; Autos fortgewirbelt; große Schäden an Häusern.
11	orkanartiger Sturm	103 bis 117	Überall große Schäden; außergewöhnlich hohe Wellen auf See.
12	Orkan	ab 118	Schwere Verwüstungen; die See ist aufgewühlt und vollständig weiß.

|4 Windstärken und Auswirkungen des Windes

Der Luftdruck

|5 Barometer

Ankes Mutter schaut aufs Barometer und sagt dann: „Morgen gibt es schlechtes Wetter."

Alltag **Der Luftdruck**

|7 Die Lufthülle der Erde, aus dem Weltall fotografiert

Wir leben auf dem Grund eines „Luftmeeres". Über uns befindet sich eine Luftschicht, die viele Kilometer weit nach oben reicht. |7 Wie beim Meer aus Wasser herrscht auch am Boden des Luftmeeres ein Druck. Du merkst von diesem Luftdruck deshalb nichts, weil du seit deiner Geburt daran gewöhnt bist. Je tiefer du unter Wasser tauchst, umso mehr spürst du, wie das Wasser von allen Seiten auf deinen Körper drückt. Die Fische in einem viele Kilometer tiefen Ozean sind auf diesen Wasserdruck eingestellt.
Im „Luftmeer" ist es ähnlich. Auch hier ist der Druck auf dem Grund am größten.
Gemessen wird der *Luftdruck* mit einem *Barometer*.
Der normale Luftdruck beträgt 1013 hPa (sprich: Hektopascal).
Je nach Wetterlage kann der Druck höher oder niedriger sein. Wetterforscher sprechen von einem Hoch oder einem Tief.

1 Wir beobachten den Luftdruck

Benötigt werden: ein Barometer, |5 ein Glas mit großer Öffnung, Folie.
Vorversuch:
Legt das Barometer in ein Glas. Verschließt es ganz dicht mit einer Folie. Drückt auf die Folie. Erklärt, wieso sich die Barometeranzeige ändert.
Durchführung:

a Lest das Barometer eine Woche lang täglich zur gleichen Zeit ab. Protokolliert die Messwerte und eure Wetterbeobachtungen in einer Tabelle. |6
b Auf manchen Barometern steht „Schön, Veränderlich, Regen". Prüft, ob das mit dem Wetter übereinstimmt.
c Lest an einem besonders stürmischen Tag das Barometer jede Stunde ab. Notiert die Messwerte.

Wetterbeobachtung

Name: ... Klasse: ... Ort: ...

Datum	Luftdruck in hPa	Temperatur in °C		Niederschlagsmenge in mm	Windstärke	Windrichtung	Bewölkung
		morgens	mittags				
13.11.	1021	7°C	11°C	9	5	Nordwest	bedeckt
14.11.	1023	6°C	10°C	0	4	Nordwest	wolkig
15.11.	1028	4°C	9°C	0	4	Nordwest	wolkig
...	?	?					

|6 Mustertabelle für die Wetterbeobachtung

Hat Luft ein Gewicht?

|1

Ein mit Wasser gefüllter Luftballon ist viel schwerer als ein mit Luft gefüllter. Deutlich spürt man sein Gewicht.
Hat Luft auch ein Gewicht?

Grundlagen **Die Masse**

Wenn wir z. B. einen Bleistift auf eine Balkenwaage legen, wird die Waage aus dem Gleichgewicht gebracht. |2
Der Bleistift hat nämlich ein Gewicht. Naturwissenschaftler sagen dazu: „Er hat eine Masse."
Wenn eine Balkenwaage sehr empfindlich ist, wird sie schon durch eine Briefmarke aus dem Gleichgewicht gebracht. Auch Briefmarken haben eine Masse.

Man kann die Masse eines Körpers mit einer Waage messen.

Wir geben die Masse in der Einheit 1 Kilogramm (1 kg) oder in Gramm (1 g) an.
1 kg = 1000 g
Ganz kleine Massen misst man in Milligramm (mg).
1 g = 1000 mg
Zum Vergleich:
1 Liter Wasser wiegt 1 kg. |3
1 Liter Luft wiegt nur 1,3 g.

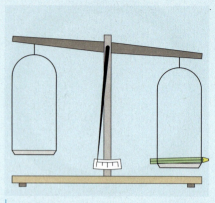

|2 Balkenwaage

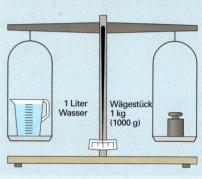

|3 1 Liter Wasser wiegt 1 kg.

1 Wird ein Ball beim Aufpumpen schwerer?
Miss das Gewicht (die Masse) einer leeren Fußballhülle. Pumpe den Ball anschließend auf und wiege ihn erneut. Erkläre!

2 Wie viel wiegt ein Liter Luft?
Willst du das Gewicht (die Masse) der Luft im Fußball genauer bestimmen? Dann musst du wissen, wie viel Luft in den Ball zusätzlich hineingepumpt wurde. Für solche Messungen gibt es in der Schulsammlung eine spezielle Hohlkugel aus Metall oder Kunststoff.
Die einzelnen Stationen dieses Versuchs sind gezeichnet – doch absichtlich nicht in richtiger Reihenfolge … Beschreibe den Versuch.
|4–|7

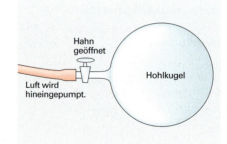

|4

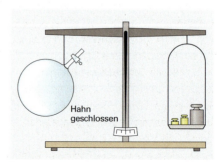

|6

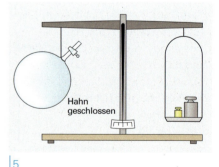

|5

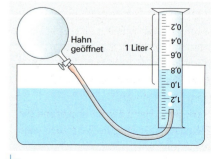

|7

Geschichte Erste Luftdruckmesser

|8

1660 zeigte Otto von Guericke in einem Aufsehen erregenden Versuch, dass wir auf dem Grund eines Luftmeeres leben. An einem Haus in Magdeburg hatte er ein 10 m hohes Messgerät angebracht. |8 Heute sind die Barometer viel kleiner. Die Versuche zum Luftdruck sind aber immer noch genauso erstaunlich wie im 17. Jahrhundert.

Grundlagen Vom Gewicht der Luft zum Luftdruck

Die Luft hat ein Gewicht. Ein Liter Luft (wie sie uns am Grund des Luftmeeres umgibt) wiegt 1,3 g. Nach oben hin wird die Luft aber immer dünner. Sie wiegt dort auch entsprechend weniger. In 10 km Höhe (wo die Langstreckenflugzeuge fliegen) wiegt 1 Liter Luft nur noch 0,4 g.

Die Luft der unteren Schichten wird durch die darüber liegenden Luftschichten zusammengepresst, sie steht „unter Druck". Man spricht von Luftdruck.

Der Druck wird meist in der Einheit Hektopascal (hPa) angegeben. An der Erdoberfläche ist der Luftdruck ebenso groß wie der Druck am Boden einer 10 m hohen Wassersäule. Er beträgt rund 1000 Hektopascal (hPa). |9

In Meereshöhe wird im Mittel ein Luftdruck von 1013 hPa gemessen. Luftdruckmessgeräte bezeichnet man als Barometer. |10

Wenn wir auf einen hohen Berg klettern, ist die Luftschicht über uns weniger dick als zuvor am Fuß des Berges. Der Luftdruck ist nun geringer. In 2000 m Höhe beträgt er nur noch 795 hPa und in 4000 m nur 616 hPa.

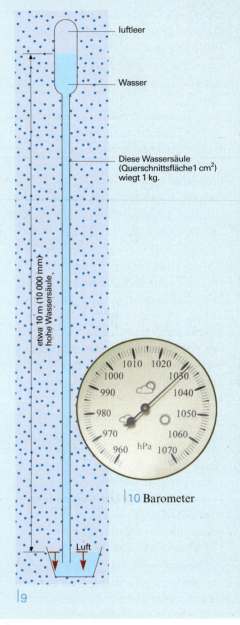

|10 Barometer

|9

3 Kann man dem Luftdruck trauen?

Lege eine Mullbinde oder ein Stück feinmaschige Gaze auf eine Saftflasche oder über ein Glas. Spanne das Gewebe mit einem Gummiband fest. Fülle durch die Maschen hindurch das Glas randvoll mit Wasser. |11
Lege deine Hand darauf und drehe die Flasche um. Ziehe die Hand dann weg. Was geschieht?

4 Wer hält das Wasser im Schlauch?

Lass einen 1 m langen Schlauch ganz voll Wasser laufen. Verschließe ihn an beiden Enden mit den Daumen.
a Halte den Schlauch senkrecht und biege ihn unten um. |12 Was geschieht, wenn du das untere Ende öffnest?
b Was geschieht, wenn du auch das obere Schlauchende öffnest?
c Probiere das Gleiche mit einem viel längeren Schlauch.

|11

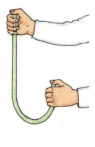
|12

Umwelt Vom Hoch zum Tief

Wenn die Sonne auf die Erde scheint, erwärmt sich diese nicht überall gleich: Die Luft über den Landflächen wird heißer als die über den Meeresflächen.
Beim Erhitzen dehnt sich die Luft aus; in unserem Fall steigt sie nach oben. Dadurch wird die Luftsäule über dem Land höher. In großer Höhe fließt dann die Luft in Richtung Meer ab. |1
Durch diese Verschiebung ändert sich der Luftdruck über dem Land. Er verringert sich *(T: Tiefdruckgebiet, „Tief")*.
Anders ist es draußen über dem Meer. Hier kühlt sich die vom Land abgeflossene Luft wieder ab. Ihr Volumen wird geringer, sie sackt zusammen. Dadurch bildet sich nun ein Gebiet mit höherem Luftdruck *(H: Hochdruckgebiet, „Hoch")*.
Der Wind, der diese Druckunterschiede wieder ausgleicht, weht vom Meer her. Man spricht von *Seewind*.
Wind also hat seine Ursache in Luftdruckunterschieden. Diese werden durch die Sonnenstrahlung hervorgerufen. Man kann sagen: Die Sonne treibt den Wind an.
Nachts kühlt sich die Luft über dem Meer weniger stark ab als die Luft über dem Land. Die Folge ist ein umgekehrter Kreislauf der Luftmassen. Es weht nun ein *Landwind* vom Land hinaus in Richtung Meer. |2

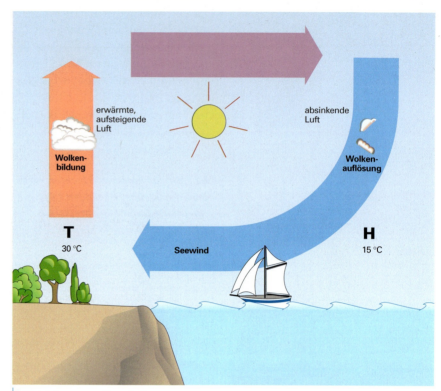

|1 Entstehung von Seewind

A In einem Buch zur Wetterkunde steht: „Die Sonne treibt den Wind an." Ist das wirklich so? Erkläre!
B Bei Wetteransagen wird von „Hochdruckgebieten" gesprochen. Was verstehst du darunter?
C Viele Duschen haben einen Duschvorhang. Wenn man warm duscht, klebt einem der Vorhang an den Beinen. Erkläre das mit den Begriffen Hochdruck- und Tiefdruckgebiet.
D Unten stehen einige einfache Wetterregeln. Prüfe nach, ob sie stimmen. Kennst du weitere?

|2

Änderung am Barometer	Einfache Wetterregel
Der Luftdruck sinkt schnell:	Wind und Sturm.
Der Luftdruck sinkt langsam:	baldiges Ende des schönen Wetters.
Der Luftdruck bleibt gleich:	keine Wetteränderung.
Der Luftdruck steigt langsam:	schönes Wetter für längere Zeit.
Der Luftdruck steigt schnell:	kurzfristige Wetterbesserung.

|2 Wetterregeln für das Barometer

Wissenswertes Wetterkarten und Wettervorhersagen

Rund um die Uhr sammelt der Deutsche Wetterdienst Millionen von Wetterdaten. Sie stammen von Flugplätzen, Ballons, Satelliten und vielen Wetterstationen; diese gibt es in ganz Deutschland. Ihre Wetterdaten sind Werte für Temperatur, Luftdruck, Luftfeuchtigkeit, Windstärke, Windrichtung, Niederschläge und Bewölkung.

So entsteht daraus die Wetterkarte: Alle Messwerte werden in einen Computer eingegeben. Der verbindet auf der Landkarte alle Orte, an denen der Luftdruck (in Hektopascal) gleich groß ist, mit einer Linie. Solche Linien heißen *Isobaren*. Sie verraten, wo sich gerade der Kern eines Hoch- oder Tiefdruckgebiets befindet.

Auch die anderen Wetterdaten fasst der Computer auf einer *Wetterkarte* zusammen. Alle sechs Stunden geben die Wetterforscher eine neue Wetterkarte und eine *Wettervorhersage* heraus. Wetterkarten findest du in der Zeitung und im Internet. Ob die Vorhersage stimmt, hängt auch davon ab, für welches Gebiet sie erstellt wurde. Eine Vorhersage für ganz Deutschland trifft für deinen Wohnort natürlich nur selten genau zu.

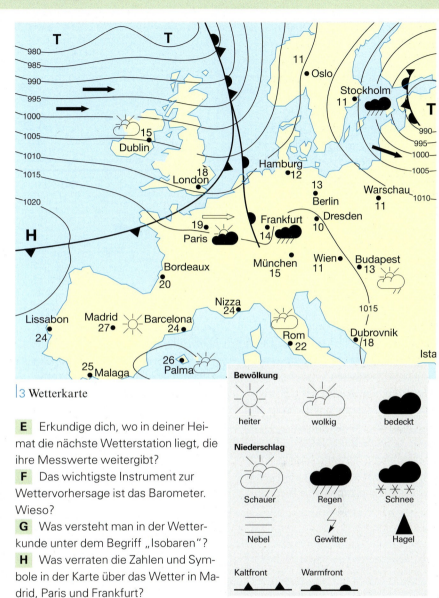

3 Wetterkarte

E Erkundige dich, wo in deiner Heimat die nächste Wetterstation liegt, die ihre Messwerte weitergibt?

F Das wichtigste Instrument zur Wettervorhersage ist das Barometer. Wieso?

G Was versteht man in der Wetterkunde unter dem Begriff „Isobaren"?

H Was verraten die Zahlen und Symbole in der Karte über das Wetter in Madrid, Paris und Frankfurt?

Kannst du das Wetter vorhersagen?

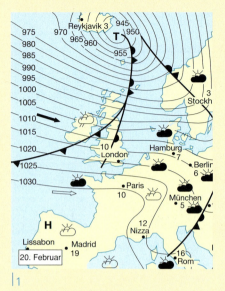

1

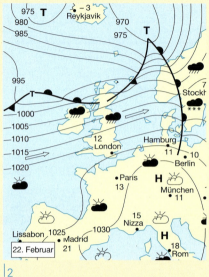

2

Von Landwirten, Fliegern und Seeleuten sagt man, dass sie mit hoher Treffsicherheit Regen und Sturm vorhersagen können. Diese Menschen beobachten die Wetterentwicklung meist recht genau und kennen viele Wetterregeln.
Eine einfache Regel lautet: „In Deutschland herrscht häufig Westwind." Die Hoch- und Tiefdruckgebiete ziehen nämlich von Westen nach Osten über uns hinweg. Dadurch bekommen wir das Wetter, das vorher weiter westlich herrschte. Auch du kannst zu einem „Wetterfrosch" werden, wenn du
- einfache Wetterregeln kennst,
- die Wetterkarte lesen kannst,
- die verschiedenen Wolkenformen unterscheiden kannst,
- eine kleine Wetterstation besitzt.

A „Morgenrot – schlecht Wetter droht." – „Der Abend rot, der Morgen grau, ergibt das schönste Tagesblau." Prüfe, ob diese Regeln stimmen. Sammle weitere Wetterregeln und prüfe, ob sie brauchbar sind.

B Was bedeuten die Zeichen und Zahlen auf den Wetterkarten? |1|2 Schneide aus der Zeitung mehrere Tage lang die Wetterkarten aus und sammle sie. Überprüfe die „Westwind"-Regel.

C Fotografiere Wolkenbilder und notiere dazu das Wetter. |3 Gestalte damit einen kleinen Wolkenatlas.

D Manche Barometer zeigen die Veränderung des Luftdrucks in den letzten Tagen an. |5
Wieso ist diese Veränderung für die Wettervorhersage eine gute Hilfe?

3 Gewitterwolke

Umwelt Schwalben und das Wetter

„Die Schwalben fliegen hoch, es gibt schönes Wetter", so lautet eine bekannte Wetterregel.
Natürlich sind die *Schwalben* nicht „wetterfühlig".
Doch es stimmt, dass Schwalben bei schönem Wetter hoch in der Luft und bei schlechtem dicht über dem Erdboden fliegen.
Ursache dafür sind die *Insekten*, die von den Schwalben gefangen werden. Wahrscheinlich fühlen sich die Insekten bei einem bestimmten Luftdruck am wohlsten.
Wie du weißt, schwankt der Luftdruck. Er ist von der Höhe und auch vom Wetter abhängig:
– große Höhe
   → geringer Luftdruck;
– niedriger Luftdruck
   → schlechtes Wetter;
– hoher Luftdruck
   → schönes Wetter.
Insekten können den Luftdruck fühlen. Wahrscheinlich benutzen sie dafür ihre Atemröhrchen, die *Tracheen*. |4
Bei schönem Wetter wird der Luftdruck direkt über dem Erdboden höher. Die Insekten fliegen deshalb nach oben; der Luftdruck ist dort ja etwas niedriger.
Da sich die Schwalben von den Insekten ernähren, fliegen sie ihnen nach. Und diese Schwalben sehen wir dann in größerer Höhe.

4 Atemröhrchen eines Insekts

Zusammenfassung

Das Wetter

Die Ursache für unser Wetter ist die Sonne: Sie erwärmt Luft, Erdboden und Wasser unterschiedlich und erzeugt dabei Hoch- und Tiefdruckgebiete. Der Wind weht dann vom Hoch zum Tief. Die Sonnenwärme lässt Wasser verdampfen und erzeugt so Wolken und Niederschläge. |5

Das tägliche Wetter wird bestimmt durch
- die Lufttemperatur (gemessen in Grad Celsius),
- den Luftdruck (gemessen in Hektopascal),
- Windrichtung und Windstärke,
- die Luftfeuchtigkeit,
- Bewölkung, Niederschlag. |6

Das Barometer zeigt den Luftdruck an. Der Luftdruck entsteht, weil Luft ein Gewicht hat und wir am Grund des Luftmeeres wohnen. Die Änderungen des Luftdrucks verraten ziemlich genau, ob ein sonniger oder regenreicher Tag folgt.

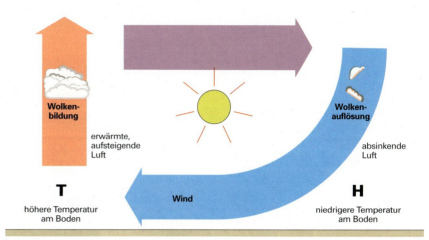

|5 Entstehung von Wetter

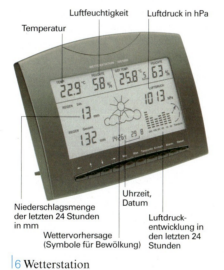

|6 Wetterstation

Alles klar?

A Nenne Berufe oder Freizeitbeschäftigungen, die stark vom Wetter abhängig sind.

B „Die Sonne ist weit weg, trotzdem macht sie unser Wetter." Wieso?

C Gib den normalen Luftdruck in hPa an. Wieso ist der Druck auf einem hohen Berg niedriger?

D Wie entsteht am Meer nachts der Landwind? Zeichne eine Skizze.

E Woraus bestehen Wolken? Wann bilden sie sich?

F* Wenn vom Wind kalte und warme Luftmassen aufeinander zubewegt werden, entstehen Wetterfronten.

1 Beschreibe die Wettererscheinungen, wenn warme, feuchte Luft auf kalte trifft (Warmfront).

2 Was passiert, wenn kalte Luft auf warme, 100 % feuchte Luft trifft (Kaltfront)?

Die Sonne und andere Wärmequellen

Nicht nur die Sonne spendet Wärme

1 2 Wärmespender

Probier's mal!

1 Heißes Wasser – aber wie?
Heute ist es ganz einfach, Wasser auf dem Herd oder mit einem Wasserkocher zu erhitzen – früher war es viel schwieriger. 2
a Fülle eine Tasse Wasser in einen Topf, stell ihn auf den Herd und schalte die Platte ein. Miss, wie lange es dauert, bis das Wasser kocht (siedet).
b Probiere aus, ob es mit einem elektrischen Wasserkocher schneller geht. Findest du eine Erklärung?
c Versuche es nun mit offener Flamme: Benutze ein Stövchen, ein leere Konservendose als Wasserbehälter und mehrere Teelichter. 3 Wiege die Kerzen vor und nach dem Versuch auf einer Briefwaage.

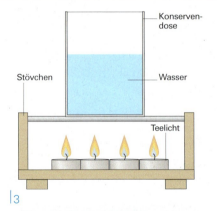

3

2 Wärme durch Bewegung
Manchmal werden Körper erwärmt, ohne dass die Wärmequelle gleich erkennbar ist.
a Biege eine aufgebogene Büroklammer einige Male schnell hin und her. 4 Berühre die Biegestelle dann mit den Lippen.
b Suche ähnliche Vorgänge, bei denen durch Bewegung Wärme entsteht.

3 Unerwünschte Wärme
Glühlampen sollten eigentlich nur Licht spenden!
a Nähere deine Hände vorsichtig einer Glühlampe.
Wiederhole den Versuch mit einer gleich hellen Energiesparlampe. Beschreibe die Unterschiede.
b Kannst du dir jetzt denken, warum die Energiesparlampe so heißt?
c Welche anderen elektrischen Geräte erzeugen auch unerwünschte Wärme?

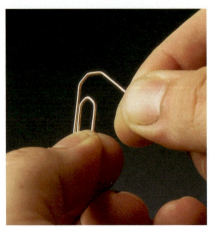

4

Grundlagen Von Wärmequellen und Wärme

Wärme aus Brennstoffen
Die *Sonne* spendet uns Energie in Form von Licht und Wärme. |5 Ohne sie gäbe es kein Leben auf der Erde. Bäume wachsen nur mit Sonnenenergie.

Wir erzeugen Wärme auch mit Brennstoffen wie Kohle, Gas, Öl und Wachs.

Eine Tasse mit Wasser wird nicht von selbst warm. Man braucht dazu Energie. Sie ist im Teelicht gespeichert. |6

Wenn das Teelicht brennt, wird die gespeicherte chemische Energie in Wärme umgewandelt und ans Wasser übertragen.

Die Wassertemperatur steigt. Das warme Wasser hat mehr Energie als vorher. Das Teelicht wird kleiner. Die in ihm gespeicherte Energie nimmt ab.

Zum Erwärmen ist Energie nötig
Beim Fußbad wird die Energie vom Wasser auf die kalten Füße übertragen. Die Füße nehmen Energie auf und werden warm. |7

– *Eine Kerze enthält Energie, weil sie Wasser erwärmen kann.*
– *Warmes Wasser enthält Energie, denn es kann kalte Füße erwärmen.*
– *Ein Toaster kann Brotscheiben erwärmen. Dafür wird elektrische Energie genutzt.*

Wenn ein Gegenstand einen anderen erwärmen kann, steckt in ihm Energie.

A Erkläre, warum die Sonne unsere wichtigste Wärmequelle ist.

B Ein Feuer oder eine Heizung gibt es im Iglu nicht. |8 Warum frieren die Menschen im Iglu nicht?

C Bei einem Fußbad wird die Energie „Wärme" übertragen.
Welcher Körper gibt Wärme ab?
Und welcher nimmt die Wärme auf?

D Das Lagerfeuer brennt mit Sonnenenergie.
1 Erläutere! *Tipp:* Überlege, wie Holz entstanden ist.
2 Informiere dich über moderne Holzheizungen. Wie funktionieren sie? Welche Vorteile haben sie?

|8 Iglu – ein Haus aus Schnee und Eis

|5 Unsere wichtigste Wärmequelle

|6

|7

Arbeitsweise Der Gasbrenner

Es gibt unterschiedliche Arten von Gasbrennern.
Deshalb kann es sein, dass an eurer Schule andere Brenner benutzt werden als der, der hier dargestellt ist. Dann müsst ihr euch genau zeigen lassen, wie sie bedient werden. Das muss natürlich geschehen, *bevor* ihr damit arbeitet! |1

|1 Wie funktioniert dieser Gasbrenner?

Bedienungsanleitung
– Die Gasschraube (1) und die Luftzufuhr (2) müssen geschlossen sein. Überprüfe es!
– Öffne den Gashahn am Tisch und dann die Gasschraube am Brenner.
– Entzünde sofort das ausströmende Gas, und zwar von der Seite.
– Mit der Gasschraube am Brenner stellst du die Höhe der rötlich gelben Flamme ein (auf ca. 10 cm). Die Flamme ist ungefähr 1000 °C heiß; sie rußt stark.
– Öffne jetzt vorsichtig die Luftzufuhr, bis die Flamme bläulich leuchtet.
Die Flamme ist jetzt viel heißer (1200 bis 1500 °C) und rußt nicht mehr. Am heißesten ist sie etwas unterhalb der Spitze.
– Vergiss nicht, Gasschraube und Luftzufuhr am Brenner nach dem Versuch zu schließen.

Sicherheitsmaßnahmen
– Auf dem Tisch sollten keine überflüssigen Gegenstände liegen.
– Informiere dich für den Notfall, wo Feuerlöscher und Löschdecke sind. Du solltest auch wissen, wo sich der nächste „Not-Aus-Knopf" befindet.
– Trage immer eine Schutzbrille, wenn du mit offenen Flammen arbeitest. |3
– Lange Haare müssen zusammengebunden werden. |4
– Lass offene Flammen nie unbeaufsichtigt.
– Schließe sofort den Gashahn, wenn die Flamme deines Gasbrenners erlischt.
Beachte beim Wiederanzünden: Zuerst die Gasschraube (1) und die Luftzufuhr (2) schließen!
– Bei Gasgeruch: Schließe sofort den Gashahn und informiere die Lehrerin oder den Lehrer. Fenster öffnen!

1200 °C
1500 °C
300 °C
Luft
Gas
Luftzufuhr (2), geöffnet
Gasschraube (1), geöffnet
|2

|3 Schutzbrille tragen!

|4 Lange Haare zusammenbinden!

A Die Flamme eines Brenners darf man nicht wie eine Kerzenflamme ausblasen. Erkläre!
B Zu den Grundregeln beim Experimentieren mit offenen Flammen gehören: |3 |4
– Schutzbrille tragen!
– Lange Haare zusammenbinden.
Begründe diese Regeln.

4 Wir untersuchen die Brennerflamme

Lest euch vor Beginn der Versuche den Text *Arbeitsweise: Der Gasbrenner* durch.

Führt die folgenden Versuche mit der roten Flamme (ohne Luftzufuhr) und mit der blauen Flamme (mit guter Luftzufuhr) durch. |5 |6

Notiert eure Beobachtungen in einer Tabelle. |7

a Haltet kurze Zeit ein Becherglas oder ein Prozellanschälchen über die Flamme.

b Haltet ein Streichholz direkt in die Mitte über das Brennerrohr.

c Haltet einen langen Holzspan kurz in die Mitte der Flamme.

d Wo entzündet sich ein Streichholz am schnellsten? Probiert es in der Mitte der Flamme und an ihrer Spitze.

e Beantwortet zum Schluss folgende Fragen: Welche Flamme rußt? Welche Flamme ist heißer? Wo ist sie am heißesten?

|5 „Rote" Flamme |6 „Blaue" Flamme

Versuchsteil	„Rote" Flamme	„Blaue" Flamme
a Becherglas über der Flamme	?	?
b Streichholz direkt über dem Brennerrohr	?	?
c Holzspan in der Mitte der Flamme	?	?
d Streichholz in der Mitte der Flamme	?	?
e Streichholz in der Spitze der Flamme	?	?

|7 Tabelle für die Beobachtungen

Arbeitsweise Der Tauchsieder

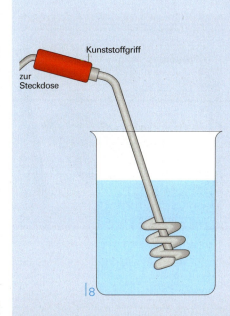

|8

Tauchsieder sind nur zum Erwärmen von Wasser geeignet. |8 Im spiralförmigen Tauchsiederrohr wird ein Draht elektrisch erhitzt. Die entstehende Wärme muss sofort an das Wasser weitergegeben werden, sonst kann der Draht durchglühen.

Bedienungsanleitung
– Vor dem Anschließen muss der Tauchsieder in Wasser eintauchen. Seine Spirale muss immer ganz im Wasser stecken.
– Wenn das Wasser ausreichend warm ist, ziehst du zuerst den Stecker aus der Steckdose (aber nicht am Kabel!). Dann erst nimmst du den Tauchsieder aus dem Wasser.

Sicherheitsmaßnahmen
– Tauchsiedern sieht man es nicht an, ob sie heiß sind. Fasse sie deshalb immer nur an ihrem Kunststoffgriff an.
– Der Stecker darf nicht nass sein und nicht mit nassen Händen in die Steckdose gesteckt oder aus ihr herausgezogen werden.

C Worauf musst du achten, wenn du Wasser in einem Becherglas mit einem Tauchsieder erwärmen willst?

Gut, dass die Sonne scheint

Die Luft ist noch ziemlich kalt. Trotzdem fühlen sich die Urlauber in der Sonne wohl. |1

Es ist *nicht* die Umgebungsluft, die hier wärmt!

|1 Sonnenbaden

Probier's mal!

1 Eine Lampe als Wärmequelle
Nimm eine Leuchte als Ersatz für die Sonne.
a Halte deine Hand unter die eingeschaltete Lampe. Wodurch wird deine Hand warm?
b Drehe den Schirm der Leuchte so, wie du es unten siehst. |2 Schließe die Augen und berühre die Lampe nicht. Kannst du dennoch fühlen, ob die Lampe eingeschaltet ist oder nicht?
c Halte Papier zwischen Lampe und Hand. Was fühlst du?

2 Wärmt etwa die Alufolie?
Überziehe eine Postkarte glatt mit glänzender Aluminiumfolie.
a Halte die Postkarte mit der Folienseite nahe an deine Wange. Woher kommt die Wärme?
b Mit der Alufolie kannst du Wärme und Licht „spiegeln": Halte dazu die Postkarte über einen eingeschalteten Toaster. |3 Wackle mit der Postkarte hin und her.

3 Schwarz oder Weiß – was wird heißer?
Lege im Freien ein weißes und ein schwarzes Blatt Papier nebeneinander in die Sonne. Unter beide Blätter kommt ein Zeitung – als Isolierung zum Boden. |4
Lass die Papiere 15 Minuten lang liegen. Prüfe dann mit der Wange die Temperatur ihrer Oberfläche.

|4 Was wird heißer?

|2 Spürt man, ob die Lampe leuchtet?

|3 Ob es die Alufolie ist, die wärmt?

4 Welche Rolle spielt die Oberfläche?

Astronauten tragen helle, glänzende Anzüge. Rohre von Sonnenkollektoren zur Warmwasserbereitung sind schwarz. Im Sommer tragen wir vorwiegend helle Kleidung.

a Überlegt euch, welche Gründe es dafür geben könnte.

b Plant Versuche, mit denen ihr eure Vermutungen überprüfen könnt (Skizze des Versuchsaufbaus).
Hier seht ihr Geräte und Materialien, die ihr dafür brauchen könnt. |5

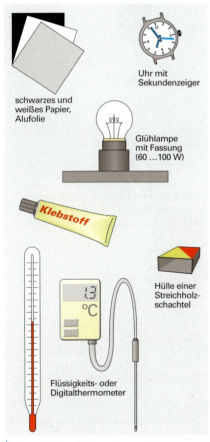

|5 Versuchsgeräte und -materialien

Umwelt und Technik Sonnenkollektoren für warmes Wasser

Manche Häuser sind auf ihrer Südseite mit *Solaranlagen* oder *Sonnenkollektoren* ausgestattet. Sie sollen Wasser mithilfe von Sonnenstrahlung erwärmen.
Kollektoren haben die Aufgabe, möglichst viel Sonnenstrahlung aufzunehmen (zu *absorbieren*) und damit Wasser zu erwärmen.

Und so funktioniert ein Sonnenkollektor: |6
Die Sonnenstrahlung dringt durch die Glasscheiben und trifft auf die schwarze Absorberplatte aus Metall; dort wird die Strahlung absorbiert. Die Temperatur der Platte steigt daraufhin an.
Hinter der Absorberplatte wird eine Flüssigkeit in Rohrleitungen vorbeigepumpt. Diese Flüssigkeit kann Wärme sehr gut speichern; sie gefriert auch erst bei viel tieferen Temperaturen als Wasser.
Die Flüssigkeit in den Rohren wird von der Absorberplatte erwärmt. Dann wird sie in den *Wärmetauscher* geleitet. |7 Hier gibt sie die Wärme an das kalte Leitungswasser ab.

A Warum hat man in den Kollektor eine Wärmedämmung eingebaut?

B Durch den Kollektor selbst fließt kein Wasser. Weshalb?

C Wie wird das Leitungswasser erwärmt? Schreibe die folgenden Sätze in der richtigen Reihenfolge auf. (Der erste und letzte stehen richtig.)

– Die Sonnenstrahlung erhitzt die Flüssigkeit im Kollektor.
– Die heiße Flüssigkeit gibt im Wärmeaustauscher Wärme an das Leitungswasser ab.
– Die Umwälzpumpe pumpt die heiße Flüssigkeit zum Wärmeaustauscher.
– Das Leitungswasser erwärmt sich und steigt im Wärmetauscher nach oben.
– Wenn jemand im Haus heißes Wasser entnimmt, wird kaltes Wasser nachgepumpt.

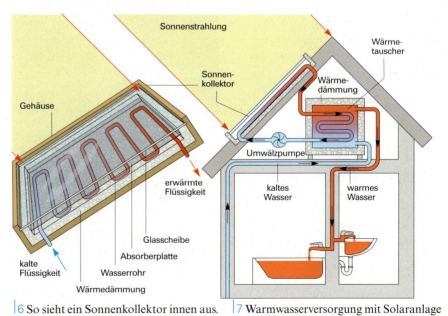

|6 So sieht ein Sonnenkollektor innen aus. |7 Warmwasserversorgung mit Solaranlage

Grundlagen Sonnenstrahlung erwärmt die Erde

Wenn ein Auto „in der Sonne steht", wird es innen oft heiß. Im Sommer am Strand kann der Sand so heiß werden, dass man kaum noch barfuß darauf laufen kann.
Für beide Beispiele gilt: Körper auf der Erde werden durch die Sonne erwärmt: durch *Strahlung*, die von der Sonne zur Erde gelangt. |1

Energie von der Sonne wird durch Strahlung zur Erde transportiert. Dadurch wird die Erde erwärmt.

Strahlung breitet sich auch im luftleeren Raum aus.

Strahlung geht auch von anderen Körpern aus, z. B. von heißen Herdplatten, Glühlampen oder deinem Körper.

Körper, die sehr heiß sind, senden sichtbares Licht aus (z. B. die Sonne oder der Glühdraht einer eingeschalteten Glühlampe).
Wenn die Strahlung auf einen anderen Körper trifft, wird sie von diesem teilweise aufgenommen *(absorbiert)*. Dadurch wird der andere Gegenstand erwärmt. Die dunkle Erde oder der dunkle Sonnenkollektor *absorbieren* viel Strahlung. |2
Dadurch erwärmen sie sich schnell. Andere Körper, z. B. spiegelnde Wasseroberflächen, *reflektieren* einen Teil der Strahlung (sie werfen ihn zurück). |3

A Warum sind Kühlwagen hell gestrichen und Rohre von Sonnenkollektoren schwarz?
B Nenne drei Körper, die Energie in Form von Wärme oder Licht abstrahlen.
C Was bedeutet absorbieren und was reflektieren?

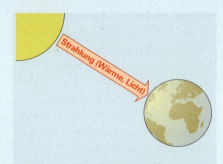
|1 Energietransport durch Strahlung

|2 Dunkle Sonnenkollektoren

|3 Helle, glänzende Astronautenkleidung

5 Die Campingdusche

Peter und Klaus zelten an einem Fluss. Peter hat eine Idee, wie sie am Abend warm duschen können. |4
Probiere aus, ob das Wasser wirklich warm wird: Fülle eine schwarze Plastiktüte zur Hälfte mit Wasser. Miss die Temperatur des Wassers. Verschließe die Tüte sorgfältig mit Klebeband oder einem Bindfaden, sodass kein Wasser auslaufen kann. Lege die Tüte in die Sonne. Wie warm wird das Wasser im Laufe des Tages?

|4

Alltag **Vorsicht, Sonnenbrand!**

Die UV-Strahlung der Sonne
Die Sonne sendet außer Licht und Wärme auch ultraviolette Strahlung (UV-Strahlung) aus. Diese ist für unsere Augen unsichtbar. UV-Strahlung kann tief in unsere Haut eindringen und dort Schäden anrichten. Es entstehen Runzeln und Falten. Zu viel UV-Strahlung kann auch bösartigen Hautkrebs verursachen.

Verschiedene Hauttypen
Gegen die schädlichen UV-Strahlen schützen dunkle Farbstoffe (Pigmente) in der Haut. Sie hindern die UV-Strahlung daran, in tiefere Schichten der Haut einzudringen. Nach der Menge der Pigmente unterscheidet man vier verschiedene Hauttypen. |5 – |8
Je nachdem, zu welchem Hauttyp du gehörst, verträgst du die Sonne besser oder schlechter. Ein Maß dafür ist die *Eigenschutzzeit*. Sie sagt dir, wie lange du dich ungeschützt in der starken Mittagssonne aufhalten darfst.

Sonnenschutzmittel zur Vorbeugung
Mit einem passenden Sonnenschutzmittel kannst du die Zeit, die du in der Sonne verbringen willst, verlängern. Dazu werden Mittel mit einem *Lichtschutzfaktor* von 2 bis 30 angeboten. Je höher dieser ist, desto besser schützt das Mittel die Haut vor der UV-Strahlung.
Wie lange deine Haut durch ein bestimmtes Sonnenschutzmittel geschützt ist, kannst du errechnen. Du musst dazu deine *Eigenschutzzeit* kennen. Diese hängt von deinem *Hauttyp* ab. Rechne so:
Eigenschutzzeit · Lichtschutzfaktor = Schutzzeit (in Minuten).
Wenn du im Wasser warst oder stark geschwitzt hast, verkürzt sich die Schutzzeit. Nutze die errechnete Zeit daher nicht voll aus.

A „Die Haut merkt sich jeden Sonnenbrand", warnen Hautärzte. Wie könnte das gemeint sein?
B Im Frühling bekommt man schneller einen Sonnenbrand als im Sommer. Suche dafür eine Begründung.
C Besondere Gefahr vor Sonnenbrand besteht auf dem Wasser und im Schnee. Erkläre!
D Bei einem Urlaub in der Sonne sollte man anfangs ein Sonnenschutzmittel mit hohem Lichtschutzfaktor auftragen. Nach einigen Tagen reicht ein niedrigerer Lichtschutzfaktor. Das empfehlen Hautärzte. Warum wohl?
E Berechne deine mögliche Aufenthaltsdauer in der Sonne bei einem Lichtschutzfaktor von 10.
Tipp: Schau nach, welcher Hauttyp du bist.

Hauttyp 1
sehr helle Haut; zahlreiche Sommersprossen; blaue, selten auch braune Augen; rötliche Haare; häufiger schmerzhafter Sonnenbrand
Eigenschutzzeit: 5–10 Minuten
|5

Hauttyp 2
helle Haut; nur wenige Sommersprossen; grüne oder graue Augen; blonde oder braune Haare; häufiger schmerzhafter Sonnenbrand
Eigenschutzzeit: 10–20 Minuten
|6

Hauttyp 3
helle bis hellbraune Haut; keine Sommersprossen; graue oder braune Augen; dunkelblonde bis braune Haare; mäßiger Sonnenbrand
Eigenschutzzeit: 20–30 Minuten
|7

Hauttyp 4
hellbraune bis olivfarbene Haut; keine Sommersprossen; braune Augen; braune bis schwarze Haare; kaum Sonnenbrand
Eigenschutzzeit: 40 Minuten
|8

Einige Tipps zum richtigen Sonnenbaden
– Geeignete Sonnenschutzmittel verwenden. Die Schutzzeit errechnen und nicht überschreiten.
– In der Sonne stets eine Sonnenbrille und eine Kopfbedeckung tragen.
– Beim Baden mit wasserfestem Sonnenschutzmittel einreiben.
– Zwischen 11 und 15 Uhr im Schatten bleiben.
– Auch bei bedecktem Himmel und im Schatten kann man einen Sonnenbrand bekommen – vor allem auf dem Wasser, im Gebirge und beim Skifahren.
– Zu Beginn des Sonnenbadens nur wenige Minuten in der prallen Sonne bleiben.
– Zum Schnorcheln immer ein T-Shirt anziehen.
– Viel trinken und nur leichte Speisen essen.

Im Winter wird geheizt

Wie kommt die Wärme ins Wohnzimmer? |1
Wie wird die Weihnachtspyramide angetrieben? |2

|1

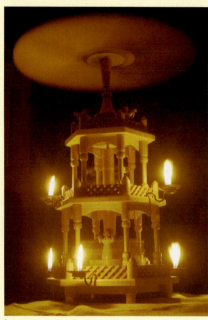
|2

Probier's mal!

1 Der Tanz der Papierspirale
a Schneide dir eine Papierspirale aus. Stecke an ihrem inneren Ende von unten her eine Stecknadel hindurch. So kann sich die Spirale leicht drehen.
b Halte deine „Warmluftspirale" einige Minuten über eine Wärmequelle. |3

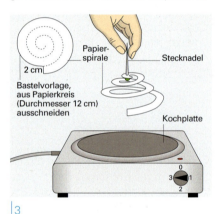
|3

2 Wie funktioniert eine Heizungsanlage?
Schau dir die Zeichnung an. |4 Schreibe dann die folgenden Sätze in richtiger Reihenfolge auf. (Der erste und der letzte Satz stehen schon richtig.)
– Im Brenner der Heizungsanlage verbrennt Öl (Gas).
– Die Pumpe transportiert das heiße Wasser zu den Heizkörpern.
– Das Wasser in den Heizkörpern kühlt ab und strömt zurück zum Kessel.
– Die Heizkörper geben die Wärme, die im Wasser gespeichert ist, an das Zimmer ab.
– Das Wasser in den Rohren des Kessels wird erhitzt.
– Im Kessel wird das abgekühlte Wasser wieder neu erhitzt.

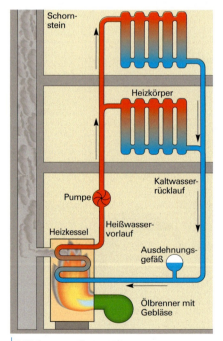
|4 Heizungsanlage

3 Die „Wasserbombe"
Fülle einen kleinen Gummiballon mit kaltem Wasser (ohne Luftblase!).
a Lege ihn dann in heißes Wasser.
b Nach einigen Minuten nimmst du den Ballon heraus. |5 Stattdessen legst du ihn in einen Topf mit kaltem Wasser.

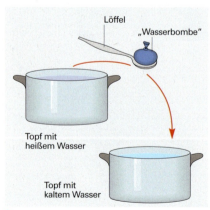
|5

Grundlagen Wärme wird „weggetragen"

In erhitztem Wasser ist Wärme gespeichert. Sie kann deshalb zusammen mit dem Wasser an einen anderen Ort transportiert werden.

Bei der Warmwasserheizung befördert eine Pumpe das Wasser in die Heizkörper – gemeinsam mit der im Wasser gespeicherten Wärme. |7

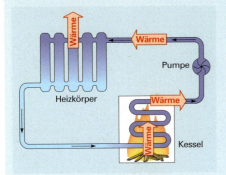

|7 Wärmetransport mit Wasserkreislauf

Wasser kann aber auch ohne Pumpe Wärme transportieren. (Siehe Versuch 4.)
In der Lufthülle geschieht das Gleiche, wenn die Erde erwärmt wird: Es wird Wärme transportiert. |8

Wenn Wärme zusammen mit einem anderen Stoff (z. B. mit Wasser oder Luft) an einen anderen Ort transportiert wird, nennt man das Wärmetransport oder Wärmemitführung.

A Warum passt hier der Begriff Wärmetransport besonders gut? |9
B Ein Bussard kann in höhere Luftschichten aufsteigen, ohne seine Flügel zu bewegen.
Suche eine Erklärung dafür.

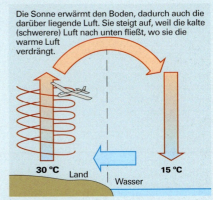

|8 Kreislauf erwärmter Luft

|9 Auch ein „Wärmetransport" …

---

4 Farbspiele im warmen Wasser
In dem Gefäß liegen einige Kristalle Kaliumpermanganat; sie färben das Wasser. |6 Was passiert, wenn das Wasser erwärmt wird? Erkläre!

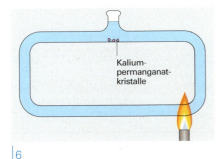

|6

Natur Der Golfstrom – Wärmetransport in großem Stil

Der Golfstrom ist eine der wichtigsten Meeresströmungen. Stell ihn dir als einen breiten, tiefen „Fluss von warmem Wasser" mitten im Atlantischen Ozean vor. Er führt 100-mal so viel Wasser wie alle Flüsse Europas zusammen!
Der Golfstrom ist Teil eines großen Wasserkreislaufs im Atlantik.
Seinen Namen hat er vom Golf von Mexiko. Dort ist das Wasser durchschnittlich 25 °C warm.
Auf seinem Weg durch den Atlantik nimmt der Golfstrom die in ihm gespeicherte Wärme mit. Er erreicht schließlich die Südspitze Englands. Von dort strömt er weiter zur Küste Norwegens. Selbst im kühlen Norden ist der Golfstrom immer noch um 2–3 °C wärmer als das ihn umgebende Atlantikwasser.
Die Luft über dem Wasser nimmt viel von der durch den Golfstrom mitgeführten Wärme auf. Sie gelangt als milder Westwind an die Küste. Das bewirkt, dass das Klima Nordwesteuropas milder ist als das anderer Gebiete, die genauso weit im Norden liegen.
Folgen dieser riesigen „Warmwasserheizung" sind:
– Die Westküste Norwegens bleibt selbst in kalten Wintern eisfrei.
– Sogar in Norwegen reifen im Sommer Erdbeeren und Kirschen.
– An der Südwestküste Englands gedeihen sogar Palmen.

C Verfolge im Atlas den Verlauf des Golfstroms. Kopiere die Landkarte und zeichne den Golfstrom ein.
Wo beginnt und wo endet er?
An welchen Ländern fließt er vorbei?
Welchen Einfluss hat er auf das Klima dieser Länder? (Sammle dazu weitere Informationen.)

Wie sich Menschen und Tiere vor Kälte schützen

|1 Quietschvergnügt auf Eis und Schnee …

|2 Bauschige, gepolsterte Kleidungsstücke schützen vor Wärmeverlust.

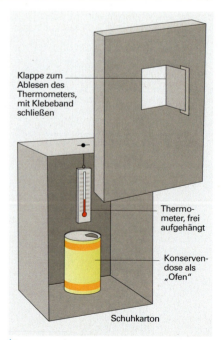

|3 Der Dachboden wird wärmeisoliert.

Probier's mal!

1 Wie halte ich mein „Versuchshaus" warm?
Bastle dir zunächst ein Versuchshaus aus einem Schuhkarton. |4
Als „Ofen" soll eine Limodose mit 50 °C heißem Wasser hineinkommen. An der Decke befestigst du – frei hängend – ein Zimmerthermometer.
a Stelle das Haus (ohne „Ofen") in einen kühlen Raum. Lies nach 30 min die Temperatur ab.
b Jetzt kommt der Ofen in das Haus. Lies die Temperatur wieder nach 30 min ab.
c Kleide das Haus rundherum mit Schaumstoff oder Styropor aus. Fülle den Ofen wieder mit 50 °C heißem Wasser. Lies nach 30 min erneut die Temperatur ab.
d Vergleiche die Ergebnisse. Suche eine Erklärung für die Unterschiede.

|4 Versuchshaus (Bastelanleitung)

Probier's mal!

2 Kann Watte wärmen?
a Fülle zwei Filmdosen mit heißem Wasser und verschließe sie. Wickle eines der Gefäße in Watte ein, das andere bleibt auf dem Tisch stehen. |5
b Nach 30 Minuten prüfst du die Temperatur beider Gefäße, indem du sie an die Wange hältst. Was stellst du fest?
c Wickle das Gefäß wieder ein und prüfe beide Gefäße am nächsten Tag.

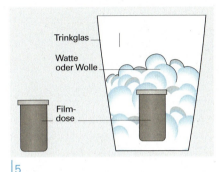
|5

3 Münze oder Zahnstocher?
Erhitze den Rand einer Münze. |6 Wirst du zuerst die Münze loslassen (weil sie zu heiß ist) oder den Zahnstocher (weil du dir die Finger verbrennst)?

|6

4 Was wird schneller heiß?
Stelle einen hölzernen Kochlöffel und eine Suppenkelle aus Metall in heißes Wasser. |7 Fasse sie nach einigen Minuten oben an. Was stellst du fest?

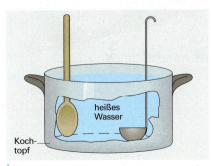
|7

5 Metalle im Leitfähigkeitstest
a Überlege zunächst, was bei dem ersten der unten abgebildeten Versuche herauskommen wird. |8 Probiere es dann aus.
Suche nach einer Erklärung für deine Beobachtungen.
b Was könnte man mit dem zweiten Versuch herausbekommen? |9 Welche Schlüsse ziehst du aus deiner Beobachtung?

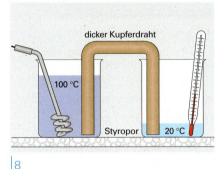
|8

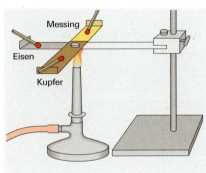
|9

6 Ist Wasser ein guter oder ein schlechter Wärmeleiter?
Erhitze das Wasser im *oberen* Teil des Reagenzglases. |10 Was beobachtest du? Was schließt du daraus?

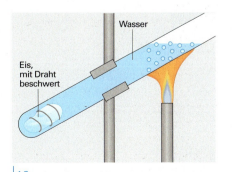
|10

7 Wozu Doppelfenster?
Den Vorteil einer Doppelverglasung zeigt eine Versuchsreihe: Von einer Seite her wird das Fenster mit einem Haartrockner erwärmt. Auf der anderen Seite wird mit einem elektronischen Thermometer gemessen. |11
a Worin unterscheiden sich die drei Versuchsanordnungen?
b Plane selbst diese Versuchsreihe. (*Tipp:* Es wird eine Uhr benötigt.)
c Bevor du zu experimentieren beginnst: Überlege, welche Ergebnisse herauskommen könnten.
d Nachdem die Ergebnisse feststehen: Vergleicht die Ergebnisse miteinander. Versucht sie zu erklären.

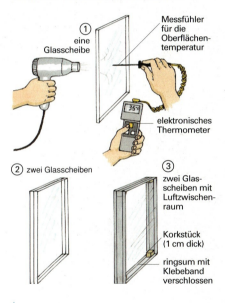
|11 Wärmedämmung durch Fenster

Grundlagen **Wie kommt die Wärme in den Kochtopf**

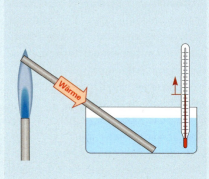

|1 Wärmeleitung in einem Eisenstab

|2 Kochtopf mit Kupferboden

A Ordne folgende Stoffe nach ihrer Fähigkeit, die Wärme zu leiten: Eisen, Glas, Kupfer, Luft, Styropor.

B Hier geht es um Kleidung, die zur Wärmedämmung geeignet ist.
1 Wie muss sie beschaffen sein, damit sie im Winter gut warm hält?
2 Das Gewebe gut isolierender Kleidung ist elastisch. Es soll nämlich wieder bauschig werden, wenn man es zusammendrückt und loslässt. Warum?

C Bei strenger Kälte plustern sich Vögel auf. |4 |5
1 Warum tun sie das?
2 Informiere dich, woraus Daunenjacken bestehen.

D „Zieh dir eine warme Jacke an!" Diese Aufforderung kennst du sicher. Wie wirkt die Jacke? Wo steckt die Wärmequelle bei der „warmen" Jacke?

Der Eisenstab wird an einem Ende erhitzt. |1 Die Wärme breitet sich vom heißen Ende des Stabs zum kalten Ende hin aus. Sie strömt durch den Stab. Dabei bewegt sich der Stoff selber nicht. Diesen Vorgang nennt man *Wärmeleitung*.
Beim Kochtopf wird die Wärme von der Herdplatte in den Topfboden und dann ins Wasser geleitet. |2

Wie gut oder wie schlecht ein Körper die Wärme leitet, hängt von dem Stoff ab, aus dem er besteht. Metalle sind *gute Wärmeleiter*. Kunststoffe und Schaumstoffe sind *schlechte*. Man nennt sie *Isolatoren*. Ein besonders schlechter Wärmeleiter ist die Luft. Darauf beruht die Wirkungsweise der meisten Dämmstoffe: Sie schließen nämlich sehr viel Luft ein.
Ein Styroporblock wäre ohne Luft wesentlich kleiner als normal. |3
Er wäre nur so groß wie der hier blau gezeichnete Würfel.
Auch Winterkleidung besteht oft aus einem Gewebe mit viel Luft.

Sehr gute Wärmeleiter
Alle Metalle, z. B. Eisen und Stahl, Aluminium, Kupfer, Silber (5-mal so gut wie Eisen)

Schlechte Wärmeleiter
(ca. 100-mal schlechter als Eisen), z. B. Wasser, Glas, Stein, Beton

Sehr schlechte Wärmeleiter
(Isolatoren)
Luft und alle anderen Gase, Styropor (dieser Kunststoff isoliert 30-mal so gut wie Beton), Wolle, Glaswolle, Mineralwolle, trockenes Holz

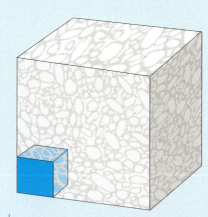

|3 Styropor – „eingeschlossene Luft"

|4 Rotkehlchen im Sommer

|5 Rotkehlchen im Winter

Die Wärme strömt vom heißen Ende eines Körpers zu seinem kalten Ende. Dabei bewegt sich der Stoff nicht, aus dem der Körper besteht.
Ob ein Körper ein guter oder ein schlechter Wärmeleiter ist, hängt von diesem Stoff ab. Die Wärmeleitfähigkeit ist also eine Stoffeigenschaft.

Natur Wärmedämmung bei Tieren

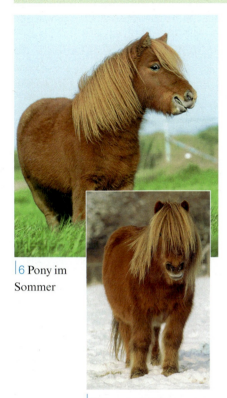

6 Pony im Sommer

7 Pony im Winter

8 Schaf

9 Walross

Säugetiere und Vögel sind *gleichwarme Tiere*. Ihre Körpertemperatur bleibt immer ziemlich gleich. Sie liegt zwischen 37 °C und 41 °C – auch bei Walross und Robbe in den Polargebieten oder bei Wasservögeln und Ponys im Winter. |6 – |9

Tiere erzeugen Wärme aus der Nahrung – beim Bewegen und durch Muskelzittern. Damit die Körperwärme nicht nutzlos an die Umgebung abgegeben wird, besitzen Säugetiere und Vögel eine Wärmedämmung: ein Fell, eine Speckschicht oder ein Federkleid.

Gefieder und Fell enthalten viel Luft, Fett oder Speck sind schlechte Wärmeleiter.
Das Winterfell der Tiere ist viel dichter als das Sommerfell.
Damit sich das Gefieder nicht mit Wasser voll saugt, fettet es der Vogel immer wieder ein. So können Wasservögel auch kalte Winter überstehen.

E Warum sind Gefieder und Fell gute Isolatoren?

Technik Heizkosten sparen – mit geeigneten Baustoffen

Familie Stiller sucht Materialien für ihr neues Haus aus.
„Unser Haus muss so gebaut werden, dass wir nicht die Straße heizen", meint Frau Stiller.
„Ja", sagt Herr Stiller, *„die Wärmedämmung muss bei den Fenstern beginnen. Sie dürfen nur so wenig wie möglich Wärme nach draußen lassen. Wir brauchen also Fenster mit guter Isolierverglasung. Und außerdem dürfen die Außenmauern nicht zu dünn werden."*
Für die Außenmauer einigen sich die beiden auf eine Mauer aus Hohlblocksteinen. Zusätzlich soll die Mauer eine Wärmedämmung aus Styroporplatten und auch noch eine Holzverkleidung erhalten.

F Nenne Vorteile von Hohlblocksteinen? |10
G Wie sollen die Mauern zusätzlich isoliert werden? Welche Baumaterialien wurden dafür ausgewählt?
H Die Eheleute wollen Doppelfenster. Welchen Vorteil haben diese gegenüber einer Einfachverglasung? |11

- 1 cm dicke Schicht aus Schaumstoff, Kork, Glasfasern
- 4,5 cm dicke Wand aus Holz
- 12 cm dicke Mauer aus Ziegelsteinen oder Hohlblocksteinen
- 21 cm dicke Wand aus Glas
- 53 cm dicke Betonmauer
- 60 cm dicke Sandsteinmauer

10 Baumaterialien im Vergleich

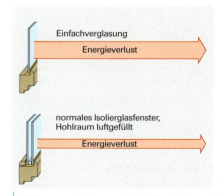

11 Fensterverglasungen im Vergleich

Schnee, Eis, Regen – alles nur Wasser

Viermal Wasser …
|1–|4

|1 |2 |3 |4

Probier's mal!

1 Wir kochen Kartoffeln
a Miss mit einem Messbecher, wie viel Wasser du zum Kartoffelkochen nimmst. Notiere diesen Wert.
b Warum wird der Deckel angehoben, wenn die Kartoffeln kochen?
c Halte einen kühlen Spiegel oder Deckel über den Topf.
d Warte, bis die Kartoffeln gar sind. Gieße dann das Wasser vorsichtig in einen anderen Topf ab. (Achtung, das Wasser ist heiß! Nimm Topflappen und den Deckel zu Hilfe.)
e Miss, wie viel Wasser übrig geblieben ist. Wo könnte das restliche Wasser geblieben sein?

2 Wo bleibt das Wasser?
Gib einen Esslöffel Wasser auf eine Untertasse. Stelle das Ganze an einen warmen Platz. Wie lange dauert es, bis alles Wasser verschwunden ist? Erkläre!

3 Wie heiß kann Wasser werden?
Erhitze Wasser, bis es siedet. |5 Nach dem Sieden erhitzt du es noch zwei Minuten weiter.
Lies alle 30 Sekunden die Temperatur ab. Trage die Messwerte in eine Tabelle ein. Was fällt dir auf?
Stelle die Werte in einem Diagramm dar und zeichne die Messkurve ein.

4 Wie kalt kann Wasser werden?
Ein Becherglas wird mit einer Mischung aus zerstoßenem Eis und Kochsalz gefüllt. In das Becherglas wird ein Reagenzglas mit Wasser gestellt. |6
Miss alle 30 Sekunden die Temperatur, bis sich oben auf dem Wasser eine Eisschicht gebildet hat. Notiere deine Messwerte in einer Tabelle. Was fällt dir auf?

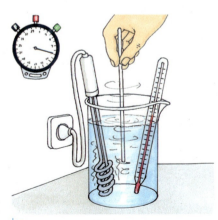

|5 Erhitzen von Wasser

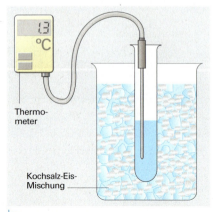

|6 Abkühlen in Kältemischung

Grundlagen Fest – flüssig – gasförmig

Zustandsformen
Wasser kann in drei Zustandsformen (Aggregatzuständen) vorkommen: als Eis, als Wasser und als Wasserdampf. Es kann also fest, flüssig und gasförmig sein. |7
Welchen Zustand es hat, hängt von der Temperatur ab. Bei –5 °C ist es fest und bei 10 °C flüssig. Bei 110 °C ist Wasser gasförmig.

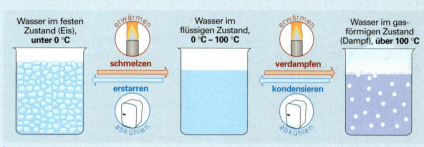

|7 Zustandsänderungen von Wasser

Zustandsänderungen
Die Temperaturen, bei denen Stoffe ihren Zustand ändern, heißen:
– *Schmelztemperatur* (wenn ein fester Körper flüssig wird),
– *Siedetemperatur* (wenn ein flüssiger Körper gasförmig wird).
Diese Temperaturen sind für jeden Stoff unterschiedlich.
Flüssigkeiten können auch unterhalb ihrer Siedetemperatur gasförmig werden. Man sagt dann: Sie *verdunsten* (z. B. Regenwasser).

Wenn Wasser siedet und immer weiter erhitzt wird, steigt die Temperatur nicht mehr an. Trotz Energiezufuhr bleibt die Temperatur des Wassers gleich. Die zugeführte Energie ist nötig, um das flüssige Wasser in Wasserdampf zu verwandeln.

Ein fester Stoff wird flüssig, wenn er seine Schmelztemperatur erreicht. Beim Erreichen seiner Siedetemperatur wird er gasförmig.

A Wenn man als Brillenträger im Winter von draußen in eine warme Wohnung kommt, beschlägt die Brille. Warum?
B Alkohol ändert seinen Aggregatzustand bei –115 °C und bei 78 °C. Wie heißen diese Temperaturen? Welche Zustandsänderungen treten bei diesen Temperaturen ein?

Arbeitsweisen Messkurven zeichnen

Wenn die Messwerte im Diagramm eingetragen sind, kannst du die Messkurve zeichnen. |7 Verbindest du die Messpunkte direkt miteinander, ergibt sich eine Zickzacklinie (schwarze Linie im Bild). Besser ist es, wenn man eine glatte „Idealkurve" zeichnet, die nur ungefähr die Messpunkte trifft (rote Kurve).

C Die eingezeichneten Messpunkte weichen vom Verlauf der Idealkurve ab. Woran könnte das liegen?
D Ergänze die Tabelle, nach der das Diagramm gezeichnet wurde.
E Lies aus der (Ideal-)Kurve ab: Welche Temperaturen wurden nach 50 s, 100 s und 200 s erreicht? |8

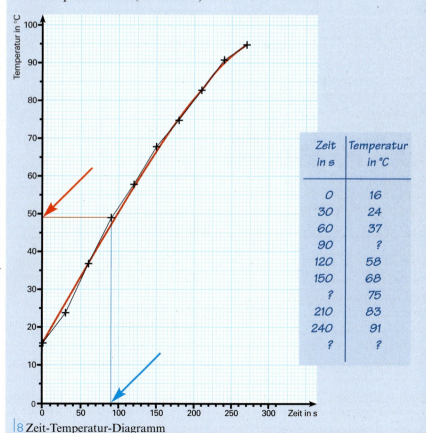

Zeit in s	Temperatur in °C
0	16
30	24
60	37
90	?
120	58
150	68
?	75
210	83
240	91
?	?

|8 Zeit-Temperatur-Diagramm

Wie das Thermometer zu einer Skala kommt[Z]

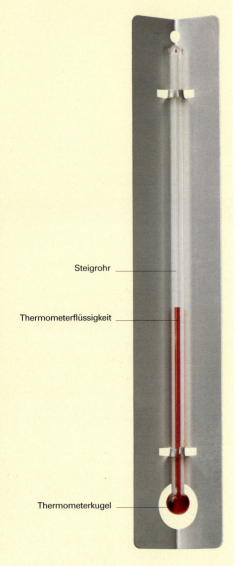

Steigrohr

Thermometerflüssigkeit

Thermometerkugel

|1 Thermometer ohne Skala

1 Wir ermitteln zwei „Fixpunkte" für die Thermometerskala
Wasser siedet bei einer bestimmten Temperatur und Eis schmilzt bei einer bestimmten Temperatur. Diese beiden Temperaturen eignen sich deshalb als Fixpunkte der Skala (lat. *fixus:* fest).

a Die Siedetemperatur von Wasser
Ein Thermometer ohne Skala steht in Wasser. |2 Das Wasser wird bis zum Sieden erhitzt. Beobachte die Thermometerflüssigkeit.
Das Wasser im Glas siedet bereits eine Zeit lang. Markiere die Stelle, an der die Thermometerflüssigkeit zum Stehen gekommen ist. An diese Marke schreibst du: „100 °C". |3

b Die Schmelztemperatur von Eis
Das Thermometer ohne Skala steht jetzt in zerkleinertem Eis. |4
Das Schmelzwasser wird vorsichtig erwärmt. Beobachte wieder die Thermometerflüssigkeit.
Noch ist nicht das ganze Eis geschmolzen. Wo steht die Thermometerflüssigkeit? Markiere die Stelle: „0 °C". |5

c Wie entsteht daraus die Skala?
Wie kannst du die Skala weiter unterteilen?
Tipp: Probiere es auf einem Papierstreifen aus. Übertrage dazu den Abstand zwischen Schmelztemperatur und Siedetemperatur auf das Papier.

A Welche Temperaturen spielen eine besondere Rolle für die Thermometerskala?
B In dem Versuch oben wird das Wort „Fixpunkt" erwähnt.
1 Was versteht man darunter?
2 Warum eignen sich die Schmelztemperatur von Eis und die Siedetemperatur von Wasser als Fixpunkte?

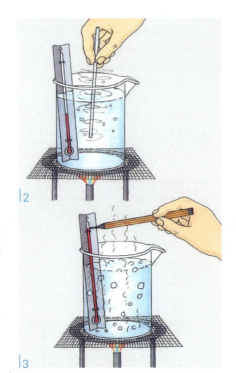

|2

|3

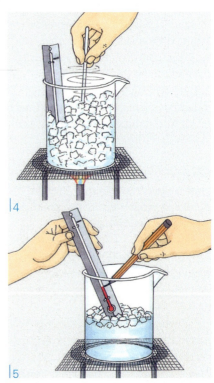

|4

|5

Grundlagen Die Celsiusskala

Anders Celsius wählte zwei Fixpunkte für die Thermometerskala:
1. die Schmelztemperatur von Eis,
2. die Siedetemperatur von Wasser.
Diese Fixpunkte konnte man genau und überall auf der Welt ermitteln. Der erste Fixpunkt wurde 0 Grad, genannt, der zweite 100 Grad. Den Abstand zwischen den beiden Fixpunkten teilte Celsius in 100 gleiche Teile ein. |7 Mit gleichen Abständen setzte er die Skala nach unten fort (z. B. bis –10 Grad). Genauso verlängerte er sie nach oben (z. B. bis 120 Grad).
Seit jener Zeit erinnert auf den meisten Thermometern ein „C" an Celsius. Außerdem werden Temperaturen in „Grad Celsius" (°C) angegeben.

|7

Geschichte Erste Thermometer – schön, aber unpraktisch

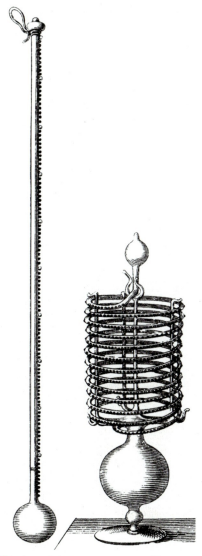

|6 Kunstvolle Thermometer aus Florenz

Unten siehst du ein sehr langes, ungewöhnliches Thermometer. |6
Es wurde vor etwa 300 Jahren in Florenz (in Italien) hergestellt. Die Glaskugel an seinem unteren Ende entspricht der Thermometerkugel. Sie enthält Alkohol.
Das dünne Steigrohr ist fast einen Meter lang. Auf das Rohr sind viele kleine Glasperlen aufgeschmolzen; sie stellen die Skala dar.
Solche Thermometer waren unhandlich und zerbrechlich. Man wickelte deshalb das Steigrohr zu einer Spirale auf. |6
Solche Thermometer hatten einen großen Nachteil:
Nie besaßen zwei Thermometer genau die gleiche „Perlenskala". Die Durchmesser der Steigröhrchen waren nämlich immer unterschiedlich. Man konnte also Temperaturen nur dann vergleichen, wenn man ein und dasselbe Thermometer benutzte.

Es gab viele Bemühungen, ein „allgemein verwendbares" Thermometer zu erfinden, z. B. durch *Daniel Fahrenheit* (1686–1736).
Den Durchbruch schaffte schließlich der Schwede *Anders Celsius* (1701–1744).

C Warum eignet sich die Körpertemperatur eines Menschen nicht besonders gut als Fixpunkt?

D Alex soll eine Thermometerskala anfertigen. Er nimmt ein Thermometer mit Skala und überträgt dessen Skala einfach auf das Thermometer ohne Skala. |8
1. Hältst du das für eine gute Methode? Begründe deine Antwort.
2. Anja stellt das Thermometer ohne Skala in Schmelzwasser. Sie markiert den Stand der Flüssigkeitssäule und schreibt „0 °C" daran. Dann trägt sie jeweils 1 cm darüber die Werte „10 °C", „20 °C" usw. ein. Was hältst du davon?

E Es gibt auch Länder, in denen Temperaturen in „Grad Fahrenheit" angegeben werden. Erkundige dich danach, welche das sind.

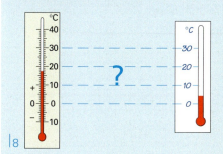

|8

Das Teilchenmodell

Grundlagen Fest – flüssig – gasförmig – ein Modell hilft bei der Erklärung

Stoffe bestehen aus Teilchen

Parfüm kennst du im flüssigen und im gasförmigen Zustand: In einer geschlossenen Flasche ist es flüssig. Wenn du es aber auf deine Haut tropfen lässt, verdunstet es; es wird gasförmig. Den Parfümgeruch kann man überall im Raum wahrnehmen. Man riecht also das Parfüm – sehen kann man es aber nicht. Es muss sich also ganz fein verteilt haben.

Wir können uns *vorstellen*, dass nun überall im Raum ganz kleine Parfümteilchen vorhanden sind. Auch bei der Erklärung anderer Beobachtungen kann uns die Vorstellung von Teilchen helfen:

Wir stellen uns vor, dass alle Stoffe aus kleinsten, für uns unsichtbaren Teilchen aufgebaut sind.

Diese kleinsten Teilchen sind so winzig, dass man sie auch mit starken Mikroskopen nicht sichtbar machen kann. Wir wollen sie uns einfach als kleine Kügelchen vorstellen.

Wasser kann fest, flüssig oder gasförmig sein. Es bleibt aber immer Wasser. Mit der Teilchenvorstellung (dem *Teilchenmodell*) können wir die Zustandsformen erklären. |1–|3

Stoffe in festem Zustand

Wasser im **festen** Zustand: Eis

|1

Stoffe in flüssigem Zustand

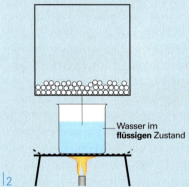

Wasser im **flüssigen** Zustand

|2

Stoffe in gasförmigem Zustand

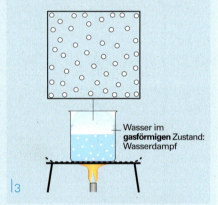

Wasser im **gasförmigen** Zustand: Wasserdampf

|3

Bei einem Stoff in *festem* Zustand liegen die Teilchen, aus denen er besteht, dicht zusammen.
Die Teilchen haben einen starken Zusammenhalt. Sie können ihren Platz nicht verlassen; ein bisschen können sie sich aber bewegen.
Wenn der feste Stoff erwärmt wird, bewegen sich die Teilchen stärker. Bei einer bestimmten Temperatur – der *Schmelztemperatur* – wird der Stoff flüssig.

Auch im *flüssigen* Zustand besitzen die Teilchen einen Zusammenhalt. Er ist aber nicht so groß wie im festen Zustand.
Die Teilchen haben nun keine festen Plätze mehr. Sie können sich gegeneinander verschieben.
Wenn der flüssige Stoff dann weiter erwärmt wird, bewegen sich die Teilchen noch heftiger. Bei der *Siedetemperatur* wird der Stoff schließlich gasförmig.

Bei einem Stoff im *gasförmigen* Zustand besitzen die Teilchen keinen Zusammenhalt mehr.
Sie verteilen sich auf den ganzen Raum, der ihnen zur Verfügung steht.

B Wie kannst du aus festem Blei flüssiges Blei machen?
C Bei welchem Zustand ist der Zusammenhalt zwischen den Teilchen am größten?
Bei welchem Zustand ist der Zusammenhalt am geringsten?
D Wann ist der Abstand zwischen den Teilchen am größten (kleinsten)?
E Wasser in einer Untertasse wird auf die Fensterbank gestellt. Erkläre mithilfe des Modells, warum es mit der Zeit weniger wird.

A Das „Teilchenspiel": Einige Schülerinnen und Schüler sollen die verschiedenen Zustandsformen eines Stoffs spielen. Jeder stellt *ein Teilchen* dar. Sie sammeln sich an einer freien Stelle des Klassenzimmers.

1 Macht Vorschläge, wie sie den festen Zustand spielen können. (Lest euch den Text unter den Bildern durch.)
2 Jetzt sollen der flüssige und der gasförmige Zustand gespielt werden. Was muss sich ändern?

Wetterkunde Nebel – Wolken – Regen – Hagel – Schnee

Überall auf der Erde verdampft Wasser. Ein großer Baum verdunstet an einem Sommertag rund 200 Liter Wasser. Die Luft enthält stets Wasserdampf. Sehen kann man ihn nicht. Wenn der Wasserdampf abkühlt, entstehen Wolken oder Nebel.

Nebel
Besonders häufig tritt Nebel im Frühjahr und Herbst in Flusstälern auf. Dort verdunstet dauernd viel Wasser. Wenn das gasförmige Wasser dann in der kühlen Abend- oder Morgenluft abkühlt, wird es flüssig. Es kondensiert zu kleinen Wassertröpfchen. Wir sehen sie als Nebel. |4

Wolken
Wolken entstehen, wenn der Wasserdampf mit erwärmter Luft hochsteigt, in kältere Luftschichten gelangt und dort kondensiert. Es bilden sich winzige Wassertröpfchen und in größeren Höhen auch kleine Eiskristalle. Sie fallen nicht zur Erde, obwohl Wasser schwerer als Luft ist; denn sie werden von der aufsteigenden Luft in der Schwebe gehalten. Wir sehen sie als Wolken. |5

Regentropfen
Regentropfen entstehen erst, wenn viele der winzigen Tröpfchen einer Wolke zu einem großen Tropfen „zusammenfließen" – wie Fettaugen auf der Suppe. Die Tropfen werden dann so schwer, dass sie als Regen zur Erde fallen. Dicke Regentropfen können sich nur dann bilden, wenn in der Wolke neben den Wassertröpfchen auch noch Eiskristalle vorhanden sind: Sie ziehen die kleinen Wassertröpfchen an und wachsen zu Hagelkörnern an. Auf ihrem tiefen Fall zur Erde tauen sie in wärmeren Luftschichten und gelangen als dicke Regentropfen auf die Erde.

Hagel
Als Hagel prasseln sie auf uns herab, wenn die Körner sehr dick sind und auf dem Weg zur Erde nicht ganz auftauen. In Gewitterwolken werden Hagelkörner durch die starken Aufwinde immer wieder hochgerissen und wachsen so immer mehr, weil sich immer neue Wasserteilchen anlagern. Hagelkörner können so groß wie Tennisbälle sein und großen Schaden anrichten.

Schnee
In großen Höhen betragen die Lufttemperaturen meist weit unter 0 °C. Dort bilden sich dann aus dem Wasserdampf keine Wassertröpfchen, sondern Eiskristalle. Das gasförmige Wasser geht dabei direkt in den festen Zustand über. Der flüssige Zustand wird also übersprungen. Es bilden sich Eiskristalle in vielen unterschiedlichen Formen. |6
Sie vereinen sich schließlich zu Schneeflocken. Wenn sie schwer genug sind, rieseln sie als *Schnee* zur Erde nieder – wenn sie nicht in tieferen Luftschichten tauen.

F Lege eine leeres Glas für 5 Minuten ins Gefrierfach. Nimm es dann heraus und stelle es auf den Tisch. Was beobachtest du? Was hat dieser Versuch mit der Wolkenbildung zu tun?

G Vor allem im Sommer sieht man auf Pflanzen und Gras oft Tau. Warum entsteht er nachts und nicht am Tage?

H Wasserdampf ist unsichtbar! Warum sehen wir dann aber die Wolken?

I Wie bildet sich Schnee? Suche dafür eine Erklärung.

|4 Nebel im Flusstal

|5 Kleine Wolke – 600 t kondensierter Wasserdampf

|6 Eiskristalle in verschiedenen Formen

Zusammenfassung

Wärmeausbreitung *ohne* Stoffe: Strahlung

Sonnenwärme erhalten wir durch Strahlung. Dabei ist kein Stoff als „Transportmittel" nötig. |1
Auch alle anderen heißen Körper strahlen Wärme ab.

Dunkle, matte Oberflächen erwärmen sich schneller als helle und glänzende. |2

|1 Wärmeausbreitung im Weltall

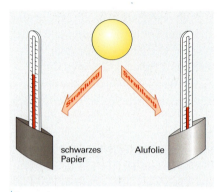

|2 Die schwarze Oberfläche nimmt mehr Strahlung auf.

Wärmeausbreitung *in* Stoffen: Wärmeleitung

Wärmeleitung erfolgt in Stoffen, ohne dass sich der Körper selbst bewegt. Die Wärme wird vom heißen zum kalten Teil des Körpers geleitet. |3 |4

Gute Wärmeleiter sind alle Metalle. *Schlechte Wärmeleiter* sind z. B. Glas, Holz, Wasser und Kunststoff. Sehr schlechte Wärmeleiter sind Luft und andere Gase. Glaswolle und Styropor enthalten in Poren eingeschlossene Luft. Man verwendet sie als Isolierstoffe (Dämmstoffe).

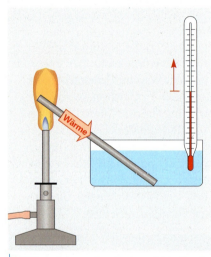

|3 Wärmeleitung durch einen Metallstab

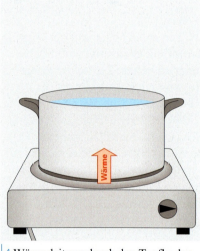

|4 Wärmeleitung durch den Topfboden

Wärmetransport (Wärmeströmung)

Wenn sich ein erwärmter Stoff bewegt, wird zusammen mit dem Stoff die in diesem gespeicherte Wärme transportiert.

Wärmetransport (Wärmeströmung) gibt es nur bei Flüssigkeiten und Gasen.

Beispiele für diese Art der Wärmeausbreitung sind die Warmwasserheizung |5 und das Aufsteigen von erwärmter Luft. |6

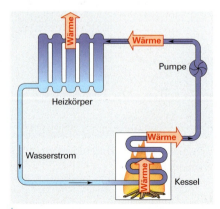

|5 Die Wärme wird von den Heizkörpern an die Luft abgegeben. Das Wasser kühlt ab und wird zurückgepumpt.

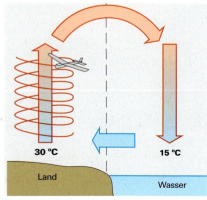

|6 Die Luft über dem Land erwärmt sich und steigt nach oben. Dort kühlt sie sich wieder ab und sinkt nach unten.

Wärme verändert den Zustand

Stoffe können in drei unterschiedlichen Zuständen (Aggregatzuständen) vorkommen.
Sie können fest, flüssig oder gasförmig sein. |7

Die Schmelz- und Siedetemperaturen sind bei jedem Stoff anders. Man kann deshalb mithilfe dieser Temperaturen Stoffe voneinander unterscheiden.

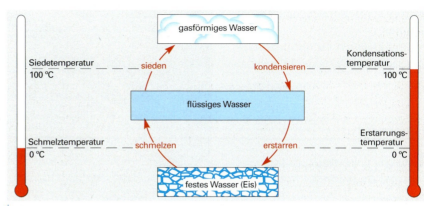

|7 Änderung des Zustands

Alles klar?

A Warum werden nur die Außenmauern eines Hauses gut wärmeisoliert und nicht die Zwischenwände? Welche Isolierstoffe kennst du?
B Kochtöpfe haben oft Böden aus Kupfer. Warum eigentlich?
C Eine dünne Styroporwand isoliert besser als eine dicke Betonmauer. Woran liegt das?
D Eine Weihnachtspyramide dreht sich ohne Motor. Wodurch wird sie angetrieben?
E Schau dir den abgebildeten Versuch an. |8 Was wirst du beobachten, wenn die Deckel entfernt werden? Suche dafür eine Erklärung.
F Gib jeweils an, ob es sich um Wärmeleitung, Wärmetransport oder Strahlung handelt. Begründe deine Antworten.
1 Um sich nicht an heißen Töpfen zu verbrennen, benutzt man Topflappen.
2 Über Heizkörpern werden weiße Wände und Decken schnell schmutzig.
3 Sonnenkollektoren sind unter der Glasabdeckung schwarz gefärbt.
4 Heißen Tee in einfachen Metallbechern zu servieren ist unpassend.
5 Segelflugzeuge können von Luftströmungen in die Höhe getragen werden.
6 Die Sonne erwärmt die Erde, obwohl der Weltraum leer ist.
G Es liegt Schnee, die Sonne scheint.
1 Markus legt auf den frischen Schnee ein schwarzes und ein weißes Stück Stoff. „Ich weiß, unter welchem Stoff der Schnee am schnellsten schmilzt", behauptet er. Suche eine Erklärung.
2 Im Frühjahr reißt der Schneeteppich auf – am schnellsten dort, wo Laub liegt. |9 Erkläre!
H Franziska (Hauttyp 2), Michael (Hauttyp 1), Jana (Hauttyp 3) und Benny (Hauttyp 4) haben das gleiche Sonnenschutzmittel aufgetragen (Lichtschutzfaktor 6). Wie lange dürfen sie in der Sonne bleiben?
I Sandra und Alex wollen zu Hause einen Behälter bauen. Er soll ihnen im Sommer ihre Getränke länger kalt und im Winter länger warm halten.
Tipp: Wärmedämmung.
1 Kann das ein und derselbe Behälter leisten?
2 Welche Stoffe könnten Sandra und Alex nehmen?
3 Fertige eine Zeichnung an und schreibe die Namen der Stoffe daran.
4 Wie kannst du die gewünschte Wirkung nachweisen?

|9 Aufgebrochene Schneedecke

|8

Sommerhitze und Winterkälte

Verbogene Schienen – platzende Rohre

Warum verbiegen sich Schienen im Sommer?
Wie funktioniert der automatische Feuerlöscher (Sprinkleranlage)?

|1 Durch Hitze verbogene Schienen

Probier's mal!

1 Wasser in der Getränkedose
Fülle eine Getränkedose mit Wasser. Es soll gerade bis an das Trinkloch reichen. Trockne den Dosendeckel ab. Stelle die Dose dann in einen Topf mit heißem Wasser. |3
Was geschieht, wenn sich das Wasser in der Dose allmählich erwärmt?

2 Der eingezwängte Topfdeckel
In ein Brett schlägst du zwei Nägel ein. Ein Topfdeckel aus Metall (ohne Lackierung!) soll gerade noch zwischen die Nägel passen.
a Lege den Deckel auf die Kochplatte eines Elektroherds und schalte den Herd ein. Nach 2 Minuten nimmst du den Deckel vom Herd (Topflappen!). |4
Passt er noch zwischen die Nägel?
b Kühle den Deckel in kaltem Wasser ab. Passt er jetzt?

|2 Platzender Glasverschluss einer Sprinkleranlage

|3

3 Eine Kunststoffflasche – eisgekühlt
Besorge dir eine dünne, leere Kunststoffflasche. Verschließe sie gut und stelle sie ins Eisfach des Kühlschranks. Nach einiger Zeit holst du sie wieder heraus. Was fällt dir auf?
Suche nach einer Erklärung.

4 Die Münze auf der Flasche
Hokuspokus mit einer Flasche. |5
Sicher kannst du das auch …
Tipps: Die leere Flasche vorher in den Kühlschrank legen. Die Münze zunächst anfeuchten und dann erst auf die Flasche legen.

|4 |5

Grundlagen Körper werden erwärmt

Wenn Körper erwärmt werden …

Körper, die erwärmt werden, dehnen sich nach allen Richtungen aus – egal, ob sie fest, flüssig oder gasförmig sind. Ihr Volumen nimmt zu.

Dabei spielt auch der *Stoff*, aus dem sie bestehen, eine Rolle: Aluminium dehnt sich stärker aus als Eisen und Spiritus stärker als Wasser. |6|7
Gase dagegen dehnen sich alle gleich stark aus (bei gleicher Temperaturerhöhung). Luft dehnt sich also so stark aus wie Sauerstoff oder Gas aus der Sprudelflasche (Kohlenstoffdioxid).
Wenn sich ein Körper durch Erwärmung ausdehnt, nimmt sein Gewicht nicht zu; er wird nicht „mehr".

Wie ist die Ausdehnung zu erklären?
Mit dem *Teilchenmodell* kann man die Ausdehnung bei Erwärmung erklären. Wir stellen uns vor, dass die Erwärmung Einfluss auf die Bewegung der Teilchen des Körpers hat:

Je stärker ein Körper erwärmt wird, desto stärker ist die Bewegung seiner Teilchen.

Bei stärkerer Bewegung brauchen die Teilchen mehr Platz. Das bedeutet, dass sich der Körper ausdehnt. Dazu ein Modellversuch: Kinder stehen dicht beieinander und bewegen sich kaum. |8 Dann beginnen sie sich stärker zu bewegen …

Stab	Ausdehnung
Eisenstab (10 m)	1,2 mm
Aluminiumstab (10 m)	2,4 mm
Kupferstab (10 m)	1,6 mm
Betonstab (10 m)	1,2 mm

|6 Ausdehnung bei Erwärmung um 10 °C

Längenausdehnung fester Körper (1 m lang) bei Erwärmung

Die Körper bestehen aus …	Ausdehnung (Erwärmung um 10 °C)
Glas (feuerfest)	0,03 mm
Porzellan	0,04 mm
Glas (normal)	0,09 mm
Gold	0,14 mm
Messing	0,18 mm
Zink	0,27 mm
Gummi	ca. 8 mm
Asphalt	ca. 20 mm

|7

|8 Modellversuch zur Wärmeausdehnung

A Wovon hängt es ab, ob sich ein Körper stark oder weniger stark ausdehnt?
B Warum steigt die Flüssigkeit in einem Thermometer, wenn man dieses in warmes Wasser hält?
C Eine Eisenkugel wird erwärmt.
1 Wird sie dabei schwerer?
2 Wie kann man die Ausdehnung der Kugel erklären?
D Kennst du den „Zaubertrick" mit den klickenden Münzen? |5
1 Die Münze klickt, während der „Zauberer" die Flasche hält. Warum?
2 Die Flasche muss vorher in den Kühlschrank gelegt werden. Warum ist das wichtig?
3 Die Flasche wird am besten auf einem Handtuch herbeigetragen. Welchen Grund gibt es dafür?
E Weshalb werden Brücken auf Rollen gelagert? |9
F Ein Luftballon wird mit Atemluft (ca. 30 °C) aufgeblasen. Gleich darauf wird er in den Kühlschrank gelegt. Dort herrscht eine Temperatur von 8 °C. Was wird man wohl nach einer Stunde sehen können?
Probiere es aus.
G Die Tabelle gibt an, wie sich feste Körper bei Erwärmung verhalten. |7
1 Dehnen sich nur Metalle aus?
2 Vervollständige folgende Sätze:
„Eisen dehnt sich bei Erwärmung um 1 °C mehr/weniger aus als Kupfer."
„Kupfer dehnt sich … aus als Beton."
„Kupfer dehnt sich … aus als Aluminium."
„Eisen dehnt sich … wie Beton."

|9

Lernstationen Wärmeausdehnung

Was sind Lernstationen?
Das Arbeiten an Lernstationen läuft so ab: Jede Gruppe durchläuft jede Station und führt dort die entsprechenden Aufgaben durch – an jeder Station also eine andere.
Die gleichen Stationen können auch zweimal aufgebaut werden. Um einen Stau zu vermeiden, sollte immer eine Lernstation mehr vorhanden sein, als Gruppen gebildet werden.

Gruppe A beginnt bei Station 1 und wechselt dann zur nächsten Station.
Gruppe B beginnt bei Station 2 …

|1 Von Station zu Station

1 Wie stark dehnt sich Eisen aus?

Versuchsgeräte und -aufbau:

Versuchsdurchführung:
a Schiebt den rechten Ständer so an den Eisenstab heran, dass er ihn berührt. Jetzt muss die Lampe leuchten. Der Spalt wird 5 mm breit eingestellt. Erhitzt nun den Eisenstab. Dehnt er sich so weit aus, dass der Spalt geschlossen wird und die Lampe leuchtet?

b Kühlt den Stab in kaltem Wasser ab. Macht den Spalt dann so schmal, dass gerade noch eine Postkarte hindurchpasst. (Eine Postkarte ist nur 0,25 mm dick.)
Erhitzt nun den Stab von neuem. Wird der Spalt diesmal geschlossen?

Versuchsauswertung:
Vervollständigt die folgenden zwei Sätze:
1. „Der 5-mm-Spalt wurde … (geschlossenen/nicht geschlossen), weil sich der Eisenstab … (stark genug/nicht stark genug) ausgedehnt hat. Die Lampe (leuchtete/leuchtete nicht).
2. „Der Postkartenspalt (0,25 mm) …"

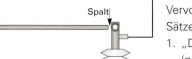

2 Wird eine Eisenkugel durch Erhitzen dicker und auch schwerer?

Versuchsgeräte und -aufbau:

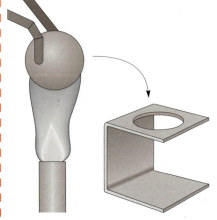

Versuchsdurchführung:
a *Vor dem Erhitzen:* Stellt fest, wie viel die kalte Eisenkugel wiegt. Schreibt den Betrag auf. Probiert aus, ob die Kugel durch den Ring passt. Erhitzt die Kugel nun mit dem Brenner.
b *Nach dem Erhitzen:* Wie viel wiegt die Kugel jetzt? Passt die heiße Kugel noch durch den Ring?
c Kühlt die Kugel in kaltem Wasser. Passt sie nun durch den Ring?

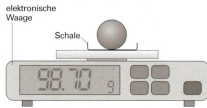

Versuchsauswertung:
Ergänzt die folgenden Sätze:
1. „Wenn die Eisenkugel erwärmt wird, …"
2. „Wenn die Eisenkugel abgekühlt wird, …"
3. „Das Gewicht der Eisenkugel …"

„Spielregeln" für die Arbeit an den Lernstationen
1. Jede Gruppe sollte höchstens vier Teilnehmer haben.
2. An den Stationen findet ihr die Aufgabenstellungen und Anweisungen.
3. Nach der Arbeit an einer Station säubert ihr alle Geräte.
4. Dann räumt ihr alles wieder so auf, wie ihr es vorgefunden habt. Die nächste Gruppe soll ja ihren Versuch alleine aufbauen.
5. Schreibt die Ergebnisse für jede Station in eure Hefte.
6. Danach wechselt ihr zur nächsten freien Station, an der ihr noch nicht gearbeitet habt.

3 Flüssigkeiten werden erwärmt

Versuchsgeräte und -aufbau:

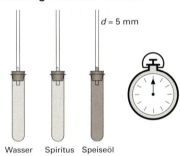

Versuchsdurchführung:
a Stellt die Reagenzgläser in ein Becherglas mit kaltem Wasser. Markiert jeweils mit einer Pappmarke, wie hoch die Flüssigkeiten in den Reagenzgläsern stehen.
b Stellt nun die Reagenzgläser in ein Becherglas mit heißem Wasser. Nach 3 Minuten markiert ihr mit weiteren Pappmarken den neuen Flüssigkeitsstand. Messt nach, um wie viel die Flüssigkeitssäulen jeweils gestiegen sind.
c Die Reagenzgläser werden nun wieder in ein Becherglas mit kaltem Wasser gestellt. Was geschieht?

Versuchsauswertung:
Schreibt auf, wie hoch die Flüssigkeiten gestiegen sind:
– Wasser: … mm
– Spiritus: … mm
– Öl: … mm
Ergänzt die folgenden Sätze:
1. „… dehnt sich am stärksten aus, … am wenigsten."
2. „Beim Abkühlen …"

4 Dehnt sich auch Luft aus?

Versuchsgeräte und -aufbau:

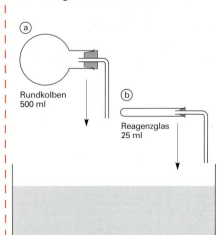

Versuchsdurchführung:
Führt die beiden Versuchsteile mehrmals durch. Kühlt aber nach jedem Versuch den Glaskolben und das Reagenzglas in kaltem Wasser ab. Trocknet außerdem die Gläser.
a Umschließt den Glaskolben fest mit beiden Händen und haltet das Winkelröhrchen sofort ins Wasser. Zählt die Luftbläschen, die hochsteigen. Wer schafft die meisten Bläschen?
b Macht dann dasselbe mit dem Reagenzglas.

Versuchsauswertung:
Vervollständigt die folgenden Sätze:
1. „Wenn man Luft erwärmt …"
2. „Beim Erwärmen dehnt sich die Luft im Glaskolben … aus als die Luft im Reagenzglas. Erklärung: …"

Technik Große Wirkung

Wenn man Saft kocht und heiß in dicke Glasflaschen füllt, kann es sein, dass diese zerspringen. Zwischen Innen- und Außenseite des Glases wurde der Temperaturunterschied auf einmal zu groß. Schon winzige Unterschiede in der Ausdehnung können ein Zerspringen bewirken. Dass Glas zerspringt, ist bestimmt nicht überraschend. Doch sogar Eisenbahnschienen können durch Hitze Schaden nehmen, sodass Züge entgleisen. Bei großer Hitze dehnt sich der Stahl der Schienen stark aus. Bei der Ausdehnung treten so große Kräfte auf, dass sich die Schienen verbiegen.

Ein Lehrerversuch zeigt, wie groß die Kräfte sind, die bei Temperaturänderungen auftreten können: |2 Das Messingrohr wird erhitzt und dehnt sich aus. Deshalb kann man den Keil immer tiefer in den Spalt hineinschieben. Dann wird kaltes Wasser auf das Rohr gegossen – und der Eisenbolzen zerspringt.

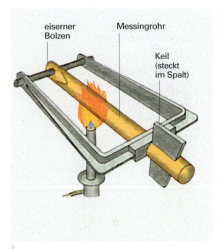

|2 Lehrerversuch mit Bolzensprenger

Technik Stahlbeton – ein wichtiger Werkstoff

Über Baustoffe muss man genau Bescheid wissen – z. B. darüber, wie sie sich beim Erwärmen verhalten. Die Außenmauern und Decken vieler Häuser werden aus *Beton* hergestellt, einem Gemisch aus Kies, Zement und Wasser.
Man verstärkt den Beton dadurch, dass man Stahlmatten oder Stahlgeflechte einfügt; erst darauf wird dann der zunächst noch flüssige Beton gegossen. |1 Dieser „kombinierte" Baustoff heißt *Stahlbeton*.
Wenn zwei Baustoffe so eng miteinander verbunden werden, besteht normalerweise ein Problem:
Bei Temperaturänderungen könnten sich die Baustoffe unterschiedlich stark zusammenziehen oder ausdehnen. Das würde zu Rissen und Schäden am Bauwerk führen.
Bei Stahlbeton besteht diese Gefahr aber nicht: Beton und Stahl (gehärtetes Eisen) dehnen sich nämlich bei Erwärmung gleich stark aus. Das ist z. B. im Sommer der Fall.

A Schreibe die folgenden Sätze in der richtigen Reihenfolge auf. (Der erste und der letzte Satz stehen richtig.)
– Das Messingrohr wird erhitzt.
– Durch kaltes Wasser kühlt sich das Rohr plötzlich stark ab.
– Der Keil wird tiefer in den Spalt hineingeschlagen.
– Das Rohr zieht sich schnell zusammen; es verkürzt sich.
– Das Rohr dehnt sich aus und wird länger.
– Der Eisenbolzen zerspringt.

|1 Kombinierter Baustoff: Stahlbeton

Und bei Abkühlung – im Winter – ziehen sich die beiden Materialien gleich stark zusammen.

B Eisen und Beton kann man als Baustoffe miteinander verbinden – Glas und Aluminium aber nicht. Weshalb?

Technik Sicherheit bei Tankwagen

Täglich fahren Tankwagen auf unseren Straßen. |4
Sie transportieren gefährliche Flüssigkeiten, z. B. Heizöl und Benzin. Die Behälter solcher Tankwagen dürfen nicht bis zum Rand gefüllt werden.
Es kann nämlich sein, dass sie mit einer Flüssigkeit gefüllt werden, die in Tanks unter der Erde bei nur 10 °C gelagert war. Bei sommerlicher Hitze würde sich diese Flüssigkeit erwärmen und dabei ausdehnen. Dafür muss genügend Raum im Tank zur Verfügung stehen.
Der Behälter eines Tankwagens ist in mehrere Kammern unterteilt. In jeder einzelnen Kammer befindet sich ein so genannter Grenzwert-

Technik So funktionieren Sprinkleranlagen

Zahlreiche Lagerräume, Theatersäle und Kaufhäuser sind mit automatischen Löschanlagen ausgestattet. An der Decke dieser Räume befinden sich (meistens für uns verborgen) Löschwasserleitungen.
Das Wasser in den Leitungen steht unter Druck – wie in jeder anderen Wasserleitung auch.

3 Sprinkler an der Decke

Die Leitungen enden in den Sprüheinrichtungen, die wir an den Decken sehen, den *Sprinklern*. |3
In den Sprinklern sind die Wasserleitungen durch bauchige Glasröhrchen verschlossen. Diese Röhrchen wurden mit einer speziellen Flüssigkeit gefüllt.
Bei einem Brand steigt die Lufttemperatur im Raum an – vor allem über dem Brandherd. Dort befinden sich die Sprinkler:
Die Flüssigkeit im Glasröhrchen erwärmt sich und dehnt sich dadurch aus. Das bedeutet:
Die Flüssigkeit im Röhrchen benötigt jetzt mehr Platz als vorher. Sie „sprengt" das Glasröhrchen und gibt den Weg für das Löschwasser frei.
Ein dicker Wasserstrahl trifft nun auf die sternförmige Metallplatte am Boden des Sprinklers. Dadurch verwandelt sich der Strahl in einen sprühenden Regen, der das Feuer löschen soll.

F In einem Raum bricht ein Brand aus. Schreibe auf, was mit der Sprinkleranlage passiert. (Bringe dazu die folgenden Sätze in die richtige Reihenfolge. Der erste Satz steht richtig.)
– Die Temperatur im Raum steigt.
– Die Flüssigkeit sprengt das Glasröhrchen.
– Das Löschwasser tritt aus.
– Die Flüssigkeit dehnt sich aus.
– Das Löschwasser wird von der Metallplatte zu feinem Regen zersprüht.
– Die Flüssigkeit im Glasröhrchen erwärmt sich.

geber |5 (hier rot gezeichnet). Er gibt ein Signal, wenn der Behälter zu neun Zehnteln gefüllt ist. Dann wird die Befüllung sofort gestoppt. Dadurch erreicht man, dass mindestens ein Zehntel des Behälters immer frei bleibt.

C Stell dir vor, die automatische Abschaltanlage eines Tankfahrzeugs ist defekt. Was könnte vor allem im Sommer geschehen?
D An einem heißen Tag kommt es manchmal vor, dass es in einem Auto stark nach Benzin riecht. Warum kann das an der Erwärmung liegen?
E Tankstellen lagern ihren Treibstoff in Tanks unter der Erde. Weshalb wohl?

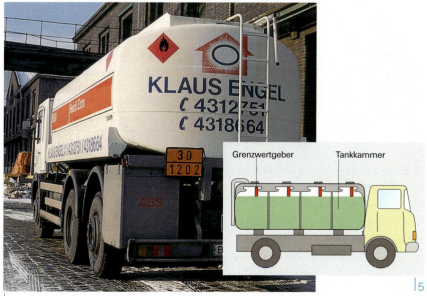

4 Tankwagen

Wasser verhält sich außergewöhnlich

Das kann passieren, wenn plötzlich der Winter hereinbricht und Flaschen draußen liegen blieben …

Warum ragen eigentlich Eisberge aus dem Wasser heraus? Sie bestehen doch auch aus Wasser …

|1

|2

Probier's mal!

1 Wenn Wasser gefriert …
Fülle ein kleines, möglichst schmales und hohes Schraubglas (für Gewürze) randvoll mit Wasser. Verschließe es mit dem Deckel. Es soll keine Luftblase im Glas sein. Stelle das Glas ins Gefrierfach. Am nächsten Tag schaust du nach. Das Wasser ist nicht nur gefroren …

2 Schwimmen oder sinken
a Schwimmt Eis auf Wasser? Probiere es mit einem Eiswürfel aus.
b Schwimmt festes Wachs auf flüssigem Wachs? Stell ein Teelicht in einer Blechdose auf die Herdplatte. Wenn das Wachs geschmolzen ist, schaltest du den Herd aus und stellst die Dose auf eine Unterlage. Lege Wachsbrocken auf das flüssige Wachs. Schwimmen sie?

3 Erstarren von Wachs und Wasser
a Stelle eine Blechdose mit einem Teelicht auf die Herdplatte. *Kein offenes Feuer verwenden!* Gib in das flüssige Wachs so viele Wachsbrocken, bis das Teelicht randvoll ist. Nimm die Dose vom Herd und lass das Wachs erstarren. Beschreibe die Oberfläche.
b Untersuche, ob die Oberfläche von erstarrtem Wasser genauso aussieht.

4 Erstarren Flüssigkeiten immer oben zuerst – wie ein Teich?
Du brauchst zwei kleine, schmale Gläser. In eins füllst du Kerzenstummel und schmilzt sie im Wasserbad. |3
a Stelle das Glas mit dem geschmolzenen Wachs auf eine Pappunterlage in das Gefrierfach. Daneben stellst du zum Vergleich das zweite Glas mit Wasser. Auf beide legst du lose die Deckel.
b Wo werden die Flüssigkeiten zuerst fest, an der Oberfläche oder am Boden? Nach dem Wachs solltest du nach 5 Minuten schauen, nach dem Wasser nach 1 Stunde, nach 1½ und 2 Stunden.

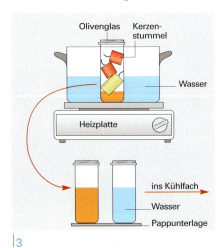
|3

5 Wasser – stärker als Eisen?
Wer ist stärker – eine hohle Eisenkugel oder das Wasser, das in ihr „eingesperrt" ist? Die Kugel wird unter 0 °C abgekühlt. |4

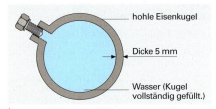
|4

6 Wie stark ändert sich das Volumen von Wasser beim Gefrieren?
Plane einen Versuch, mit dem du diese Frage beantworten kannst. Das Bild hilft dir dabei. |5

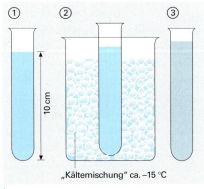
|5

Interessantes **Geplatzte Wasserrohre – Frostaufbrüche – Geröllhalden**

Geröllhalden im Gebirge, Frostaufbrüche auf den Straßen und geplatzte Wasserrohre im Garten haben dieselbe Ursache: |6 – |8
Wasser dehnt sich stark aus, wenn es gefriert.
Bei den meisten anderen Stoffen nimmt das Volumen beim Erstarren ab.

A Wasserrohrbruch im Garten
1 Warum kann es bei Frost zu einem Wasserrohrbruch kommen? Warum bemerkt man den Schaden meist erst bei Tauwetter?
2 Im Garten sind Wasserleitungen besonders gefährdet. Wie könnte man sie vor Zerstörung durch Frost schützen?

B Frostaufbrüche
1 Erkläre mithilfe der Zeichnungen, wie Frostaufbrüche entstehen. |9
2 Frostaufbrüche sind meist erst bei Tauwetter zu erkennen. Erläutere!

C Geröllhalden
Unterhalb von Hängen sieht man im Gebirge manchmal Geröllhalden.
1 Erkläre, wie sich ein Felsen im Lauf vieler Jahre in Geröll umwandeln kann. Beginne z. B. so: „Regenwasser dringt in kleine Felsspalten ein …"
2 In Wüstengebieten (z. B. auf der Insel Sinai in Ägypten) verwittern Felsen langsamer als in den Alpen. Erläutere!

|6 Geröllfeld im Gebirge

|7 Frostaufbrüche

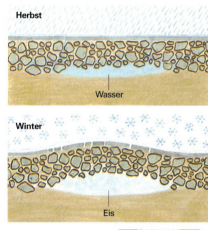

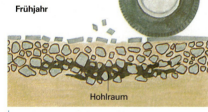
|9 Entstehung des Frostaufbruchs

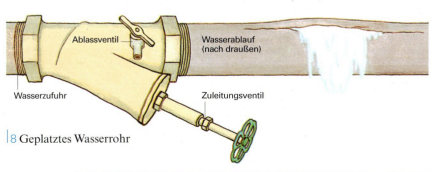
|8 Geplatztes Wasserrohr

Warum frieren Seen nicht bis zum Boden zu?

Eisige Kälte – Lufttemperatur: −10 °C.
Trotzdem ist das Wasser im See unter dem Eis nicht gefroren. Dort leben sogar Fische!
Wie warm ist das Wasser im zugefrorenen See?

|1

Probier's mal!

1 Temperaturmessung im Teich
Miss mit einem Digitalthermometer die Temperatur in verschiedenen Wassertiefen in einem Gartenteich. Achtung, nicht das Eis betreten!
Damit der Messfühler sinkt, beschwerst du ihn. Im Abstand von 10 cm markierst du die Eintauchtiefen. |2 Beginne mit der Temperaturmessung direkt unter der Eisschicht.

2 Temperaturen in unterschiedlichen Wassertiefen
Für den Versuch brauchst du einen hohen Standzylinder. |3
Wo wird man die niedrigste Wassertemperatur messen?
Wo im Standzylinder ist die Temperatur am höchsten?

Umwelt Wassertemperaturen in einem See

Vielleicht hast du diese Erfahrung auch schon im Sommer gemacht: Beim Baden und Tauchen in einem See wird das Wasser immer kälter, je tiefer du dich unter der Oberfläche befindest. |4
Wenn dann im Herbst und im Winter die Lufttemperatur sinkt, kühlt das Wasser an der Oberfläche ab. Es wird dadurch schwerer und sinkt nach unten. Schließlich hat das ganze Wasser im See eine Temperatur von 4 °C.
Wenn das Wasser an der Oberfläche noch weiter abkühlt (auf 3 °C oder 2 °C), sinkt dieses kühlere Wasser nicht. Es schwimmt auf dem Wasser von 4 °C. Also nimmt die Wassertemperatur nur noch in den oberen Wasserschichten ab, und an der Oberfläche erstarrt das Wasser zu Eis. Im See nimmt die Wassertemperatur mit zunehmender Tiefe jetzt bis auf 4 °C zu. |5
Wenn der Frost anhält, kühlt auch das unmittelbar darunter liegende Wasser weiter ab – die Eisschicht auf dem See wird immer dicker.

Wenn der See tief genug ist, friert er nicht bis zum Boden durch. Dadurch überleben Wasserpflanzen und Wassertiere im Winter im Tiefenbereich des Sees.

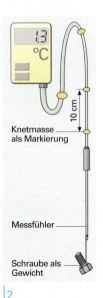
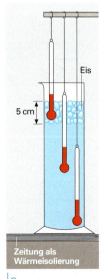
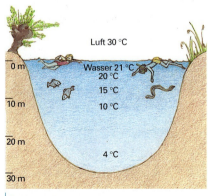
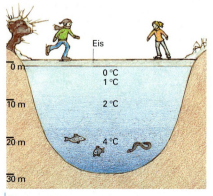

|2 |3 |4 See im Sommer |5 See im Winter

Grundlagen Wasser – eine ganz besondere Flüssigkeit

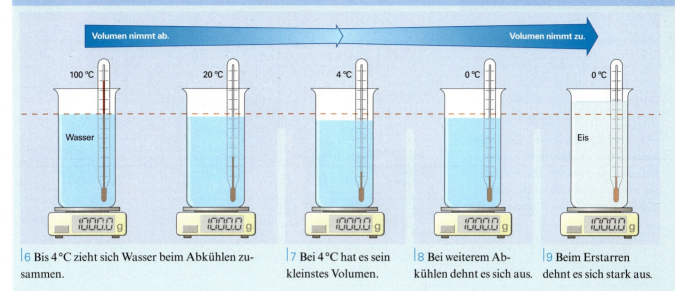

|6 Bis 4 °C zieht sich Wasser beim Abkühlen zusammen. |7 Bei 4 °C hat es sein kleinstes Volumen. |8 Bei weiterem Abkühlen dehnt es sich aus. |9 Beim Erstarren dehnt es sich stark aus.

Wenn man Wasser abkühlt, verhält es sich zunächst wie alle anderen Stoffe. Es zieht sich zusammen, sein Volumen wird kleiner. |6–|9

Bei 4 °C ist das Volumen von Wasser am kleinsten. Unterhalb von 4 °C dehnt es sich bei sinkender Temperatur aus. Sein Volumen nimmt zu.

Wenn man Wasser weiter abgekühlt, gefriert es und dehnt sich dabei stark aus.

Wenn Wasser zu Eis erstarrt, wird sein Volumen viel größer. 1 kg Eis nimmt mehr Raum ein als 1 kg Wasser.

Leichter oder schwerer?
Warum schwimmt Eis auf Wasser? |10 Warum steigt in Wasser von 4 °C wärmeres oder kälteres Wasser nach oben? |11
Die Erklärung liefert dir die Zeichnung. |12
1 l Wasser von 4 °C ist am schwersten. Eis ist am leichtesten, deswegen schwimmt es immer oben. Wasser von 20 °C und von 1 °C ist leichter als Wasser von 4 °C, deswegen schwimmt es über dem Wasser von 4 °C.

|10 In Eiswasser sinkt Wasser von 4 °C nach unten, während Eis schwimmt.

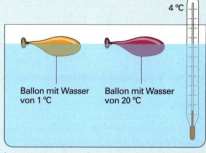

|11 In Wasser von 4 °C steigt Wasser von 1 °C oder von 20 °C nach oben.

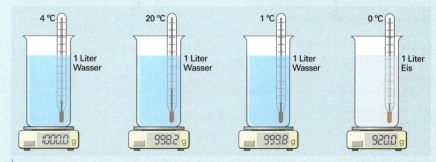

|12 1 Liter Wasser bei verschiedenen Temperaturen

A Im Sommer ist das Wasser im See an der Oberfläche wärmer als unten. Versuche eine Erklärung zu geben.
B Am Grund eines zugefrorenen tiefen Sees beträgt die Temperatur 4 °C. Nach oben ist das Wasser kälter. Erkläre!
C Wenn Wasser gefriert und flüssiges Wachs erstarrt, kann man Unterschiede beobachten.

1 Beschreibe die unterschiedlichen Beobachtungen.
2 Was kannst du über das Volumen beim Erstarren aussagen?
3 Stell dir vor, Wasser würde sich beim Gefrieren „normal" verhalten – wie z. B. Wachs. Was würde das für das Leben der Fische und Pflanzen im See bedeuten?

Zusammenfassung

Volumenänderung fester Körper

Die Eisenkugel passte nach dem Erwärmen nicht mehr durch das Loch. Nach dem Abkühlen passte sie wieder hindurch. |1 Allgemein gilt:

Ein fester Körper, der erwärmt wird, dehnt sich nach allen Seiten aus; sein Volumen wird größer. Wenn der Körper wieder abgekühlt wird, zieht er sich zusammen; sein Volumen wird geringer.

Je größer die Temperaturänderung ist, desto stärker dehnt sich der Gegenstand aus.
Die Volumenänderung hängt auch davon ab, woraus der Körper besteht.

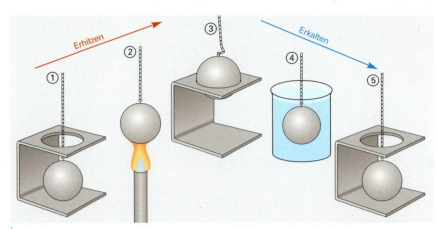

|1 Feste Körper dehnen sich beim Erwärmen aus.

Volumenänderung von Flüssigkeiten

Volumenänderungen beobachtet man auch bei allen Flüssigkeiten:

Eine Flüssigkeit, die erwärmt wird, dehnt sich aus. Wenn sie abgekühlt wird, zieht sie sich zusammen. Unterschiedliche Flüssigkeiten dehnen sich verschieden stark aus. |2

Je größer die Temperaturänderung ist, desto stärker dehnt sich die Flüssigkeit aus.
Die Volumenänderung hängt auch davon ab, um welche Flüssigkeit es sich handelt.

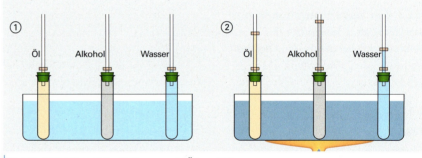

|2 Alkohol dehnt sich stärker aus als Öl und Wasser

Volumenänderung von Gasen

*Ein Gas, das erwärmt wird, dehnt sich aus. Wenn es abgekühlt wird, zieht es sich zusammen.
Die Ausdehnung der Gase hängt aber nicht von der Art des jeweiligen Gases ab.* |3

Je größer die Temperaturänderung ist, desto stärker dehnt sich das Gas aus. Die Volumenänderung hängt *nicht* von der Art des Gases ab.

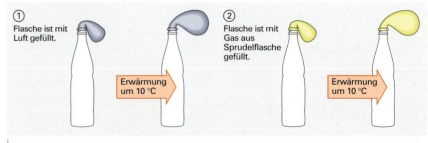

|3 Gase dehnen sich gleich stark aus.

Wasser verhält sich anders

Wasser hat bei 4 °C sein kleinstes Volumen. Unterhalb von 4 °C dehnt es sich beim Abkühlen aus.

Beim Gefrieren nimmt das Volumen von Wasser stark zu.

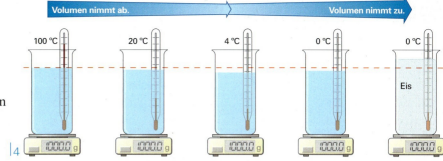
|4

Alles klar?

A Die Spalten in der Fahrbahn einer Brücke nennt man „Dehnungsfugen".
1 Erkläre diesen Namen.
2 Die Bilder unten zeigen die Abdeckung einer Dehnungsfuge. |5|6 Eine dieser Aufnahmen wurde im Sommer gemacht und eine im Winter. Welches ist die „Sommer-Aufnahme"? Begründe deine Antwort.

B Eine Flasche wird randvoll mit heißem Saft gefüllt und dann verschlossen.
Nach einiger Zeit ist oben ein Teil der Flasche leer. Wie kommt das?

C Natürlich ist das Bild mit der Kanone nicht ganz ernst gemeint. |7
1 Was könnten die Krieger tun, um ihre Kugeln doch nehmen zu können?
2 Was wäre wohl, wenn die Sonne auch die Kanone erhitzt hätte?

D Beim Tischtennisspielen wurde ein Ball leicht eingedrückt. Wie könnte man ihn „retten"?

E Rohrleitungen, durch die heiße Flüssigkeiten fließen, haben oft große Schleifen. |8 Weshalb wohl?

F* So funktioniert ein Bimetallthermometer:
Der wichtigste Bestandteil eines Bimetallthermometers ist eine Spirale. Sie besteht aus zwei unterschiedlichen Metallschichten, die fest miteinander verbunden sind. |9
Die beiden unterschiedlichen Metalle (z. B. Eisen und Kupfer) dehnen sich bei Erwärmung verschieden stark aus.
1 Welcher Metallstreifen von Bild |10 dehnt sich mehr aus, wenn beide gemeinsam erhitzt werden?
2 Jetzt sind beide Streifen fest miteinander verbunden |11 – sie bilden ein Bimetall (lat. *bi-:* zwei, doppelt). Wird sich der Bimetallstreifen bei Erwärmung nach oben oder nach unten verbiegen? Was geschieht, wenn der Streifen wieder abkühlt?
3 Versuche deine Vermutung zu begründen.
4 Sieh dir die Spirale an. |9 Wenn es wärmer wird, bewegt sich der Zeiger nach unten. Wo liegt demnach das Metall, das sich stärker ausdehnt?

|8 Schleifen in Rohrleitungen

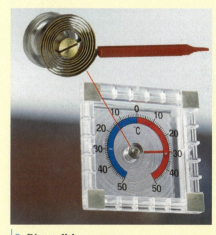
|9 Bimetallthermometer

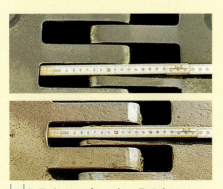
|5|6 Dehnungsfuge einer Brücke

|7 „Mist, die Kugel lag in der Sonne!"

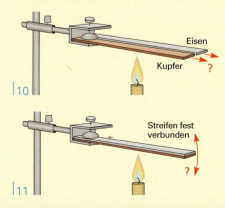
|10
|11

Kontrolliere deinen Lernstand

A Ein Topf wird über die heiße Herdplatte gehalten. |1
1 Schon bevor der Topf auf der Platte steht, wird der Boden warm. Wieso?
2 Aus welchem Material sollte der Topfboden bestehen, damit das Wasser darin möglichst schnell heiß wird? Begründe deine Wahl.
3 Das Wasser im Topf wird sich nach kurzer Zeit bewegen, obwohl du es nicht umrührst. Begründe!
4 Wenn der Herd abgeschaltet wird, kühlt das Wasser allmählich ab. Wo bleibt die Wärme? Wie könntest du das nachweisen?
5 Wie könntest du die Abkühlung des Wassers möglichst lange verzögern? Plane dazu Versuche.
6 Oft soll verhindert werden, dass Wärme verloren geht. Nenne Beispiele aus Natur und Technik.

B Du füllst den Topf randvoll mit kaltem Wasser und stellst ihn ins Gefrierfach. Am nächsten Tag nimmst du ihn heraus.
1 Du wirst zwei Veränderungen feststellen. Beschreibe sie.
2 Nenne Beispiele aus Natur und Technik, wo diese Veränderungen eine Rolle spielen.
3 Wenn der Topf mit dem Eis einige Zeit draußen steht, schmilzt das Eis langsam. Welche Temperatur hat das Schmelzwasser?

C Wasser kann in drei Zuständen vorkommen.
1 Nenne die Zustände.
2 Bei welchen Temperaturen finden die Zustandsänderungen statt?
3 Beschreibe die drei Zustandsformen im Teilchenmodell.

D Gregor stellt seinen neuen Globus auf den Schreibtisch und beleuchtet ihn von links mit einer Lampe. |2 Damit erklärt er seinem jüngeren Bruder die Tageszeiten und die Jahreszeiten.
1 Welche Bedeutung hat bei dem Versuch die Lampe, die beleuchtete und die schattige Seite der Erde?
2 Nenne einen Kontinent, in dem es gerade Tag (Nacht) ist.
3 Suche Deutschland auf dem Globus. Könnten wir die Sonne sehen? Wenn ja, in welcher Himmelsrichtung?
4 Gregor legt den Finger auf den Äquator und dreht den Globus ein paar „Stunden" weiter. In welche Richtung muss er drehen?
5 Welche Stelle der Erde wird trotz der Drehung immer von der Sonne beschienen?
6 Liegt die Bahn, auf der sich Deutschland mitdreht, länger auf der Tagseite oder länger auf der Nachtseite der Erde? Was bedeutet das für die Temperaturen in Deutschland?
7 Wie weit muss man den Globus drehen, damit bei uns Mitternacht ist?

|1 Topf über der Herdplatte

|2 Globus, von links beleuchtet

8 Gregor möchte darstellen, dass in Deutschland Hochsommer ist. Wie muss er den Versuchsaufbau verändern?
9 Wie groß ist der Anteil der Erdoberfläche, der auf der Tagseite der Erde liegt? Ändert sich dieser Anteil im Lauf der Jahreszeiten?
10 Welche Bedeutung hat die Schrägstellung der Erdachse?

Die Lösungen findest du im Anhang.

Schätze deine Kenntnisse und Fähigkeiten ein:

Aufgabe	Ich kann …
A	meine Kenntnisse über die drei Arten der Wärmeausbreitung anwenden und einen Versuch planen.
B	die Ausdehnung von Wasser beim Erstarren beschreiben und Beispiele für die Bedeutung dieser Ausdehnung in der Natur angeben.
C	kann die drei Zustandsformen des Wassers nennen und mit dem Teilchenmodell beschreiben.
D	die Entstehung von Tag und Nacht und den Wechsel der Jahreszeiten erklären.

Auswertung
Ordne deiner Aufgabenlösung im Heft ein Smiley zu:
☺ Ich habe die Aufgabe richtig lösen können.
😐 Ich habe die Aufgabe nicht komplett lösen können.
☹ Ich habe die Aufgabe nicht lösen können.

Umgang mit Stoffen aus dem Alltag

Umgang mit Stoffen aus dem Alltag

Ein Gegenstand – verschiedene Stoffe

Nicht alles leitet elektrischen Strom.

Metalle haben bestimmte Eigenschaften.

Kunststoffe kann man leicht bearbeiten.

Hier werden Gemische getrennt.

„Umgang mit Stoffen aus dem Alltag"
Stoff – das ist nicht nur der Baumwollstoff deiner Jeans. Zu den Stoffen gehören auch Nährstoffe, Schadstoffe, Klebstoffe, Farbstoffe, Baustoffe, Brennstoffe …
Die ganze Welt besteht aus Stoffen! Auch Sand und Silber, Erdöl und Eichenholz, Zucker und Zitronensaft sind Stoffe.
Noch niemand hat gezählt, wie viele verschiedene Stoffe es gibt. Aber man hat sie in Gruppen geordnet: Es gibt z. B. Metalle, Hölzer, Säuren und Kunststoffe.
Jede Stoffgruppe, ja jeder einzelne Stoff hat ganz bestimmte Eigenschaften. Die Eigenschaften bestimmen, wofür man die Stoffe benutzt und wie man sie verarbeitet. Und sie helfen uns auch, wenn wir Stoffgemische trennen wollen.

In diesem Kapitel kannst du …
- Stoffe an ihren Eigenschaften unterscheiden lernen,
- Gemische aus unterschiedlichen Stoffen voneinander trennen,
- Salz und Trinkwasser aus Meerwasser gewinnen,
- Sicherheitsregeln lernen, um auch mit gefährlichen Stoffen umzugehen.

Vom Rohsalz zum Kochsalz

Nicht jedes Holz ist dafür geeignet.

Ein Stoff, den es in der Natur nicht gibt

Stoffe mit Zahlen beschreiben

Blei 11,3 g
Zink 7,1 g
Kupfer 8,9 g
Aluminium 2,7 g
Eisen 7,9 g
Messing ca. 8,4 g

Wird das Wasser wieder trinkbar?

Verschiedene Arbeitsmethoden
Du wirst ...
– Stoffeigenschaften erkunden – durch selbstständiges Experimentieren an Lernstationen,
– „Steckbriefe" für unterschiedliche Stoffe erstellen,
– Stoffe vermessen und deine Daten in Diagramme eintragen.

Ausblick
Zum Thema „Stoffe" gehört noch mehr – z. B. die Frage, wie man denn aus Erdöl Zahnbürsten machen kann. Auf solche Fragen wirst du in diesem Buch keine Antwort finden.

Du möchtest aber gerne mehr zu den Themen wissen?
Vielleicht findest du Informationen im Lexikon, bei Industriefirmen oder in Fernsehsendungen.

Stoffeigenschaften

Gegenstände bestehen aus Stoffen

|1

|2

Die Gegenstände von Bild |1 haben alle eines gemeinsam.

In Bild |2 gibt es auch eine Gemeinsamkeit. Es ist aber eine andere ...

Probier's mal!

1 Auf Stoffsuche
Es ist erstaunlich, aus wie vielen unterschiedlichen *Materialien* Verpackungen von Getränken hergestellt werden. In den Naturwissenschaften sagen wir auch: Die Verpackungen sind aus verschiedenen *Stoffen* gemacht.
Am besten beginnst du deine Nachforschungen direkt in einem Geschäft.
a Aus welchen Stoffen werden Getränkepackungen hergestellt?
Tipp: Oft findest du einen Aufdruck auf der Packung (z. B. steht Fe für Eisen).
b Warum gibt es Limonade nicht in Verpackungen aus Pappe, Kakao nicht in Blechdosen?
c Außer Wörtern wie „Jeansstoff" kennst du noch weitere Begriffe mit dem Bestandteil „-stoff".
Die Bilder |3 bis |5 zeigen einige Beispiele.

|3

|4

|5

2 Ein Stoff – verschiedene Formen
Schau dich zu Hause um, welche Gegenstände zum Teil oder ganz aus Glas bestehen.
a Schreibe sie als Liste auf.
b Woran kann man erkennen, dass ein Gegenstand aus Glas und nicht aus Kunststoff ist?
c Wo wird Glas noch verwendet? Informiere dich z. B. in einem Lexikon.
d Welche Berufe haben mit dem Stoff Glas zu tun?

3 Gleiche Form – gleicher Stoff?
a Welche Materialien (Stoffe) kennst du, aus denen der Gegenstand Becher gemacht sein kann?
b Welche würdest du für ein Picknick im Freien auswählen? Warum?
c Campinggeschirr gibt es aus Metall (Aluminium oder Stahl) und Kunststoff. Welche Eigenschaften sprechen für Metall, welche dagegen?

Grundlagen Alle Gegenstände bestehen aus Stoffen

In der Natur gibt es Gegenstände: Steine, Bäume, Äpfel usw. Auch vom Menschen werden Gegenstände hergestellt: Fernseher, Bücher, Schränke usw. Sie alle haben eine bestimmte Form, Größe und Gewicht. Entscheidend ist aber auch, aus welchem *Material* ein Gegenstand besteht. So wäre ein Hammer aus Glas nicht sehr nützlich!
Statt von Materialien spricht man in den Naturwissenschaften oft von *Stoffen*. Alle Gegenstände bestehen aus Stoffen. Damit sind nicht nur Stoffe für Kleidung (Wolle, Seide …) gemeint. Es gibt Millionen verschiedener Stoffe: Marmor, Aluminium, Kunststoffe, Zucker, Wasser, Benzin, Kohlenstoffdioxid usw.

Einen Stoff erkennt man an seinen Eigenschaften (Geruch, Farbe …). Die Eigenschaften eines Stoffs entscheiden über seine Verwendung (feuerfest, unzerbrechlich …). Größe und Form gehören nicht zu den Stoffeigenschaften.

Die meisten Gegenstände bestehen aus mehreren Stoffen. |6
So besteht der Gegenstand „Flasche Limonade" aus Kunststoff, Wasser, Geschmacks- und Farbstoffen sowie aus Kohlensäure.

Luftballon
Stoffe: Kunststoff, Luft

Limonadenflasche
Stoffe: Kunststoff, Luft, Limonade, Papier, Druckfarbe (Etikett)

|6

A Zum Knobeln: Unter etwas Alufolie verbirgt sich ein dunkelbrauner Stoff. Er lässt sich leicht ritzen und schmilzt allmählich bei Handtemperatur.
1 Welcher Stoff ist es?
2 Wähle dir selber einen Stoff zum Knobeln aus und beschreibe seine Stoffeigenschaften möglichst genau. Wer erkennt deinen Stoff?

B Mit der richtigen Kleidung kann man sich vor fast allem schützen: vor Hitze, Kälte, Strahlung, Wasser, giftigen Gasen oder Krankheiten.
Notiere in einer Tabelle Eigenschaften, Vorteile und Nachteile der folgenden „Kleidungen":
Taucheranzug, Regenmantel, Polarkleidung, Raumanzug, Feuerwehranzug, Arztkleidung und Ritterrüstung.

C Im „Kasten der Stoffe" haben sich leider einige falsche Begriffe eingeschlichen. |7
1 Schreibe die echten Stoffe heraus.
2 Welche dieser Stoffe eignen sich für einen Fahrradrahmen? Begründe.

Baum	Diamant	Gold
Styropor®		Kunststoff
Wasser	Wind	Zucker
Sand		Stuhl
Holz	Öl	Eisen
Spiritus		Aluminium
Gelatine	Sauerstoff	Haus
Wolle		Kette
	Gartenschlauch	

|7 Stoff oder Gegenstand?

Geschichte Die Steinzeit

Für uns Menschen ist es sehr wichtig, gute und vielseitige Werkstoffe zu haben. Ganze Zeitalter wurden daher nach Stoffen benannt!
Bis vor etwa viertausend Jahren benutzte die Menschheit vorwiegend den Werkstoff Stein. Natürlich verwendete man für alltägliche Tätigkeiten auch Materialien von Pflanzen und Tieren. Meist blieben jedoch nur die Steinwerkzeuge erhalten – deshalb die Bezeichnung Steinzeit.
Aus Stein wurden Äxte, Bohrer, Pfeilspitzen, Faustkeile … hergestellt. |8
Manche unserer Vorfahren lebten in Höhlen aus Stein und machten mit Feuersteinen Feuer. Erst die Entdeckung von Kupfer und Zinn, aus denen Bronze hergestellt wurde, beendete die Steinzeit. Es folgte die Bronzezeit und später die Eisenzeit.

Faustkeil aus Feuerstein, Altsteinzeit

Axt, Jungsteinzeit

|8 Gegenstände aus dem Stoff Stein

Stoffeigenschaften erkennen – ohne Hilfsmittel

|1

Kennst du noch mehr Sinne?
Welche Sinne helfen dir, mehr über Stoffe zu erfahren?

|2

|3

|4

Probier's mal!

1 Zucker, Mehl oder Stärke?
Du befindest dich zu Hause in der Küche. Kannst du Puderzucker von Mehl unterscheiden?
a Welche Sinne helfen dir dabei?
b Schwerer wird es, wenn du Puderzucker mit Kartoffelstärke (Mondamin®) vergleichst.
c Kannst du die beiden Stoffe auch unterscheiden, ohne zu kosten?
d Kannst du beide Stoffe vielleicht nur durch Ertasten unterscheiden?
e Schreibe deine Beobachtungen und Erfahrungen genau auf.

2 Gerüche auf dem Weg zur Schule
Es gibt Tiere, die ihren Weg hauptsächlich mit der Nase finden. Könntest du das auch schaffen?
Notiere z. B. deine Geruchseindrücke von zu Hause bis zur Schule. Du könntest vielleicht so beginnen: „Ich verlasse meine Wohnung, in der es nach Kaffee riecht, und gehe durch den Flur. Dort riecht es nach Putzmitteln …"

Grundlagen Mit unseren Sinnen Stoffeigenschaften erfahren

Jeder Stoff hat sehr viele Stoffeigenschaften. Einige davon kannst du ohne komplizierte Geräte, allein mit deinen Sinnen (Auge, Ohr …) erforschen und erleben.

Auf den ersten Blick erkennst du, ob ein Stoff bei Zimmertemperatur fest, flüssig oder gasförmig ist.
Weitere leicht erfahrbare Stoffeigenschaften sind: Farbe, Glanz, Härte und Geruch.

Farbe und Geschmack von Lebensmitteln werden oft gezielt verändert. Das gelingt durch Zusatzstoffe wie Farbstoffe, künstliches Aroma und Geschmacksverstärker. |5
Dass wir beim Essen viele Stoffeigenschaften erfahren, kann lebenswichtig sein. Ist unsere Nahrung schon verdorben und sind schon giftige Stoffe entstanden? Aussehen, Geruch und Geschmack können uns rechtzeitig warnen.

Unsere Sinne sind wichtig, damit wir uns in unserer Umgebung zurechtfinden. So können wir beispielsweise einen Waldbrand hören, sehen und riechen.
Sehr vielseitig ist auch dein Tastsinn. Mit den Fingern kannst du über einen Gegenstand streichen und spüren, ob er glatt oder rau, feucht, trocken, klebrig, warm oder kalt ist. Mit dem Fingernagel kannst du testen, ob der Gegenstand hart oder weich ist.

|5 Zusatzstoffe in Lebensmitteln

Arbeitsweise Wie man an Lernstationen arbeitet

Um möglichst viele Stoffeigenschaften mit euren eigenen Sinnen zu erleben, solltet ihr in kleinen Gruppen arbeiten. Hierfür eignet sich gut die Form des Stationenlernens. Für jeden Versuch, z. B. für das Riechen, das Sehen …, ist dabei ein eigener Tisch (Station) vorgesehen. |9

Regeln für ungefährliches und erfolgreiches Arbeiten an Lernstationen:

1. An den Stationen (Tischen) findet ihr die Aufgabenstellung und die Materialien. Manchmal gibt es auch eine Aufgabe zum Nachschlagen oder zum Nachdenken.
2. Doppelt aufgebaute Stationen bearbeitet ihr natürlich nur einmal.
3. Eure Gruppe sollte höchstens vier Teilnehmer haben.
4. Verabredet, welche Gruppe an welcher Station anfängt.
5. Alle Schülerinnen und Schüler einer Gruppe arbeiten selbstständig.
6. Lest zuerst die Arbeitsanweisungen vollständig und gründlich durch. Achtet bei praktischen Arbeiten besonders auf Sicherheitshinweise. Haltet eure Beobachtungen auf einem Ergebnisblatt fest.
7. Ist euer Forschungsauftrag erfüllt, so säubert eure Gruppe alle Geräte. Räumt alles so auf, wie ihr es anfangs vorgefunden habt. Wechselt nun zur nächsten freien Station.

Achtung
Zuerst die Anweisungen lesen!

|6

Achtung
Nur mit Schutzbrille arbeiten!
Die Öffnung von Gefäßen vom Körper weg halten!

|7

Achtung
Bei Geruchsproben nur vorsichtig zufächeln!
Auf keinen Fall Geschmacksproben vornehmen!

|8

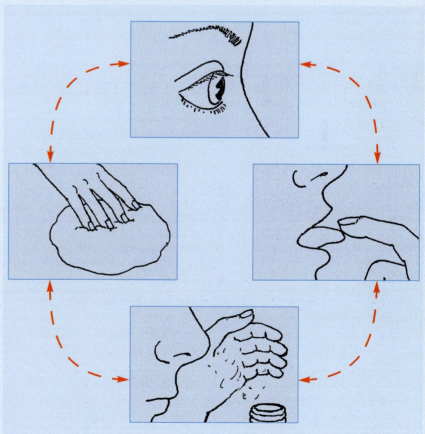
|9 Verschiedene Lernstationen

1 Farbe und Glanz von Stoffen

Vor euch liegen Gegenstände aus Metall und Gegenstände, die nicht aus Metall sind. Es könnten die Metalle Eisen, Aluminium, Zinn, Kupfer und Messing sein oder andere Stoffe wie Glas, Kandiszucker …
(Zusätzlich braucht ihr Schmirgelpapier und eine Reibschale.)

a Beobachtet Farbe und Glanz der Gegenstände – nicht Form oder Größe! Tragt die Ergebnisse in eine Tabelle ein.
b Schmirgelt die Metallgegenstände an einer kleinen Stelle blank. Beobachtet erneut und ergänzt eure Tabelle.
c „Manche weiße Stoffe sind eigentlich nicht weiß, sondern durchsichtig farblos." Überprüft diese Aussage. Taucht dazu ein Stück Kandiszucker kurz in Wasser und beschreibt seine Farbe. Nehmt ein weiteres Stück Kandiszucker und zerstoßt es in der Reibschale zu Pulver. Notiert eure Beobachtungen im Heft.

Zusatzaufgaben:
d Beschreibt einen Stoff so gut, dass ein anderer Schüler ihn erraten kann.
e Notiert im Heft zwei verschiedene Stoffe, die ihr ihrem Aussehen nach nicht unterscheiden könnt.

Farbe und Glanz von Stoffen		
Gegenstand / Stoff	Farbe	Glanz
Rohr / Kupfer alt	rotbraun	kaum
Rohr / Kupfer blank	…	…

2 Lebensmittel nur am Geschmack erkennen?

Damit ihr die Lebensmittel nicht an der Bissfestigkeit erkennt, solltet ihr weiche Stoffe erschmecken, z. B. Quark, Apfelmus oder Erdnussbutter. Einer von euch verbindet euch die Augen.

a Halte dir die Nase zu. Dein Partner schiebt dir nun eine kleine Lebensmittelprobe in den Mund. Tragt die Beobachtungen in eine Tabelle ein.
b Wiederholt Versuch a, jetzt aber mit offener Nase. Wie ändert sich der Geschmackseindruck? Wie steht es also um den Geschmack von Lebensmitteln, wenn man eine verstopfte Nase hat?
Vorsicht: Nur bei bekannten Lebensmitteln sind Geschmacksproben erlaubt. Ansonsten besteht die Gefahr der Vergiftung! Im Chemie-Fachraum ist das Essen oder Trinken immer verboten – Tische oder Geräte könnten ja mit schädlichen Stoffen verunreinigt sein.

Zusatzaufgabe:
c Es gibt den Beruf der Lebensmittelkoster. Sie untersuchen die Qualität von Lebensmitteln anhand des Geschmacks. Dabei sitzen sie oft in einzelnen Kabinen bei einfarbigem Licht. Warum sollen sie denn das Essen nicht in allen Farben sehen? Schreibt das passende Sprichwort dazu in euer Heft.

Probe Nr.	vermutete Nahrung	Geschmack (Nase geschlossen)			
		sauer	salzig	bitter	süß
1	Erdbeerjoghurt	+	o	o	++
2	…				

3 Geruch von Gewürzen und Kräutern

In nummerierten schwarzen Filmdöschen befinden sich verschiedene Gewürze, z. B. Vanillezucker, Paprikapulver, Kakao, Zimt, Kamille oder Rumaroma. Ihr könnt sie nicht sehen, aber durch die Löcher in den Deckeln könnt ihr sie riechen.
(Ein Filmdöschen ist extra markiert. Es enthält einen Stoff, der auch in einem der unmarkierten Döschen vorkommt.)

a Könnt ihr nur mit eurer Nase die Gewürze unterscheiden? Tragt eure Beobachtungen in eine Tabelle ein und gebt an, zu welchem Stoff der Geruch jeweils passen würde. Findet auch eigene Geruchsbegriffe.

b Riecht nun an dem extra markierten Filmdöschen. Erkennt ihr den Geruch wieder?

Zusatzaufgabe:

c Mit unserem Geruchssinn können wir viele Stoffe sehr genau erkennen. Dabei reagiert unsere Nase teilweise schon auf winzige Mengen und das auch bei größerer Entfernung.
Listet im Heft Tierarten auf, bei denen der Geruchssinn noch viel empfindlicher ist.

Gerüche von Gewürzen und Kräutern

Probe Nr.	vermuteter Stoff	kräftig	angenehm	ähnlich wie	...
1	Shampoo	+	+++	Apfel	
2	...				

4 Stoffe ertasten

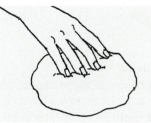

Unsichtbar in einem verschlossenen Kasten liegen nummerierte Gegenstände aus verschiedenen Stoffen, aber gleicher Form, z. B. Kugeln aus Holz, Eisen, Styropor®, ein Flummi, eine Glasmurmel. Einer aus eurer Gruppe verbindet euch die Augen mit Augenbinden.

a Ertastet die Gegenstände mit verbundenen Augen. Achtet auf alles, was ihr mit euren Händen in Erfahrung bringen könnt, und schreibt es in einer Tabelle auf.

Zusatzaufgaben:

b Auch unsere Zunge kann Stoffe ertasten. Überlegt: Warum sind unsere Zunge und unsere Lippen sogar besonders empfindliche Tastorgane? (In der Schule dürft ihr die Zunge allerdings nicht als Tastorgan einsetzen.)

c „Metalle haben nicht die Stoffeigenschaft *glatt*." Könnt ihr in eurem Heft ein Beispiel notieren, das diese Aussage bestätigt?

Stoffe ertasten

Probe Nr.	vermuteter Stoff	glatt	schwer	weich	...
1	Metall	+++	+++	0	kühl
2	...				

Stoffeigenschaften erkennen – mit einfachen Hilfsmitteln

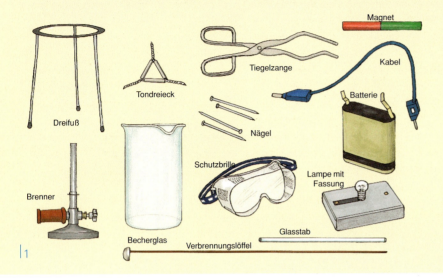

Welche Stoffeigenschaften könntet ihr mit diesen Geräten untersuchen?

Es müssen nicht immer solche Laborgeräte sein. Oft tut es ein Teelicht-Schälchen, ein Stück Grillanzünder, eine Wäscheklammer aus Holz …

1

1 Versuche zu Stoffeigenschaften

a Nenne jeweils Stoffe mit den Eigenschaften:
hart – weich
schmelzbar – nicht schmelzbar
in Wasser löslich – in Wasser unlöslich
brennbar – nicht brennbar
leitet Strom – leitet Strom nicht
leitet Wärme – leitet Wärme kaum

b Plane zu einigen dieser Stoffeigenschaften Versuche. Verwende die gezeigten Geräte. |1 Welche Stoffe willst du untersuchen (Zucker, Wachs, Kartoffel, Gummibärchen …)? Schreibe zu jedem durchgeführten Versuch ein Versuchsprotokoll ähnlich wie in Bild. |2

Fragestellung: Hart oder weich?

Untersuchte Stoffe: Glas, Holz, Eisen …

Durchführung: Mit dem Fingernagel und dem Eisennagel versuchen wir Muster in den Stoff zu ritzen.

Ergebnis: Stoffe vom härtesten zum weichsten angeordnet:
Glas - …

2 Versuchsprotokoll

2 Schwimmen oder untergehen?

a Fülle ein hohes Gefäß etwa zur Hälfte mit eiskaltem Wasser. Lass vorsichtig eine Dose Cola und dann eine Dose Cola light in das Wasser sinken. Beschreibe die Beobachtungen und versuche sie mit eigenen Worten zu erklären.

b Teste weitere Stoffe, z. B. Kunststoff von CDs, eine leere Kunststoffflasche oder ein Stück Einkaufstüte …

3 Magnetisch oder nicht?

a Untersuche, ob ein Magnet an Aludosen (Aufdruck ALU), Blechdosen (Aufdruck FE), an Glas, Holz, Kupfer, Eisen und anderen Stoffen haften bleibt. Ordne die Stoffe. Schreibe ein Versuchsprotokoll.

b Finde heraus, ob ein 2-Cent-Stück nur außen aus Kupfer besteht. Beschreibe, wie du vorgehst. Welches Metall ist wohl im Innern verborgen?

3 Magnetische Büroklammern?

4 Was leitet Wärme besser?

a Halte eine 50-Cent-Münze am Rand fest und erhitze sie am gegenüberliegenden Rand mit einem brennenden Zahnstocher. |4 (Feuerfeste Unterlage benutzen!) Welche Hand muss zuerst loslassen?

4

b Stelle einen hölzernen Kochlöffel und eine Suppenkelle aus Metall in heißes Wasser (z. B. in einen Wasserkocher). Fasse sie nach einigen Minuten vorsichtig oben an. Was kannst du zu den Temperaturen sagen?

5 Löslichkeit und Schmelzbarkeit

Vor dir befindet sich auf einer Glasschale etwas weißes Pulver.
Welcher Stoff könnte es sein: Gips, fein zerriebenes Salz oder vielleicht Puderzucker?
Davon kosten darfst du natürlich nicht – der Stoff könnte ja *giftig* sein! Zum Vergleich stehen dir aber beschriftete Flaschen mit Gips (zerriebene Tafelkreide), Salz und Zucker zur Verfügung.

a Plane Versuche mit Wasser und Feuer, um die Stoffe zu unterscheiden. Stelle eine Materialliste zusammen.

b Schreibe ein Versuchsprotokoll und trage deine Beobachtungen in eine Tabelle ein.

Ergänze: „Der unbekannte Stoff hat die gleichen Stoffeigenschaften wie … Es muss also … sein."

6 Welche Stoffe sind gute elektrische Leiter?

Untersuche mit Batterie und Glühlampe, welche Stoffe den elektrischen Strom leiten. Teste Gegenstände aus Eisen, Kupfer, Glas, Aluminium, Kunststoff, Holz, Kohlenstoff (Bleistiftmine). Teste auch Flüssigkeiten (Salzwasser, Öl …).
Leuchtet die Glühlampe auf, dann leitet der Stoff den Strom gut. Trage deine Ergebnisse in eine Tabelle ein.

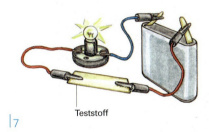

Teststoff

7 Säuren anzeigen

Schwarzen Tee kann man als Testflüssigkeit (Indikator) für Säuren benutzen. Seine dunkle Farbe hellt sich durch Säuren deutlich auf.
Testet Vitamin-C-Lösung, Essig, Seifenlauge, Spülmittel, Wasser, Zitronensaft und Spiritus.
Was geschieht mit der Farbe des Tees? Teilt die Flüssigkeiten in zwei Gruppen ein.

8 Metalle in feuchter Luft

a Legt in ein großes Glas etwas nasse Watte und darauf einige Gegenstände aus Metall. Deckt das Glas zu. Untersucht z. B. Nägel oder Münzen und notiert die Stoffe, aus denen sie bestehen. Beschreibt, wie sie sich im Lauf der Tage verändern.

b Wie schnell verändern sich Metalle in trockener Luft? Überprüfe deine Vermutung.

c Für begeisterte Forscher: Verändert feuchte Luft ein Metall stärker, wenn etwas Saures (Zitronensaft, Essig) oder etwas Salz dabei ist?

5 Welcher der drei Stoffe ist der gesuchte?

Stoff	Veränderung bei starkem Erhitzen	löslich in viel Wasser?
unbekannt		
Gips		
Salz		
Zucker		

A Ein 5-Cent-Stück und ein 20-Cent-Stück sind fast gleich groß.
1 Miss ihre Größen nach.
2 Warum hat ein Münzautomat keine Probleme, die beiden Münzen zu unterscheiden?

B Leere Getränkedosen sind Rohstoffe, die man wiederverwerten kann. Vorher muss man aber die Dosen nach Material sortieren. Wie würdest du Dosen mit dem Aufdruck „Alu" bzw. „Fe" voneinander trennen?

C Cola-Dosen aus Eisen enthalten z. B. Luft, viel Wasser und Säure. Durch welchen Trick schafft man es, dass die Dose nicht rostet?

Stoffeigenschaften messen – Schmelz- und Siedetemperatur

|1 Festes Zink

|2 Schmelzendes Zink

Ein Stück Zink wird in einer Eisenkelle geschmolzen. |1 |2
Dazu ist sicherlich eine höhere Temperatur erforderlich als bei Eis. Schätzt!

Eisen und selbst Steine können flüssig sein – wenn man sie stark genug erhitzt. |3 |4
Können *alle* Stoffe flüssig sein?

|3 Flüssiges Eisen

|4 Vulkanausbruch

Probier's mal!

1 Schmelzen von Mehl?
Kann man Mehl, Zucker oder Holz schmelzen?
Erhitze eine kleine Portion Mehl oder Zucker vorsichtig in einem alten Kochtopf. Erhältst du flüssiges Mehl?

2 Werden Nudeln in gesalzenem Wasser schneller gar?
Tom meint dazu: „Nudeln werden in Salzwasser gekocht. Das verkürzt die Kochzeit, da Salzwasser heißer wird als reines Wasser." Überprüfe diese Behauptung in zwei Versuchen.
a Gib zu 200 ml Wasser einen halben Teelöffel Salz und rühre. Welchen Siedepunkt misst du?
b Wiederhole Teil a mit 5 Teelöffeln Salz.

3 Siedetemperatur von Spiritus
Achtung: Spiritus (Alkohol) ist leicht entzündlich! Raum während des Versuchs gut lüften! Keine offene Flamme verwenden!
Stelle ein Reagenzglas mit etwas Spiritus in ein Becherglas mit Wasser. |5
Füge ein Siedesteinchen zu. Es sorgt für gleichmäßiges Sieden.
Erhitze nun das Wasser. |6 Bestimme die Siedetemperatur von Spiritus.
Beschreibe deine Beobachtungen und vergleiche deinen Messwert mit den Werten auf der rechten Seite.

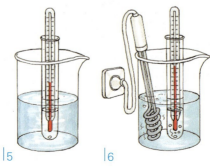

|5 |6

4 Schmelzen von Kerzenwachs
Zünde ein Teelicht an und warte, bis der größte Teil des Wachses geschmolzen ist.
Puste die Kerzenflamme vorsichtig aus und tauche schnell die Spitze eines Thermometers (Messbereich 0 °C bis mindestens 100 °C) in das flüssige Wachs.
Wenn die Temperatur nicht mehr steigt, kannst du sie ablesen.
Wie viel Grad Celsius (°C) beträgt also die Schmelztemperatur?

5 Glas verformen
Erhitze ein Reagenzglas mit der Brennerflamme kräftig an seinem runden Boden. Dabei musst du das Glas ständig drehen.
Was kannst du beobachten, wenn du danach kräftig in das Reagenzglas hineinbläst?
Vorsicht: Erhitztes Glas bleibt sehr lange heiß!

Grundlagen Schmelz- und Siedepunkt

Viele Stoffe können fest, flüssig oder gasförmig sein. Wenn man z. B. flüssigen Alkohol erhitzt, verdampft er. Kühlt man ihn ab, erstarrt er. |7
Je nach Stoff unterschiedlich sind allerdings die Temperaturen, bei denen diese Zustandsänderungen eintreten. Während z. B. Eis bei 0 °C schmilzt, liegt die Schmelztemperatur von Alkohol bei –114 °C.

Viele Stoffe lassen sich anhand der Schmelz- und Siedetemperaturen unterscheiden.

Es gibt auch Stoffe, die sich nicht schmelzen lassen. Mehl z. B. zersetzt sich beim Erhitzen. Flüssiges Mehl gibt es also nicht.

A Du findest eine unbeschriftete Flasche mit einer farblosen Flüssigkeit. Wie kannst du – ohne zu schmecken – testen, ob es Wasser sein könnte?
B Schmelz- und Siedetemperaturen können sehr unterschiedlich sein. |8
1 Welche Stoffe sind bei 20 °C (Zimmertemperatur) flüssig?
2 Welche Stoffe sind bei 150 °C gasförmig?
3 Welche Stoffe sind bei 1000 °C (Brennerflamme) flüssig?

Technik Feste Stoffe verformen – durch Verflüssigen

Glocken werden gegossen. Das Metall für die Glocke wird geschmolzen und in eine Form gegossen. Auch andere feste Stoffe kann man schmelzen und in der gewünschten Form erstarren lassen.

Auch Glas kann man erhitzen und dann verformen. Bei etwa 1200 °C ist Glas eine zähe Flüssigkeit, die sich in jede erdenkliche Form *gießen* lässt.

Das Fensterglas wird nach dem *Schwimmverfahren* hergestellt: Eine Glasschmelze wird auf flüssiges Zinn (ein Metall) geleitet, das eine völlig glatte Oberfläche hat. Dort schwimmt das Glas als endloses Band. |9

|9 Herstellung von Fensterglas

Auf seinem Weg auf dem Zinn kühlt sich das Glas auf ca. 600 °C ab. Das endgültige Abkühlen auf Raumtemperatur erfolgt in Kühlöfen und auf einem offenen Rollengang.

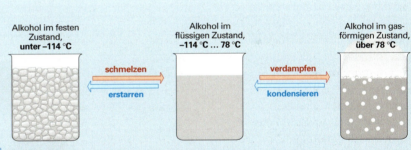

|7 Zustandsänderungen von Alkohol

|8 Aggregatzustände einiger Stoffe

Stoffeigenschaften messen – Dichte

Beide Male genau 5 Gramm – wie kann das sein?

Bei welchem der beiden Materialien scheint der Stoff „dichter" zu sein?

Welches Metall könnte es sein?

1 Schaumstoff und Metall – jeweils 5 g

Grundlagen Volumen und Gewicht (Masse) messen

Das Volumen gibt an, wie viel Raum ein Gegenstand einnimmt.

Das Volumen wird in Litern (l) gemessen. Milch ist meistens in 1-Liter-Packungen abgefüllt. Oft wird das Volumen auch in Millilitern (ml) oder Kubikzentimetern (cm^3) angegeben. Man gibt Volumen so an:
1 Liter = 1000 Milliliter (ml)
 = 1000 Kubikzentimeter (cm^3)
1 l = 1000 ml = 1000 cm^3

Wie misst man Volumen?
– Bei Flüssigkeiten verwendet man Bechergläser (ungenau), Spritzen oder Messzylinder.
– Bei festen Gegenständen gehst du nach Bild 2 vor. Die Messung klappt auch ohne Schnur.
Bild 3 zeigt, wie es zu Messfehlern kommen kann.

Volumen einiger Gegenstände:
50 kleine Wassertropfen	ca. 1 ml
voller Fingerhut	ca. 3 ml
Cola in Getränkedose	330 ml
Milch in Packung	1 l
voller Putzeimer	10 l

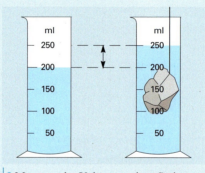

2 Messung des Volumens eines Steins

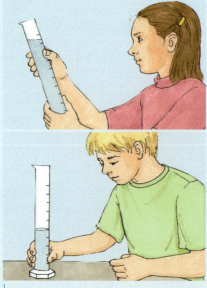

3 Fehler bei der Volumenbestimmung

Das Gewicht (die Masse) wird mit einer Waage gemessen.

Das Gewicht wird in Kilogramm (kg) angegeben. 1 Liter Wasser (bei 4 °C) wiegt 1 Kilogramm. Man gibt das Gewicht so an:
1 Tonne = 1000 Kilogramm
1 Kilogramm = 1000 Gramm
1 Gramm = 1000 Milligramm
1 kg = 1000 g = 1 000 000 mg

Gewicht einiger Gegenstände:
2-Cent-Stück	3 g
1-Euro-Stück	7,5 g
Medizinball	1,5 bis 3 kg
Kleinwagen	ca. 1000 kg
Airbus (Flugzeug)	150 t

1 Dichte von 10-Cent-Münzen

Haltet einen kleinen Messzylinder bereit, der groß genug ist für 10-Cent-Münzen. Füllt ihn zur Hälfte mit Wasser.
Um wie viel nimmt das Volumen durch zehn, zwanzig oder dreißig 10-Cent-Münzen zu? Tragt eure Werte in die Tabelle ein (zehn 10-Cent-Stücke wiegen genau 41 g):

Zahl der Münzen	10	20	30
Gewicht in g			
Volumen in ml			

|4

Versuchsauswertung:
– Erstellt auf Millimeterpapier ein Diagramm. (Tipp: Jeder Millimeter steht für 1 g, jeder Zentimeter für 1 ml.)
– Lest ab, wie viel 1 ml Münzen wiegen. Welche Dichte ergibt sich?
– Vergleicht mit der Dichte von Gold.

|5 Die Dichte wird es zeigen: Gold oder nicht Gold!

2 Dichte-Kennlinie von Spiritus

a Messt in einem kleinen Messzylinder 10 ml Spiritus ab.
b Bestimmt das Gewicht eines kleinen Bechers.
Wie viel Gramm wiegt der Becher mit den 10 ml Spiritus?
Berechnet das Gewicht an Spiritus.
c Wiederholt die Messungen für 20 ml und 30 ml Spiritus.
d Zeichnet ein Diagramm und lest die Dichte von Spiritus ab.

Grundlagen Die Stoffeigenschaft Dichte

Bei einem Stoff gehört zu jedem Volumen ein bestimmtes Gewicht.
1 ml Eisen → 7,9 g
2 ml Eisen → 15,8 g
3 ml Eisen → 23,7 g
Anschaulicher als solche Listen mit Messwerten sind Diagramme. |6

Die Dichte ist eine Stoffeigenschaft. Sie gibt an, wie viel Gramm ein Milliliter (oder Kubikzentimeter) dieses Stoffs wiegt. Man gibt die Dichte in g pro ml (oder g pro cm^3) an.

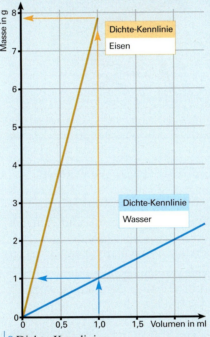

|6 Dichte-Kennlinie

Wie misst man Dichte?

Schritt 1: Das Volumen wird gemessen, z. B. 5 ml Eisen, 10 ml Eisen, 15 ml Eisen …
Schritt 2: Das Gewicht wird gemessen, z. B. 39,5 g, 79 g, 118,5 g …
Schritt 3: Dichte-Diagramm
Eine Dichte-Kennlinie für z. B. Eisen wird gezeichnet.
Nun kann man das Gewicht für 1 ml aus dem Diagramm ablesen und erhält die Dichte.
oder Schritt 3*: Dichte berechnen
Mathematik-Profis können auch das Gewicht durch das Volumen teilen und sind dann ohne viele Messungen und ohne Diagramm am Ziel: 39,5 : 5 = 7,9
Dichte von Eisen: 7,9 g pro ml

A „Leichte Dinge schwimmen, schwere Dinge gehen im Wasser unter." Was meinen wir eigentlich mit *leicht*? Ist ein Floß aus einigen hundert Kilogramm Holz wirklich leicht?
B Welche Stoffe aus der Tabelle schwimmen in Wasser, welche gehen unter? Probiere es aus. Wie lässt sich das an der Dichte ablesen? |7
C Wie kannst du ohne Waage und Messbecher herausfinden, ob die Dichte eines Stoffs größer als 1 g pro ml ist?

Stoff	100 ml wiegen	Dichte in g pro ml
Styropor®	4 g	0,04
Holz (Kiefer)	etwa 70 g	etwa 0,7
Wasser	**100 g**	**1,0**
Kunststoff (PET)	138 g	1,38
Glas	250 g	2,5
Aluminium	270 g	2,7
Eisen	786 g	7,86
Gold	1930 g	19,3

|7 Dichte einiger Stoffe

Stoffgruppen bringen Übersicht

Diese Gegenstände bestehen aus einer Vielfalt an unterschiedlichen Stoffen. Das wirkt sehr unübersichtlich.

Übersichtlicher wird es, wenn ihr Stoffe mit ähnlichen Eigenschaften in Gruppen einteilt. Welche Stoffgruppen würdet ihr wählen?

Grundlagen Stoffgruppen

Metalle
Es gibt mehr als 60 verschiedene Metalle. Sie alle haben gemeinsame Eigenschaften:
– metallischer Glanz (wenn sie frisch poliert sind)
– verformbar (ohne spröde zu sein)
– gute Leitfähigkeit für Wärme
– gute Leitfähigkeit für elektrischen Strom

Nur wenn ein Stoff alle diese Eigenschaften hat, gehört er zur Stoffgruppe der Metalle.

Organische Stoffe
Es gibt Millionen verschiedene tierische und pflanzliche Stoffe: Fett, Mehl, Zucker, Holz, Öl ... Alle diese Stoffe finden sich in der belebten Natur. Man nennt sie organische Stoffe. Ebenfalls zu den organischen Stoffen gehören: Lebensmittel, Kunststoffe, Arzneimittel, Kosmetikartikel, Lacke und Klebstoffe.

Organische Stoffe sind brennbar und werden braun bzw. verkohlen, wenn man sie stark erhitzt.

Mineralien, Porzellan, Metalle, Salze, Luft und Wasser sind dagegen anorganische Stoffe. Sie verkohlen nicht beim Erhitzen.

Probier's mal!

1 Schreibe in eine Liste zehn der in Bild 1 gezeigten Stoffe. Teile sie jeweils nach der folgenden Stoffeigenschaft ein:
a verkohlt bei starkem Erhitzen / schmilzt
b leicht zerbrechlich / zerbricht auch beim Hämmern nicht
c ist ein guter elektrischer Leiter / Nichtleiter

2 Putze Metallstücke (z. B. Bleche aus Aluminium, Eisen, Zink und Kupfer) mit feinem Schmirgelpapier. Was fällt dir auf?

Technik Metalle – Verwendung

In der Technik möchte man beispielsweise Flugzeuge und Fahrradrahmen möglichst leicht bauen. Geeignet sind hier Leichtmetalle, die eine geringe Dichte (unter 5 g pro ml) haben. Sehr häufig wird das Leichtmetall Aluminium verwendet.
Als Gegenstück zu den Leichtmetallen gibt es die Schwermetalle, z. B. Blei, Nickel und Cadmium. Diese giftigen Schwermetalle sind leider in vielen Akkus enthalten.
Oft werden in der Technik verschiedene Metalle zusammengeschmolzen. Man nennt eine solche Mischung Legierung. Das goldglänzende Messing, aus dem z. B. Wasserhähne oder Münzen hergestellt werden, ist eine Legierung aus Kupfer und Zink.

Wissenswertes **Steckbriefe einiger Metalle**

|2 *Eisen* – Farbe: grau; elektrische Leitfähigkeit: gut; Dichte: 7,87 g pro ml; Schmelztemperatur: 1535 °C; Verwendung: z. B. Schienen, Brücken, Nägel

|3 *Zink* – Farbe: bläulich grau; elektrische Leitfähigkeit: gut; Dichte: 7,14 g pro ml; Schmelztemperatur: 419 °C; Verwendung: z. B. Rostschutz durch Verzinken

|4 *Aluminium* – Farbe: silbrig; elektrische Leitfähigkeit: sehr gut; Dichte: 2,70 g pro ml; Schmelztemperatur: 660 °C; Verwendung: z. B. Fensterrahmen, Fahrräder, Flugzeuge

|5 *Kupfer* – Farbe: rötlich; elektrische Leitfähigkeit: ausgezeichnet; Dichte: 8,92 g pro ml; Schmelztemperatur: 1083 °C; Verwendung: z. B. elektrische Kabel, Ziergeräte

|6 *Gold* – Farbe: goldgelb; elektrische Leitfähigkeit: ausgezeichnet; Dichte: 19,3 g pro ml; Schmelztemperatur: 1063 °C; Verwendung: z. B. Schmuckstücke, Zahnkronen

|7 *Blei* – Farbe: hellgrau; elektrische Leitfähigkeit: gut; Dichte: 11,3 g pro ml; Schmelztemperatur: 327 °C; Verwendung: z. B. in Autoakkus. Blei ist giftig!

3 Überblick über die Vielfalt der Stoffe |1–|8

a Welche Bilder passen zu den Kunststoffen?
b Welche Fotos zeigen etwas aus Glas oder Kalk?
c Welche der gezeigten Stoffe gehören zur Stoffgruppe der organischen Stoffe?
d Besteht das Kirchenfenster, die Cola oder die Zuckerrübe jeweils aus einem einzigen reinen Stoff (siehe auch die Grundlagen auf der rechten Seite)?

A Woran erkennt man Metalle? Nenne je fünf Metalle und fünf Stoffe, die keine Metalle sind.
B Warum sind die elektrischen Kontakte bei Kredit- oder Handy-Karten meist vergoldet?
C Im Flugzeugbau werden möglichst Leichtmetalle verwendet. Warum? Welches der folgenden Metalle kommt infrage: Kupfer, Aluminium, Eisen, Zink?
D Zink und Eisen sehen ziemlich ähnlich aus. Mit welchem Versuch kann man sie sofort unterscheiden?
E Die Minen von Bleistiften bestehen meist aus dem Stoff Graphit. Bleistiftminen aus Graphit leiten den elektrischen Strom.
Untersuche Graphit genauer. Ist Graphit ein Metall? Erkläre.
Entwirf einen Steckbrief für Graphit.

|1

|2

|3

|4

|5

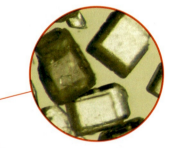
|6

|7

|8

Grundlagen Gemische und Reinstoffe

Stoffe kann man beispielsweise in die Stoffgruppe der Kunststoffe, Metalle oder organische Stoffe einteilen. Stoffe lassen sich jedoch auch ganz anders einteilen: in Gemische und Reinstoffe.
Beispielsweise werden zur Herstellung von Beton, Brausepulver, Tütensuppen usw. verschiedene Stoffe miteinander vermischt.
Man spricht von Stoffgemischen.

In unserer Umwelt findet man fast nur Stoffgemische.

Granit, Gartenerde, Flusswasser oder Milch sind einige Beispiele. Es gibt aber auch viele Möglichkeiten, um Stoffgemische wieder in ihre einzelnen Stoffe zu trennen.
Sind keine zusätzlichen Stoffe mehr enthalten, spricht man von Reinstoffen. Echte Reinstoffe kommen in der Natur sehr selten vor (z. B. Gold als Nuggets).

F Untersuche Studentenfutter, Frühstücksmüsli und möglichst auch Vogelfutter.
Wie viele Bestandteile stellst du fest? Welche sind es?

G Sieh dir Zucker und Brausepulver – möglichst mit der Lupe – genau an. Liegt ein Gemisch oder ein Reinstoff vor?

Wissenswertes Verschiedene Gemische

Es gibt viele Beispiele für Gemische. Bei einigen kann man die enthaltenen Bestandteile mit bloßem Auge unterscheiden.
– Vogelfutter besteht aus verschiedenen Körnerarten. Ein solches Gemisch nennt man Gemenge. |9
In vielen Gemischen aber sind die unterschiedlichen Stoffe so fein verteilt, dass man sie mit bloßem Auge für Reinstoffe halten könnte.
– Wasserfarbe ist eine Aufschlämmung fester Stoffe in Wasser (Suspension). |11 |12
– Milch enthält winzige Fetttröpfchen in Wasser (Emulsion).
– Rauch einer rußenden Kerze oder aus einem Schornstein enthält feste Rußteilchen und Abgase. |13
– Zucker, Alkohol oder Kohlenstoffdioxid können sich völlig einheitlich in Wasser lösen (Lösung). |10
– Wenn farbloser Wasserdampf kondensiert, bildet sich sichtbarer Nebel: feinste Wassertröpfchen in Luft. |14
– Wenn verschiedene Metalle miteinander verschmolzen werden, erstarren sie zu einem völlig einheitlichen Stoff (Legierung).

|9 Auch Granit ist ein Gemenge.

|10 Lösung

|11 |12 Suspensionen

|13 Rauch

|14 Nebel

Zusammenfassung

Stoffe und Stoffeigenschaften

Man unterscheidet zwischen Gegenständen und den Stoffen (Materialien), aus denen sie bestehen.

Stoffe unterscheiden sich in ihren Eigenschaften. Wir können diese Eigenschaften mit Hilfe unserer Sinne wahrnehmen oder durch Versuche herausfinden.

Viele Stoffe können je nach Temperatur in fester, flüssiger oder gasförmiger Form vorliegen. Man spricht von Aggregatzuständen.

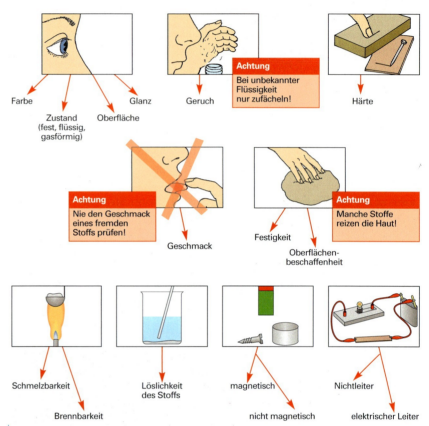

1 Stoffeigenschaften erkennen – mit den eigenen Sinnen und mit Hilfsmitteln

Messen und Auswerten

Die *Temperatur* wird in Grad Celsius (°C) gemessen. Bei der Schmelztemperatur von Wasser zeigt die Celsius-Skala 0 °C an, bei der Siedetemperatur von Wasser 100 °C.

Das *Volumen* gibt an, wie viel Raum ein Gegenstand einnimmt und wird in Litern (l) gemessen.
1 l = 1000 ml

Das *Gewicht (die Masse)* wird in Kilogramm (kg) gemessen.
1 kg = 1000 g

Diagramme sind meistens anschaulicher als Tabellen mit Messwerten. Auch kann man im Diagramm Werte ablesen, die im Versuch gar nicht gemessen wurden.

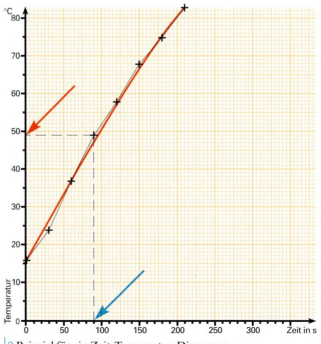

2 Beispiel für ein Zeit-Temperatur-Diagramm

Stoffeigenschaften messen

Außer der Schmelz- und der Siedetemperatur ist die Dichte eine messbare Stoffeigenschaft. Sie gibt an, wie viel ein bestimmtes Volumen eines Stoffs (meist 1 ml) wiegt.

1 Milliliter Wasser wiegt 1 g, seine Dichte beträgt 1 Gramm pro Milliliter (g pro ml).

Um die Dichte eines Stoffs berechnen zu können, muss man Gewicht und Volumen messen.

|3 Bestimmung der Dichte von Eisen und Wasser

Stoffgruppen

Um mehr Übersicht über die Millionen verschiedener Stoffe zu erhalten, teilt man sie in verschiedene Stoffgruppen ein:
- Metalle und Stoffe, die keine Metalle sind, oder
- organische und anorganische Stoffe oder
- Gemische und Reinstoffe ...

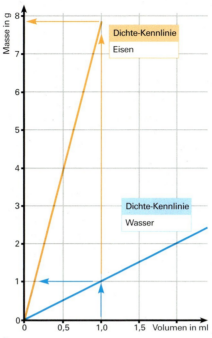

|4 Vertreter verschiedener Stoffgruppen

Gemische

Gemische bestehen aus einer Mischung unterschiedlicher Reinstoffe.
- Sieht eine Flüssigkeit trüb aus, so sind in ihr entweder winzige Brocken (Suspension) oder winzige Tröpfchen (Emulsion) verteilt.
- Sieht ein Gas trüb aus, so sind in ihm winzige Brocken (Rauch) oder Tröpfchen (Nebel) verteilt.
- Bei Lösungen sind Stoffe (fest, flüssig, gasförmig) extrem fein verteilt. Lösungen sind durchsichtig bzw. sehen glasklar aus.

|5 Granit ist ein Gemisch.

Alles klar?

A Martina hat in der Küche eine Tüte mit einem weißen Stoff gefunden: vermutlich Salz oder Zucker. Wie könnte sie – ohne zu kosten – feststellen, was für ein Stoff es ist?

B Woran erkennt man Metalle?

C Die Dichte von Aluminium beträgt 2,7 g pro ml. Erkläre, was das bedeutet.

D Tim hat Wasser erhitzt und die Temperatur nach 10 s, 20 s und 30 s gemessen. Er möchte nun die Temperatur nach 15 s herausfinden, ohne zu messen. Wie soll er das machen?

E Unter den Stoffen gibt es Gemische und Reinstoffe. Wie lassen sie sich voneinander unterscheiden?

F „Milch kann kein Reinstoff sein, da sie nicht glasklar ist." Ist das richtig? Begründe.

G Es gibt viele verschiedene Kunststoffe. Ein Stück aus dem Kunststoff PET (Abkürzung für: Polyethylenterephthalat) geht in Wasser unter, eines aus dem Kunststoff PE (Polyethylen) schwimmt.
1 Was sagt das über die Dichten der beiden Kunststoffe aus?
2 Wozu ließe sich dieser Unterschied technisch nutzen?

Gemische und ihre Trennung

Vom Schmutzwasser zu sauberem Wasser

|1

|2

Sauberes Wasser – ein kostbares Gut … |1 |2

Wie könnte man verschmutztes Wasser sauber bekommen?

Aus der Trinkwasserverordnung:
Trinkwasser soll appetitlich, zum Genuss anregend, farblos, kühl, geruchlos, geschmacklich einwandfrei sowie frei von Krankheitserregern … sein. Es soll gelöste Stoffe nur in engen Grenzen enthalten und in genügender Menge und mit ausreichendem Druck zur Verfügung stehen.

Probier's mal!

1 Aus Schmutzwasser wird …?
So kannst du sehen, ob aus Schmutzwasser sauberes Wasser wird. |3

a Stelle dir Schmutzwasser selber her: Fülle einen Becher mit einem Viertelliter Wasser. Füge etwas Sand, Gartenerde, Kochsalz und – wenn möglich – fein zerriebene Holzkohle hinzu. Rühre dann das Gemisch kräftig durch. Du erhältst so eine *Aufschlämmung*.

b Lass dein Schmutzwasser einige Minuten lang stehen. Gieße es danach vorsichtig in einen zweiten Becher ab. Ist das abgegossene Wasser schon wieder ganz sauber?
Sieh es dir mit einer Lupe an.

c Das Schmutzwasser zu sieben oder zu filtern wären noch weitere Möglichkeiten. |4

d Prüfe den Rückstand im Filterpapier und das filtrierte Wasser mit der Lupe. Gib einige Tropfen des Wassers auf ein Glasschälchen. Lass es dort verdunsten. Bleibt ein Rückstand?

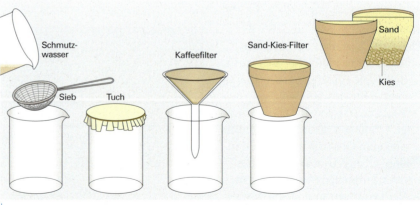

|4 Vielleicht habt ihr solche Siebe oder Filter.

Grundlagen Gemische und wie man sie trennen kann

Eine Schmutzpfütze besteht aus Erde und Wasser.
Limonade wird aus Wasser, Zucker und Geschmacksstoffen hergestellt.
Vogelfutter setzt sich aus verschiedenen Körnern zusammen.
Diese Beispiele sind *Gemische*.
Die Bestandteile der Gemische liegen ungeordnet nebeneinander. Ihre Eigenschaften wurden durch das Vermischen nicht geändert.

Gemische bestehen aus verschiedenen Stoffen. Diese Stoffe sind nicht fest miteinander verbunden. Deshalb kann man sie wieder in die einzelnen Stoffe zerlegen.

Nicht bei allen Gemischen wäre ein Trennen sinnvoll – z. B. bei den Gemischen Limonade oder Vogelfutter. Es gibt aber Gemische, die getrennt werden:
– Mit viel Aufwand trennt man z. B. den Müll, den wir verursachen.
– Im Kieswerk werden die groben Kieselsteine vom feineren Kies getrennt.
– In der Kläranlage bemüht man sich, die Schmutzstoffe vom Wasser zu trennen.
Gemisch ist nicht gleich Gemisch. Deshalb kann man nicht alle auf gleiche Art und Weise trennen. Es werden also unterschiedliche *Trennverfahren* angewandt. |5–|8
Oft sind mehrere Trennverfahren hintereinander nötig.

|5 Absetzen lassen, dann abgießen

|6 Sieben

|7 Filtrieren

|8 Auslesen

A In der Natur und im Haushalt gibt es viele Gemische. Zähle einige auf. Gib an, woraus sie jeweils bestehen. Wäre es sinnvoll, sie zu trennen?
B In der Küche werden Filter benutzt. Nenne Beispiele. Gib an, was jeweils im Filter zurückbleibt und was durch ihn hindurchfließt.
C Oft läuft beim Filtrieren eine Flüssigkeit zunächst schnell durch den Filter – dann wird sie allmählich langsamer. Woran könnte das liegen?
D *Windsichten* ist ein Trennverfahren, durch das man Korn von Spreu trennen kann. |9 Welche Eigenschaft von Spreu und Korn nutzt man dabei?
E Quark liegt in einem Behälter. Nach einiger Zeit sieht man an seiner Oberfläche eine Flüssigkeit. Woran liegt das? Mit welchem Trennverfahren könnte man das vergleichen?
F Nach einer SMV-Veranstaltung hast du viele Euromünzen in der Kasse. Du musst sie sortieren. Plane ein einfaches Gerät, mit dem man Münzen sortieren kann. Baue es aus dickem Karton oder dünnen Holzbrettchen nach.
G Auch in der Küche werden Trennverfahren angewandt, z. B. wenn man Kartoffeln für Reibekuchen (Kartoffelpuffer) gerieben hat. |10 Beschreibe, was in dem Bild dargestellt wird.

|9 Windsichten

|10 Trennverfahren in der Küche

Trinkwasser aus Meerwasser?

1 Ob sie tatsächlich noch Trinkwasser bekommen?

Gestrandet auf einer Insel – zwar mit Proviant und ein paar Küchengeräten, doch ohne Trinkwasser! Das Meerwasser um sie herum ist ja ungenießbar …

Warum können die Schiffbrüchigen das Meerwasser nicht trinken oder zum Kochen verwenden?

Werden die drei schließlich verdursten müssen? Was könnten sie probieren?

Probier's mal!

1 Bekommst du das Salz aus dem Salzwasser heraus?
a Stell dir „Meerwasser" her: Gib je einen Teelöffel Kochsalz in zwei Gläser mit Wasser. Meerwasser enthält auch Schmutzteilchen. Füge deshalb einige Sandkörner hinzu. Rühre gut um. |2
b Versuche nun die Bestandteile so voneinander zu trennen:

– Lass eines der Gläser einige Tage lang ruhig stehen.
– Nimm das zweite Glas und gieße einen Teil des „Meerwassers" durch verschiedene Filter und Siebe oder durch ein Tuch. Nimm auch einen Kaffee- oder Sandfilter. |3

2 Ein Versuch mit Brenner und Abdampfschale
Etwas Salzwasser befindet sich in einer Schale, die auf einem Dreifuß steht.
a Wir erhitzen das Wasser mit einem Brenner, bis es verdampft ist. Beschreibe das Ergebnis. Würden die Schiffbrüchigen mit diesem Verfahren ihr Problem lösen?
b Könnte man ohne Brenner das gleiche Ergebnis erhalten? Erkläre!
c Einer der Schiffbrüchigen hat einen Vorschlag, wie sie salzfreies Wasser bekommen können. Kannst du dir denken, was er vorhat? Plane entsprechende Versuche mit den abgebildeten Geräten. |4 Führe sie durch.
d Statt des „Meerwassers" nehmen wir auch Wasser, das mit etwas Tinte angefärbt wurde.

2 So stellst du dir „Meerwasser" her.

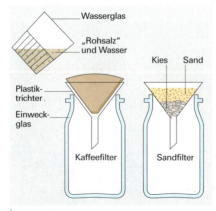

3 Ob das so geht?

4 Versuchsgeräte

Grundlagen Wie man Lösungen trennen kann

Ein Sand-Wasser-Gemisch (eine *Aufschlämmung*) kann man auf einfache Weise in seine Bestandteile zerlegen: Man filtriert das Gemisch.
Mit *Lösungen* (z. B. Salz in Wasser) geht das nicht so einfach. Wenn man das Salz gewinnen will, muss man die Lösung *eindampfen*. |5

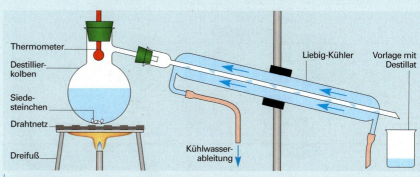

|6 Salzwasser wird reines Wasser – im Liebig-Kühler.

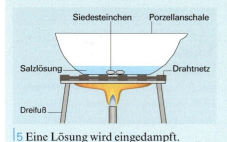

|5 Eine Lösung wird eingedampft.

Man kann die Lösung auch einfach stehen lassen; so verdunstet das Wasser mit der Zeit.
Beim Eindampfen geht aber das Wasser verloren.

Wie kann man auch das Wasser gewinnen?
Man hält ein kaltes Gefäß in den aufsteigenden Wasserdampf. Die Folge ist: An der kalten Gefäßwand tröpfelt salzfreies Wasser herab. Man nennt es *destilliertes Wasser*.
Bei einem entsprechenden Verfahren im Labor leitet man den Wasserdampf durch einen Kühler. |6
In der Fachsprache bezeichnet man dieses Trennverfahren *Destillation*.

A Beschreibe, wie man bei dem oben gezeichneten Verfahren destilliertes Wasser erhält. |6
B Fragen zu Versuch 2:
1 Beschreibe deine Beobachtungen während des Verdampfens.
2 Wie muss der Versuch abgeändert werden, damit man das Wasser erhält?
3 Wir haben das Salzwasser mit einem Brenner erhitzt. Welche Wärmequellen stehen den warmen Ländern für eine entsprechende Trinkwassergewinnung zur Verfügung?
4 Das erzeugte Wasser kann man – so, wie es ist – nicht als Trinkwasser verwenden. Warum? (Tipp: Lies das Etikett einer Mineralwasserflasche.)
C Du kennst den Wasserkreislauf.
1 An welcher Station dieses Kreislaufs entsteht destilliertes Wasser?
2 Wie gelangen die Mineralsalze ins Trinkwasser? (Dazu ein Tipp: Trinkwasser wird meistens aus Grundwasser, aus dem Erdboden gewonnen.)

Umwelt und Technik Wenn es an Trinkwasser fehlt …

Trinkwassergewinnung …
Eine ausreichende Versorgung der Menschen mit Süßwasser ist eines der dringendsten Probleme vieler Länder. Zu ihnen gehören z. B. Israel sowie anderer Länder des Nahen Ostens. Das Gleiche gilt für viele Inseln.
In speziellen Anlagen wird dort das Meerwasser zu Trinkwasser aufbereitet. |7 Dazu erwärmt man das Wasser mithilfe der Sonne, bis es verdampft. Der Wasserdampf wird abgekühlt, und man erhält reines Wasser ohne Zusatzstoffe. Vor dem Verzehr wird das Wasser noch mit Mineralien angereichert.

… einmal anders
Man stellt Plastikhauben auf feuchten Boden oder über Schalen mit Schmutzwasser. |8 Durch die Sonneneinstrahlung verdunstet das Wasser. Der dabei entstehende Wasserdampf wird durch die Hauben aufgefangen. An ihrer Innenwand bilden sich daraufhin Tropfen, die in eine Auffangrinne geleitet werden.

|7 Trinkwasser aus Meerwasser

|8 Trinkwasser aus Schmutzwasser

Aus Rohsalz wird Kochsalz

1 In der Abbaukammer eines Salzbergwerks

2 So sieht das Rohsalz aus.

Die Salzbrocken sehen gar nicht so aus wie das Kochsalz in der Küche. Sie sind nämlich durch verschiedene Beimischungen verunreinigt.

Wie könnte man aus dem Stoffgemisch Rohsalz sauberes Kochsalz gewinnen?

1 Reines Salz aus Rohsalz
Stelle aus einem Steinsalzbrocken reines Salz her. Du musst dabei mehrere Trennverfahren benutzen.
Notiere die Versuche, die du durchführst. Schreibe auch deine Beobachtungen auf.

Umwelt und Technik Rohsalz (Steinsalz)

Rohsalz in Salzlagern
An manchen Stellen findet man in der Erde – in Salzlagern – Rohsalz. Es hat sich im Laufe der Zeit dort abgelagert. Das Rohsalz wird auch Steinsalz genannt, da es ein Gemisch aus Steinen und Salz ist.
Bei uns gewinnt man Salz durch zwei unterschiedliche Verfahren:

1. Bergmännischer Abbau
Steinsalz wird z. B. in Salzbergwerken „unter Tage" abgebaut – ganz ähnlich wie die Steinkohle in einem Bergwerk. 1
In Baden-Württemberg befinden sich z. B. in Bad Friedrichshall-Kochendorf und in Stetten bei Haigerloch solche Salzbergwerke. Das im Bergwerk abgebaute Steinsalz wird nach oben transportiert und dort in Wasser gelöst. Die entstehende Salzlösung nennt man Sole.
Die Sole wird nun von Steinen und anderen Stoffen befreit. Das heißt: Das Gemisch Rohsalz wird – so weit es geht – in seine Bestandteile zerlegt. Anschließend dampft man die Sole ein.
Früher wurde die Sole in großen Pfannen gekocht. So erklärt sich der Begriff „Kochsalz".
Heute verdampft man die Sole in geschlossenen Gefäßen; anschließend wird der übrig gebliebe „Salzbrei" getrocknet.

2. Die Bohrlochsolung
In tiefe Bohrungen lässt man Wasser fließen. Dadurch wird das Salz bereits unter der Erde gelöst. Anschließend pumpt man die Sole nach oben, wo sie – wie bereits beschrieben – weiterverarbeitet wird.

A Was versteht man unter Steinsalz und was unter Sole?
B Erkundige dich danach, wo es in Deutschland Salzlager gibt. Welche größeren Städte liegen in deren Nähe?
C Wie erhält man mithilfe der Bohrlochsolung Kochsalz?

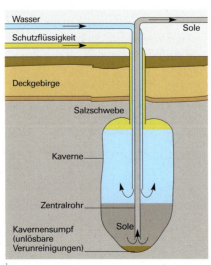

3 Bohrlochsolung

4 Eindampfen heute

Geschichte Das „weiße Gold"

Früher war Kochsalz sehr kostbar. Das liegt daran, dass Salz lebensnotwendig ist. Wir kaufen deshalb Salz im Laden und würzen unsere Speisen damit. Aber früher?
Salz gab es nicht überall auf der Erde. Deshalb hielt man sich zunächst gern in Gegenden auf, in denen salzhaltige Quellen aus dem Boden sprudelten. So entstanden in der Nähe von Salzvorkommen größere Ansiedlungen von Menschen.
Mit Salz würzte man Speisen. Man konnte damit aber auch wichtige Nahrungsmittel (Fleisch und Fisch) haltbar machen. |5

|5 Heringe werden in Salz eingelegt.

Salz wurde zu einer wichtigen Handelsware. In manchen Teilen der Erde war es so kostbar wie Gold – daher auch der Name „weißes Gold". Man tauschte Salz sogar gegen Tücher, Waffen, Werkzeuge und Schmuckstücke ein.

Umwelt und Technik Salzgewinnung – die Sonne hilft

Warst du schon einmal am Meer? Dann weißt du, dass Meerwasser salzig schmeckt. Alle Meere enthalten nämlich gelöste Salze.
Deshalb wird z. B. am Mittelmeer, wo die Sonne sehr stark scheint, Salz durch Verdunstung aus dem Meerwasser gewonnen:
Man lässt Meerwasser in flache Becken einströmen und hindert es am Rückfluss. In diesen *Salzgärten* verdunstet das Wasser und das Meersalz scheidet sich ab. |8

|8 Salzgarten in Südeuropa

In Niger (in Afrika) finden heute noch Salzmärkte statt. |6 Dort wird Salz gegen Getreide, Zucker, Textilien oder Werkzeuge eingetauscht.

|6 Zu Kegeln geformtes Salz

Arbeiter häufen das Salz mit Schaufeln und Rechen zu kleinen Bergen auf. |9 Meist werden dabei Spezialmaschinen eingesetzt.
Etwa zwei Drittel der Weltproduktion an Salz stammen aus solchen „Meeressalinen". Bei uns spielen Salzgärten kaum eine Rolle, da es hier riesige Steinsalzvorkommen gibt.

D Auf welche Weise wird Salz in Salzgärten gewonnen?

|9 Das Salz wird aufgehäufelt.

Beim Transport des Salzes musste man sich früher an vorgeschriebene Wege halten. Dafür hatte man dann an den Ländergrenzen Zoll zu bezahlen – ein einträgliches Geschäft für die Grundherren.
Salztransporte waren stark gefährdet. Immer wieder drohten Überfälle durch Räuber.
Deshalb mussten bewaffnete Reiter für Geleitschutz sorgen. |7

E Wie kam man darauf, Salz als „weißes Gold" zu bezeichnen?

|7 Salztransport entlang einer Salzstraße – mit Geleitschutz

Rund um den Orangensaft

|1–|3 Orangensaft – selbst gemacht

Probier's mal!

1 Orangensaftkonzentrat entsteht
Du brauchst: Orangensaft, 1 kleinen Kochtopf, eine Herdplatte, Wasser.
a Probiere, wie der gekaufte Orangensaft schmeckt. Hebe dir ein bisschen davon auf.
b Fülle etwas Orangensaft in den Topf und stelle diesen auf die Herdplatte. Dampfe den Saft auf etwa die Hälfte seines Volumens ein.
c Was geschieht während des Erwärmens mit dem Orangensaft? Schreibe deine Beobachtungen auf.
d Gib in den abgekühlten, eingedampften Orangensaft wieder Wasser. Hast du jetzt den gleichen Saft wie zuvor?
e Was ist der Unterschied zwischen unserem Orangensaftkonzentrat und dem Konzentrat aus der Saftfabrik?

2 Ein Softdrink für deine Party
Du brauchst: je ein Glas mit Orangensaft, naturtrübem Apfelsaft, Ananassaft sowie eine Scheibe von einer Orange.
a Gieße die Säfte mit einigen Eiswürfeln in ein Gefäß und rühre kräftig um.
b Fülle den Drink in das Glas. Schneide die Orangenscheibe bis zur Mitte ein und stecke sie an den Glasrand.

Natur Orangen und Orangensäfte

Wo kommen die Orangen her?
Orangen (Apfelsinen) zählen zu den Südfrüchten. Für eine gute Ernte brauchen sie monatelang Sonnenschein sowie Temperaturen von über 30 °C.
Deshalb pflanzt man Orangenbäume vorwiegend in heißen Ländern an (z. B. in Brasilien, Mexiko, Südafrika, Kalifornien, Florida und in Ländern rund ums Mittelmeer).
Die Orangenbäume werden bis zu 10 m hoch. |4 Sie haben dunkelgrüne, längliche Blätter, die der Baum das ganze Jahr über behält.
Nach drei bis fünf Jahren trägt der Baum erstmals Früchte. Danach liefert er 40 Jahre lang Orangen (etwa 100–200 kg pro Jahr).
Es gibt übrigens über 400 verschiedene Orangensorten.

|4 Orangenbaum

Orangensaft und Orangenkonzentrat
Die meisten Orangen werden zu Saft gepresst.
Orangensaft ist ein Gemisch, das aus Fruchtfleisch, Zucker, Vitaminen, Aromastoffen und Wasser besteht. Wir können ihn als 100 % reinen Saft kaufen.
Auf einigen Orangensaftpackungen steht „100 % reiner Orangensaft – aus Konzentrat hergestellt". Bei anderen fehlt der Zusatz „aus Konzentrat hergestellt".
Was ist der Unterschied zwischen den beiden Sorten?
100 %iger Orangensaft stammt aus Ländern, in denen die Orangen sofort zu Saft gepresst werden. Der Transport des Safts ist aber teuer. Deshalb wird Orangensaft häufig zu *Orangensaftkonzentrat* verarbeitet: Dem gepressten Orangensaft wird das Aroma entzogen und dann auch noch Wasser, bis nur ein Sechstel der Flüssigkeit übrig bleibt. Die Flüssigkeit ist das Konzentrat.
Die Aromastoffe und das Konzentrat werden tiefgekühlt und in Schiffen nach Deutschland transportiert. In Deutschland werden dem Konzentrat wieder das Aroma und Wasser hinzugefügt. Anschließend füllt man den Saft ab.

Gemische und ihre Trennung

Zusammenfassung

Gemische

Die meisten Stoffe sind miteinander vermischt. Man nennt sie *Gemische*. Beispiele für solche Gemische zeigt das nebenstehende Bild. |5

Gemische bestehen aus mindestens zweierlei Stoffen.
Die Stoffe, die ein Gemisch bilden, kann man voneinander trennen.
Das gelingt, weil die Eigenschaften der Bestandteile eines Gemisches erhalten blieben.

|5

Einige Trennverfahren

Gemische kann man durch verschiedene Trennverfahren trennen. |6
Zu ihnen gehören: *Auslesen, Absetzenlassen* und *Abgießen, Sieben* und *Filtrieren*.
Manchmal muss man auch mehrere Trennverfahren hintereinander anwenden, um einen bestimmten Stoff zu erhalten.

|6

Verdampfen und Destillieren

Eine Kochsalzlösung wird *filtriert*. Die Verunreinigungen bleiben als Rückstand im Filter zurück. Die reine Kochsalzlösung läuft hindurch. Sie sammelt sich als Filtrat im Glas. Um reines Kochsalz zu erhalten, erhitzt man die Kochsalzlösung: Das Lösemittel Wasser *verdampft* und das Kochsalz bleibt zurück.

Wenn man aus der Kochsalzlösung das Wasser gewinnen will, muss man die Lösung *destillieren*: Sie wird erhitzt; das Wasser verdampft. Der so entstehende Wasserdampf wird sofort abgekühlt, sodass er wieder flüssig wird. |7
Das destillierte Wasser sammelt sich im Auffanggefäß.

kaltes Glasgefäß
destilliertes Wasser

|7

Alles klar?

A Zähle Gemische auf, die es in eurer Küche gibt.
Nenne die Stoffe, aus denen sie bestehen.

B Mithilfe welcher Trennverfahren kann man aus einem Steinsalzbrocken reines Salz erhalten?

C Wir kochen Kaffee mit einem Kaffeefilter. Welche Bestandteile bleiben im Filter zurück, welche gehen durch die Poren des Filters?

D Beschreibe, auf welche Weise man in Saftfabriken Orangensaftkonzentrat herstellt.

E Etwas Zucker wird in Wasser gestreut und verrührt.
1 Was geschieht?
2 Wie kann man die entstandene Flüssigkeit in ihre Bestandteile zerlegen?
3 Ginge es durch Filtrieren? Begründe deine Antwort.

Ein teures Gemisch

Wohin mit dem Müll?

1 Müllberge türmen sich auf.

Wohin mit solchen Müllbergen? |1
Wie viele Wertstoffe mögen sich noch im Müll befinden?
Wenn man den gesamten Hausmüll Baden-Württembergs auf alle Einwohner gleichmäßig verteilt, kommen auf jeden ca. 500 kg im Jahr – einschließlich Verpackungen, Altpapier und Glas. Das würde etwa 20 Mülltonnen füllen.
Ein Glück, dass es wenigstens die gelben Säcke gibt …

A Wo bleibt der ganze Müll? Schreibe auf, was du vermutest.
B Wie viel verschiedene Mülltonnen gibt es bei euch? Wozu dienen sie?
C Erkundigt euch bei euren Eltern, wie viel ihr für die Entsorgung des Mülls im Jahr bezahlt.

Grundlagen Müll getrennt sammeln – ein Beitrag für den Umweltschutz!

Was kommt auf die Mülldeponie?
Ab 2005 darf kein Müll mehr direkt auf eine Deponie gefahren werden. Er muss zunächst „vorbehandelt" (z. B. verbrannt) werden.
Besser als die Verbrennung ist es, möglichst viel Müll *wiederzuverwerten*. Man nennt das *Recycling*. Deshalb wird der Müll seit einigen Jahren *getrennt* gesammelt.

Grüner Punkt und gelber Sack
Auf vielen Verpackungen findest du einen „*grünen Punkt*". Das Zeichen bedeutet nicht, dass die verwendete Verpackung besonders umweltfreundlich ist. Es weist nur auf Folgendes hin: „Eine Firma übernimmt das Sammeln, Wiederverwerten und Beseitigen dieser Verpackung. Sie gehört deshalb in den gelben Sack." Die Kosten dafür tragen die Verbraucher. Sie werden nämlich auf den Warenpreis aufgeschlagen (1–10 Cent).

D „Nicht alles, was für die „Wiederverwertung" vorgesehen ist, wird wirklich wiederverwertet. Vieles gelangt auf Umwegen doch zur Müllverbrennung.
Gesammeltes Glas und Papier werden größtenteils zu neuen Produkten verarbeitet. Der Abfall aus den gelben Säcken kann aber nicht einmal zur Hälfte wiederverwertet werden.
1 Woran könnte es liegen, dass Müll aus den gelben Säcken nicht vollständig weiterverarbeitet werden kann?
2 Auch aus dem Bereich „Sonstiges" landet vieles bei der Müllverbrennung oder beim Sondermüll. |2
3 Was könnte aus den anderen Bereichen verbrannt werden müssen?
E Michael meint: „Gut, dass es gelbe Säcke gibt, das kostet uns nichts!" Michaela dagegen behauptet: „Für den Müll in den gelben Säcken zahlen wir sogar doppelt: Wir zahlen mehr für die Verpackungen, damit sie eingesammelt, sortiert und wiederverwertet werden können. Außerdem bezahlen wir mit den Müllgebühren das Verbrennen des Restmülls!" Wer von den beiden hat Recht?
F Der Aufwand für die Erfassung und Verwertung von Verpackungsabfällen mit dem gelben Sack ist hoch. Kritiker meinen: „Es lohnt sich nur, Flaschen, Dosen, Papier und Pappe zu sammeln. Der meiste Kunststoff wird sowieso nur verbrannt." … Sieh dir die Übersicht an und bewerte die Aussage.

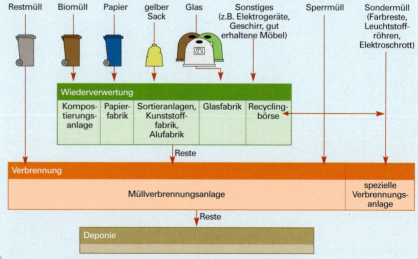

2 Müllentsorgung – getrennt

Trennverfahren für den Müll

3 Gelbe Säcke werden eingesammelt.

4 Mülltrennung per Hand

5 Maschinelle Mülltrennung

Müll aus den gelben Säcken wird in *Sortieranlagen* getrennt. 3–5

1 Abtrennen eisenhaltiger Abfälle

a Untersuche mit einem Magneten, ob „Weißblech"-Getränkedosen aus Eisen oder Aluminium bestehen.
b Auf einen größeren Bogen Papier (als „Förderband") legst du verschiedene Verpackungen: Dosen, Deckel, Flaschenverschlüsse …
Halte einen starken Magneten in geeigneter Höhe vor dein „Förderband". Ziehe das Förderband samt „Müll" unter dem Magneten entlang.
c Wie bekommt man den eisenhaltigen Müll wieder vom Magneten los? 6
Welchen Nachteil hat dein Magnet?

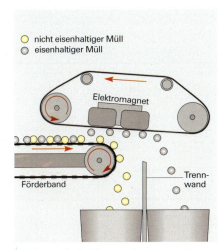

6 Magnetische Trennanlage

2 Bauanleitung
Ein einfacher Elektromagnet

Benötigt werden:
1 Eisenschraube mit Mutter (4–6 cm, möglichst dick), 1 dünner lackierter Kupferdraht (5–6 m), 1 Batterie (4,5 V), 1 Tastschalter.

So wird's gemacht:
Wickle den Kupferdraht sorgfältig um die Schraube herum. Achte aber darauf, dass 30 cm des Drahts an den Enden frei bleiben. 7
Du musst immer in die gleiche Richtung wickeln:
Beginne an der Schraubenmutter. Wenn du am Schraubenkopf angekommen bist, wickelst du wieder zurück in Richtung Mutter.
Danach folgt entsprechend die dritte (vierte …) Lage.
Am besten klebst du die letzte Drahtlage mit einem Klebestreifen fest. Schabe dann noch mit einem Messer die Isolierung der Drahtenden ab.

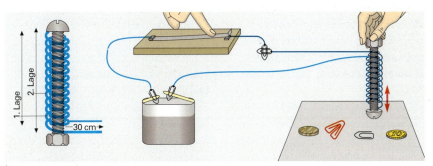

7 So kannst du dir einen einfachen Elektromagneten bauen.

3 Abtrennen leichter Abfälle

Nimm einige Körper aus dem gelben Sack: Dosen, Becher, dünne Folien … Blase mit einem Haartrockner von der Seite dagegen. Welche Teile fliegen weg? (So ähnlich arbeitet ein „Windsichter" in der Sortieranlage.)

4 Abtrennen von Kunststoffen

Verschiedene Kunststoffe können in Wasser getrennt werden.
Du brauchst kleine Stücke verschiedener Körper aus Kunststoff (Becher, Wäscheklammer, Verpackung, Rohrstücke, Kugelschreiber, Gartenschlauch, Spielzeug usw.). Schwimmen sie alle?

G „Stoffe wieder verwerten" ist gut, dennoch ist das Recyceln von Stoffen nur „die zweitbeste Lösung". Besser wäre es, Müll zu vermeiden.
Wie könntest du selbst dazu beitragen, die Müllmengen zu verringern?

Recycling – die „zweitbeste Lösung"

Solche oder ähnliche Sammelbehälter kennst du bestimmt. 1 Sie sind eine wichtige Voraussetzung dafür, dass der Müll wiederverwertet („recycelt") werden kann.

1 Sammelbehälter für den Müll

Technik **Glasrecycling**

Für die Herstellung von Getränkeflaschen verwendet man Recycling-Glas. Das ist gut so, denn das viele Altglas belastet die Müllberge. Deshalb stehen fast überall die farbigen Sammelbehälter.
Das dort gesammelte Glas wird in *Wiederverwertungsanlagen* zu Recycling-Glas aufgearbeitet. 2
Das Recycling-Glas wird dann zusammen mit anderen Stoffen in einem Schmelzofen erhitzt. So lassen sich aus dem Glas neue Flaschen formen. Eine grüne Flasche z. B. enthält 9 von 10 Teilen Altglas. Auf diese Weise wird der Hausmüll entlastet. Und es werden Energie und Rohstoffe gespart, die man viel besser für hochwertige Erzeugnisse einsetzt.

A Beschreibe, wie die Anlage für Glasrecycling arbeitet. 2
B Sieh dir das Bild zum Papierrecycling an. 3 Auch Glasrecycling stellt einen solchen *Stoffkreislauf* dar. Zeichne für Glas ein entsprechendes Bild.
C *Papiermachen aus Altpapier* – ein Recycling, das ihr selber durchführen könnt. Im *Anhang* findet ihr dafür eine ausführliche Anleitung.

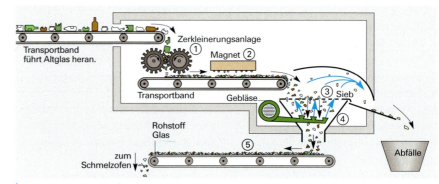

2 Aus Altglas wird Recyclingglas

Grundlagen **Recycling – Kreislauf ohne Ende?**

Viele Abfallstoffe werden in besonderen Behältern gesammelt. Man will sie anschließend wiederverwerten (recyceln). Ein Beispiel: *Altpapier* wird in Papierfabriken unter Zugabe von Wasser zerfasert. Die Druckfarben im Faserbrei werden mit chemischen Bleichmitteln entfernt. Dann wird Leim hinzugefügt. Es entsteht *Recyclingpapier*, auf dem man Zeitungen drucken kann. Die Zusatz- und Reststoffe, die bei der Produktion übrigbleiben, müssen entsorgt werden.
Beim Papier gelingt es also, aus dem Abfallstoff den ursprünglichen Stoff (Papier) herzustellen. 3

D Ganz ohne Abfälle geht es nicht:
1 Wo fallen Abfälle beim Papierrycycling an? Kann man das Recyceln von Papier „endlos" fortsetzen? 3
2 Auf vielen Papierprodukten steht „Recyclingpapier". Nenne 2 Beispiele.

3 Ein „Stoffkreislauf"

Technik Der Restmüll wird vorbehandelt – in der Müllverbrennungsanlage

4 So hat sich die Zeichnerin eine Müllverbrennungsanlage vorgestellt.

Früher wurde der meiste Müll einfach auf Deponien gefahren. Das ist aber ab 2005 nicht mehr erlaubt. Was vom Müll nicht recycelt wird, muss wenigstens „vorbehandelt" werden: Von 100 kg werden dann etwa 80 kg verbrannt.
Nur Müll, der „vorbehandelt" wurde, darf dann noch auf Deponien gelagert werden. Dazu gehören z. B. die Rückstände aus der Müllverbrennung.

E Das Bild oben stellt natürlich keine moderne Müllverbrennungsanlage dar. Es zeigt aber auf lustige und witzige Weise die wichtigsten Stationen. |4
1 Versuche sie zu erkennen.
2 Welche gefallen dir besonders gut?

F An den einzelnen Stationen findest du Ziffern. |4
Die fetten Buchstaben haben mit Teil 2 der Aufgabe zu tun.
1 Bringe die Ziffern und die Begriffe in die richtige Reihenfolge. Schreibe so:
Nr. 1: Müllbunker,
Nr. 2. ...
Beschreibung der Stationen:
Müllbunker: Der Müll wir**d** gesammelt.
Ra**u**chwaschanlage: Der Rauch wird hier mithilfe von Kalk und Wasser von schädlichen Abgasen gereinigt.
K**ra**n: Er befördert den Müll in den Brennraum.
Dynamo (Generator): Er erzeugt elektrische Energie.
Kess**e**l: Hier wird heißer Dampf für die Turbine erzeugt.
Bl**as**eb**alg**: Er versorgt das Feuer mit der notwendigen Luft.

Brennraum: Hier **v**erbrennt der Müll bei ungefähr 1000 °C.
Da**m**pfturb**ine**: Antrieb des Dynamos.
Schlackenwag**en**: In diesem Wagen werden die Verbrennungsrückstände gesammelt. Wenn 100 kg verbrennen, entstehen ungefähr 35 kg Schlacke und Staub. Sie werden zum Teil im Straßenbau genutzt.
Schornstein: Hier entweichen die Abgase, überwiegend Wasserdampf und Kohlenstoffdioxid. (Wenn 100 kg Müll verbrennen, entstehen mehr als 70 kg Kohlenstoffdioxid.)
2 Wenn du die fett gedruckten Buchstaben richtig ordnest, entstehen zwei Wörter. Sie sagen dir, was besser ist als „Müll verbrennen".
Hinweise: Das erste Wort beginnt mit „M" und das zweite mit „v"; statt „ü" wird „ue" verwendet.

Kontrolliere deinen Lernstand

|1

A Dein Fahrrad besteht aus unterschiedlichen Stoffen. |1
1 Zähle möglichst viele auf.
2 Warum sind die einzelnen Teile deines Fahrrads nicht aus anderen Stoffen gemacht?
3 Welche Vorteile hat ein Fahrradrahmen aus Aluminium?
4 Welche Stoffeigenschaften sollte der ideale Fahrradrahmen haben?

B Wasser siedet bei einer bestimmten Temperatur.
1 Plane einen Versuch, um die Siedetemperatur von Wasser zu bestimmen.
2 Ist ein Fieberthermometer zum Ablesen der Wassertemperatur geeignet?
3 „Erhitze Wasser bloß nicht mit einem Gasbrenner! Die Flamme eines Gasbrenners ist über 1000 °C heiß. 1000 °C heißes Wasser ist lebensgefährlich!" Was sagst du zu solch einer Warnung?

C Du findest im Chemieraum zwei unbeschriftete Gläser mit einem weißen Pulver. Die beiden Etiketten „Zucker" und „Salz" sind leider abgefallen und liegen daneben.
1 Warum darfst du zur Unterscheidung keinesfalls deinen Geschmackssinn nutzen?
2 Plane zwei Versuche zur Unterscheidung von Salz und Zucker.
3 Welche Stoffeigenschaften werden zur Unterscheidung verwendet?

D Du entdeckst auf dem Flohmarkt eine alte goldglänzende Münze. Sie hat genau die gleiche Größe wie ein 50-Cent-Stück aus Messing.
1 Wie kannst du mit einer empfindlichen Waage herausfinden, ob die Münze aus Messing oder aus Gold ist?
2 Welche Stoffeigenschaft nutzt du zur Unterscheidung? |2

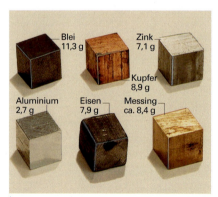

|2 Verschiedene 1-ml-Würfel

E Ein spitzer, harter, glänzender Gegenstand – eine farblose und geruchlose Flüssigkeit – ein unsichtbares Gas.
1 Könnte damit ein und derselbe Stoff gemeint sein?
2 Welcher Stoff könnte es sein?
3 Mit welchen Versuchen könntest du deine Vermutung überprüfen.
4 Erkläre die unterschiedlichen Aggregatzustände mit dem Teilchenmodell.

F Hänge einen Beutel Schwarztee in heißes Wasser.
1 Beschreibe die Beobachtungen.
2 Beim Entstehen des fertigen Getränks sind zwei Trennverfahren wichtig. Welche sind es?
3 Was geschieht bei Zugabe von Grapefruitsaft? Erkläre.

G Aus Salzwasser kann man reines Wasser gewinnen.
1 Nenne zwei Trennverfahren, mit denen die Gewinnung von reinem Wasser gelingen kann.
2 Warum kann man durch Eindampfen kein reines Wasser gewinnen?
3 Beschreibe das Eindampfen mit dem Teilchenmodell.

Die Lösungen findest du im Anhang.

Schätze deine Kenntnisse und Fähigkeiten ein:

Aufgabe	Ich kann …
A	die Begriffe „Material" oder „Stoff" und „Gegenstand" richtig verwenden.
A, D	für einen bestimmten Verwendungszweck das beste Metall aussuchen.
A, C, D	mindestens zehn unterschiedliche Stoffeigenschaften nennen.
C	einen Steckbrief für Zucker erstellen.
G	einen Versuch planen und durchführen, um Meerwasser zu entsalzen.
E, G	Beobachtungen mit dem Teilchenmodell erklären.

Auswertung
Ordne deiner Aufgabenlösung im Heft einen Smiley zu:
☺ Ich habe die Aufgabe richtig lösen können.
😐 Ich habe die Aufgabe nicht komplett lösen können.
☹ Ich habe die Aufgabe nicht lösen können.

Natur- wissenschaften 5|6

Teil 2

Cornelsen

Teil 2

Welt des Großen – Welt des Kleinen 205

Mikrokosmos – die Welt des Kleinen 208
Das Geheimnis des weißen Goldes 208
Wir erstellen und sichern Spuren 210
Lupe und Mikroskop 212
■ ARBEITSWEISE: Mikroskopieren 213
Wir üben das Mikroskopieren 214
■ ARBEITSWEISE: Wir erstellen ein mikroskopisches Präparat 214
Die Zelle – Grundbaustein aller Lebewesen 216
■ ARBEITSWEISE: Wie man eine mikroskopische Zeichnung anfertigt 218
Zusammenfassung 219

Sonne, Mond und Sterne 220
Vom Mikroskop zum Fernrohr 220
Mit den Augen unterwegs in die Ferne 222

Licht – Auge – Sehen 226
Lichtquellen 226
Die Ausbreitung des Lichts 227
Löcher erzeugen Bilder 228
Linsen machen scharfe Bilder 230
Das Auge erzeugt Bilder 232
Wir sehen die Welt farbig 234
Die Brille 236
Zusammenfassung 239

Sehen – mit Auge und Gehirn 240
Das Gehirn bestimmt, was man sieht 240

Licht unterwegs: Schatten 242
Wie Schatten entstehen 242
Farbige Schattenbilder 244
Mondfinsternis und Sonnenfinsternis 245
Zusammenfassung 246

Kontrolliere deinen Lernstand 248

Körper – Gesundheit – Entwicklung 249

Wahrnehmung mit allen Sinnen 252
Zusammenspiel der Sinne 252
■ ARBEITSWEISE: Lernen an Stationen 252
Blinde Menschen 256

Wie Schall entsteht und sich ausbreitet 258
Es schwingt und klingt 258
Laut und leise – hoch und tief 260
Schall unterwegs 262
Schallausbreitung in verschiedenen Stoffen 264
■ ARBEITSWEISE: Versuchsprotokoll 266
Schall geht um die Ecke und kommt zurück 268
Orientieren mit Schall 270
Ultraschall in der Medizin 272
Zusammenfassung 273

Wie wir hören 274
Der Bau des Ohres 274
Was man alles hören kann 276
Zusammenfassung 277

Sprechen und Sprache 277
Verständigung durch Sprache 277

Schall und Gesundheit 280
„Power" für die Ohren? 280
Projekt Lärm und seine Folgen 284
■ ARBEITSWEISE: Projektarbeit: Planen – Durchführung – Präsentation 285

Ernährung und Verdauung 286
Woraus unsere Nahrung
 besteht 286
Unser Energiebedarf 290
Der Weg der Nahrung
 im Körper 292
Fit bleiben durch gesundes
 Essen 294
Zusammenfassung 295

Atmung und Blutkreislauf 296
Wie wir atmen 296
■ ARBEITSWEISE: Lernen an
 Stationen – Bewertung 296
Bau und Aufgabe der Lunge 300
Der Blutkreislauf 302
Zusammenfassung 303

Sich entwickeln – erwachsen werden 308
Ich bin kein Kind mehr 308
Ich werde eine Frau –
 Ich werde ein Mann 310
Menstruation und
 Empfängnisregelung 312
Was in der Schwangerschaft
 geschieht 314
Mein Körper und
 meine Gefühle 316
Kommt Sucht von Suchen? 319
Selbst stark sein: Nein sagen 320
Zusammenfassung 323

Kontrolliere deinen Lernstand 324

Körper und Bewegung 325

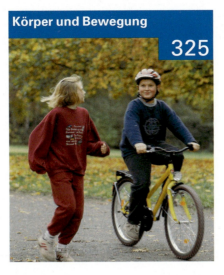

Wie Bewegung in unseren Körper kommt 328
Wie Gelenke dich beweglich
 machen 330
Wunderwerk Knochen 334
Der aufrechte Gang 336
Wie Muskeln den
 Körper bewegen 338
Ich halte mich fit 340
Zusammenfassung 345

Formen der Bewegung 346
Die Geschwindigkeit 346
Ganz schnell bremsen! 350
■ ARBEITSWEISE: Wie liest
 man ein Diagramm? 351
Wir bauen Modellautos
 und -schiffe 354
Zusammenfassung 356

Fortbewegung im Tierreich 358
Wie sich Landtiere
 fortbewegen 358
Jäger und Gejagte 360
Kriechen und Schlängeln 362
Die Mehrfachkönner 363
Vögel – angepasst ans Fliegen 366
Wie Vögel fliegen 368
Flugformen 368
Fortbewegung im Wasser 370
Beobachtungen an Fischen 372
Säugetiere, die im
 Wasser leben² 374
Zusammenfassung 375

Kontrolliere deinen Lernstand 376

Anhang
Kontrolliere deinen Lernstand –
 Lösungen
Sach- und Namenverzeichnis

Welt des Großen – Welt des Kleinen

Welt des Großen – Welt des Kleinen

Wie kann man Spuren untersuchen?

Der Blick ins Weltall

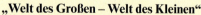

Lebewesen bestehen aus Zellen.

„Welt des Großen – Welt des Kleinen"
Die Welt des Kleinen – das ist die Welt, die du mit bloßem Auge kaum oder gar nicht erkennen kannst. Viele ihrer Geheimnisse kannst du mit einer Lupe oder einem Mikroskop lüften.
Die Welt um uns herum nehmen wir mit dem Auge wahr. Dabei spielt das Licht die entscheidende Rolle.
Was wir von den Sternen am Himmel wissen, wissen wir durch ihr Licht.

In diesem Kapitel kannst du …
– Spuren legen und sichern – wie bei der Polizei,
– Gemeinsamkeiten von Salz und Edelsteinen finden,
– die Grundbausteine der Lebewesen entdecken,
– den Mond oder die Venus mit einem Fernrohr beoabchten.
– Experimente zur Entstehung von Licht und zur Funktionsweise der Augen durchführen.

Verschiedene Arbeitsweisen
Du wirst
– Informationen aus Texten und Bildern herauslesen,
– Untersuchungen mit der Lupe durchführen,
– das Arbeiten mit dem Mikroskop und den Umgang mit dem Fernrohr erlernen,
– Informationen beschaffen und präsentieren.

Wozu ist ein Mikroskop gut?

Wie entsteht ein Bild?

Können Tiere auch im Dunkeln sehen?

Wie sehen wir unsere Welt?

Ausblicke

Zum Thema „Welt des Großen – Welt des Kleinen" gehören viele weitere Fragen: Wo kommen Kleinstlebewesen vor und wie leben sie? Wie findet man Sternbilder am Nachthimmel?
Du möchtest gerne mehr zu den Themen wissen? Informationen findest du in der Bücherei – und Mikroskopieren oder Astronomie sind interessante Hobbies.

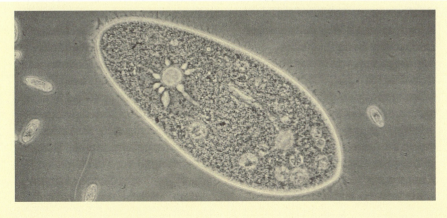

Mikrokosmos – die Welt des Kleinen

Das Geheimnis des weißen Goldes

1 Auf den Spuren des Einbrechers …

Schnitzeljagd mit Überraschungen
Die Glocke des Schlossturms schlägt vier Mal. Es ist ein nebliger, frischer Julimorgen, als sich die Zwillinge Tom und Tina leise aus dem Haus schleichen. An der alten Eiche treffen sie sich mit ihren Freunden Max, seinem Hund Struppi und Susi. Ihre Rucksäcke sind mit allerlei Nützlichem wie Stricken, Krepppapier, Taschenmessern, Taschenlampen, Pflastern, Papiertaschentüchern und Plastiktüten voll gestopft. Die Kinder beginnen, für die geplante Schnitzeljagd Krepppapier als Wegmarkierungen zu verteilen. In der Nähe des Schlossgartens von Baron Kieselstein fängt Struppi, der den Kindern schon weit voraus gelaufen ist, plötzlich an, laut zu bellen. Sofort ruft Max Struppi zurück. Er nimmt ihn an die Leine und befiehlt ihm still zu sein, damit das Vorhaben der Kinder nicht verraten wird. Plötzlich erblicken sie eine graue Gestalt, die eilig durch ein Loch im Zaun aus dem Garten flieht und im Wald verschwindet. Augenblicklich ist die Schnitzeljagd vergessen. Die Kinder beschließen, der geheimnisvollen Beobachtung nachzugehen. Nur Susi zögert und schlägt vor, lieber die Polizei zu verständigen. Aber sie wird überstimmt: Der Vater von Tom und Tina ist bei der Polizei, und er soll nichts von dem Ausflug erfahren! Außerdem wollen sie sich erst einmal im Garten umsehen. Die Kinder kriechen durch die Öffnung im Zaun und schleichen bis zur Schlossmauer. Dort entdecken sie ein schmales Loch in Bodenhöhe. Mit der Taschenlampe leuchtet Susi hinein. Zu ihrem Erstaunen erkennt sie ein leeres Kellergewölbe. Kurzerhand entscheiden die Kinder, es genauer zu untersuchen. Sie entfernen einige weitere Steine aus der Schlossmauer, damit Tina – die Kleinste von ihnen – durch die enge Öffnung abgeseilt werden kann. Dabei reißt sie sich in dem engen Durchlass unbemerkt die Jacke ein. 2 Nachdem sie unten angekommen ist, springt Struppi hinterher. Tom legt sich auf den Bauch und reicht seiner Schwester die Taschenlampe hinunter. „Hast du etwas entdeckt?", ruft er. „Vielleicht eine Schatztruhe? Gold? Edelsteine?" – „Nein, nichts. Der Keller ist völlig leer. Na ja, bis auf …" Die anderen halten den Atem an. „… da hinten, da sind merkwürdige kleine weiße Körnchen. Ich kann das nicht gut sehen. Das Licht ist zu schwach. Mir ist kalt. Holt mich bitte wieder hoch!" Tina reicht zuerst Struppi nach oben. Dann ziehen die anderen aus Leibeskräften am Seil, und schon kommt auch Tina keuchend aus dem Loch geklettert. Die Kinder sind etwas enttäuscht. Kein Gold, keine Edelsteine!
Sie beschließen nun doch, die Polizei wegen des Einbrechers zu verständigen.

Mit der Polizei am Tatort

Bald trifft Kommissar Haberstroh mit einigen Beamten am Tatort ein. Darunter ist auch Herr Tanner, der Vater von Tom und Tina. Die Kinder berichten von ihrer Entdeckung. Natürlich verraten sie nichts von Tinas Erkundungstour. „Offenbar habt ihr hier jemanden vorzeitig in die Flucht geschlagen, der sein Vorhaben dann nicht mehr zu Ende bringen konnte", meint der Kommissar. Er ruft die Beamten der Spurensicherung. Sie sollen die Umgebung und den Keller untersuchen. Kurz darauf erscheint der alte Baron Kieselstein, der benachrichtigt worden war. Nachdem der Kommissar ihn informiert hat, sagt er nachdenklich: „Dann gibt es das Gewölbe also tatsächlich. Es gibt eine alte Familienlegende", erklärt er weiter. „Ein Vorfahre der Kieselsteins soll vor langer Zeit einen Schatz in diesem Keller versteckt haben." Inzwischen haben die Beamten der Spurensicherung den Eingang zum Kellergewölbe erweitert und sind hinuntergestiegen. „Hoppla!", ruft Herr Tanner, „hier sind Fußabdrücke! Und eine Spur von irgendeinem Tier, nehme ich an. Und hier sind Reste von Pflanzen. In unserem Gartenteich haben wir auch solche. Das ist aber merkwürdig. Und da haben wir doch tatsächlich einen Plastikkamm; der sieht nicht so aus, als läge er schon einige hundert Jahre hier unten. Vielleicht sind noch Haare darin? Und wahrscheinlich befinden sich Fingerabdrücke darauf." Herr Tanner ruft einen Kollegen zur Verstärkung, um alle Spuren zu sichern. Dieser findet beim Hinuntersteigen den Stofffetzen von Tinas Jacke. Kommissar Haberstroh ist sehr nachdenklich. „Ich verstehe das alles nicht. Der Täter kann doch gar nicht dort unten gewesen sein.

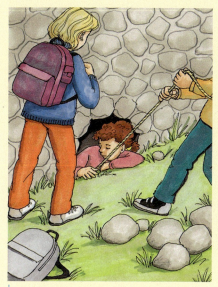

2 Unbemerkte Spur

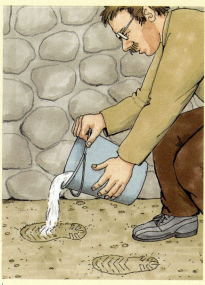

3 Wer war hier?

Der hätte gar nicht durch das kleine Loch gepasst. Auf jeden Fall muss alles schnell ins Labor zur genauen Untersuchung." Der Schlossbesitzer Baron Kieselstein fragt nachdenklich: „Haben Sie denn kein kleines Kästchen gefunden? Der Legende nach soll es ein sagenhaftes ‚weißes Gold' enthalten – was auch immer das sein mag." Herr Tanner schüttelt den Kopf. „Nein, leider nicht, aber wir haben eine ganze Menge Spuren gefunden. Wir haben alle einzeln in Plastiktütchen verpackt. Jetzt sind wir noch dabei, Abdrücke von den Fuß- und Fingerspuren zu nehmen. Dann bringen wir alles zur genauen Untersuchung ins Labor. In einigen Tagen werden wir mehr wissen." Tina hält sich die ganze Zeit im Hintergrund. Sie denkt fieberhaft nach, was zu tun ist, damit ihr Besuch des Kellergewölbes unentdeckt bleibt. Plötzlich steht Herr Tanner vor den Kindern: „Sagt mal, was macht ihr eigentlich hier – zu dieser frühen Stunde? Ich glaube, ihr habt mir einiges zu berichten! Wie wäre es mit einem Frühstück in meinem Büro?"

A Lies dir die Geschichte genau durch. Erzähle sie nun jemandem, der sie noch nicht kennt. Hast du etwas wichtiges „Kleines" vergessen?

B Die Geschichte berichtet von Spuren am Tatort.
1 Welche Spuren werden am Tatort gefunden? Liste sie in deinem Heft auf.
2 Welche Spuren könnte man noch an einem Tatort finden?
3 Wie können Spuren gesichert werden?
4 Welche Spuren kann man mit dem bloßen Auge sehen? Welche Spuren kann man nur mit Hilfsmitteln erkennen? Erläutere!

Wir erstellen und sichern Spuren

|1 Spurensicherung

Die Suche und das Sichern von Spuren ist eine wichtige Aufgabe der Polizei. |1
Bei ihren Ermittlungen am Tatort müssen die Kriminalisten z. B. Fuß- und Fingerabdrücke sichern. Sie können sie dann mit den Fingerabdrücken von Verdächtigen vergleichen. Fuß- und Fingerabdrücke dienen vor Gericht als Beweismittel. Zusammen mit weiteren Beweisen wird so die Überführung eines Täters möglich.

1 Erstellen und Sichern von Fußabdrücken

a Stellt in Gruppenarbeit Fußabdrücke her.
– Hinterlasst in Gartenerde oder Sand einen Fußabdruck.
– Gießt eine Flasche Leitungswasser (0,7 l) in einen kleinen Eimer.
– Schüttet zügig und unter ständigem Rühren Gipspulver (1 kg) in das Wasser. Wenn der Gipsbrei nicht gießfähig und klumpenfrei ist, müsst ihr noch Wasser unter Rühren nachgießen.
– Füllt den Fußabdruck vorsichtig mit Gipsbrei. |2
– Nach 1 Stunde ist der Gipsbrei hart und ihr könnt den Fußabdruck abheben. Säubert ihn von Erd- und Sandresten mit einer Bürste. |3
b Jede Gruppe untersucht den eigenen Fußabdruck. Notiert seine Merkmale wie Länge, Breite und Profil.
c Vergleicht die Fußabdrücke der einzelnen Gruppen. Welche Unterschiede und Gemeinsamkeiten stellt ihr fest? Notiert die Merkmale der verschiedenen Fußabdrücke in einer Tabelle.

|2 Ausgießen und Abdruck säubern

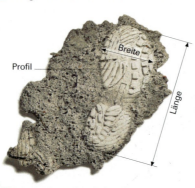

|3 Der fertige Gipsabdruck

2 Wir betrachten unsere Fingerkuppen

Betrachte die Fingerkuppen deiner Hand. Welche typischen Merkmale erkennst du? Vergleiche die Hautleisten von sich entsprechenden Fingern beider Hände. Schreibe deine Beobachtungen auf. Wie könntest du die feineren Einzelheiten deiner Fingerkuppen untersuchen?

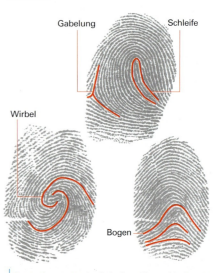

|4 Markante Beispiele für Fingerabdrücke

3 Auf dem Polizeirevier: Wir erstellen einen Fingerabdruck

a Rolle eine Fingerkuppe behutsam von der einen zur anderen Seite über ein Stempelkissen. Setze deinen Finger vorsichtig auf ein Papier und rolle ihn gleichmäßig ab. |5 |6 Beschrifte den Fingerabdruck.

b Vergleiche deinen Fingerabdruck mit den Beispielen. |4 Verwende dazu eine Lupe. |7

Kannst du einige typische Merkmale deines Fingerabdrucks erkennen?

|5 Anfärben

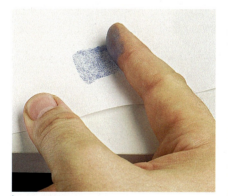

|6 Abrollen

|7 Vergleichen

4 Am Tatort: Wir sichern Fingerabdrücke

a Drücke die Kuppe deines Daumens auf einen Objektträger. |8 Verteile sparsam und gleichmäßig mit einem Pinsel Grafitstaub oder braune Kreide auf dem Objektträger. Nun wird dein Fingerabdruck sichtbar. |9 Klebe ohne zu verrutschen einen Streifen durchsichtiges Klebeband auf den Objektträger. Wenn du das Klebeband wieder abziehst, erkennst du deinen Fingerabdruck darauf. Klebe das Klebeband in dein Heft.

b Vergleiche diesen Fingerabdruck mit dem mit Stempelfarbe. Sind beide Fingerabdrücke gleich gut erkennbar?

c Teilt euch in Arbeitsgruppen auf und erstellt von jedem einen Abdruck des rechten Daumens. Schreibt den Namen jeweils darunter. Bestimmt ein Gruppenmitglied, das auf einem Trinkglas einen Daumenabdruck hinterlässt. Tauscht mit einer anderen Gruppe eure Fingerabdrücke und das Trinkglas. Ermittelt, wer den Fingerabdruck auf dem Glas hinterlassen hat. |10

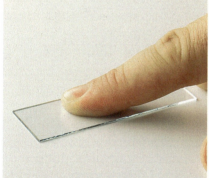

|8 Hinterlassen des Abdrucks

|9 Sichtbarmachen des Abdrucks

Grundlagen Spuren geben Hinweise

Fußabdrücke
Die Abdrücke von Schuhsohlen und auch von Reifen hinterlassen in weicher Erde oder Sand deutliche Spuren. Oft sind sie typisch für einen bestimmten Hersteller und geben dadurch erste Hinweise auf Personen oder Fahrzeuge am Tatort. Ein kräftiger Wind oder Regen kann solche Spuren jedoch schnell zerstören.

Fingerabdrücke
Finger hinterlassen auf Glasscheiben, Türen und sogar auf Papier Abdrücke aus Fett und Schweiß.

Fingerabdrücke sind mit bloßem Auge kaum zu erkennen, können jedoch mit einfachen Hilfsmitteln sichtbar gemacht werden. Das Muster der Hautleisten an den Fingern und Handflächen unterscheidet sich von Mensch zu Mensch und wird weder durch Altern noch durch Verletzungen bedeutend verändert. Jeder Mensch kann also anhand seiner Fingerabdrücke erkannt werden.

|10 Abnehmen des Abdrucks

Lupe und Mikroskop

Die wesentlichen Merkmale von Objekten wie beispielsweise den Hautleisten unserer Fingerkuppen, kleinen Lebewesen oder Pflanzenteilen können wir mit bloßem Auge sehen.
Viele Feinheiten werden aber erst für uns sichtbar, wenn wir die Objekte durch eine vergrößernde Linse betrachten.

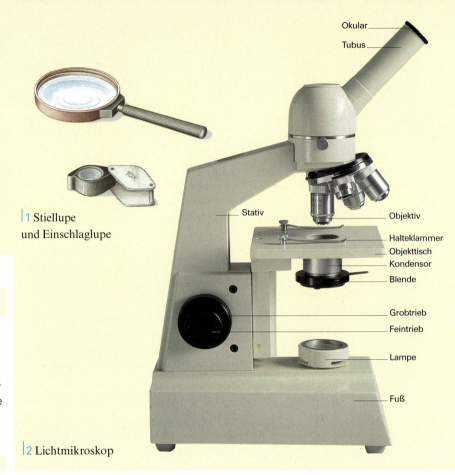

1 Stiellupe und Einschlaglupe

2 Lichtmikroskop

Probier's mal!

1 Auge und Lupe
Sieh dir ein Objekt, z. B. ein Insekt, mit bloßem Auge an. Dann betrachte dasselbe Objekt mit einer Stiellupe und einer Einschlaglupe. Beschreibe, welche Unterschiede du bei der Betrachtung feststellst.

Grundlagen Vergrößerung durch Linsen

Lupen
Lupen enthalten eine oder mehrere Linsen aus Glas oder Kunststoff. Je stärker die Linse gewölbt ist, umso stärker vergrößert sie. Einfache Lupen vergrößern etwa fünffach, stärkere Lupen bis zu zwanzigfach. Zum Betrachten muss man die Lupe und das Objekt einander so weit annähern, bis das Bild scharf ist. Mit einer Stiellupe kann man einen größeren Ausschnitt des Untersuchungsgegenstands betrachten als mit einer Einschlaglupe. Eine Einschlaglupe vergrößert aber meist stärker als eine Stiellupe. Im Gegensatz zur Stiellupe wird die Einschlaglupe dicht an das eine Auge gehalten, wobei das andere geöffnet bleibt.

Das Lichtmikroskop
Das Lichtmikroskop erschließt die Welt, die du mit dem bloßen Auge oder mithilfe von Lupen nicht wahrnehmen kannst, den Mikrokosmos. Um mit einem Lichtmikroskop arbeiten zu können, musst du seine wichtigsten Bestandteile und ihre Bedienung kennen.

A Benenne mithilfe der Abbildung die Teile deines Schulmikroskops. 2
B In welchen Berufen werden Mikroskope verwendet? Nenne Beispiele.

Bestandteil des Lichtmikroskops	Aufgabe
Okular	Vergrößert das Bild des untersuchten Objekts.
Tubus	Verbindet Okular und Objektiv.
Objektivrevolver	Durch Drehen des Revolvers wird ein anderes Objektiv, damit eine andere Vergrößerung eingestellt.
Objektiv	Liefert ein vergrößertes Bild des Objekts.
Objekttisch	Hier wird das zu untersuchende Objekt aufgelegt und befestigt.
Blende	Reguliert die Helligkeit und den Kontrast des Bildes.
Feintrieb	Stellt den richtigen Abstand zwischen Objektiv und Objekt ein. Dadurch erhält man ein scharfes Bild.
Lampe	Liefert Licht zur Durchleuchtung des Objekts.

2 Verschiedene Vergrößerungen

a Berechne, welche Vergrößerungen du mit deinem Schulmikroskop einstellen kannst. |3

b Kopiere Millimeterpapier auf Folie und schneide es auf die Größe eines Objektträgers zurecht. Mikroskopiere bei kleinster Vergrößerung. Wie viele Kästchen des Millimeterpapiers kannst du zählen? Betrachte die Folie nacheinander bei den nächsthöheren Vergrößerungen. Zähle wiederum die Kästchen. Vergleiche!

c Schneide aus einer Zeitung einen Buchstaben aus. Lege ihn auf einen Objektträger und decke mit einem Deckgläschen ab. Mikroskopiere bei verschiedenen Vergrößerungen. Welche Unterschiede stellst du fest? Beschreibe!

d Schneide aus einer Zeitung ein kleines Stückchen einer farbigen Abbildung aus. Verfahre ebenso wie mit dem Buchstaben.
Welche Unterschiede stellst du beim Vergleich des Buchstabens und des Bildausschnitts fest?

Arbeitsweise Mikroskopieren

Umgang mit dem Mikroskop
Fasse das Mikroskop nur am Stativ an. Trage es immer aufrecht. Linsen darfst du nicht mit den Fingern berühren. Entferne Schmutz nur mit einem weichen Reinigungstuch.

Auflegen des Objekts
Drehe den Objekttisch mit dem Grobtrieb so weit wie möglich nach unten. Dann kannst du das zu untersuchende Objekt auflegen. Lege den Objektträger (Deckglas nach oben) auf den Objekttisch und schiebe ihn unter die Halteklammern. Schalte die Beleuchtung ein.

Einstellen der Vergrößerung
Vergewissere dich, dass zu Beginn die kleinste Vergrößerung eingestellt ist. Dies ist das kürzeste Objektiv. Zum Einschwenken des passenden Objektivs drehe stets am Objektivrevolver, nie an den Objektiven!

Einstellen der Schärfe
Drehe unter seitlicher Beobachtung den Objekttisch langsam nach oben, bis sich Deckglas und Objektiv gerade noch nicht berühren. |4 Gehe dabei sehr vorsichtig vor. Beachte: Wenn du zu weit nach oben drehst, können Objektiv und Objekt beschädigt werden. Schaue durch das Okular und bewege den Objekttisch mit dem Grobtrieb langsam nach unten, bis das Bild scharf ist. |5 Stelle mit dem Feintrieb vollends die Schärfe ein. Halte beim Mikroskopieren immer beide Augen offen.

Einstellen der Helligkeit und des Kontrasts
Schließe die Blende und schaue dabei durch das Okular. Du siehst, wie sich das ausgeleuchtete Feld verkleinert. Öffne nun die Blende so weit, dass ihre Ränder gerade aus dem sichtbaren Feld verschwinden. Dadurch erreichst du den besten Kontrast bei der besten Ausleuchtung des Objekts.
Beim Einstellen der nächsthöheren Vergrößerung müssen Schärfe, Helligkeit und Kontrast auch neu eingestellt werden.

Beenden des Mikroskopierens
Entferne das untersuchte Objekt und drehe das kleinste Objektiv ein. Schalte die Lampe aus und wickle das Kabel auf. Stelle das Mikroskop zurück an seinen Aufbewahrungsort. Säubere die verwendeten Arbeitsgeräte und räume deinen Arbeitsplatz auf.

Okular (12 x)

Die Gesamtvergrößerung erhältst du aus der Vergrößerung des Okulars und des Objektivs: 12 · 40 = 480.

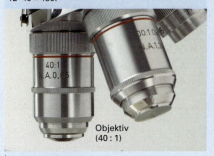

Objektiv (40 : 1)

|3 Vergrößerung

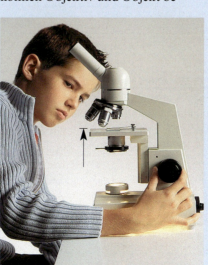

|4 Objekttisch vorsichtig hochdrehen

|5 Einstellen der Schärfe

Wir üben das Mikroskopieren

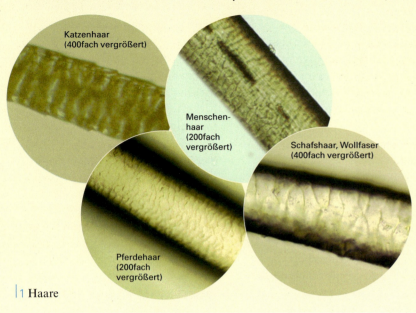

|1 Haare

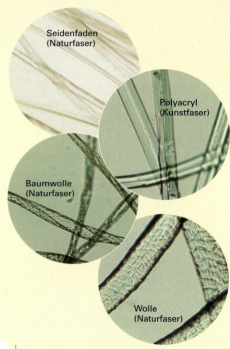

|2 Textilfasern (160fach vergrößert)

Arbeitsweise Wir erstellen ein mikroskopisches Präparat

Nicht alle zu untersuchenden Objekte kann man direkt mikroskopieren. Textilfasern z. B. müssen erst für das Mikroskopieren vorbereitet werden.

Arbeitsschritte
1. Gib mit der Tropfpipette einen Tropfen Wasser auf einen Objektträger.
2. Lege die Textilfaser mit einer Pinzette in den Wassertropfen.
3. Setze ein Deckgläschen mit einer Kante schräg an den Wassertropfen und lass das Deckgläschen vorsichtig fallen.

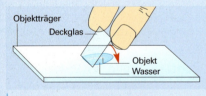

|3 Auflegen des Deckgläschens

Beim Sichern von Spuren an einem Tatort spielen Haare und Textilfasern eine wichtige Rolle, insbesondere, wenn keine Fingerabdrücke zu finden sind.
Mit dem Mikroskop kannst du sie unterscheiden: Haare von Mensch haben meist eine geschuppte Oberfläche. |1
Die Fasern von Pflanzen, z. B. Baumwolle, sehen längsgestreift aus. Kunststofffasern haben dagegen eine glatte Oberfläche. |2

1 Wir mikroskopieren Haare
Lege ein Menschenhaar und ein bis zwei verschiedene Tierhaare in Längsrichtung nebeneinander auf einen Objektträger. Klebe sie links und rechts außen auf dem Objektträger mit durchsichtigem Klebeband fest. In dem Bereich, den du betrachten willst, darf sich kein Klebeband befinden. Schneide überstehende Bereiche der Haare ab. Mikroskopiere die Haare. Vergleiche ihre Dicke und Farbe. Wie sieht jeweils ihre Oberfläche aus? Beschreibe!

2 Wir mikroskopieren Textilfasern
Zupfe mit einer Pinzette aus einem Textilstück eine Faser. Erstelle damit ein mikroskopisches Präparat. |3
Mikroskopiere die Faser. Vergleiche deine Faser mit den abgebildeten Fasern. Kannst du die Art deiner Faser bestimmen?

3 Die Welt der Textilfasern
Wähle eine Textilfaser aus und informiere dich genauer über sie. Wie wird sie gewonnen, verarbeitet und verwendet? Informiere dich im Lexikon, in der Bücherei oder im Internet. Bereite einen Kurzvortrag vor und berichte in deiner Klasse.

4 Wir mikroskopieren Salz und Zucker

Ein unbekannter Stoff kann giftig sein. Daher darfst du nie durch Schmecken versuchen den Stoff zu erkennen. Mithilfe des Mikroskops kannst du Zucker und Salz voneinander unterscheiden – ohne zu probieren.

a Stelle etwas Salzlösung und Zuckersirup her. |4 Verschließe dazu beide Reagenzgläser und schüttle sie, bis sich Salz und Zucker gelöst haben. (Zuckerlösung eventuell im Wasserbad erwärmen.) Beschrifte zwei Objektträger mit „Salz" bzw. „Zucker" und gib jeweils einen Tropfen der Lösung darauf. Ziehe den Zuckersiruptropfen mit der Pipette breit aus. |5 Lege die Objektträger für 24 Stunden an einen warmen Ort, bis das Wasser verdunstet ist. Mikroskopiere die Salz- und Zuckerkristalle und zeichne sie. |6

b Streue einige Körnchen Salz und Zucker direkt aus der Packung auf einen Objektträger. Mikroskopiere sie. Welche Unterschiede stellst du fest? Hast du eine Erklärung dafür?

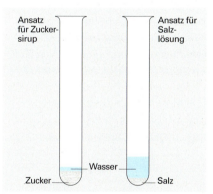

|4 Ansetzen von Zucker- und Salzlösung

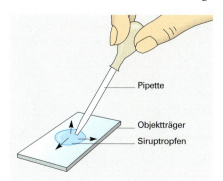

|5 Zuckersirup wird ausgebreitet.

5 Wir untersuchen verschiedene Flüssigkeiten auf Kristallrückstände

Untersuche z. B. Eiklar, Molke, Obst- und Fruchtsäfte, Honig, flüssigen Blumendünger, Cola und Cola light. Gehe dabei so vor, wie du es mit der Salz- und Zuckerlösung getan hast. Beschreibe deine Beobachtungen.

6 Wir züchten und mikroskopieren Kristalle

Ihr könnt Kristalle selbst „züchten" und ihre Entstehung beobachten. Die Bildung dauert nur wenige Minuten.

a Gib eine Spatelspitze Gipspulver in ein Reagenzglas. Fülle mit so viel Wasser auf, dass das Gipspulver gut überdeckt ist. Verschließe das Reagenzglas. Beobachte 10 bis 15 Minuten lang, wie sich das Gipspulver verändert. Drehe dabei das Reagenzglas mehrmals um.

b Mikroskopiere die Gipskristalle.

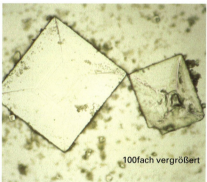

100fach vergrößert

16fach vergrößert

|6 Salz und Zucker unter dem Mikroskop

Wissenswertes **Kristalle**

Viele Materialien, die man in der Natur finden kann, sind aus Kristallen aufgebaut. |7–|10 Das gilt für Edelsteine, Salze, Eiskristalle, Schneeflocken und Metalle. Viele Kristalle haben ebene, glatte Flächen und gerade Kanten. Sie dienen daher oft als Schmuckstücke. Für die Kristalle von Kochsalz ist die Form von Quadern oder Würfeln typisch.

A Informiert euch arbeitsteilig in der Klasse über verschiedene Edelsteine. Sucht Informationen über Vorkommen, Verwendung, Farbe und Zusammensetzung. Erstellt gemeinsam ein Poster.

|7 Pyrit

|8 Calciumsulfat

|9 Diamant

|10 Eiskristall

Die Zelle – Grundbaustein aller Lebewesen

1 Wasserpest

2 Zellen der Wasserpest

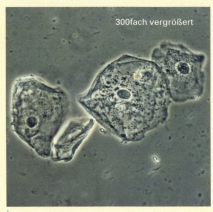

3 Mundschleimhautzellen

Die kleinsten Grundbausteine von Pflanzen und Tieren kannst du mit dem Mikroskop selbst entdecken. Die Grundbausteine aller Lebewesen heißen Zellen. Alle Pflanzen und Tiere sind daraus aufgebaut.

Grundlagen Aufbau von Zellen

Pflanzenzellen
Wenn man Pflanzen – z. B. ein Blättchen der Wasserpest oder ein Stück Zwiebelhäutchen – unter dem Mikroskop betrachtet, erkennt man viele abgerundete Vier- bis Sechsecke. Sie liegen dicht beieinander und bilden Reihen. Dies sind die Zellen. 4
Im Mikroskop erscheinen sie flach, weil man nur eine ganz dünne Schicht des Präparats scharf einstellen kann. In Wirklichkeit aber sind Zellen räumliche Gebilde. Gut erkennbar sind die *Zellwände*. Sie geben den Zellen von Pflanzen ihre feste Gestalt. Die Zellen sind ausgefüllt mit dem *Zellplasma*. Es ist eine durchsichtige, mehr oder weniger zähflüssige Masse. Das Zellplasma wird von einer sehr dünnen Haut, der *Zellmembran*, umgrenzt. Diese liegt ganz dicht an der Zellwand. Deshalb kann man sie im Mikroskop nicht sehen. Im Zellplasma liegt der *Zellkern*. Auch ein *Zellsaftraum (Vakuole)* ist vorhanden. Die Zellen von grünen Pflanzenteilen enthalten außerdem *Blattgrünkörner (Chloroplasten)*. In ihnen befindet sich das Blattgrün (Chlorophyll).

Tierzellen
Die Zellen von Tieren und damit auch die des Menschen haben wie die Pflanzenzellen eine *Zellmembran, Zellplasma* und einen *Zellkern*. Sie besitzen aber keinen Zellsaftraum und keine Blattgrünkörner. Auch die festen Zellwände fehlen.
Bei den Zellen deiner Mundschleimhaut kannst du daher die dünne Zellmembran, die das Zellplasma umschließt, erkennen. Um auch Zellkerne und Zellplasma gut sichtbar zu machen, können die Zellen angefärbt werden.

Alle Zellen besitzen eine Zellmembran, einen Zellkern und Zellplasma. Pflanzenzellen sind von einer Zellwand umgeben und können einen Zellsaftraum und Chloroplasten enthalten.

A Stelle Gemeinsamkeiten und Unterschiede von Pflanzen- und Tierzelle in einer Tabelle zusammen.

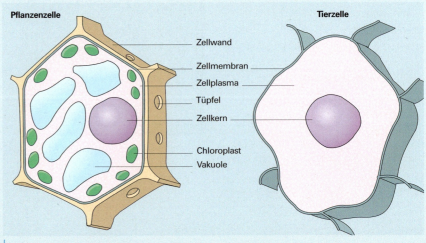

4 Pflanzen- und Tierzelle im Vergleich

1 Zellen der Wasserpest

Die Wasserpest ist eine Wasserpflanze. Du kannst sie in Aquariengeschäften kaufen. Ihre zarten Blättchen eignen sich gut zum Mikroskopieren.

a Betrachte die Wasserpest mit der Lupe. Zeichne eine Pflanze. Beschrifte deine Zeichnung.

b Zupfe mit einer Pinzette ein Blättchen ab. Gib es auf den Objektträger in einen Wassertropfen. Decke mit einem Deckgläschen vorsichtig ab. Stelle zunächst bei schwächster Vergrößerung scharf. Vergrößere dann stärker. Versuche im Mikroskop die Zellbestandteile wiederzufinden, die du auf der Abbildung sehen kannst. |5
Fertige von einer Zelle eine mikroskopische Zeichnung an (s. folgende Seite).

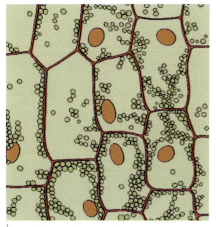

|5 Zellen im Blatt der Wasserpest

2 Zellen der Küchenzwiebel

Das Häutchen an der Innenseite einer Zwiebelschuppe eignet sich gut zum Mikroskopieren. Du musst jedoch zunächst ein Frischpräparat herstellen. |6
Achtung: Sei vorsichtig beim Umgang mit dem Skalpell bzw. der Rasierklinge!

Gib auf einen sauberen Objektträger einen Tropfen Wasser und lege das Stückchen Zwiebelhaut hinein. Achte darauf, dass es sich nicht zusammenrollt. Decke mit einem Deckgläschen ab. Bei der Betrachtung mit dem Mikroskop musst du die Blende stärker schließen, um den Kontrast zu erhöhen. Zeichne einen Ausschnitt von 2 bis 3 Zellen auf ein DIN-A4-Blatt.

3 Mundschleimhautzellen

Du kannst auch Zellen deines eigenen Körpers untersuchen. Stelle ein Präparat deiner Mundschleimhautzellen her. Damit du die Feinheiten der Zellen besser sehen kannst, musst du das Präparat anfärben.

a Schabe mit der Kante eines Teelöffelstiels von der Innenseite deiner Wange etwas Mundschleimhaut ab. Bringe sie dann in einen Wassertropfen auf dem Objektträger ein. Decke mit einem Deckgläschen ab. Mikroskopiere!

b Gib mit einer Pipette einen Tropfen blaue Tinte neben das Deckgläschen. Sauge die Tinte mit einem Fließpapier unter das Deckgläschen. |7 Beobachte mit dem Mikroskop, wie sich die Mundschleimhautzellen verändern. Fertige von einer Zelle eine mikroskopische Zeichnung an (s. folgende Seite).

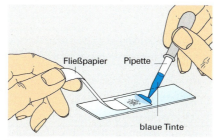

|7 Anfärben der Mundschleimhautzellen

c Welchen Vorteil hat das Anfärben von Objekten?

d Die Zellen der Mundschleimhaut zeigen beim Blick durch das Mikroskop keine regelmäßige Form und Anordnung. Dagegen zeigen die Zellen der Wasserpest und des Zwiebelhäutchens eine regelmäßige Anordnung. Woran kann das liegen? Begründe diesen Unterschied.

4 Modell einer Zelle

Bastle ein Modell einer Pflanzen- oder Tierzelle.

a Überlege dir zunächst, welche Teile dein Modell enthalten muss. Wähle dann dazu geeignete Materialien aus. Die Abbildung zeigt dir einige Beispiele. |8 Es können aber auch andere Materialien geeignet sein. Hier sind deiner Fantasie keine Grenzen gesetzt.

b Erläutere, was bei dem Modell einer Zelle anders ist als bei einer echten Zelle. Überlege auch, was Modelle besser veranschaulichen können als eine Zeichnung. Nenne weitere Beispiele für Modelle.

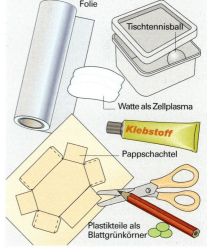

|8 Materialien für Zellmodelle

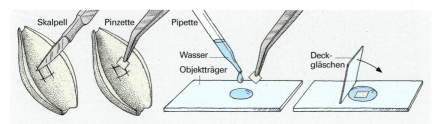

|6 Anfertigen eines Frischpräparats der Zwiebelhaut

Grundlagen Wie groß ist eine Zelle?

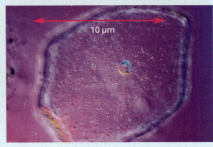

Wenn du eine Stadt von einem Flugzeug aus siehst, erscheint sie so klein wie eine Spielzeugstadt. Wenn du einen Marienkäfer mit einer Lupe betrachtest, sieht er riesig aus.
Wie groß Dinge sind, gibt man in der Längeneinheit Meter und in Vielfachen und Bruchteilen von Metern an. |2

Eine Zelle ist 1 bis 10 Mikrometer (µm) groß.

A Ermittle die Länge des Klassenzimmers, eines Schulbuchs und eines Radiergummis. Welche Längeneinheiten sind für die Angaben sinnvoll?

B Messt in der Klasse die Körpergröße von 4 oder 5 Mitschülern. Stellt die gemessenen Werte als Säulendiagramm dar. Dabei entspricht 1 cm auf dem Papier 10 cm in Wirklichkeit.

C Gib die Umrechnung von 1 µm in Meter an.

D Es gibt noch kleinere Längeneinheiten als Mikrometer. Finde heraus, wie sie heißen und wie sie sich errechnen.

|1 Vom Großen zum Kleinen

Einheit	Abkürzung	Umrechnung	
Kilometer	km	1 km	= 1000 m
Meter	m	1 m	= 100 cm
			= 1000 mm
			= 1 000 000 µm
Dezimeter	dm	1 dm	= $\frac{1}{10}$ m
Zentimeter	cm	1 cm	= $\frac{1}{10}$ dm
Millimeter	mm	1 mm	= $\frac{1}{10}$ cm
Mikrometer	µm	1 µm	= $\frac{1}{1000}$ mm

|2 Längeneinheiten und ihre Umrechnung

Arbeitsweise Wie man eine mikroskopische Zeichnung anfertigt

Arbeitsschritte
1. Zeichne auf weißes, unliniertes DIN-A4-Papier. Verwende zum Zeichnen und zum Beschriften stets einen Bleistift mittlerer Stärke. Drücke beim Zeichnen nicht zu fest mit dem Bleistift auf.
2. Notiere in einer Ecke folgende Angaben: deinen Namen, Datum, Untersuchungsobjekt, untersuchter Teil des Objekts, gewählte Vergrößerung.
3. Wähle durch Verschieben des Präparats auf dem Objekttisch einen geeigneten Bildausschnitt.
4. Beim Zeichnen bleiben wie beim Mikroskopieren beide Augen geöffnet. Wenn du dein Blatt Papier direkt neben das Mikroskop legst, kannst du ohne Kopfdrehen abwechselnd durch das Mikroskop und auf deine Zeichnung blicken. Deine Zeichnung sollte nicht zu klein sein.
5. Beschrifte abschließend die gezeichneten Bestandteile des Objekts. |3

|3 Mikroskopische Zeichnung

Zusammenfassung

Auge, Lupe und Mikroskop
Wenn du dich auf den Weg machst in die Welt des Kleinen, so reicht dein bloßes Auge für die Untersuchung oft nicht aus. Du benötigst zusätzliche Hilfsmittel: Lupen und Mikroskop. Durch ihre Linsen kannst du Objekte bei unterschiedlicher Vergrößerung betrachten.

Lupen und Mikroskope dienen der Vergrößerung.

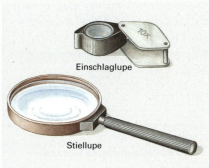

4 Wege in die Welt des Kleinen

Kristalle
Viele Materialien, die in der Natur zu finden sind, zeigen einen sehr regelmäßigen Aufbau. Es handelt sich dabei um Kristalle. Die Kristallstruktur findet sich zum Beispiel bei Salz, Zucker, Edelsteinen, Metallen sowie Schneeflocken und Eiskristallen.

Viele Materialien in der Natur sind aus Kristallen aufgebaut.

5 Pyrit

Zellen
Der Grundbaustein aller Lebewesen ist die Zelle. Alle Pflanzen und Tiere sind aus Zellen aufgebaut. Alle Zellen besitzen eine Zellmembran, einen Zellkern und Zellplasma. Pflanzenzellen sind von einer Zellwand umgeben und haben meistens Vakuolen. In den Zellen grüner Pflanzenteile befinden sich Blattgrünkörner (Chloroplasten) mit Blattgrün (Chlorophyll).

Alle Lebewesen bestehen aus Zellen.

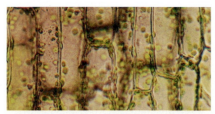
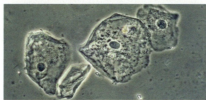

6 Pflanzenzellen und Tierzellen

Alles klar?

A Beschreibe die Vorgehensweise bei der Herstellung und bei der Abnahme von Fingerabdrücken.

B Zähle auf, welche Vor- und Nachteile die Untersuchung mit Auge, Lupe und Lichtmikroskop jeweils hat.

C Stelle dar, welche Funktion Linsen haben und wie sie eingesetzt werden können.

D Nenne die einzelnen Teile des Mikroskops und ihre Funktion.

E Stelle dar, welche Regeln für den richtigen Umgang mit dem Mikroskop gelten.

F Nenne Merkmale, nach denen du die Haare verschiedener Tiere und die Fasern verschiedener Textilien unterscheiden kannst.

G Erläutere, wie du ein mikroskopisches Präparat herstellst.

H Stelle dar, welche Regeln du bei der Anfertigung einer mikroskopischen Zeichnung beachten musst.

I Nenne Beispiele für Materialien, die aus Kristallen aufgebaut sind. Beschreibe, welche Gemeinsamkeiten sie aufweisen.

J „Die Zelle ist der Grundbaustein der Lebewesen." Erläutere diese Aussage.

K Beschreibe den Aufbau von Zellen. Unterscheide dabei, welche Bestandteile bei Pflanzenzellen, Tierzellen oder bei beiden Zelltypen vorkommen.

Sonne, Mond und Sterne

Vom Mikroskop zum Fernrohr

Ein Kaktusstachel im Finger? Doch mit bloßem Auge erkennst du ihn nicht richtig. |1
Was kannst du tun, um ihn besser zu sehen?

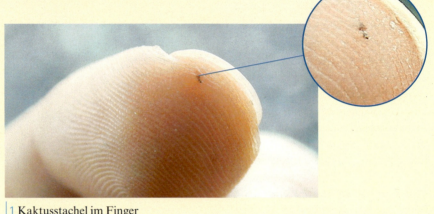

|1 Kaktusstachel im Finger

1 Wir experimentieren mit einer Wasserlupe

a Befestige den Blechlochstreifen eines Schnellhefters an einem Joghurtbecher und biege ihn über den Boden des Bechers. Halte den Lochstreifen in einen Wasserstrahl, bis sich ein Tropfen in dem runden Loch verfängt. Nun hast du eine Wasserlupe. |2
Lege deinen Finger darunter und betrachte deine Fingerkuppe. Achte darauf, dass dein Finger gut beleuchtet ist.
b Schau dir die Form der Wasserlupe von der Seite an. Skizziere mit Bleistift den Wassertropfen von der Seite in der Größe deines Fingernagels.
c Wie dick ist ein Haar von dir? Lege ein Haar auf Millimeterpapier. Betrachte es mit deiner Wasserlupe und schätze die Dicke.
d Versuche mit mehr oder weniger Wasser die Stärke des Wassertropfens zu verändern. Welche Wirkung hat das auf die Vergrößerung?
e Vergrößere und betrachte die farbigen Bilder in einer Zeitung. Wie viele verschiedene Farben erkennst du?

2 Wir bauen ein Fernrohr

Du brauchst:
2 unterschiedliche Sammellinsen (eine Lupe, ein Brillenglas mit 3 bis 5 Dioptrien), 1 Schirm aus Pergamentpapier, 1 stabiles Holzlineal bzw. Vierkantholz und 3 Einmachgummis.
So wird's gemacht:
Befestige jeweils mit einem Einmachgummi die Sammellinse mit der geringeren Wölbung am vorderen Ende und den Schirm etwa in der Mitte des Lineals. Richte dein Gerät nun auf das Fenster. Wenn du den Schirm verschiebst, erhältst du ein umgekehrtes, scharfes Bild.
Montiere die zweite Lupe so hinter dem Schirm, dass du das scharfe Bild auf dem Schirm vergrößert siehst. Du kannst jetzt den Schirm herausnehmen und durch beide Linsen auf das Fenster blicken. |3

3 Wir bauen ein Mikroskop

Du brauchst: 2 unterschiedliche Sammellinsen (Lupen), 1 Schirm aus Pergamentpapier, 1 stabiles Holzlineal bzw. Vierkantholz und 3 Einmachgummis.
So wird's gemacht: Bringe die Sammellinse mit der stärkeren Wölbung unten am Lineal an. Als Objekt verwendest du z. B. Transparentpapier. Entferne die Lupe so weit vom Objekt, bis – beim Blick von oben – das Objekt auf dem Kopf steht. Befestige nun den Schirm und bilde scharf ab. |4
Bringe die zweite Lupe so hinter dem Schirm an, dass du das Bild scharf siehst. Nimm den Schirm heraus. Bewege dein Auge zu dem hellen Scheibchen, das du hinter dem Okular siehst.

|2 Wasserlupe

|3 Lupenfernrohr

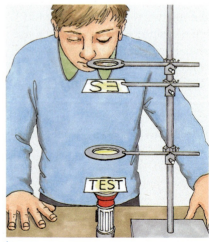

|4 Lupenmikroskop

Grundlagen Lupen

Lupen sind bauchige Linsen, die aus Glas oder durchsichtigem Kunststoff bestehen. Durch die bauchige Wölbung haben sie eine Vergrößerungswirkung. Bei der Wasserlupe erfüllt diese Aufgabe der Wassertropfen.
Linsen mit einer stark gewölbten Oberfläche vergrößern stark, solche mit geringer Wölbung vergrößern schwächer. Wenn man die Lupe nah genug an das Objekt heranführt, sieht man es vergrößert. Lupen vergrößern 2- bis 20fach.

Fernrohre wie auch Mikroskope bestehen aus zwei Linsen: Das Objektiv ist dem Objekt zugewandt, das Okular dem Auge. Sowohl beim Mikroskop als auch beim Fernrohr erzeugt die Objektivlinse ein umgekehrtes Bild. Dieses wird durch eine Lupe, das Okular, betrachtet. Man sieht es dann vergrößert.
Beim Fernrohr hat das Objektiv eine geringere Krümmung als das Okular, beim Mikroskop ist es umgekehrt. |5

Eine „Stereolupe" ist ebenfalls ein Mikroskop, da sie aus Objektivlinse und Okularlinse besteht. |6 Mit ihr kann man ein Objekt bis zur 40-fachen Vergrößerung betrachten. Stereolupen haben gegenüber Lupen genauso wie Ferngläser gegenüber Fernrohren den Vorteil, dass man mit beiden Augen beobachten kann. Dadurch erzeugt das Gehirn einen räumlichen Eindruck des Objekts.

Vorsicht mit Linsen!
Kunststoff- und Glaslinsen haben empfindliche Oberflächen. Du solltest sie nicht mit deinen Fingern berühren und geschützt ablegen. Zur Reinigung ist ein weiches Tuch notwendig, denn harte Fasern können die Oberfläche zerkratzen und die Linsen unbrauchbar machen.

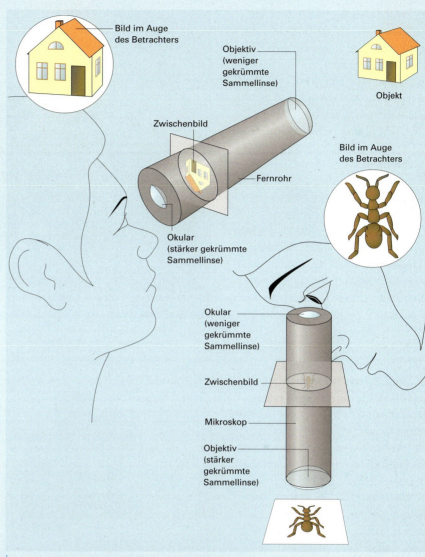

|5 Funktionsweise von Fernrohr und Mikroskop

|6 Stereolupe

A In der Schulsammlung gibt es käufliche Lupen. Vergleiche ihre Wirkung mit der deiner Wasserlupe und beschreibe die Unterschiede.
B In welchen Berufen werden Mikroskope verwendet? Nenne Beispiele.

Mit den Augen unterwegs in die Ferne

Im Mittelalter herrschte die Überzeugung, dass die Erde im Mittelpunkt der Welt steht und dass Sonne, Planeten und Sterne um die Erde wandern. Zu dieser Vorstellung passte nicht, was mit den ersten Fernrohren am Himmel beobachtet wurde. Der italienische Gelehrte *Galileo Galilei* (1564–1642) |1 entdeckte unter anderem, dass der Planet Jupiter von vier Monden umkreist wird. Für die Monde ist Jupiter der Mittelpunkt ihrer Bahnen, nicht die Erde!
Die Fernrohrbeobachtungen halfen mit, dass sich das neue „Weltbild" durchsetzte: Die Erde und die anderen Planeten kreisen um die Sonne. Zudem dreht sich die Erde um ihre Achse.

|1 Galilei führt sein Fernrohr vor: „Schaut doch, ihr müsst nur durchschauen."

1 Umgang mit Ferngläsern

a Beobachte mit mindestens drei unterschiedlichen Ferngläsern weit entfernte Gegenstände.
Wie unterscheiden sich die beobachteten Bilder? Beschreibe jeweils Vor- und Nachteile.

b Wie unterscheiden sich die Ferngläser voneinander?
Was sollte man beim Kauf eines Fernglases beachten?

c Mit welchen Angaben auf den Ferngläsern könnten die unterschiedlichen Bildqualitäten zusammenhängen?
Hinweis: „7 × 30" bedeutet 7fache Vergrößerung und 30 mm Objektivdurchmesser.

d Fernrohre und Ferngläser besitzen zwei Linsen (oder Linsensysteme): eines an der Augenseite und eines an der Lichteintrittsseite. |2 |3
Vergleiche mit dem Mikroskop und ordne die Bezeichnungen *Objektiv* und *Okular* zu.
Hinweis: Fernrohre für astronomische Beobachtungen besitzen als Objektiv meist einen Hohlspiegel. Er bildet den Gegenstand wie eine Linse ab.

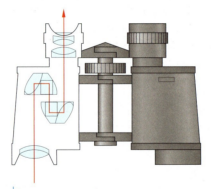

|2 Aufbau eines Fernglases

|3 Fernrohr (Teleskop)

e Beim *Very Large Telescope* der europäischen Südsternwarte in Chile sollen vier Spiegelteleskope mit einem Durchmesser von jeweils 8,2 m zusammengeschaltet werden. |4 Dann kann man auf dem Mond Gegenstände bis zu einer Größe von 1 m erkennen. Dabei ist der Mond 384 400 km von der Erde entfernt!
Vergleiche mit dem Auflösungsvermögen deines Fernglases: Richte es auf einen 3 bis 4 km entfernten Berg oder Turm. Versuche dort Menschen zu erkennen. Formuliere deine Ergebnisse.

|4 Very Large Telescope

2 Sonnenbeobachtung

Vorsicht: Schaue niemals direkt in die Sonne, schon gar nicht mit einem Fernglas. Du würdest erblinden!

a Mit einem Fernglas kannst du ein Bild der Sonne auf der Klassenzimmerwand erzeugen. Befestige das Fernglas an einem Stativ oder mit Stativmaterial aus der Sammlung. Decke ein Objektiv mit einer Schutzkappe ab. |5

b Bilde die Sonne möglichst scharf ab. Du erkennst dann ein oder zwei schwarze Stellen auf der Sonne – man nennt sie *Sonnenflecken*.
In welchem Zahlenverhältnis steht die Größe der Sonnenflecken zur Größe des Sonnenbilds?
Lies den Text „Unsere Sonne – ein brodelndes Inferno". Schätze die tatsächliche Größe der beobachteten Sonnenflecken ab.

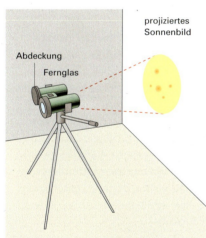

|5

Wissenswertes Unsere Sonne – ein brodelndes Inferno

Die Sonne ist ein Stern unter vielen anderen Sternen. Sie ist weder besonders groß noch außergewöhnlich heiß.

Die gigantische Gaskugel |6 |7 leuchtet seit ungefähr 4,6 Milliarden Jahren. In unserem Sonnensystem ist sie der einzige Himmelskörper, der selbst Licht abstrahlt. Sie ist so groß, dass 1 300 000 Erdkugeln hineinpassen würden.

Die Erde umkreist sie in einem mittleren Abstand von 149 Millionen Kilometern. Diese Entfernung nennt man *astronomische Einheit* (1 AE). Bei Sonnenflecken (kühlere Stellen der Oberfäche) und Protuberanzen (Gaswolken oberhalb der Sonnenoberfläche) stellt man einen 11-jährigen Rhythmus fest.

Im Kern der Sonne werden unvorstellbare Energien freigesetzt. Die Temperatur beträgt ca. 15 Millionen Grad Celsius, der Druck ist 300 Milliarden Mal größer als der Luftdruck auf der Erde. Die äußeren Gasschichten, die wir mit dem bloßem Auge sehen, sind immer noch rund 5500 °C heiß (Schmelztemperatur von Eisen: 1535 °C).

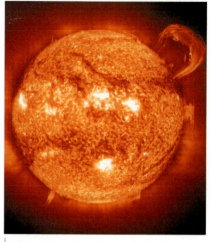

|7 Sonne mit Protuberanz

Eigenschaft	Größe
Durchmesser	1 392 500 km
Verhältnis der Masse zur Erdmasse	332 830
Dichte im Kern	160 kg pro l
Durchschnittliche Dichte	1,410 kg pro l
Temperatur im Kern	15 Mio. °C
in der Fotosphäre	5 500 °C
in einem Sonnenfleck	4 500 °C

|8 Die Sonne in Zahlen

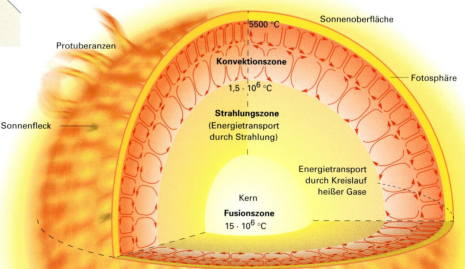

|6 Aufbau der Sonne

3 Mondbeobachtung

Der Mond ist schon beim Betrachten mit kleineren Fernrohren so reich an Einzelheiten, dass man auf ihm faszinierende „Spaziergänge" unternehmen kann. Je nach Mondphase führen die wechselnden Beleuchtungsverhältnisse immer wieder zu neuen Ansichten.

a Kopiere eine Mondkarte (Format: DIN A4).
Hinweise: Bei Mondkarten ist der Nordpol unten und der Südpol oben. Wahrscheinlich findest du eine Mondkarte in deinem Schulatlas.
b Warte auf eine klare Nacht, bei der der Mond zu mehr als der Hälfte zu sehen ist.
Beobachte die Mondoberfläche mit einem Fernglas oder Fernrohr mindestens eine halbe Stunde lang. Immer wenn du auf dem Mond Einzelheiten aus der Karte erkennst, zeichnest du die beobachtete Stelle in deiner Mondkarte ein.
c Wie sieht wohl die Mondoberfläche an dieser Stelle aus? Beschreibe.

4 Venusbeobachtung

Informiere dich, wann die Venus am Nachthimmel sichtbar ist.
Versuche nach Sonnenuntergang oder vor Sonnenaufgang, sie mit bloßem Auge oder einem Fernglas zu finden.
Notiere, über welchem markanten Punkt am Horizont du die Venus entdeckt hast.
Vergleiche mit den Beobachtungen deiner Mitschüler.

Astronomie Was ist auf der Mondoberfläche zu sehen?

Mit dem Fernglas kann man auf dem Mond unzählige Krater mit bis zu 300 km Durchmesser erkennen. Am rechten Mondrand liegt beispielsweise in der Nähe des Mondäquators der riesige Krater *Langrenus*. |1
Auffällig sind auch die „Meere", recht ebene Flächen, die allerdings keinen Tropfen Wasser enthalten. Bei zunehmendem Mond sind z. B. das *Meer der Fruchtbarkeit* und das *Meer der Entscheidung* am rechten Mondrand zu sehen. Bei genauem Hinschauen erkennt man auch Berge, Meeresrücken und Täler.
Der Mond umkreist die Erde seit ungefähr 4 Milliarden Jahren. Der durchschnittliche Abstand zwischen Erde und Mond beträgt 384 400 km.

A Übertrage die Tabelle in dein Heft und ergänze sie. |2

Eigenschaft	Größe
Durchmesser	? km
Verhältnis der Masse zur Erdmasse	0,124
Dichte	3,34 kg pro l
Temperatur	
Tagseite	? °C
Nachtseite	? °C

|2 Der Mond in Zahlen

B Der Mond war für Menschen nicht nur wissenschaftlich von Bedeutung.
1 Welche Rolle spielte der Mond bei den Indianern und im Lied von Claudius?
2 Leonardo da Vinci sah den Mond ganz anders. Beschreibe da Vincis Vorstellung vom Mond.

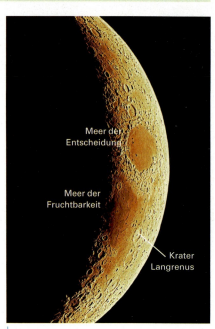

|1 Mondoberfläche

Der Mond – verschieden gesehen
Guter Mond, du gehst so stille durch die Abenddämmerung hin …
Matthias Claudius

In jener längst vergangenen Zeit der offenen Prärie, als der Wind noch die Sprache Amerikas war, hatten die Indianer unter dem Mond gelebt, zu ihm aufgeblickt, waren ihm näher gewesen als je ein Europäer.
Norman Mailer

Der Mond hat kein Licht von sich aus. Und so viel die Sonne von ihm sieht, so viel beleuchtet sie. Und von dieser Beleuchtung sehen wir so viel, wie viel davon uns sieht. Und seine Nacht empfängt so viel Helligkeit, wie unsere Gewässer ihm spenden, indem sie das Bild der Sonne widerspiegeln, die sich in allen jenen spiegelt, welche die Sonne und den Mond sehen.
Leonardo da Vinci

Astronomie **Die Venus – Nachbarplanet der Erde**

|3 Die Venus als Morgenstern

|4 Venusphasen

Unser Nachbarplanet Venus ist als Abendstern und als Morgenstern bekannt. |3
Die Venus ist nach dem Mond das zweithellste Objekt am Nachthimmel. Sie geht höchstens 4,5 Stunden vor der Sonne auf oder nach ihr unter. Man kann die Venus also niemals während der ganzen Nacht sehen. Du findest sie am Himmel stets in der Nähe der Stelle, wo die Sonne aufgeht oder untergegangen ist.
Die Venus hat wie der Mond Phasen und erscheint manchmal nur als schmale Sichel. |4

Der kleinste Abstand zwischen Erde und Venus beträgt 38 Millionen Kilometer.
Die Atmosphäre der Venus besteht zu 96 % aus Kohlenstoffdioxid. Der Druck an der Venusoberfläche ist 90-mal so groß wie der Luftdruck an der Erdoberfläche.
Die sonnennahe Bahn der Venus und die Atmosphäre führen dazu, dass die Durchschnittstemperatur auf der Venusoberfläche 460 °C beträgt! |5
Die Venus kreist wie die Erde um die Sonne. Da ihre Bahn näher an der Sonne liegt als die Erdbahn, kann es vorkommen, dass sich die Venus zwischen Erde und Sonne schiebt. Du kannst sie dann als dunklen Punkt vor der Sonne sehen. Fast immer geht die Venus allerdings oberhalb oder unterhalb der Sonne vorbei. |6

Eigenschaft	Größe
Durchmesser	12 104 km
Verhältnis der Masse zur Erdmasse	0,815
Dichte	5,24 kg pro l
Temperatur (Oberfläche)	460 °C
Dauer einer Drehung um die eigene Achse	243 Tage

|5 Die Venus in Zahlen

|6 Venus zwischen Erde und Sonne

Licht – Auge – Sehen

Lichtquellen

1 Der Grottenolm lebt in Gewässern in dunklen Höhlen. Seine Augen bilden sich nach der Geburt vollständig zurück.

2 Nachtjäger haben große Augen. Eulen können bei Nacht sehr gut sehen.

Harry sagt: „Wie ungerecht! Der Grottenolm ist blind, aber die Eule hat Superaugen." – „Der Grottenolm wäre auch mit Superaugen nicht besser dran", entgegnet ihm Tina.

Probier's mal!

1 Im Dunkeln sehen?
Du benötigst weißes Papier, Alufolie, Leuchtstift und Lichtreflektor (z. B. Speichenreflektor fürs Fahrrad, Sicherheitsanhänger für Fußgänger …).
a Gehe damit in ein vollständig verdunkeltes Zimmer. Siehst du noch etwas?
b Kannst du vielleicht etwas sehen, wenn sich deine Augen nach einiger Zeit an die Dunkelheit gewöhnt haben? Überprüfe vorher, ob wirklich kein Licht ins Zimmer dringt.

A Tiere, die nachts jagen, haben meist große Augen. Warum?
B „Der Grottenolm wäre auch mit Superaugen nicht besser dran." Was meint Tina wohl mit dieser Aussage?
C Wir kennen unterschiedliche Quellen: Wasserquellen, Wärmequellen, Ölquellen, Lichtquellen, Lärmquellen, Geldquellen …
Was haben alle Quellen gemeinsam?
D Unsere wichtigste Lichtquelle ist die Sonne. |3
Außer ihr gibt es aber in der Natur noch weitere Lichtquellen.
Schreibe auf, welche dir einfallen.
E Neben den natürlichen gibt es von Menschen gemachte („künstliche") Lichtquellen.
Trage sie in eine Tabelle ein.
F Andreas sagt, dass man zum Sehen eigentlich drei Dinge braucht. Was könnte er damit meinen?

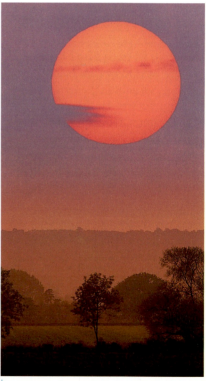

3 Sonne – unsere wichtigste Lichtquelle

Die Ausbreitung des Lichts

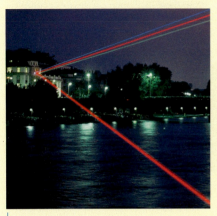
4 Laserlicht

5 Sonnenlicht im Wald

6 Lampe unter löchriger Folie

Was sagen dir diese Bilder über die Lichtausbreitung?

Probier's mal!

1 Wie sich Licht ausbreitet
Bespanne ein Küchensieb außen mit Alufolie. Stich Löcher in die Folie und stülpe das Ganze über eine Lampe.
a Überlege, wie man das austretende Licht in einem verdunkelten Raum sichtbar machen kann.
b Was zeigt dir dieser Versuch?

2 Licht fällt auf verschiedene Flächen
Gehe mit einer Taschenlampe in ein dunkles Zimmer. Lege ein weißes und ein dunkles (schwarzes) Blatt Papier sowie ein Stück zerknitterte Alufolie auf den Fußboden. Beleuchte die drei Flächen nacheinander von oben mit der Lampe. Beobachte, wie hell es im Raum wird (z. B. an der Zimmerdecke). Beschreibe deine Beobachtung und überlege dir dafür eine Erklärung.

Grundlagen Lichtquellen – Lichtausbreitung

Licht geht immer von einer Lichtquelle aus. Die meisten Lichtquellen senden ihr Licht nach allen Seiten hin aus (Ausnahme: Laser).
Die Lichtausbreitung erfolgt exakt *geradlinig*. Deshalb benutzt man zum Zeichnen von Lichtwegen immer ein Lineal.
Wenn Licht von einer Lichtquelle ins Auge fällt, sehen wir die Lichtquelle. |7 Beleuchtete Gegenstände sehen wir, wenn das von ihnen zurückgeworfene Licht (Streulicht) in unsere Augen gelangt. |8

Wir sehen einen Körper, wenn von ihm Licht ungestört in unser Auge gelangt.

Von der Seite kann man einen „Sonnenstrahl" nur sehen, wenn Licht durch Nebel oder Rauch gestreut wird und in unser Auge gelangt.

A Übertrage die Zeichnung |9 in dein Heft und ergänze, wie das Licht durch die Löcher nach draußen fällt.
B Du bist abends mit dem Fahrrad unterwegs. Was benutzt du, um …
1 … selbst besser sehen zu können?
2 … besser gesehen zu werden?

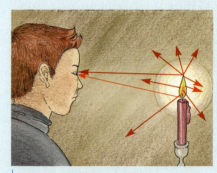
7 Sehen einer Lichtquelle

8 Sehen eines beleuchteten Gegenstands

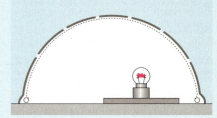
9

Löcher erzeugen Bilder

Bild mit Lochauge

1 Der *Nautilus*, ein Tintenfisch, lebt in 100 m Tiefe im Pazifik.

2 Dieser Kamera fehlt das „Objektiv". Statt der Linsen ist vorne im Deckel ein 1 mm großes Loch. Trotzdem kann man mit so einer „Lochkamera" Bilder machen …

Das Auge des Nautilus besteht aus einer wassergefüllten Kammer, die vorne ein Loch hat, aber keine Linse. Welche gemeinsamen Eigenschaften haben die Bilder, die der Nautilus mit seinem Lochauge sieht und die eine Lochkamera macht?

Probier's mal!

1 Mit geschlossenen Augen
Ob du auch mit geschlossenen Augenlidern etwas sehen kannst?
a Blicke mit geschlossenen Augen in eine Lampe. Führe nahe vor den Augen deine Handfläche vorbei.
b Schließe in einem dunklen Zimmer zusätzlich die Augen. Schalte dann eine Taschenlampe ein und bewege sie. Mehr „sehen" Regenwürmer niemals.

2 Ein Loch erzeugt ein Bild
Ob ein Auge oder Fotoapparat auch ohne Linse ein Bild erzeugen könnte? Du brauchst für den Versuch: 1 Kerze (als *Lichtquelle*), 1 Postkarte mit kleinem Loch in der Mitte (als *Blende*), 1 weißes Blatt Papier (als *Bildschirm*). Zünde im dunklen Raum die Kerze an. Halte die Blende im Abstand von 10 cm und suche hinter der Blende nach einem Bild.

Grundlagen Bilder aus lauter Lichtflecken

Wieso kann ein einfaches Loch Bilder erzeugen? Das lässt sich am einfachsten an einer Kerzenflamme erklären. 3
Wir denken uns, dass die Flamme aus vielen leuchtenden Punkten besteht. Von der Flammenspitze aus fällt Licht in alle Richtungen. Ein Teil des Lichts geht durch das kleine Blendenloch hindurch und erzeugt auf dem Schirm einen kleinen Lichtfleck. Das Gleiche gilt für jeden anderen Punkt der Flamme. Dabei erzeugen Lichtpunkte vom unteren Rand der Kerze einen Lichtfleck oben auf dem Schirm. Alle Lichtflecke auf dem Schirm überlagern sich. Dabei entsteht ein auf dem Kopf stehendes und unscharfes Bild der Flamme.

Je kleiner man das Loch macht, desto schärfer wird das Bild. Leider wird es dabei aber immer dunkler.

Ähnlich ist es, wenn man eine Lochkamera auf ein Haus im Sonnenlicht richtet. Von jedem Punkt des Hauses aus fällt Licht durch das Blendenloch auf den Bildschirm. Die unzähligen Lichtflecke zusammen ergeben dort ein Bild des Hauses.

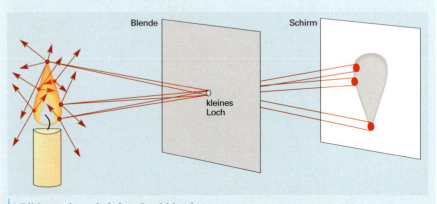

3 Bildentstehung bei einer Lochblende

3 Bauanleitung
Eine einfache Lochkamera
Du brauchst:
1 Blechdose, Pergament- und Packpapier, schwarzen Karton oder schwarzes Farbspray.

a Lege die Dose innen mit schwarzem Papier aus oder färbe die Innenwand schwarz.
b Stich in den Boden der Dose ein kleines Loch. Über die offene Seite spannst du Pergamentpapier. |4
c Um die Dose herum wird das Packpapier so gewickelt, dass danach das Pergamentpapier im Dunkeln liegt.
d Beobachte mit deiner Lochkamera eine von der Sonne beschienene Landschaft oder eine Kerzenflamme im dunklen Raum.

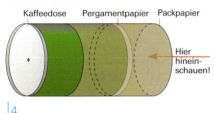
|4

Natur Das menschliche Auge

Unser Auge ist ein kompliziert aufgebautes Sinnesorgan. |5
Die Augenlider schützen es vor Fremdkörpern und wirken gleichzeitig als „Scheibenwischer". Mit der Größe der Pupille reguliert das Auge die Helligkeit der Bilder, die wir sehen. Die Linse stellt die Schärfe ein. Das Gehirn „erklärt" uns einiges von dem, was das Auge gesehen hat.

|5 Menschliches Auge

Natur Lauter verschiedene Augen

|6 Adler

|7 Katze

|8 Insekt

|9 Vierauge

|10 Chamäleon

|11 Schnecke

In der Natur gibt es ganz unterschiedliche Augentypen – jeweils angepasst an die verschiedenen Lebensräume und Fressgewohnheiten der Tiere. Mit ihren Augen können manche Tiere
– gleichzeitig sehen und fühlen (A),
– im Dunkeln besonders gut sehen (B),
– in zwei beliebige Richtungen gleichzeitig gucken (C),
– ferne Dinge besonders scharf sehen (D),
– rundum alles gleichzeitig wahrnehmen (E),
– Dinge gleichzeitig über und unter Wasser scharf sehen (F).

A Ordne die Eigenschaften A bis F den abgebildeten Tieren zu. |6–|11

Linsen machen scharfe Bilder

1 Bild der Lochkamera
2 „Lochkamera"
3 Kamera mit Objektiv
4 Bild der Kamera mit Objektiv

Das 1-mm-Loch der Lochkamera erzeugt ein unscharfes, dunkles Bild, das auf dem Kopf steht. |1
Das Objektiv des echten Fotoapparats entspricht einem großen Loch, in dem eine Sammellinse steckt. Das Bild ist hell und scharf. |4

Probier's mal!

1 Bilderzeugung mit einer Linse
Erzeuge Bilder mit einer Linse. Als Linse ist eine Lupe (ein „Brennglas") oder ein entsprechendes Brillenglas geeignet.
a Stelle dich mit der Linse in einigen Metern Abstand vor ein helles Fenster. Halte direkt hinter die Linse ein Blatt weißes Papier als Schirm. |5
b Entferne den Schirm langsam immer weiter von der Linse, bis du ein scharfes Bild des Fensters und der Landschaft erhältst. Beschreibe die Eigenschaften des Bildes.

2 Die Lochkamera wird verbessert
Hast du eine Lochkamera gebaut? Dann vergrößere das Loch schrittweise. Wie ändert sich das Bild? Halte anschließend eine geeignete Linse vor das große Loch.

3 Eine Glaskugel erzeugt Bilder
Schaust du durch eine klare Glaskugel (Murmel), so siehst du ein scharfes Bild. |6 Lässt es sich auf einem Schirm auffangen?
Prüfe, ob sich eine solche Kugellinse als Lupe eignet, um damit kleine Gegenstände vergrößert zu sehen.

4 Bilderzeugung mit dem Weinglas
Ein kugelförmiges Glas kann ein Fenster abbilden. Geht es nur mit Wasser im Glas? |7 Probiere es aus.

5 Linsen herstellen – ganz einfach
Du kannst dir auf einfache Weise kleine, dicke Linsen herstellen. |8
Prüfe, ob auch sie Bilder erzeugen.

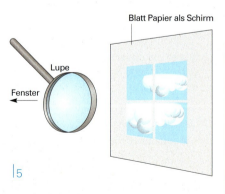

5

6

7

8

6 Wo liegen die Bilder der Sammellinse?

Wir untersuchen, wo bei einer Sammellinse Bilder entstehen. |9

a Eine Kerze wird 1 m vor der Linse aufgestellt. Suche mit einem Schirm die Stelle, an der hinter der Sammellinse das (scharfe) Bild der Flamme entsteht. Miss den Abstand Bild–Linse. Dieser Abstand heißt *Bildweite*.

b Vergrößere den Abstand der Kerze von der Linse (die *Gegenstandsweite*). Wie ändert sich die Bildweite?

c Entferne die Kerze allmählich immer weiter von der Linse.
Wie groß ist die kleinste Bildweite, die bei deiner Linse möglich ist?

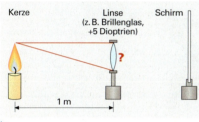

|9

7 Unterschiedliche Sammellinsen

Sammellinsen haben verschiedene Formen. |10 Tausche die im Versuch 6 benutzte Sammellinse gegen eine dickere oder dünnere Linse aus. Was ändert sich bei den Bildern, wenn Kerze und Linse immer am gleichen Platz stehen?

8 Das Bild der Sonne und die Brennweite

Richte eine Sammellinse (Lupe) zur Sonne hin aus. Benutze als Bildschirm eine Zeitung. Fange damit das Sonnenbild auf. Bestimme den Abstand zwischen Linse und Zeitung.
Man nennt den Abstand die *Brennweite* der Linse. Erkläre den Namen.

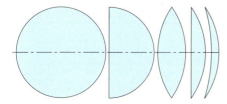

|10 Verschiedene Sammellinsen

Grundlagen Punkt für Punkt entstehen Bilder

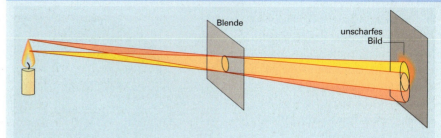

|11 Abbildung bei der Lochblende: Gegenstandspunkt wird als Bildfleck abgebildet.

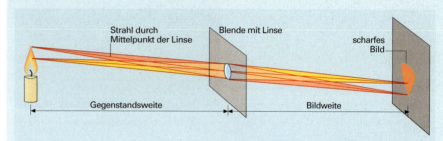

|12 Abbildung bei der Sammellinse: Gegenstandspunkt wird als Bildpunkt abgebildet.

Eine Lochkamera bildet jeden Lichtpunkt als kleinen Bild*fleck* ab. Damit das Bild hell ist, darf das Loch nicht zu klein sein. Je größer das Loch ist, desto mehr überlappen sich die vielen Bildflecke. Das Bild ist unscharf, wohin auch immer man den Schirm schiebt. |11

Anders ist es bei der Sammellinse. Das von einem Punkt kommende Licht läuft hinter der Linse wieder in einem *Punkt* zusammen. Man erhält also helle und scharfe Bilder, weil zu jedem Gegenstands*punkt* ein Bild*punkt* entsteht. |12

Eine Sammellinse bildet jeden Gegenstandspunkt als Bildpunkt ab.

Bei der Sammellinse entsteht das scharfe Bild in einem ganz bestimmten Abstand hinter der Linse: der *Bildweite*. Vor oder hinter der Bildweite entsteht ein unscharfes Bild.

Bei sehr weit entfernten Gegenständen (z. B. der Sonne) ist der Abstand Linse–Bild am kleinsten. Dieser Abstand heißt *Brennweite*.

A Sammellinsen sind unterschiedlich geformt. Was haben alle gemeinsam?

B Wieso gelingt es nicht, mit einer Lochkamera scharfe *und* helle Bilder zu bekommen? Wie kommt es, dass man es mit einer Sammellinse schafft?

C Du kannst hinter einer Sammellinse das Bild der Landschaft auf einem Schirm auffangen. Ergänze: „Das Bild ist umso kleiner, je … die Linse ist."

D Zeichne im Heft, welchen Strahlenverlauf du bei den Linsen B und C erwartest. |13

E Warum ist bei einer Sammellinse das Bild nur in der Bildweite scharf? |14

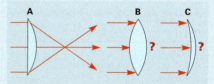

|13

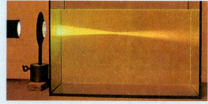

|14

Das Auge erzeugt Bilder

Das Netzhautbild entsteht ähnlich wie das Bild hinter einer Glaskugel. |1 |2
Das Auge wirkt nämlich trotz seines komplizierten Aufbaus ähnlich wie eine Glaskugel.
Doch bei der Bildentstehung im Auge spielen noch weitere Teile eine Rolle …

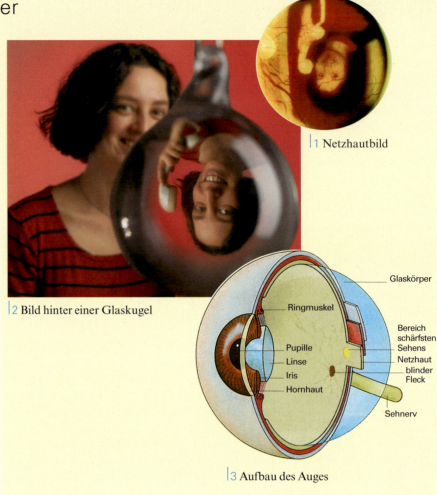

|1 Netzhautbild

|2 Bild hinter einer Glaskugel

|3 Aufbau des Auges

Probier's mal!

1 So klein sind Netzhautbilder
Hinter der Rückseite einer Glasmurmel entstehen Bilder. Richte die Murmel gegen ein helles Fenster oder eine Kerzenflamme. Wenn die Murmel einen Durchmesser von ca. 25 mm hat, sind die Bilder so groß wie auf der Netzhaut deiner Augen.

2 Anpassung an die Helligkeit
Blicke in einem abgedunkelten Raum jemand anderem ins Auge – oder im Spiegel dir selbst. Beschreibe deine Beobachtung, wenn in dem Raum Licht eingeschaltet wird.

3 Unsere Sehfähigkeit ist begrenzt
Sehr kleine Gegenstände können wir ohne Hilfsmittel nicht unterscheiden. Das gilt auch für die Punkte, aus denen gedruckte Bilder zusammengesetzt sind. Bei welcher Farbfläche kannst du die Punkte noch aus einem Abstand von 30 cm unterscheiden? |4

|4

4 Experimente mit dem Modellauge
Der Versuchsaufbau soll das Auge darstellen. |5
a Entferne die Kerze so weit von der Blende, dass auf dem Schirm ein scharfes Bild entsteht.
b Der Abstand Linse–Netzhaut ist beim menschlichen Auge unveränderlich. Im Aufbau darfst du also die Bildweite nicht mehr verändern.
Die Kerze wird nun weiter von der Linse entfernt. Wie verändert sich das Bild?
Probiere, ob eine dickere oder dünnere Linse an der gleichen Stelle ein besseres Bild liefert.

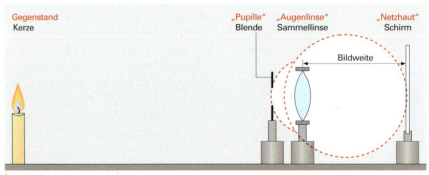

|5 Modellauge

Grundlagen Wie unser Auge das Bild scharf stellt

Wie das Auge aufgebaut ist |6

Wenn Licht auf das menschliche Auge fällt, trifft es zunächst auf die lichtdurchlässige *Hornhaut*. Sie hat auf das Licht eine ähnliche Wirkung wie eine Sammellinse. Anschließend fällt das Licht durch die *Pupille*. Sie ist nichts anderes als ein Loch, das von der *Iris* umgeben ist. Iris und Pupille stellen gemeinsam eine Blende dar. Bei geringem Lichteinfall ist die Pupille weit geöffnet. Bei starkem Lichteinfall verkleinert sie sich bis auf einen Durchmesser von 1 bis 2 mm.
Hinter der Pupille trifft das Licht auf die *Augenlinse*. Sie verstärkt die sammelnde Wirkung der Hornhaut. Dadurch entsteht auf der *Netzhaut* ein scharfes Bild.

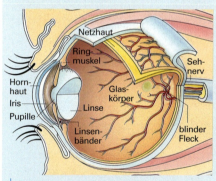

|6 Aufbau des Auges

Entfernungseinstellung beim Auge

Der Abstand Linse–Netzhaut, also die Bildweite, ist im Auge stets gleich groß. Dennoch können unterschiedlich weit entfernte Gegenstände scharf abgebildet werden. Das liegt daran, dass die Brennweite der Augenlinse veränderlich ist.

Die Augenlinse ist elastisch und kann ihre Form verändern.
Beim Blick in die Ferne ist die Augenlinse entspannt und nur schwach gewölbt. |7
Wenn man einen in der Nähe liegenden Gegenstand betrachtet, wölbt der Ringmuskel die Augenlinse stärker. |8

Die Rolle des Gehirns

Wichtig beim Sehvorgang ist die Rolle des *Gehirns*. Es verarbeitet die Signale, die es von den *Sinneszellen* der Netzhaut über den *Sehnerv* erhält.
Das Gehirn sorgt für ein aufrecht stehendes Bild. Außerdem vereint es die beiden Netzhautbilder unserer Augen zu einem einzigen räumlichen Bild. Sogar Mängel beseitigt das Gehirn: Vom *blinden Fleck*, einem Bereich auf der Netzhaut ohne Sinneszellen, bemerken wir nichts.

A Welchen Einfluss hat die Größe der Pupille auf das Bild, das auf der Netzhaut entsteht?

B Bei einer Sammellinse stellt man das Bild scharf, indem man den Schirm verschiebt und so die Bildweite ändert. Wie stellt dein Auge ein Bild scharf?

C Du kannst von ein und demselben Standort aus einen Gegenstand unterschiedlich sehen. |9 Was hat sich dabei in deinen Augen geändert?

D Wie ist deine Augenlinse gewölbt, wenn du weit entfernte Gegenstände siehst? Und welche Form hat die Linse bei nahen Gegenständen?

E Lege zwei Münzen im Abstand von 10 cm auf ein Blatt Papier. Schließe dann das linke Auge und sieh mit dem rechten auf das linke Geldstück. Nähere dein Auge langsam den Münzen. Was geschieht?

F Die Netzhaut hat einen Bereich ohne lichtempfindliche Zellen (den „blinden Fleck"). Warum nehmen wir trotzdem einwandfreie Bilder wahr?

G Fotografiert man in schwach beleuchteten Räumen mit Blitzlicht, so haben Personen auf den Bildern oft rote Augen. Die Farbe stammt von den Blutgefäßen hinter der Netzhaut. Wieso gibt es die roten Augen nicht auf Fotos, die bei Sonnenlicht gemacht wurden?

|7 Sehen in großer Entfernung – mit dünner Augenlinse

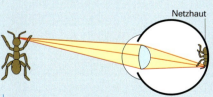

|8 Sehen in geringer Entfernung – mit dicker Augenlinse

|9 Unterschiedlich gesehen

Wir sehen die Welt farbig

|1

„Nachts sind alle Katzen grau." Tatsächlich können wir unterschiedliche Farben nur dann wahrnehmen, wenn sie hell genug sind. Es spielt aber auch eine Rolle, wo das farbige Licht auf die Netzhaut trifft …

Grundlagen Wie wir Farben sehen

In der Netzhaut unseres Auges lassen sich zwei Arten von Sinneszellen unterscheiden: dünne *Stäbchen* und dickere *Zapfen*. Sie erfüllen verschiedene Aufgaben:

Die Zapfen ermöglichen, dass wir bei Helligkeit scharf sehen und Farben erkennen können. Fast alle Zapfen sitzen im Zentrum der Netzhaut. Hier ist die Stelle des schärfsten Sehens, der gelbe Fleck. |2

Beim Lesen dieser Zeilen erkennst du nur die Buchstaben ganz genau, die du direkt anschaust. Nur diese wenigen Buchstaben werden im gelben Fleck abgebildet und reizen dort die Zapfen. Die Bilder aller anderen Buchstaben liegen außerhalb des Zentrums im Randbereich der Netzhaut. Hier befinden sich die meisten Stäbchen.

Mit den Stäbchen können wir nur schwarzweiß und nicht besonders scharf sehen.

Mit den Zapfen können wir mehrere Millionen Farbtöne unterscheiden – sehr viel mehr also, als ein vielfarbiges Gemälde aufweist. Dafür sorgen drei verschiedene Zapfensorten. Sie reagieren jeweils besonders stark auf blauviolettes, grünes oder rotgelbes Licht. Durch unterschiedliche Reizung der drei Zapfensorten sehen wir verschiedene Farben. Das von einer weißen Wand reflektierte Licht reizt alle drei Zapfensorten gleichzeitig. Dadurch haben wir die Empfindung „Weiß".

Die 6 Millionen Zapfen in der Netzhaut „arbeiten" erst, wenn sie von viel Licht getroffen werden. Deshalb sehen wir bei Helligkeit besonders gut. Nur dann können wir auch Farben erkennen.
Mit wesentlich weniger Licht kommen die 125 Millionen Stäbchen aus. Sie sorgen dafür, dass wir selbst dann noch etwas sehen, wenn es schon beinahe dunkel ist. Allerdings sehen wir bei Dämmerlicht alles nur in Schattierungen von Schwarz, Grau und Weiß.

A „Nachts sind alle Katzen grau." Erläutere dieses Sprichwort.
B Beim Lesen bewegen die Augenmuskeln unsere Augen fast unmerklich hin und her. Beobachte bei einem Partner diese Augenbewegungen. Welchen Sinn haben sie?
C Begründe, warum wir Farben am Rande unseres Blickfelds kaum unterscheiden können.
D Betrachte mit einer Lupe die Stelle eines Fernsehbilds, die von weitem weiß erscheint. Was fällt dir auf?

Probier's mal!

1 Farben sehen
Schneide aus den farbigen Seiten einer Illustrierten viele Quadrate aus (3 cm · 3 cm), die in Blau und Grün gedruckt sind. Die beiden Farben sollten in möglichst unterschiedlichen Farbtönen vorkommen. Klebe alle auf einer Pappe zu einem Mosaik zusammen. Halte das Mosaik in der rechten Hand und stell dich mit dem Rücken zum Fenster, damit die Farben gut beleuchtet werden.
Strecke beide Arme nach vorne aus und blicke konzentriert auf einen Finger deiner linken Hand.
Bewege nun die Farbtafel mit gestrecktem Arm immer weiter nach rechts, bis sie aus deinem Blickfeld ganz verschwindet. Vergiss nicht weiterhin auf den linken Finger zu blicken! Hole die Farbkarte auf dem gleichen Weg langsam wieder zurück. Wann erkennst du alle Farben des Mosaiks?

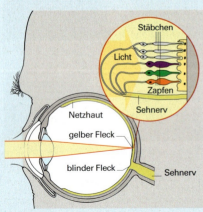

|2 Sehsinneszellen in der Netzhaut

Aus dem Alltag Bin ich farbenblind?

Tom will sich zur Führerscheinprüfung melden. Beim Sehtest stellt der Arzt eine Rotgrün-Sehschwäche fest. „Bin ich etwa farbenblind?", fragt Tom. Der Arzt beruhigt ihn: „Jeder zwölfte Mann hat eine solche Sehschwäche, aber nur jede zweihundertste Frau. Die Sehschwäche wird vor allem an Jungen vererbt. Wirklich farbenblind ist von 10 000 Männern aber nur einer."
Toms Rotgrün-Sehschwäche ist nur gering und muss im Führerschein nicht vermerkt werden.
Der Arzt testet die Farbtüchtigkeit der Augen mit Farbtafeln. Bestimmte Punkte sind darin zu Zahlen angeordnet. Farbtüchtige Augen erkennen eine andere Zahl als Augen mit einer Farbsehschwäche. |3

A Führe den vereinfachten Farbsehtest durch. |3 Hinweis: Bücher sind in vier Farben gedruckt und daher weniger genau als die Tafeln des Augenarztes (Zwölffarbendruck). Schreibe auf, welche Zahl du auf den beiden Tafeln erkennst. Vergleiche mit dem Ergebnis, das andere aufgeschrieben haben.

B Warum wird bei allen Autofahrern die Farbsehtüchtigkeit getestet, besonders aber bei Taxi- und Busfahrern?

Zum Sehtest – *Normales Auge* oben: 8, Mitte: 5, unten: nicht lesbar
Rotgrünsehschwäche oben: 3, Mitte: nicht lesbar, unten: 2

Gesundheit Schütze deine Augen

Unsere Augen sind durch die Schädelknochen, die Augenlider und die Hornhaut geschützt. Dennoch gibt es Gefahren für die Augen:
– Der Blick in die Sonne oder in eine grelle Schweißflamme führen zu Augenschäden. Schutz: Hände vor die Augen halten!
– In südlichen Ländern oder im Gebirge droht Gefahr durch ultraviolette Strahlung. Schutz: Sonnenbrille mit UV-Filter. |4
– Langes Arbeiten oder Spielen am Computer schadet den Augen. Schutz: Regelmäßige Pausen und 50 cm Abstand vom Bildschirm.
– Schutzbrillen müssen getragen werden, wenn Splitter ins Auge gelangen könnten, z. B. beim Bohren von Metall.
– In der Schule sind beim Arbeiten mit Chemikalien Schutzbrillen vorgeschrieben. Auch im Haushalt gibt es ätzende Reinigungsmittel. Schon kleinste Spritzer können die Hornhaut schädigen!

Erste Hilfe
Augenspülung:
Bei Verätzungen spülst du sofort und lange mit Leitungswasser beide Augen – auch das scheinbar nicht betroffene. Dann musst du zum Arzt gehen, möglichst zum Augenarzt.
Entfernen von Fremdkörpern:
Ziehe das obere Augenlid vorsichtig über das Auge nach unten. |5 Nun bewegst du die Augen ausgiebig nach allen Seiten, um den Fremdkörper an die Seite des Auges zu befördern. Spürst du etwas am unteren Augenrand, ziehst du das untere Lid nach unten und blickst dabei nach oben. Ein Helfer tupft mit der Spitze eines sauberen Tuchs den Fremdkörper vorsichtig ab.

|3 Farbsehtest

|4 Schutz vor Ultraviolettstrahlung

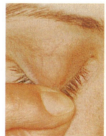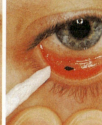

|5 Entfernen eines Fremdkörpers

C Jedes Auto hat Sonnenblenden und Scheibenwischer mit Wischwasser – und unser Auge?

D Dir ist eine Mücke ins Auge geflogen. Wie reagiert das Auge?

E Wer mit dem Fernglas in die Sonne schaut, zerstört im gleichen Augenblick ein Stück seiner Netzhaut. Wieso?

Die Brille

Unterschiedliche Brillengläser – für unterschiedliche Augenfehler …

Probier's mal!

1 Brillengläser sind verschieden
Besorge dir „Rohlinge" oder alte Brillengläser bei einem Optiker. Vergleiche die Dicke der Gläser am Rand und in der Mitte.
Du kannst die Gläser (Linsen) in zwei Gruppen einteilen. Wodurch unterscheiden sie sich?

2 Lass Sonnenlicht (oder das Licht einer entfernt stehenden Lampe) durch verschiedene Brillengläser fallen. Beobachte an einem Blatt Papier, wie das Licht hinter den Gläsern verläuft.

3 Wie Brillengläser den Lichtweg verändern
Untersuche die Wirkung von Brillengläsern auf das Licht. 3
Halte vor die Wanne Brillengläser für Kurzsichtige und Brillengläser für Weitsichtige.

4 Brillengläser und Augenfehler
Wie Brillen unterschiedliche Augenfehler ausgleichen, soll dieser Modellversuch zeigen. Für die „Augenlinse" wählen wir eine Sammellinse mit einer Brennweite von 10 cm. 4

a Stelle die Kerze 40 cm vor der „Augenlinse" auf. Wenn der Schirm 40 cm hinter der Linse steht, ist ihr Bild unscharf. Die Anordnung entspricht einem kurzsichtigen Auge.
b Die Kurzsichtigkeit korrigiert man mit einer Zerstreuungslinse als Brillenglas. (Es sollte hier die Stärke „–5 Dioptrien" haben.) Was kannst du beobachten?
c Bei Weitsichtigen erzeugt die Augenlinse ein Bild, das hinter der Netzhaut liegen würde. Wie musst du vorgehen, um die Wirkung eines Brillenglases für Weitsichtige zu zeigen?

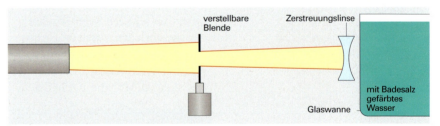

3 Untersuchung von Brillengläsern

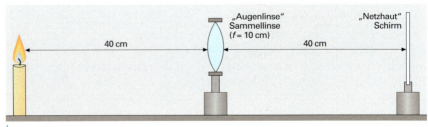

4 Modell für das Auge

Grundlagen So korrigiert eine Brille die Kurzsichtigkeit

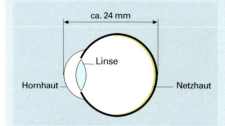

|5 Normalsichtiges Auge

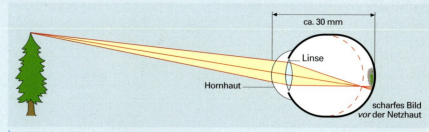

|6 Kurzsichtiges Auge ohne Brille

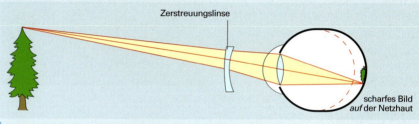

|7 Kurzsichtiges Auge mit Brille

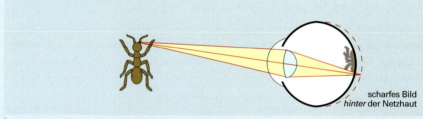

|8 Weitsichtiges Auge ohne Brille

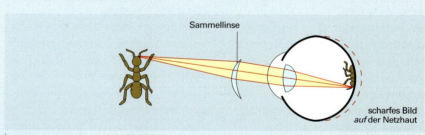

|9 Weitsichtiges Auge mit Brille

Normalerweise beträgt der Abstand zwischen Hornhaut und Netzhaut 24 mm. |5
Bei *Kurzsichtigen* ist der Augapfel um einige Millimeter zu lang. Dadurch entstehen Bilder von weit entfernten Gegenständen vor der Netzhaut. Das Netzhautbild ist unscharf. Selbst die entspannte Augenlinse ist noch zu stark gewölbt, um ein scharfes Bild auf der Netzhaut zu erzeugen. |6
Die Kurzsichtigkeit wird durch eine Brille korrigiert. |7
Bei *Weitsichtigen* ist der Augapfel zu kurz. Die Bilder naher Gegenstände würden erst hinter der Netzhaut entstehen. Die Wölbung der angespannten Augenlinse ist zu gering, um das Bild scharf zu stellen. |8

Zur Korrektur der Kurzsichtigkeit benutzt man Zerstreuungslinsen. Sie weiten die einfallenden Lichtbündel etwas auf. Dadurch vergrößert sich die Bildweite und das Bild entsteht auf der zu weit entfernten Netzhaut.

A Mit normalsichtigen Augen liest man in einem Abstand von 25 cm bis 30 cm. Manche Kinder beugen aber ihren Kopf beim Lesen viel tiefer über ein Buch. Worauf könnte dieses Verhalten hindeuten?
B Viele ältere Menschen sind altersweitsichtig, denn ihre Augenlinsen sind nicht mehr elastisch. Wie wird dadurch das Sehen beeinträchtigt?
C Auch die Weitsichtigkeit kann durch eine Brille korrigiert werden.
1 Beschreibe die Weitsichtigkeit. |8
2 Erkläre, wie eine Brille die Weitsichtigkeit korrigiert. |9
D Kontaktlinsen liegen auf der Hornhaut auf. |10
1 In der Gewöhnungszeit reagiert das Auge auf Kontaktlinsen wie auf Fremdkörper, die es entfernen möchte. Was macht das Auge?
2 Befrage Personen, die Kontaktlinsen tragen: Aus welchen Gründen tragen sie keine Brille?

|10 Kontaktlinse

Wissenswertes Sehen wie ein Adler

Der Mensch hat mit die besten Augen, die in der Natur vorkommen. Die meisten Tiere sehen die Welt nämlich nicht so scharf wie wir. Eine Ausnahme bilden die Vögel. Die Augen von Singvögeln haben etwa dieselbe Sehschärfe wie die Augen des Menschen; dabei sind sie erheblich kleiner. Greifvögel sehen viel besser als wir. Ein Mäusebussard z. B. kann eine Grasheuschrecke auf der Wiese noch aus 100 m Höhe erkennen. |1 Für uns Menschen verschwimmt sie schon bei einem wesentlich geringeren Abstand.

Wie scharf man sehen kann, hängt davon ab, wie viele Sehzellen auf einem Quadratmillimeter der Netzhaut liegen. Jede von ihnen liefert einen der Bildpunkte, aus denen das Netzhautbild zusammengesetzt ist. Beim Mäusebussard sitzen die Sehzellen bis zu viermal so dicht wie beim Menschen.

Die bessere Sehschärfe von Greifvögeln nutzte der Mensch schon im Mittelalter aus. Man jagte Kaninchen und anderes Kleinwild mit abgerichteten Falken. |2
Auf dem Sattel ihrer Pferde führten die Falkner oft noch einen zweiten, kleinen Greifvogel in einem Käfig mit. Das hatte folgenden Grund:
Wenn der Falke „abgeworfen" wurde, stieg er oft so hoch empor, dass der Falkner ihn nicht mehr sehen konnte. Der kleine Vogel im Käfig fürchtete sich aber vor dem Falken und behielt ihn im Auge. An der Stellung seines Kopfes konnte der Falkner erkennen, in welcher Richtung sich der Jagdvogel befand. So konnte er ihn leicht wiederfinden, obwohl er ihn „aus den Augen verloren" hatte.

|1 Mäusebussard

|2 Jagd mit abgerichteten Falken

Wissenswertes Die Scharfstellung bei Tieraugen

Auch viele Tiere können ihre Augenlinse auf nahe und ferne Gegenstände einstellen. Für die Scharfstellung gibt es in der Tierwelt verschiedene Lösungen:
Bei den *Säugetieren* und den *Vögeln* wird die Linse verformt, um das Bild scharf zu stellen.
Bei vielen anderen Wirbeltieren wird das Bild durch eine Veränderung der Bildweite scharf gestellt – ähnlich wie im Fotoapparat. Die Linse wird dabei von Muskeln nach vorn oder nach hinten verschoben.
Damit *Schlangen* ihre Beute in der Nähe scharf sehen, wird die Bildweite zwischen Linse und Netzhaut vergrößert. |3 Ein Muskel drückt auf den Glaskörper im Innern des Auges und schiebt so die Linse von der Netzhaut weg.
Hechte müssen im trüben Wasser in der Nähe scharf sehen. Darauf ist ihr Auge im entspannten Zustand eingestellt. Zur Einstellung auf die Ferne wird die Linse nach hinten gezogen; dadurch wird die Bildweite verringert. |4
Auch die Augen der *Frösche* sind zunächst auf die Ferne eingestellt. Um eine Fliege vor ihrem Kopf zu erwischen, muss die Bildweite in ihrem Auge vergrößert werden. Dazu wird die Linse nach vorne gezogen. |5

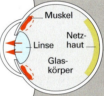

|3 Das Auge der Schlange

|4 Das Auge des Hechts

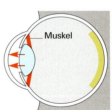 

|5 Das Auge des Froschs

Licht – Auge – Sehen

Zusammenfassung

Wie unser Auge funktioniert

Von jedem Gegenstandspunkt geht Licht aus. Ein Teil des Lichts fällt ins Auge. Hornhaut und Linse erzeugen zu jedem Gegenstandspunkt einen Bildpunkt auf der Netzhaut.
Das Auge kann Gegenstände in verschiedenen Abständen scharf stellen. Die Augenlinse kann nämlich in ihrer Brennweite verändert werden: Bei geringem Abstand Gegenstand–Auge wird sie stärker gewölbt, bei großem schwächer.

6 Bildentstehung auf der Netzhaut: Normales Auge schaut in die Ferne

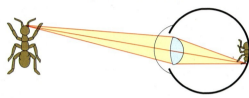
7 Normales Auge sieht in die Nähe

Augenfehler und ihre Korrektur

Wenn der Augapfel zu kurz oder zu lang ist, werden Gegenstände nicht auf der Netzhaut abgebildet, sondern dahinter oder davor.
- Zur Korrektur der *Kurzsichtigkeit* dienen *Zerstreuungslinsen*. Sie weiten die einfallenden Lichtbündel so auf, dass das Bild auf der Netzhaut entsteht.
- Die *Weitsichtigkeit* wird mit *Sammellinsen* korrigiert. Sie lassen die Lichtbündel stärker zusammenlaufen, sodass das Bild auf der Netzhaut entsteht.

8 Kurzsichtiges Auge schaut in die Ferne

9 Weitsichtiges Auge schaut in die Nähe

Alles klar?

A Wie stellt sich unser Auge auf unterschiedlich weit entfernte Gegenstände ein? Wie geschieht das beim Fotoapparat?

B In der Zeichnung siehst du verschiedene Linsen. 10 Welche eignen sich als Brillengläser für Kurz- bzw. Weitsichtige?

C Manche Teile des Fotoapparats entsprechen Teilen des Auges.
1 Nenne Teile des Fotoapparats und des Auges, die die gleiche Aufgabe haben.
2 Nenne auch wichtige Unterschiede zwischen dem Fotoapparat und dem Auge.

D Großvater sagt im Spaß: „Ohne Brille sind mir beim Lesen die Arme zu kurz." Wie meint er das?

E Beim Lesen sollte der Text immer hell beleuchtet sein. Unser Auge sieht ihn dann nämlich viel schärfer als bei Dämmerlicht. Wieso?
Prüfe, ob sich die Beleuchtung dort verbessern lässt, wo du am häufigsten liest.

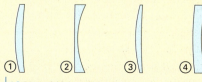
10 Verschiedene Linsen

Sehen – mit Auge und Gehirn

Das Gehirn bestimmt, was man sieht

1 Nur unregelmäßige schwarze Flecke?

2 Eine alte Frau – oder eine junge?

3 Die vordere Teppichkante und die hintere Wand sind gleich breit.

Was wir sehen, hängt nicht nur vom Bild auf unserer Netzhaut ab …

A Warum sind die Treppen so verwirrend? 4

B Können die beiden Männer wirklich so gemütlich sitzen, wie es auf den ersten Blick aussieht? 5

C Siehst du eine Vase – oder zwei Gesichter? 6
Kannst du Gesichter und Vase gleichzeitig sehen? Wo fällt die Entscheidung dafür, was du wahrnimmst?

D Schau dir die Zeichnung genau und lange an. 7 Decke dann abwechselnd die untere und obere Hälfte ab. Klappe schließlich das Buch zu.
Versuche die Zeichnung „auswendig" auf ein Papier mit Rechenkästchen zu übertragen. Beginne mit der oberen Bildhälfte. Das ist einfach, aber dann …
Notiere, wie oft du im Buch kurz nachschauen musst, um auch die untere Bildhälfte richtig zu zeichnen.
Welchen Grund vermutest du für das Problem?

E Sieh dir das Foto mit den Schachfiguren an. 8
1 Was stimmt nicht an diesem Bild?
2 Was du als Stufe siehst, ist ein ebenes Blatt Papier. Versuche es nachzuzeichnen.

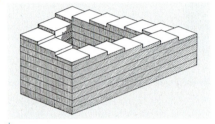

4

5

6

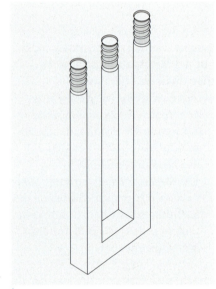

7

8

Grundlagen Wie Auge und Gehirn zusammenwirken

Das Netzhautbild der Blume steht auf dem Kopf. |9 Wir sehen die Welt aber aufrecht.

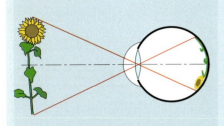

|9 Auf dem Kopf stehendes Netzhautbild

Der „Seheindruck", den wir von unserer Umgebung wahrnehmen, entsteht im Gehirn.

Seine Entstehung darf man sich nicht wie das Betrachten eines Fotos vorstellen. Vielmehr wertet das Gehirn die Signale von Sinneszellen der Netzhaut aus und vergleicht sie mit der bisherigen Erfahrung.
Unsere Erfahrung ist, dass eine Blume aufrecht steht. Das Gehirn macht daher aus dem Netzhautbild, das auf dem Kopf steht, ein aufrechtes Bild.
Wir erkennen am Netzhautbild nur die Dinge, mit denen das Gehirn „etwas anfangen" kann: Wenn ein Kind z. B. in einem Dorf im Senegal aufwächst, hat es möglicherweise noch nie in seinem Leben ein Motorrad gesehen. Die Flecke, in denen wir ein Motorrad erkennen, bleiben für das Kind nur schwarze Flecke. |1 Ähnlich ist es bei der Vase. |6 Welche Gesichter das sind, erkennt nur, wer sich an Bilder der englischen Königin Elisabeth II. und des Prinzen Philipp erinnert.

Für das Gehirn haben Erfahrung und Wissen bei der Wahrnehmung eine große Bedeutung.

F Warum sehen wir Gegenstände aufrecht, obwohl das Netzhautbild in unserem Auge doch auf dem Kopf steht?

G „Nur ein geschultes Auge vermag erkrankte Bäume von gesunden zu unterscheiden", sagt ein Förster.
„Man sieht nur, was man weiß", heißt ein Sprichwort.
Erläutere, was mit diesen Aussagen gemeint ist.

H Auf dem Meeresgrund liegt eine Flunder. Findest du sie? |10
Warum kannst du den Fisch überhaupt erkennen – trotz seiner perfekten Tarnung?

|10 Wo steckt der Fisch?

|11

I Halte bei dem dreieckigen Gegenstand eine beliebige Ecke zu. |11
Ob man ihn so nachbauen kann? Nimm dann den Finger weg …
Beschreibe, was du jeweils siehst.

J Die Liste mit den Farbnamen hat es in sich. |12

1 Lies nicht die Wörter vor, sondern sage laut und möglichst schnell nur die Farben, in denen sie gedruckt sind. Schaffst du es ohne Fehler?

2 Kinder im Kindergartenalter kennen die Farben, können aber noch nicht lesen. Sie hätten keine Schwierigkeiten. Wie erklärst du das? Probiere es möglichst mit einem Vorschulkind aus.

blau
grün
rot
gelb
blau
gelb
grün
rot
blau
weiß
schwarz
weiß

|12

Licht unterwegs: Schatten

Wie Schatten entstehen

Die Silhouette eines Menschen zu zeichnen ist gar nicht so schwer …

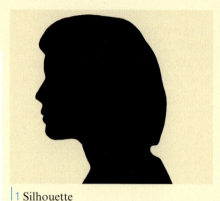

|1 Silhouette

|2 Zeichnen einer Silhouette

Probier's mal!

1 Schatten mit scharfen Rändern
Probiere aus, welche Lichtquellen Schatten mit scharfen Rändern erzeugen (z. B. Taschenlampen mit und ohne Reflektor, Schreibtischlampe).
Bei welchen Lichtquellen sind die Ränder unscharf?

2 Schattenspiele
Mit den Händen kann man Schattenbilder erzeugen. |3 Probiere es aus.

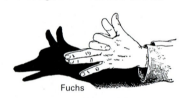
Fuchs

Wolf

Kaninchen

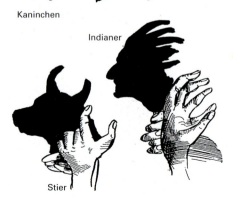
Indianer

Stier

|3 Schattenspiele

3 Schattenbilder zeichnen
a Suche dir einen Partner oder eine Partnerin. Zeichnet voneinander Schattenbilder.
b Die Schattenbilder aller Mitschüler der Klasse werden mit einer Nummer versehen und ausgehängt. Ordnet den Nummern die jeweiligen Namen zu. Welches Bild wird von den meisten erkannt?

4 Wo liegt das Schattenbild?
Ein Brett wird 1 bis 2 m vor der Wandtafel an einem Stativ befestigt. Davor wird in einigem Abstand eine Glühlampe gestellt. |4

Die Lage des Schattenbilds soll vorhergesagt und auf die Tafel gezeichnet werden.
Wie kannst du vorgehen? (Tipp: Lange Schnüre können dir helfen.)
Was setzt du dabei über die Lichtausbreitung voraus?

5 Große Schatten – kleine Schatten
Ein Stift wird zwischen eine Kerze (oder Taschenlampe) und eine Wand gehalten.
Wo muss sich der Stift befinden, damit du ein großes Schattenbild erhältst? In welcher Stellung des Stifts ist es klein? Fertige dazu zwei Zeichnungen an.

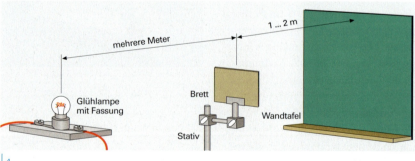

|4

Grundlagen Schattenraum und Schattenbild

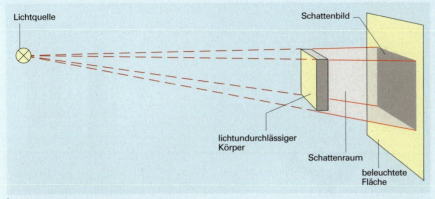

5 Entstehung von Schatten

6

Schattenraum und Schattenbild
Von einer Lampe breitet sich das Licht geradlinig aus. Schatten entstehen, wenn ein lichtundurchlässiger Körper „im Weg steht". 5

Von der Lampe gelangt kein Licht in den Raum hinter dem Gegenstand. Diesen lichtarmen Raum nennt man Schattenraum.

Nur das Streulicht aus der Umgebung kann den Schattenraum erhellen.

Auf einem Schirm hinter dem Körper entsteht ein Schattenbild. Der Schirm kann der Fußboden oder eine Wand sein.

Wenn wir von *Schatten* sprechen, kann der Schattenraum oder das Schattenbild gemeint sein.

Eigenschaften von Schattenbildern
Wenn man den Schirm vom Körper entfernt, wird das Schattenbild größer.
Schattenbilder haben scharfe Ränder, wenn die Lichtquelle viel kleiner ist als der Körper, der den Schatten wirft. Man spricht von *punktförmigen Lichtquellen*.
Bei großflächigen (ausgedehnten) Lichtquellen entstehen Schattenbilder mit unscharfen Rändern.

A Welche drei Dinge sind erforderlich, damit Schattenbilder entstehen können?
B Mit welcher Art von Lichtquellen werden die Ränder eines Schattenbilds scharf (unscharf)?
C Erkläre die Begriffe „Schattenraum" und „Schattenbild" an einem Sonnenschirm. 6
D Wenn wir vom Schatten sprechen, meinen wir mal den Schattenraum, mal das Schattenbild und mal etwas anderes.
Was ist bei den folgenden Redewendungen jeweils gemeint?
„Das Ereignis wirft seine Schatten voraus." – „Sie ruht sich im Schatten eines Baums aus." – „Er steht im Schatten seines Vorgängers." – „Die Schatten werden länger." – „Schatten fallen auf den Boden."
E Mit dem Thema Schatten haben sich auch die Zeichner von Cartoons beschäftigt. 7–9
1 Gib an, was bei diesen Bildern nicht stimmt.
2 Die Zeichnung 8 enthält eine kleine Geschichte. Schreibe sie in wenigen Sätzen auf.
3 Wie könnte man den Schatten auf der Wand wirklich verschwinden lassen? 9
4 Welche Vorstellung von Schatten liegt wohl den Bildern zugrunde? 7–9 Warum ist diese Vorstellung physikalisch falsch?

7

8

9

Farbige Schattenbilder

Schattenbilder sind nicht immer grau oder schwarz!

|1

1 Farbige Schatten?
Mit farbigen Spotlampen werden Schatten eines Gegenstands auf einer weißen Wand erzeugt. |1

a Die rote Lampe soll eingeschaltet werden. Überlege vorher: Welche Farbe bekommt der Schatten?

b Statt der roten wird nun die grüne Lampe eingeschaltet. Was ändert sich, was bleibt gleich?

c Die Wand wird jetzt mit beiden Lampen gleichzeitig beleuchtet. Sie sollen zunächst einen größeren Abstand voneinander haben (ca. 60 cm). Erläutere, wie jetzt die farbigen Schatten des Gegenstands entstehen.

d Die Lampen werden zusammengerückt, sodass sich die farbigen Schatten überlappen. Erkläre, wie das dunkle Schattengebiet entsteht.

2 Schatten mit mehreren Lampen
Auf einem Brett sind mehrere Lampen in einer Reihe montiert. |2

a Die Lampen werden nacheinander in ihren Fassungen festgedreht. Wie ändert sich dabei jeweils das Schattenbild des Gegenstands? Erkläre!

b Drehe das Brett so, dass die Lampenreihe senkrecht steht. Wie ändert sich das Schattenbild?

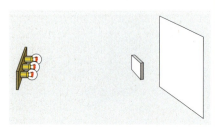

|2

Grundlagen Kern- und Halbschatten

Ein Körper wird von einer roten und einer grünen Lampe beleuchtet. Dabei entstehen farbige Schatten, die sich überlappen. |3
Im dunklen Bereich (3) in der Mitte fehlt das Licht von beiden Lichtquellen. In den roten Bereich (2) fällt nur das Licht der roten Lampe, dort fehlt das Licht der grünen Lampe. Im grünen Bereich (4) fehlt das Licht der roten Lampe.

Den Bereich, in den kein Licht fällt, nennt man Kernschatten.
Die Bereiche, in die Licht von nur einer Lampe fällt, heißen Halbschatten.

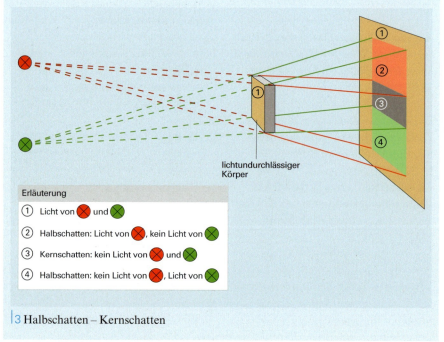

|3 Halbschatten – Kernschatten

Mondfinsternis und Sonnenfinsternis

4 Mondfinsternis

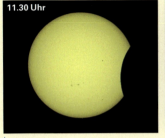   

5 Sonnenfinsternis vom 11. August 1999

Wie kommt eine Mondfinsternis zustande? Wie entsteht eine Sonnenfinsternis?

Probier's mal!

1 Sonnenfinsternis in Deutschland
Am 11. August 1999 war in Süddeutschland eine totale Sonnenfinsternis zu sehen. 5
Sammle Informationen zu dieser Sonnenfinsternis.
a Wie lange hat die Sonnenfinsternis insgesamt gedauert? Wie lange war die Sonne vollständig verfinstert?
b Welche Auswirkungen hat eine Sonnenfinsternis auf der Erde?

2 Modellversuch zur Sonnenfinsternis
a Stelle dich 2 m vor eine große, kugelförmige Glühlampe (Durchmesser: 12 cm, mattiert). Halte einen Tennisball so vor das Auge, dass er die Lampe gerade vollständig verdeckt.
Bewege dann den Kopf hin und her. Was beobachtest du?
b In welchem Teil des Schattens befand sich dein Auge, als du die Lampe hinter dem Ball nicht mehr gesehen hast? Wo befand sich dein Auge, als die Lampe teilweise verdeckt war?

3 Wir stellen Mond- und Sonnenfinsternis dar
Stelle Mond- und Sonnenfinsternis nach. Eine Experimentierleuchte stellt die Sonne dar, ein Globus die Erde und ein Ball den Mond. 6
a Zeichne die Anordnung von Sonne, Mond und Erde bei einer Mondfinsternis in dein Heft.
b Skizziere dann die Stellung der Himmelskörper bei einer Sonnenfinsternis.

6

Grundlagen Die Mondfinsternis

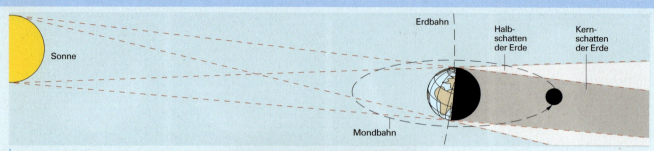

|1 Mondfinsternis

Die Erdkugel wird ständig von der Sonne beschienen. Hinter der Erde ist stets ein Schattenraum vorhanden, der weit in den Weltraum reicht. Da die Sonne eine ausgedehnte Lichtquelle ist, entstehen hinter der Erde Kern- und Halbschatten. |1
Der Mond umkreist einmal im Monat die Erde. In der Regel verläuft seine Bahn oberhalb oder unterhalb des Schattenraums der Erde.

|2 Der verfinsterte Mond

Bei einer Mondfinsternis streift oder durchquert der Mond den Kernschatten der Erde. Man sieht den Erdschatten auf dem Mond.

Mondfinsternisse treten nur bei Vollmond auf, denn dann stehen Sonne, Erde und Mond auf einer Linie. Die Grenze zwischen Kern- und Halbschatten auf dem Mond ist unscharf, da die Sonne eine ausgedehnte Lichtquelle ist. |2
Den verfinsterten Mond sieht man noch schwach, weil ihn etwas Licht durch die Erdatmosphäre erreicht.

Grundlagen Die Sonnenfinsternis

Von der Sonne aus gesehen gibt es hinter dem Mond stets einen Schattenraum. |3 Normalerweise geht der Schatten an der Erde vorbei.

Bei einer Sonnenfinsternis steht der Mond zwischen Sonne und Erde. Sein Schatten fällt auf die Erde. Von der Erde aus sieht man, dass sich der Mond als schwarze Scheibe vor die Sonne schiebt.

Im Bereich des Halbschattens des Mondes sieht man nur einen Teil der Sonne. Im Kernschatten ist sie ganz verdeckt.
Sonnenfinsternisse sind selten zu beobachten, weil der Kernschatten auf der Erde nur einen Durchmesser von 200 km hat. Wo er entlangläuft, kann man die *totale Sonnenfinsternis* sehen. Dann wird es mitten am Tag dunkel und die Temperatur sinkt ab. Wenn der Mond die Sonne fast völlig verdeckt, sieht man den Rand der Sonne, der durch die Berge auf dem Mond unterbrochen wird. |4

|4 Die verfinsterte Sonne

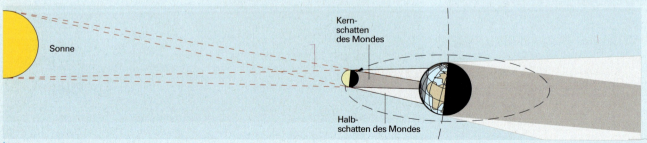

|3 Sonnenfinsternis

Licht unterwegs: Schatten

Zusammenfassung

Schattenraum und Schattenbild

Schatten entstehen, wenn Licht auf einen Körper trifft und ihn nicht durchdringen kann. Im Raum hinter dem Körper fehlt dann das Licht. Diesen Raum nennt man Schattenraum. |5

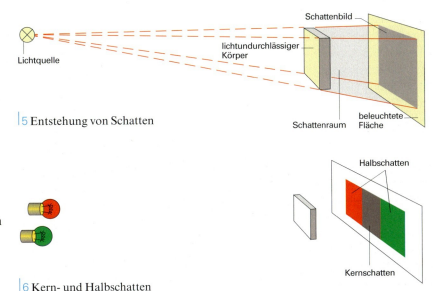

|5 Entstehung von Schatten

Ein Schattenbild entsteht, wenn ein Schirm in den Schattenraum gehalten wird.
Punktförmige Lichtquellen erzeugen scharf begrenzte Schattenbilder. Bei ausgedehnten Lichtquellen sind die Ränder der Schattenbilder unscharf.

|6 Kern- und Halbschatten

Kernschatten und Halbschatten

Mehrere punktförmige Lichtquellen erzeugen mehrere Schatten. |6

Halbschatten nennt man den Bereich des Schattens, in dem das Licht einer Lichtquelle fehlt. Im Kernschatten fehlt das Licht aller Lichtquellen.

Kernschatten sind immer schwarz. Halbschatten können farbig sein, wenn auch die Lichtquellen farbig sind.

Licht und Schatten im Weltraum

Wenn sich der Mond zwischen Erde und Sonne schiebt, fällt der Schatten des Mondes auf die Erde. Steht man in diesem Schatten, dann sieht man, wie der Mond die Sonne verdeckt *(Sonnenfinsternis)*.
Liegt die Erde zwischen Sonne und Mond, fällt das Schattenbild der Erde auf den Mond *(Mondfinsternis)*.

Alles klar?

A Tinas kleiner Bruder meint: „Schatten hängen von der Kleidung ab. Helle Kleidung macht helle Schatten – und dunkle Kleidung dunkle." Nimm Stellung dazu.

B Ein Karton wirft einen Schatten. |7 Welche Form hatte wohl die Lichtquelle? Wie war sie angeordnet? Zeichne!

C Wie sieht der Mond aus, wenn er sich bei einer Mondfinsternis im Halbschatten der Erde befindet?

D Wie kommt eine Mondfinsternis zustande? Beschreibe die Lage von Sonne, Mond und Erde.

E Wie entsteht eine Sonnenfinsternis?

F „Schatten gibt's nur, wo Licht ist. In finsterer Nacht gibt es keine Schatten." – „Im Gegenteil, nachts gibt es nur Schatten!" Erläutere beide Meinungen.

G Überlege, wo die Lampe auf dem Tisch stehen sollte: |8
– bei einem Linkshänder,
– bei einem Rechtshänder.
Begründe deine Antworten.

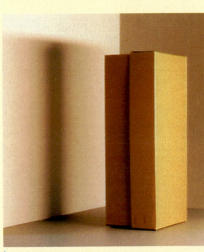

|7

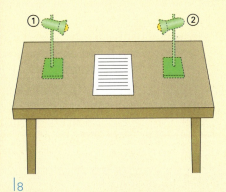

|8

Kontrolliere deinen Lernstand

A Worin unterscheiden sich die Zellen des Zwiebelhäutchens von den Zellen der Mundschleimhaut?

B Informiere dich z. B. in der Bücherei oder im Internet über die Bedeutung des Salzes in früheren Zeiten. Bei der Internetrecherche kannst du als Suchbegriffe z. B. „Salz" und „Geschichte" eingeben. Fasse deine Ergebnisse in einem Aufsatz zusammen.

C Wenn du im Dunkeln an Straßenlaternen vorbeigehst, ändert sich dein Schattenbild. Es ist kurz, wird dann länger, zeitweise hast du sogar zwei Schatten.
1 Wie entsteht ein Schatten?
2 Wann ist der Schatten kurz, wann lang? Unter welchen Umständen hast du zwei Schatten?
3 Fertige eine Zeichnung an und erkläre damit die unterschiedlichen Schattenlängen.

D Beim menschlichen Auge kann der Abstand zwischen Linse und Netzhaut nicht verändert werden.
1 Du kannst trotzdem Gegenstände in unterschiedlichen Entfernungen scharf sehen. Erläutere!
2 Bei Kurzsichtigkeit ist der Augapfel zu lang. Wieso sieht man bei Kurzsichtigkeit entfernte Gegenstände nicht scharf?

Aus den Akten von Kommissar Haberstroh:

22. Juli: Nach dem gestrigen Einbruch in das Kellergewölbe des Barons Kieselstein ließ ich das Gelände durch zwei Beamte beobachten. Gegen 22.30 Uhr bemerkten sie eine Gestalt, die sich am notdürftig geflickten Zaun des Gartens zu schaffen machte. Die Person wurde auf die Wache gebracht.
Bei der Vernehmung gestand Peter Kieselstein: „Ja, ich habe am frühen Morgen des 21. Juli das Gelände meines Großonkels Baron Kieselstein betreten. Ich habe das alte Kellergewölbe und das Kästchen mit dem sagenhaften ‚weißen Gold' gesucht. Ich wollte den Schatz verkaufen. Auf diese Idee bin ich gekommen, als ich in einer alten Karte des Schlossparks das geheime Kellergewölbe entdeckte."

Persönliche Nachricht von Herrn Tanner, 23. Juli:

Heute Mittag hatten sich meine Kinder Tim und Tina sowie ihre Freunde Susi und Max bei uns zum Essen versammelt. Auch Struppi war dabei und nahm – wie immer – ein Bad in unserem Gartenteich. Endlich erfuhr ich, was ich schon vermutet hatte: Die Kinder haben nicht sofort die Polizei gerufen. Tina und Struppi waren sogar unten im Gewölbe. Die Kinder haben das Gewölbe leer vorgefunden – abgesehen von den kleinen weißen Körnchen, die unser Labor als Salz erkannt hat.

Schreiben von Professor Mauerstein, Historisches Institut der Universität:

Salz war in früheren Zeiten sehr wertvoll. Das „weiße Gold" wurde anstelle von Geld – wie wir es heute kennen – als Tauschmittel eingesetzt.

E *Zusatzaufgabe:* Kannst du nun den „Kieselstein-Fall" lösen? Schau dir hierzu die Aktennotizen auf dieser Seite an.

Die Lösungen findest du im Anhang.

Schätze deine Kenntnisse und Fähigkeiten ein:

Aufgabe	Ich kann …
A	den Aufbau von Zellen beschreiben und dabei die verschiedenen Typen unterscheiden.
B	Informationen aus verschiedenen Quellen beschaffen und aufarbeiten.
C	die Entstehung von Schatten mit der geradlinigen Ausbreitung des Lichts erklären.
D	beschreiben, wie das Auge aufgebaut ist und wie die Augenlinse Bilder erzeugt.

Einschätzung
Ordne deiner Aufgabenlösung im Heft ein Smiley zu:
☺ Ich habe die Aufgabe richtig lösen können.
😐 Ich habe die Aufgabe nicht komplett lösen können.
☹ Ich habe die Aufgabe nicht lösen können.

Körper – Gesundheit – Entwicklung

Körper – Gesundheit – Entwicklung

Wie und was hören wir?

Schall und Gesundheit

Gesunde Ernährung – worauf muss ich achten?

Wie funktionieren unsere Atmungsorgane?

Körper – Gesundheit – Entwicklung
Den eigenen Körper solltest du kennen, damit du auf deine Gesundheit achten kannst. Du hast nur den einen!
In diesem Kapitel erfährst du, wie dieses Wunderwerk funktioniert. Wir Menschen haben verschiedene Sinnesorgane. Mit ihnen nehmen wir die Welt um uns herum wahr. Das Gehirn spielt dabei eine wichtige Rolle. Über den Blutkreislauf wird der Körper mit den lebensnotwendigen Stoffen versorgt, die wir mit Atemluft und Nahrung aufnehmen. Was die einzelnen Teile des Körpers leisten, ist schon erstaunlich. Noch viel erstaunlicher ist aber ihr perfektes Zusammenspiel …
Unser Körper bleibt nicht gleich, er durchläuft verschiedene Phasen der Entwicklung. Mit der Pubertät beginnt eine aufregende, manchmal auch schwierige Zeit.

In diesem Kapitel kannst du
- das Zusammenspiel der Sinne erproben sowie Experimente zur Erzeugung und Wahrnehmung von Schall durchführen,
- lernen, wie du dich gesund ernährst,
- die Aufgabe der Lunge erkunden,
- die Rolle des Blutkreislaufs erarbeiten,
- dich mit dem Themenkreis „Erwachsen werden" befassen.

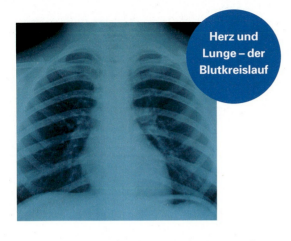

Herz und Lunge – der Blutkreislauf

Wie viel Luft braucht der Mensch?

Erwachsen werden

Was geschieht in der Schwangerschaft?

Verschiedene Arbeitsmethoden
Du wirst
- experimentieren,
- mit einem Lärmmessgerät arbeiten,
- dich in einem Projekt mit Lärm und Lärmschutz befassen,
- die Bewertung der Arbeit an Lernstationen kennen lernen,
- dich in Rollenspielen mit Suchtgefahren auseinander setzen.

Ausblick
Das Thema „Körper – Gesundheit – Entwicklung" umfasst viel mehr. Wovor können Impfungen schützen? Was versteht man unter Blutgruppe?
Auf diese und andere Fragen wirst du in dem Buch für die Klassenstufe 5/6 keine Antworten finden.
Wenn du aber mehr darüber wissen willst, findest du Informationen z. B. in Jugendsachbüchern.

Wahrnehmung mit allen Sinnen

Zusammenspiel der Sinne

Mit deinen Sinnen kannst du Schritt für Schritt die verschiedenen Eigenschaften der Flaschen und schließlich ihren Inhalt herausfinden. |1–6
Was tust du jeweils und welche Sinne setzt du dabei ein?
Welche Eigenschaften der Flaschen und Getränke kannst du dabei wahrnehmen?

|1

|2

Arbeitsweise Lernen an Stationen

Wenn ihr eure Sinne testen wollt, solltet ihr in kleinen Gruppen arbeiten. Als Arbeitsform eignet sich das Stationenlernen.
– Für jeden Versuch ist ein eigener Aufbau (Station) vorgesehen.
– Jede Gruppe fängt an einer beliebigen Station an. Wenn ihr an einer Station fertig seid, wechselt ihr selbstständig zur nächsten freien Station.
– Lest die Arbeitsanweisungen vor Versuchsbeginn vollständig und gründlich durch.
– Beachtet unbedingt die Sicherheitshinweise.
– Haltet eure Beobachtungen auf einem Laufzettel (Ergebnisblatt) fest.
– Räumt und reinigt die bearbeiteten Stationen, damit die nächste Gruppe gleich weiterarbeiten kann.

|3

|4

|5

|6

Station	Wie heißt das Sinnesorgan?	Was machen wir damit?	Was nehmen wir wahr?	Beispiele
Schnupperbox	Nase	Riechen	Geruch	fruchtig, nach Wald
Fühlbox				

|7 Muster für einen Laufzettel

1 Fühlbox

Versuchsmaterial:
Augenbinde, verschlossene Schachtel mit verschiedenen Gegenständen

Versuchsdurchführung:
Der Versuchsperson werden die Augen verbunden. Sie darf die Gegenstände vorher nicht sehen.
a Die Versuchsperson nimmt jeweils einen Gegenstand aus der Schachtel und versucht ihn möglichst genau zu beschreiben.
b Welche Gegenstände werden schnell erkannt? Woran?
c Füllt die Zeile „Fühlbox" auf dem Laufzettel aus.

4 Fühlen wir überall gleich gut?

Versuchsaufbau:
Kämme, Zahnspachtel oder Pappschablonen mit unterschiedlichem Zackenabstand, Augenbinde, Lineal

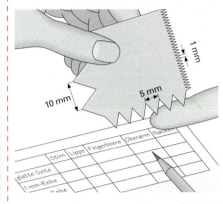

Versuchsdurchführung:
a Messt den Zackenabstand. Notiert ihn in einer Tabelle auf einem Blatt Papier.
b Verbindet einem Mitglied eurer Gruppe die Augen. Berührt Stirn, Lippe, Fingerbeere, Oberarm und Nacken von der Versuchsperson mit einem Kamm bzw. Zahnspachtel in unregelmäßiger Reihenfolge. Wenn die Versuchsperson die Spitzen einzeln spürt, notiert ihr ein „+", sonst ein „–".
c Wiederholt den Versuch mit anderen Versuchspersonen.
d Füllt die Zeile „Fühlen wir überall gleich gut?" auf dem Laufzettel aus.

2 Schüttelbox

Material:
Undurchsichtige Filmdöschen mit verschiedenen Materialien (z. B. Sand, Kies, Nägel, Glasmurmeln, Reis, Mehl)

Versuchsdurchführung:
a Schüttelt die Döschen und versucht anhand des Geräuschs herauszufinden, was in ihnen enthalten ist.
b Füllt die Zeile „Schüttelbox" aus.

5 Immer geradeaus

Material:
Strich auf dem Boden (z. B. mit Kreide gezeichnet), Augenbinde

Versuchsdurchführung:
Versucht unter verschiedenen Bedingungen möglichst geradeaus über den Strich zu laufen.
Achtet darauf, dass ihr notfalls die Versuchsperson auffangen könnt.

a Lauft zuerst vorwärts und dann rückwärts über den Kreidestrich.
b Wiederholt den Versuch auf einem Bein hüpfend.
c Dreht euch jetzt fünfmal um die eigene Achse und lauft dann.
d Führt die Versuche a–c mit verbundenen Augen durch.
e Füllt die Zeile „Immer geradeaus" auf dem Laufzettel aus.

3 Schnupperbox

Material:
Filmdosen mit Geruchsproben, Augenbinde

Versuchsdurchführung:
Verbindet einem Mitglied eurer Gruppe die Augen. *Achtung: Fragt die Versuchsperson, ob sie eine Lebensmittelallergie hat!*
a Haltet ihr die geöffneten Filmdosen an die Nase. Welche Materialien erkennt sie schnell, welche nur schwer?
b Bei Nahrungsmitteln könnt ihr die Versuchsperson auch probieren lassen. Achtet dabei auf Reinlichkeit.
c Füllt die Zeile „Schnupperbox" aus.

6 Wir prüfen den Temperatursinn

Material:
3 Thermoskannen mit Wasser unterschiedlicher Temperatur, elektronisches Thermometer

Versuchsdurchführung:
a Unsere Körpertemperatur beträgt 37 °C. Überprüft die Temperatur an den Fingerspitzen mit dem Thermometer.
b Öffnet die Thermoskannen und prüft mit dem Mittelfinger: In welchem Behälter ist das Wasser nach eurem Empfinden am kältesten, in welchem am wärmsten? Tragt euren Eindruck in eine Tabelle auf einem Blatt Papier ein.
c Schätzt die Temperaturen und notiert eure Schätzungen. Messt erst dann mit dem Thermometer.
d Füllt die Zeile „Wir prüfen den Temperatursinn" auf dem Laufzettel aus.

	Behälter 1	Behälter 2	Behälter 3
Temperatureindruck			
Geschätzte Temperatur	°C	°C	°C
Gemessene Temperatur	°C	°C	°C

Wissenswertes **Die Sinneswelt von Tieren und Pflanzen**

1 *Sehen im Dunkeln:* Katzen sehen auch bei wenig Licht noch gut. Sie können daher in der Dämmerung auf die Jagd nach Beute gehen.

2 *Meister im Scharfsehen:* Greifvögel erspähen ihre Beute schon aus großer Höhe. Sprichwörtlich sind daher die „Adleraugen" der Greifvögel.

3 *Mit dem „inneren Kompass" nach Hause:* Tauben haben einen Magnetsinn. Durch ihn finden sie auch bei großen Entfernungen wieder in den heimischen Schlag zurück.

4 *Ein Geruchsspezialist:* Hunde können Düfte riechen, die für unsere Nase viel zu „dünn" sind. Es genügen geringste Mengen von Duftstoffen vom Schuh eines Menschen, um seine Fährte aufzunehmen.

5 *Stumme Welt der Schlangen:* Schlangen sind taub. Sie spüren aber die geringsten Erschütterungen des Bodens. Außerdem können sie feinste Temperaturunterschiede wahrnehmen.

6 *Pflanzen auf Beutefang:* Pflanzen haben keine Sinnesorgane wie Tiere, reagieren aber auf Reize. Bei der Venusfliegenfalle klappen die Fangblätter sofort zusammen, wenn eine Fliege sie berührt.

7 *Pflanzen reagieren auf Licht:* Manche Pflanzen richten ihre Blüten oder Blätter nach der Sonne aus. Beim Gänseblümchen sind die Blüten je nach Sonnenstand geöffnet oder geschlossen.

A Kennst du außer der „Spürnase Hund" noch weitere Tiere mit besonderen Sinnesleistungen? Beschreibe.

B Welche Vorteile bringen ausgeprägte Sinneswahrnehmungen dem jeweiligen Tier? Nenne Beispiele.

C Gibt es Sinnesleistungen von Tieren, die beim Menschen nicht zu finden sind? Erläutere.

D Kennst du weitere Beispiele für Pflanzen, die auf Licht oder Berührung reagieren? Beschreibe.

E Worauf könnten Pflanzen noch reagieren außer auf Licht oder Berührung? Suche Beispiele.

Wissenswertes Technische Geräte erweitern die Sinneswelt des Menschen

|8 *Sehen im Dunkeln:* Mit einem Nachtsichtgerät können Rettungskräfte auch bei Dunkelheit sehen. Tierforscher benutzen Nachtsichtgeräte, um Tiere zu beobachten, die nachts aktiv sind.

|9 *Sicher unterwegs in unbekanntem Gebiet:* Die Kompassnadel zeigt stets nach Norden. Sie richtet sich am Magnetfeld der Erde aus. Bei Wanderungen leisten eine Karte und ein Kompass gute Dienste.

|10 *In die Ferne schweifen:* Weit entfernte Objekte werden mit Fernrohren „herangeholt". Das Fernglas ist ein nützlicher Begleiter für Ausflüge. Mit einem Teleskop kannst du z. B. den Mond betrachten.

|11 *Kostbare Schätze vor Verfall geschützt:* Mit einem Hygrometer wird die Luftfeuchtigkeit gemessen. In Museen müssen z. B. alte Bücher und Gemälde vor zu hoher Luftfeuchtigkeit geschützt werden.

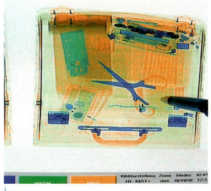

|12 *Röntgenblick in geschlossene Koffer:* Mit Röntgenstrahlung können Metallgegenstände in Koffern sichtbar gemacht werden. Dies geschieht bei den Sicherheitskontrollen auf Flughäfen.

|13 *Lauschen mit gespitzten Ohren:* Richtmikrofone verstärken entfernte und sehr leise Geräusche (Stimmen, Tierlaute …). Sie werden bei der Personenüberwachung und in der Forschung eingesetzt.

|14 *Ist da jemand?* Bewegungsmelder reagieren auf Personen, die sich bewegen. Sie schalten z. B. Lampen, automatische Türen oder die Sirenen von Alarmanlagen ein.

A Ordne jeweils eine Sinnesleistung eines Tiers einem technischen Gerät zu. Erläutere.
Für welche Sinnesleistungen bzw. technischen Geräte auf dieser Seite gibt es keine Entsprechungen?
B Nenne weitere Beispiele für technische Geräte, die die Sinneswelt des Menschen erweitern. Bereite zur Erläuterung der Geräte und ihrer Funktion einen Kurzvortrag vor.

Blinde Menschen

1 Tasten statt sehen

Mit einem Blindenstock können Blinde Hindernisse auf ihrem Weg ertasten und sich selbstständig in ihrer Umgebung bewegen. |1
Sie finden sich auf diese Weise ähnlich sicher zurecht wie Sehende.

Wissenswertes Blinde in unserer Welt

Manchmal kannst du Blinde in Begleitung eines Blindenhundes sehen, der sie sicher durch den Straßenverkehr führt.
Wie jeden fremden Hund darfst du besonders einen Blindenhund nicht streicheln oder auf andere Weise von seiner Aufgabe ablenken.
Viele Bahnhöfe und S-Bahn-Stationen sind mit einem Leitsystem für Blinde ausgestattet: Geriffelte Bodenplatten verlaufen entlang des Bahnsteigs und führen zu den Treppenaufgängen. Sie ermöglichen Blinden auch ohne fremde Hilfe ein sicheres Begehen des Bahnsteigs. |2
Für blinde oder stark sehbehinderte Fußgänger sind die Lichtsignale einer Ampel nicht zu erkennen. Damit sie dennoch wissen, wann sie ungefährdet die Straße überqueren können, ertönt ein Summton. Er signalisiert ihnen „Grün". |3
Bei der Blindenschrift handelt es sich um punktförmige Erhöhungen. Blinde „lesen" die Buchstaben tastend mit den Fingern. |4
Die kräftige Farbgebung und die mit dem Geldwert zunehmende Größe soll Sehbehinderten die Unterscheidung der Geldscheine erleichtern. Für Blinde wurden die Banknoten zudem mit verschiedenen Tastmerkmalen versehen. |5

2 Wegweiser für Blinde

3 Die hörbare Ampel

4 Blindenschrift

5 Ertastbare Markierungen

1 Bedeutung der Sinnesorgane
a Kennst du jemanden, der blind ist oder eine andere Beeinträchtigung der Sinne hat?
Befrage ihn, wie er sich in seiner Umwelt zurechtfindet. Wie verhalten sich andere Menschen ihm gegenüber? Berichte in der Klasse darüber.
b Nenne und erläutere Beispiele dafür, wie sich Gehörlose in ihrer Umgebung zurechtfinden.

2 Blind in einer sehenden Welt
a Lasst euch mit verbundenen Augen und/oder mit Ohrstöpseln von einem Mitschüler über den Pausenhof oder durch die Fußgängerzone führen. Berichtet über eure Erfahrungen.
b Probiert unter den gleichen Bedingungen, euch mithilfe eines (Blinden-)Stocks zu orientieren. Auch hier müssen stets Mitschüler in der Nähe sein, falls Hilfe notwendig ist. Welche Erfahrungen macht ihr?

3 Blindenschrift
a Stich mit einer Nadel Lochmuster in Rechenkästchenpapier. Drehe das Papier um.
b Ertaste die kleinen Erhebungen um die Löcher. Kannst du mit geschlossenen Augen die Muster erfühlen?

Grundlagen Mit unseren Sinnen erschließen wir die Welt

Wahrnehmung
Über unsere Sinne nehmen wir die Umwelt wahr. Informationen über die Umgebung erhalten wir über die Sinnesorgane. Mit diesen können wir ganz unterschiedliche Informationen aufnehmen. Ein Duft, der über die Nase aufgenommen wird, stellt einen ganz anderen Sinneseindruck dar als eine glatte und kalte Oberfläche, die über die Haut wahrgenommen wird. |6

Zusammenspiel der Sinne
Die verschiedenen Sinnesorgane ergänzen einander. Ein weiches Fell kannst du fühlen, aber ob es sich dabei um das Fell einer Katze handelt, kannst du nur sehen. Ein lecker aussehendes Essen hat bei einem ordentlichen Schnupfen keinen rechten Geschmack.
Wenn ein Sinnesorgan ausfällt oder beeinträchtigt ist, können andere Sinne besonders empfindlich sein und so den geschädigten Sinn teilweise ersetzen. Es gibt auch technische Geräte als Hilfsmittel, die Sinnesleistungen des Menschen erweitern können. Viele Sinnesleistungen von Tieren sind beim Menschen nicht so stark ausgeprägt oder gar nicht vorhanden. Umgekehrt hat aber auch der Mensch Sinnesleistungen, die bei Tieren nicht oder schwächer vorhanden sind.

A Erläutere die Abbildung. Verwende die Begriffe aus der Abbildung.
B Wähle aus der Abbildung ein dargestelltes Sinnesorgan mit dem dazugehörigen Sinn aus und erstelle dazu eine Mindmap in deinem Heft. Achte darauf, dass du die Begriffe sinnvoll ordnest.
C Erläutere anhand von Beispielen, welche Bedeutung Sinnesorgane für Lebewesen haben. Denke beispielsweise an Orientierung, Nahrungsaufnahme, Überleben und Fortpflanzung.

|6 Die Sinne des Menschen

Wie Schall entsteht und sich ausbreitet

Es schwingt und klingt

Hupen, Motoren, Stimmen, Musik, Blätter im Wind, Vögel, eine Biene … – alle erzeugen Schall.

1 Wie kann man Schall erzeugen?
Dir stehen verschiedene Gegenstände zur Schallerzeugung zur Verfügung:
- ein dünner Kunststoffstreifen oder ein Grashalm, |3
- ein Luftballon,
- ein Blatt Papier,
- eine Wasserflasche (halb gefüllt),
- ein Kunststofflineal,
- ein dünnwandiges Weinglas, |4
- eine Glasscheibe und Styropor.

Beschreibe oder skizziere jeweils, wie es dir gelingt, damit Schall zu erzeugen. Vergleiche, was du hörst: Nenne Gemeinsamkeiten und Unterschiede.

2 Was passiert bei der Schallerzeugung?
Führe die folgenden Experimente zur Schallerzeugung durch. Schildere jeweils, was du hörst und siehst. Welche Gemeinsamkeiten erkennst du?

a Spanne eine Metallstricknadel an der Tischkante fest, sodass ein Ende frei ist. Zupfe am freien Ende.
b Schlage eine Stimmgabel an und halte ihre Enden in ein Glas Wasser. |5
c Spanne einen dünnen Draht von ca. 50 cm Länge an beiden Enden fest ein und zupfe daran.
d Streue auf ein Trommelfell etwas Sand oder einige Reiskörner. Schlage die Trommel an. |6

|3 Schall – mit einem Grashalm erzeugt

|5 Eintauchen der klingenden Stimmgabel

|4 Schall – mit einem Weinglas erzeugt

|6 Reiskörner auf Trommel

Grundlagen Schall und Schwingungen

Schall ist alles, was wir hören.

Schall kann sehr unterschiedlich sein – vergleiche einmal den Schall der Stimmgabel mit einem Motorgeräusch oder einem Hundegebell …

|7 Angezupfte Stricknadel

Alle Dinge, mit denen du Schall erzeugen kannst, sind Schallquellen. oder *Schallsender*. Sie senden Schall aus, der an unser Ohr gelangt. Unser Ohr ist ein *Schallempfänger*.

Beim Erzeugen von Schall bewegt sich immer etwas an der Schallquelle hin und her. *Beispiel:* Beim Anzupfen wird die Stricknadel nach unten gezogen und losgelassen. Das Metall vibriert und bewegt sich schnell auf und ab. |7
Ähnliches passiert beim Zupfen an einem gespannten Draht oder einer Saite. Auch die Enden der Stimmgabel bewegen sich rasch hin und her. Das Auf und Ab der Membran einer Trommel (des Trommelfells) erkennst du an den hüpfenden Reiskörnern. |6
Ein Stab, eine Saite oder eine Membran *schwingen* und erzeugen dadurch Schall. Auch Luft kann in Schwingungen versetzt werden. Dies geschieht beispielsweise, wenn du mit einer Wasserflasche Schall erzeugst.

Schall entsteht durch die schnelle Schwingung eines Körpers.

A Nenne verschiedene Schallquellen.
B Das Brummen einer fliegenden Hummel ist Schall. Wie wird er wohl erzeugt? Überlege, was bei der Hummel schwingt.
C Nenne verschiedene Gegenstände, mit denen Schall erzeugt wird. Beschreibe jeweils, was bei ihnen schwingt.

Grundlagen Schallsignale können unterschiedliche Bedeutung haben

Du musst am Fahrrad eine Klingel haben, damit du anderen Verkehrsteilnehmern Schallsignale geben kannst. |8 Gleiche Schallsignale können aber Unterschiedliches bedeuten: Du kannst mit dem Klingeln einen Freund grüßen oder einen Fußgänger warnen, der auf dem Fahrradweg geht.

Die Klingel ist dein Schallsender. Der Fußgänger oder dein Freund sind Schallempfänger. Das Schallsignal gelangt vom Sender zum Empfänger. Es kann unterschiedliche Bedeutungen haben (Warnung oder Gruß).

D Finde weitere Beispiele für „Schallsender – Schallsignal – Schallempfänger". Welche Bedeutung hat das Signal jeweils für den Empfänger? Schreibe deine Beispiele in einer Tabelle auf. |9

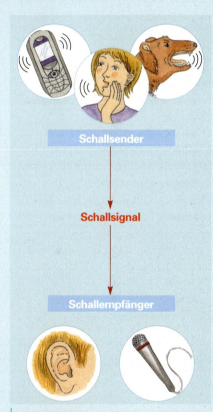

|8 Schallsignal

Schallsender	Schallsignal	Schallempfänger	Bedeutung
Hund	Bellen	Ohr des Spaziergängers	Warnung
…	…	…	…

|9 Tabelle

Laut und leise – hoch und tief

|1

|2

Diese beiden Schallquellen unterscheiden sich …

1 Laut und leise – mit der gleichen Schallquelle?
Erzeuge jeweils unterschiedlich laute Töne mit …
– einem gespannten Gummiband,
– einer Stimmgabel,
– einem Lineal, das an der Tischkante festgehalten wird |3.
Was musst du bei der Schallerzeugung beachten?
Wie hängen Lautstärke und Schwingungen der Schallquelle zusammen?

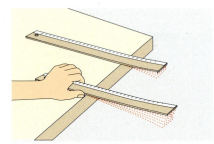
|3 Schwingendes Lineal

2 Hoch und tief – mit der gleichen Schallquelle?
Erzeuge hohe und tiefe Töne mit …
– einem Lineal oder einer Metallstricknadel, die an der Tischkante festgehalten werden,
– einem Gummiband,
– einem gespannten Draht (Saite),
– einer teilweise mit Wasser gefüllten Flasche.
Was musst du dazu jeweils an den Schallquellen verändern?

3 Hohe und tiefe Töne mit allerlei Dingen
Untersuche eine Spieluhr und überlege, wie sie hohe und tiefe Töne erzeugt. Versuche auf ähnliche Weise mit Gegenständen aus dem Haushalt (Blumentöpfe, Gläser, Besteck, Flaschen …) Tonfolgen aus tiefen und hohen Tönen zu erzeugen. |4 Vielleicht gelingt dir sogar eine kleine Melodie? Worin unterscheiden sich „Hochtöner" und „Tieftöner"?

|4 „Musikinstrumente" aus dem Haushalt

4 Wie kann man die Lautstärke erhöhen?
Spanne ein Gummiband und bringe es zum Schwingen. Mit einer Backform oder einer Kunststoffdose kannst du den Ton verstärken. |5
Ähnlich kannst du auch bei einer Drahtsaite vorgehen: Lass sie zunächst allein schwingen und verstärke dann den Ton mithilfe verschiedener Behälter.

5 Zwei gleiche Schallquellen – doppelte Lautstärke?
Schlage eine Stimmgabel an der Tischkante leicht an. Merke dir, wie laut du den Ton empfindest.
Schlage dann zwei gleiche Stimmgabeln leicht an. Ist der Ton jetzt doppelt so laut?
Statt der Stimmgabeln kannst du auch schwingende Lineale, klingende Wasserflaschen oder laufende Motoren nehmen.

|5

Technik Schallschwingungen – sichtbar gemacht

Bei einem Lineal oder einer Stricknadel kannst du die Schwingungen der Schallquelle noch sehen. Bei einem Lautsprecher ist das nicht möglich. Um die Schwingungen sichtbar zu machen, kann man einen Tischtennisball in den Lautsprecher legen. Je nach Tonhöhe und Lautstärke bewegt er sich unterschiedlich. |6
Schwingungen lassen sich auch mithilfe einer waagerecht montierten Metallplatte sichtbar machen, die mit feinem Sand bestreut ist. |7 Dazu streicht man mit dem Bogen eines Cellos an der Platte. Man kann auch einen Sägebogen verwenden, auf dem dünne Angelschnüre gespannt sind. Die schwingende Platte schleudert den Sand hoch. Er sammelt sich an ruhigen Punkten der Platte an, sodass ein Schwingungsbild entsteht.

|6 Schwingungen eines Lautsprechers

|7 Schwingungsbilder

A Der Tischtennisball im Lautsprecher bewegt sich nicht immer in gleicher Weise. Wovon hängt die Bewegung ab?

B Die Schwingungsbilder auf der sandbestreuten Platte können sehr verschieden aussehen. |7 Probiere es aus.

C Untersuche mit einem Mikrofon, der Soundkarte eines Computers und einem geeigneten Programm die Schallschwingungen von Musikinstrumenten, deiner Stimme …

Grundlagen Amplitude und Frequenz

Laut – leise
Je stärker eine Schallquelle schwingt, desto lauter ist der Schall, den wir hören. Um mit einem gespannten Gummiband einen lauten Ton zu erzeugen, musst du es kräftig anzupfen. Es schwingt dann weit hin und her. Das Gummiband hat einen großen „Schwingungsbauch". |8
Bei leisen Tönen ist er klein. Den Abstand zwischen der Ruhelage und dem höchsten Punkt auf dem „Schwingungsbauch" nennt man *Amplitude*. |9

Je größer die Amplitude ist, desto lauter ist der Schall.

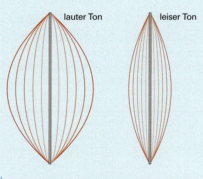

|8 Schwingendes Gummiband

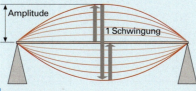

|9 Schwingung

Hoch – tief
Verkürzt man eine Drahtsaite und zupft sie dann an, so schwingt sie schneller. Es entstehen höhere Töne. In der angepusteten Wasserflasche schwingt die Luft schneller, wenn die Flasche höher gefüllt und der Luftraum kleiner ist.

Je schneller eine Schallquelle schwingt, desto höher ist der Ton.

Die Anzahl der Schwingungen pro Sekunde nennt man *Frequenz f*. Sie wird in der Einheit 1 Hertz (1 Hz) angegeben. Ein Hertz ist eine Schwingung pro Sekunde.
Eine Stimmgabel, deren Zinken in einer Sekunde 400-mal hin und her schwingen, hat eine Frequenz von 400 Hz. Eine Stimmgabel mit 512 Hz erzeugt einen höheren Ton, eine mit 256 Hz einen tieferen Ton.

Die Einheit der Frequenz ist nach dem deutschen Physiker *Heinrich Hertz* (1857–1894) benannt. Große Frequenzen gibt man in Kilohertz (kHz) an: 1 kHz = 1000 Hz. Das gesunde menschliche Ohr eines jungen Menschen kann Töne zwischen 16 Hz und 20 kHz hören.

Je größer die Frequenz ist, desto höher ist der Ton.

Schall unterwegs

Ob man mit einem Gartenschlauch „telefonieren" kann?
Wie gelangen die Worte ans Ohr?

1 „Schlauchtelefon"

1 Wie breitet sich Schall aus?
Schlage das linke Tamburin an. |2 Beobachte genau, was passiert. Versuche deine Beobachtung zu erklären. Wie gelangt wohl der Schall vom linken Tamburin zum rechten?

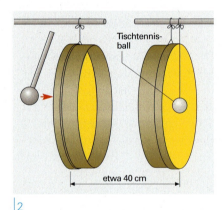

|2

2 Was macht der Schall mit der Kerzenflamme?
a Eine Pappröhre wird an einer Seite mit einem aufgeschnittenen Luftballon verschlossen. An der offenen Seite steht eine brennende Kerze. Dann wird die Gummihaut angeschlagen. |3 Beobachte und erkläre.

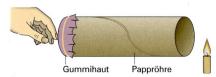

|3

b Eine „Schallkanone" kannst du aus einem Kunststoffeimer mit Deckel bauen. In der Mitte des Deckels wird ein Loch mit 3 cm Durchmesser geschnitten. Wenn du kräftig auf den Eimerboden schlägst, wird eine Kerze in 1 m Entfernung ausgeblasen. Auch eine 1-l-Blechdose (z. B. für Waschbenzin) eignet sich, wenn du den Boden mit einem Dosenöffner entfernst und mit einem Luftballon überspannst.

3 Schall im luftleeren Raum?
„Im Weltall ist es ganz still. Im luftleeren Raum kann sich Schall nicht ausbreiten."
a Plane mit den abgebildeten Geräten einen Versuch, der die Behauptung beweist. Statt des Weckers kann auch ein klingelndes Handy benutzt werden. |4
b Führe den Versuch durch und fertige ein Versuchsprotokoll an.

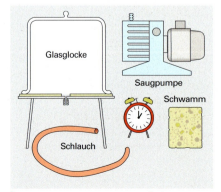

|4

4 Schallausbreitung im Modell
Eine Pendelkette mit Stahlkugeln kann uns eine Vorstellung davon geben, wie sich der Schall in Luft ausbreitet. |5 Die Pendelkette stellt ein *Modell* dar – wir machen uns damit ein gedankliches Bild: Wir nehmen an, dass so ähnlich die Schallausbreitung in der Natur – unsichtbar für uns – abläuft.
a Was geschieht, wenn die Kugel losgelassen wird?
b Vergleiche mit Versuch 1: Wofür steht die erste Kugel bei der Schallausbreitung? Was stellen die übrigen Kugeln dar?

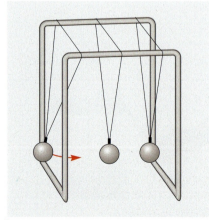

|5 Modell zur Schallausbreitung

Grundlagen Schallwellen in der Luft

Wenn du das Fell des Tamburins anschlägst, wird die Membran zunächst rasch eingedrückt. |6 Die Luft hinter dem Fell kann nicht so schnell ausweichen und wird zusammengedrückt. Es entsteht eine *Luftverdichtung*.
Gleich nach dem Anschlag schwingt die Membran zurück. Die Luft kann nicht so schnell folgen. Es entsteht eine *Luftverdünnung*. |6
Die Folge von Luftverdichtung und Luftverdünnung überträgt sich von einer Luftschicht auf die nächste. Sie „wandert" auf diese Weise von der Membran weg.

Von der Schallquelle aus laufen Luftverdichtungen und Luftverdünnungen in den Raum. Man sagt: Eine Schallwelle breitet sich durch die Luft aus.

Beim Tamburin hören wir einen kurzen Schlag. Bei einer Gitarrensaite hören wir einen längeren Klang. Solange eine Schallquelle schwingt, sendet sie Schallwellen aus.

Die Schallwellen laufen von der Schallquelle in alle Richtungen auseinander. Dabei werden die Luftschichten mit zunehmender Entfernung immer weniger verdichtet und verdünnt. Die Lautstärke nimmt ab.

Im luftleeren Raum kann sich kein Schall ausbreiten.

A Beschreibe, wie an einer Drahtsaite eine Schallwelle entsteht.

B „Im Weltraum ist es still. Morgens kann man nicht durch den Wecker geweckt werden." Erkläre diesen Satz aus einem Sciencefictionroman.

C Eine Schallquelle schwingt mit 400 Hz, eine andere mit 800 Hz. Zeichne beide Schallwellen. Denke daran, was sich bei hoher Frequenz ändert.

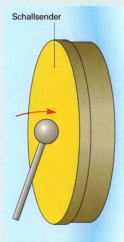

|6 Schallausbreitung in Luft

Schallausbreitung in verschiedenen Stoffen

Sicher hast du bei einem Gewitter schon beobachtet, dass zuerst der Blitz zu sehen und danach der Donner zu hören ist. Blitz und Donner entstehen zur gleichen Zeit, doch das Licht des Blitzes ist sehr viel schneller bei dir angelangt als der Schall des Donners.

Den Zeitunterschied zwischen Licht und Schall können wir nutzen, um Entfernungen zu ermitteln oder um die *Schallgeschwindigkeit* experimentell zu bestimmen.

|1 Einundzwanzig, zweiundzwanzig ... – der Donner „läuft hinterher".

1 Wie schnell ist der Schall in der Luft?

Ihr benötigt einen großen Hammer, ein altes Kuchenblech und eine Stoppuhr. Messt im Freien mit einem Bandmaß eine Strecke von mindestens 200 m ab, die gut zu überblicken ist. An dem einen Ende steht eine Schülerin oder ein Schüler und schlägt kräftig auf das Blech. Am anderen Ende der Strecke stoppt ein zweiter Schüler die Zeit zwischen „Hammerschlag sehen" und „Hammerschlag hören".
Tipp: Messt am besten mehrmals und notiert eure Werte in einer Tabelle. |2 Dadurch verringert ihr die Ungenauigkeit beim Messen.

|3

|4

2 Gute und schlechte Schallausbreitung

Lege deinen Kopf mit einem Ohr fest auf die Tischplatte und lasse einen Mitschüler leise Klopfzeichen geben. |3 Schiebe nun einen Block aus Styropor® zwischen Tischplatte und Ohr. Vergleiche!

3 Nachrichten über die Heizung?

Es wird berichtet, dass sich Gefangene über das Heizungssystem im Gefängnis Nachrichten übermitteln. Überprüfe diese Möglichkeit in der Schule. |4

4 Hören unter Wasser?

Beim nächsten Besuch im Schwimmbad solltest du versuchen unter Wasser mit einem Freund zu sprechen. Ist das möglich? Hast du schon Erfahrungen damit gesammelt? |5

Messung Nr.	Entfernung zur Schallquelle	Zeit zwischen Sehen und Hören
1	200 m	? s
2	200 m	? s
3	200 m	? s
4	200 m	? s
5	200 m	? s

Durchschnittszeit = ... s
Schallgeschwindigkeit = Entfernung : Zeit = ... m pro s

|2 Mustertabelle

|5 Hören unter Wasser

Grundlagen Stoffe leiten Schall – die Schallgeschwindigkeit

Stoffe, in denen sich Schall ausbreitet, heißen auch *Schallleiter*.

Die Luft ist der wichtigste Schallleiter für den Menschen. |7

Die Luft ist allerdings kein „guter" Schallleiter – in Glas oder Eisen breitet er sich viel besser aus. Damit ist gemeint, dass der Schall schneller von der Quelle zum Empfänger gelangt und dabei weniger an Lautstärke verliert.
Auch Wasser leitet Schall besser als Luft. Meeresforscher haben ermittelt, dass die Töne von Walen und Delphinen unter Wasser Hunderte von Kilometern weit zu hören sind! |8
Auch das Holz einer Tischplatte leitet die Schallwellen gut. Und sogar der Erdboden ist ein Schallleiter. |9

5 Flüstern durch verschlossene Türen hindurch
Baue dir mit deinem Tischnachbarn ein Fadentelefon. |6 Flüstere leise in den Becher. Kann man dich auf der anderen Seite hören?
Ersetze den Faden durch einen dünnen Draht oder Nähgummi. Funktioniert das Telefon jetzt besser?

Die Schallgeschwindigkeit ist in verschiedenen Stoffen unterschiedlich groß. In Luft breitet sich der Schall in 3 Sekunden 1 km weit aus.

Material	Schallgeschwindigkeit in m pro s
Gummi	150
Luft bei 20 °C	**343**
Luft bei 0 °C	331
Wasser bei 20 °C	1485
Eis	3300
Stein	3600
Knochen	4080
Eisen	5170
Glas	5300

A Du siehst einen Blitz und 6 Sekunden später hörst du den Donner. Wie weit ist das Gewitter von dir entfernt?
B Der Monteur klopft mit seinem Hammer auf eine Rohrleitung. Wie weit hat sich der Schall nach 2 Sekunden von ihm entfernt?
C Ein Taucher sieht unter Wasser den Lichtblitz einer Unterwasserexplosion. 2 Sekunden später hört er den Knall. Wie weit ist der Explosionsherd von ihm entfernt?
D Du klopfst mit dem Zeigefinger oben auf deinen Kopf. Wie gelangt der Schall an dein Ohr?

|7 Schall in Luft

|8 Schall im Wasser

|9 Schall geht auch durch den Erdboden.

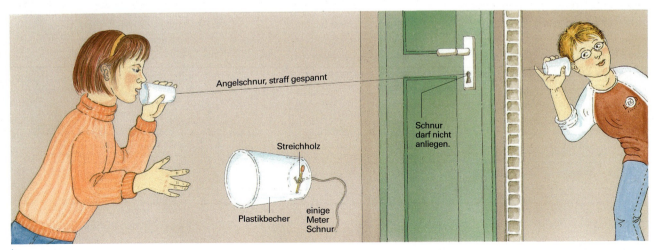
|6 Fadentelefon

Technik Schallleitung – erwünscht oder unerwünscht

Unfall unter Tage: In einem Erzbergwerk haben herabstürzende Felsbrocken einen Stolleneingang zugeschüttet. Sie versperren zwei Bergleuten den Rückweg.
Nach dem ersten Schrecken besinnen sich die Eingeschlossenen auf das, was zu tun ist: Einer von ihnen schlägt mit einem Stein auf die Schienen der Grubenbahn; der andere klopft mit dem Hammer gegen das Gestein. |1
Der Lärm, den sie damit machen, wird noch in weiter Entfernung vom Unfallort gehört. Und tatsächlich sind schon bald die ersten Helfer an der Unglücksstelle …
Die Bergleute wussten natürlich, dass das Gestein und die Stahlschienen der Grubenbahn den Schall besser leiten als die Luft. In ihrem Fall ist die Schallleitung nicht nur nützlich und erwünscht gewesen – hier erwies sie sich sogar als Lebensretter.

In den Schienen breitet sich der Schall nicht nach allen Seiten hin aus, sondern vor allem in Längsrichtung. Die Schallenergie bleibt so in dem festen Körper eingeschlossen und die Schwingungen breiten sich über weite Strecken aus. Zudem nehmen in festen Stoffen die Schallschwingungen weniger schnell ab als in Luft. Daher können sie noch in größerer Entfernung gehört werden.

Dass harte und feste Stoffe den Schall gut leiten, müssen Architek-

|1 Eingeschlossen unter Tage

ten und Handwerker beim Hausbau beachten. Eine gute Schallleitung ist nämlich in Wohnungen ausgesprochen unerwünscht.
Probleme bereiten vor allem Schallwellen, die in festen Körpern erzeugt und von diesen weitergeleitet werden.
Beispiele sind Trittgeräusche oder Bohrgeräusche. Im Haus sind oft Wände, Decken, Fußböden und Rohre unerwünschte Schallleiter.
Um Trittgeräusche einzudämmen, werden Dämmstoffe zwischen Decken und den darüber liegenden Fußböden verlegt.

A Warum rufen eingeschlossene Bergleute nicht einfach um Hilfe?
B Der Klempner arbeitet im Keller an einem Wasserrohr. Warum kann man das im ganzen Haus hören?
C Angler behaupten: „Fische können hören, wenn jemand am Ufer entlanggeht." Was meinst du dazu?

Arbeitsweise Versuchsprotokoll

Bei Versuchen und Beobachtungen solltest du immer ein Protokoll anfertigen. Auch Wissenschaftler in Laboratorien schreiben auf, was sie getan und was sie beobachtet und gemessen haben. Solche Protokolle sind die Grundlage, um mit anderen über die Experimente zu sprechen und Ergebnisse zu vergleichen. So kann man Regeln und Gesetze der Natur erkennen.
Bei vielen Versuchen müsst ihr genau hinschauen und beschreiben, was passiert. Bei anderen Experimenten wird z. B. mit einem Thermometer gemessen. Die Messwerte tragt ihr dann in eine Tabelle ein.
Ein Experiment kann Fragen an die Natur beantworten. Ob eine Antwort oder eine Regel immer gilt, muss man überprüfen. Wenn das Experiment in gleicher Weise durchgeführt wird, muss es zu gleichen Beobachtungen oder gleichen Messwerten führen. Dabei ist das Versuchsprotokoll wichtig.
Für die Protokolle solltest du immer eine gleiche Form wählen und sie in deinem Heft oder deiner Mappe sammeln.

|2 Versuche werden protokolliert.

Anne Müller – 25. 5. 2005 8.00 Uhr

Zieht ein Magnet überall gleich stark an?

Versuchsskizze:

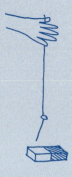

Durchführung: Ich habe einen Eisennagel an ein Band gebunden und mit etwas Abstand über die Mitte eines Magneten gehalten.

Beobachtung: Der Nagel bleibt nicht gerade hängen. Die Nagelspitze geht an ein Ende des Magneten. Der Nagel wird zum roten oder grünen Ende hingezogen.

Ergebnis: Ich vermute, dass der Magnet an dem roten und dem grünen Ende am stärksten anzieht.

|3 Beispielprotokoll 1

Frank Saß – 6. Juli 2005 8.55 Uhr

Wie heiß kann Wasser werden?

Versuchsskizze:

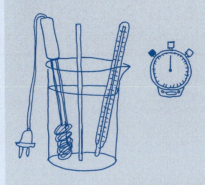

Durchführung: Ich habe 250 ml Wasser mit einem Tauchsieder erhitzt und jede Minute die Wassertemperatur gemessen.

Beobachtung:

Zeit	Temperatur
1 min	22 °C
2 min	25 °C
…	…
15 min	100 °C
16 min	100 °C

Ergebnis: Das Wasser erreicht nach 15 min eine Temperatur von 100 °C. Es wird nicht heißer als 100 °C.

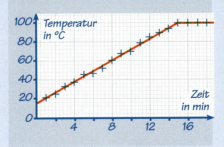

|4 Beispielprotokoll 2

Name (Namen) /Datum/Uhrzeit

Thema oder Frage des Versuchs

Versuchsskizze:
Skizziere die Versuchsgeräte und den Versuchsaufbau.

Durchführung:
Beschreibe, was du gemacht hast.

Beobachtung:
Beschreibe genau, was du gesehen, gehört, gerochen, gefühlt oder gemessen hast.
Manchmal hilft es, den Versuch mehrmals durchzuführen, um möglichst genau beobachten zu können.

Ergebnis:
Beantworte die Versuchsfrage und formuliere eine erste Regel zu deiner Beobachtung.

|5 Allgemeine Form eines Protokolls

Schall geht um die Ecke und kommt zurück

1 Echo

Schall breitet sich von der Quelle in alle Richtungen aus. Wenn er auf einen Gegenstand trifft, wird er reflektiert.
Ähnliches kennst du von einem Ball, der von einer Wand zurückprallt.

1 Wie wird Schall abgelenkt?
Stelle einen tickenden Wecker auf einem Stück Schaumstoff in ein hohes Glas. Du siehst den Wecker, denn das Licht geht durch das Glas hindurch. |2 Halte dein Ohr ungefähr 1 m vom Glas entfernt. Mit je einer Platte aus Glas, Holz, Eisen, Pappe und Kork soll der Schall so umgelenkt werden, dass er besser an dein Ohr gelangt.
Wie müssen die Platten gehalten werden?
Welche Materialien reflektieren den Schall besonders gut?

|2

2 Wie funktioniert ein Stethoskop?
a Lege eine laut tickende Uhr auf ein Stück Schaumstoff auf den Tisch. Montiere einen Kunststoffschlauch an das Ende eines Trichters. |3 Stülpe dann den Trichter über die Uhr und höre durch den Schlauch hindurch. Wie ist deine Beobachtung zu erklären?
b Genauso funktioniert das Stethoskop beim Arzt. Damit werden Lungen- und Herzgeräusche abgehört. Überprüfe diese mit deinem selbst gebauten Stethoskop.

3 Wie entsteht ein Echo?
Stelle dich vor eine Hauswand und rufe einen kurzen Namen (Anna, Otto …). Ändere deinen Abstand zur Wand. Wann kannst du den ganzen Namen als Echo hören? Erkläre, wie es zum Echo kommt.

|3 Selbst gebautes Stethoskop

4 Entfernungen messen mit Schall
Ein elektronischer Entfernungsmesser misst Abstände mithilfe von Schall. |4
a Vermiss mit dem Gerät die Größe des Klassenzimmers.
b Spanne eine Schnur in 2 m Höhe durch das Klassenzimmer und befestige den Entfernungsmesser beweglich an der Schnur. Führe ihn dann langsam durch den Raum, in dem Tische, Stühle und Kisten auf dem Boden stehen. Miss alle 20 cm die Entfernung in Richtung Boden.
Protokolliere die Messwerte und zeichne aus den Entfernungsangaben ein Bild des Fußbodens. Wo stehen Tische, wo Stühle, wo Kisten?
c Miss mit dem Entfernungsmesser in Richtung Raumwand. Führe dann einen dicken Bindfaden in den Messbereich des Geräts. Was passiert?

|4 Ultraschall-Entfernungsmesser

Grundlagen Entfernungen messen – mit Schall

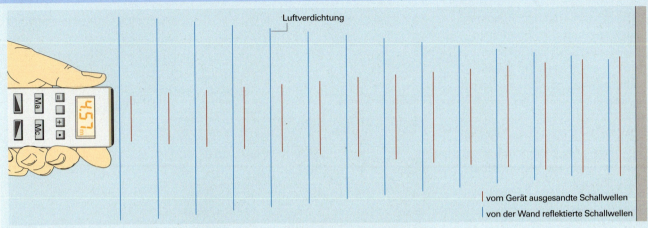

|5 Entfernungsmessung: Je länger der Schall braucht, desto weiter ist die Wand entfernt.

Wenn Schallwellen an Körpern reflektiert werden, die weit genug von uns entfernt sind, kommt der Schall mit einer hörbaren Verzögerung zurück. Wir hören ihn als *Echo*.
In großen Räumen sind die Wände nicht so weit entfernt – der reflektierte Schall kommt sehr schnell zum Ohr zurück, wir empfinden ihn als *Nachhall*.

In der Technik nutzt man das Echo, um Entfernungen zu bestimmen. Die Idee ist ganz einfach: In einiger Entfernung vor einer Hauswand lässt du eine aufgeblasene Papiertüte zerplatzen. Wenn du das Echo genau eine Sekunde später hörst, ist die Wand 170 m von dir entfernt. Denn der Schall legt in der Luft 340 m in einer Sekunde zurück: Er läuft 170 m zur Wand, wird dort reflektiert und kommt 170 m wieder zurück. Diese Idee nutzen elektronische Entfernungsmesser, mit denen z. B. Maler Räume vermessen. |5 Die Geräte senden einen Schall aus, den wir nicht hören können – *Ultraschall* mit einer Frequenz von mehr als 20 kHz. An der Wand wird der Schall reflektiert und läuft zum Entfernungsmesser zurück, wo er von einem Mikrofon aufgenommen wird. Aus der Zeitdifferenz zwischen Schallsendung und -empfang sowie der Schallgeschwindigkeit in Luft berechnet ein eingebauter Computer die Entfernung.

A Dein Rufen im Gebirge kommt nach 3 s zurück. Wie weit ist die Bergwand von dir entfernt?

B Ein elektronischer Entfernungsmesser zeigt eine Raumhöhe von 3,43 m an. Wie lange war der Schall unterwegs?

Technik Das Echolot – ein Hilfsmittel bei der Seefahrt

Nach dem Echo-Verfahren wird bei Schiffen die Wassertiefe gemessen. Ein *Echolot* sendet Schallsignale aus. Sie werden vom Meeresboden reflektiert und am Schiff wieder aufgefangen. |6
Je weiter der Meeresboden entfernt ist, desto länger braucht der Schall für Hin- und Rückweg. Die Laufzeit des Schalls wird gemessen. Daraus berechnet ein Computer die Wassertiefe – mithilfe der bekannten Schallgeschwindigkeit in Wasser.

Mit dem Echolot lassen sich auch Fischschwärme orten. |7

C Das Echolot eines Schiffs registriert eine Zeitdifferenz von 2 Sekunden zwischen Aussenden und Empfangen des Signals.
Welche Meerestiefe wird angezeigt?

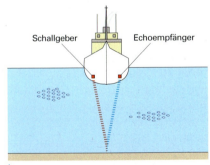

|6 Echolot zur Entfernungsmessung

|7 Schirm eines Echolots

Orientieren mit Schall

„Blinde Kuh" – einmal anders: Gelingt es dir mit verbundenen Augen, möglichst nah an die Tafel heranzugehen – nur mit Schall? Im Klassenraum muss es vollkommen still sein.

Führt in der Klasse einen Wettbewerb durch. Gewonnen hat, wer der Tafel am nächsten kommt, ohne sie zu berühren.

1

1 Orientierung mit Schall

Die Orientierung mit Schall gelingt, weil von der Glasflasche Schallwellen ausgesandt werden. 1 Sie werden von der Tafel zurückgeworfen. Bei guter Konzentration und absoluter Stille kannst du sie als Veränderung im Klangbild wahrnehmen. So kannst du mit geschlossenen Augen die Nähe der Tafel „spüren".
Auch bei der Orientierung von Fledermäusen und Delphinen spielt die Reflexion von Schall eine wichtige Rolle. Lies den Text zum Delphin. Erläutere die Gemeinsamkeiten zwischen der Orientierung im Versuch und der Orientierung des Delphins.

Wissenswertes Delphine – Jagen mit Ultraschall

Delphine sind Meeressäugetiere. 2 Sie können zwar unter Wasser sehr gut sehen. Aber je tiefer sie tauchen, desto dunkler wird es. Bei schlechter Sicht orientieren sie sich mit Schall. In Wasser ist Schall viermal schneller als in Luft und hat eine 40-mal größere Reichweite.
Zur Jagd senden die Delphine kurze Klicklaute mit einer Frequenz von bis zu 200 kHz aus. Der Schall wird auch von kleinen Fischen reflektiert und kehrt als Echo zurück. 3 Daraus gewinnt der Delphin ein „Hörbild" seiner Umgebung.

A Wievielmal schneller ist der Schall im Wasser als in der Luft?
B Für Menschen sind die Jagdtöne der Delphine unhörbar. Begründe.
C Wie bestimmt der Delphin die Richtung, in der sich ein Beutefisch befindet?

2 Delphin

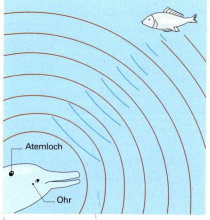

3 „Echopeilung" bei Delphinen

Wissenswertes **Fledermäuse – nächtliche Peilung mit Ultraschall**

|4 Flug durch den nächtlichen Wald

|5 Für *Fledermäuse* kein Hindernis …

|6 Große Hufeisennase

Fledermäuse stoßen Ultraschallrufe mit Frequenzen von 20 kHz bis zu 100 kHz aus. Die Rufe werden von verschiedenen Objekten unterschiedlich stark reflektiert. Je weiter ein Gegenstand entfernt ist, desto länger dauert es, bis das Echo zu den Ohren der Fledermaus gelangt. Die „Echopeilung" ermöglicht es Fledermäusen, bei absoluter Dunkelheit zu fliegen ohne an Hindernisse zu stoßen. |4|5
Für einen Versuch mit einer *Großen Hufeisennase* |6 wurden mehrere nur 0,08 mm dünne Drähte im Labor aufgehängt. Die Fledermaus flog im dunklen Raum umher, ohne ein einziges Mal anzustoßen!
Auch zur Ortung von Nachtfaltern, den Beutetieren der Fledermäuse, setzen die Tiere Ultraschall ein. |7
Kurz vor Ergreifen eines Beutetiers senden die Fledermäuse in Abständen von Hundertstelsekunden ihre Peillaute aus.

D Beschreibe, wie sich Fledermäuse im Dunkeln orientieren.
E Vergleiche die Echopeilung der Fledermaus mit einem elektronischen Entfernungsmesser. Beschreibe Gemeinsamkeiten und Unterschiede.
F Nachtschmetterlinge besitzen einen dichten Pelz. Er verschluckt auftreffende Ultraschallwellen. So sind sie vor der Echopeilung der Fledermäuse geschützt. Plane einen Versuch, der zeigt, wie der Schutz funktioniert.

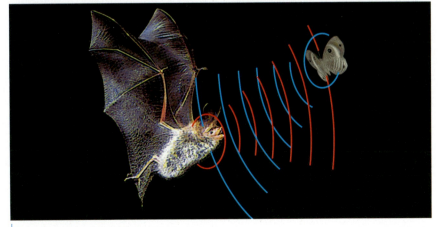

|7 „Echopeilung" bei Fledermäusen

Ultraschall in der Medizin

Medizin Ultraschall im Dienst für den Menschen

Blick in den Körper
Ultraschall erlaubt Einblicke in den menschlichen Körper – ohne Operation. Das Prinzip ist ähnlich wie beim Echolot. Ultraschall wird unter anderem bei Schwangeren eingesetzt, weil die Methode für Mutter und Kind als gefahrlos gilt.
Ein „Schallkopf" wird auf den Bauch der Mutter gehalten. |1|2
Der Schallkopf sendet und empfängt Ultraschallwellen. Die Wellen dringen in den Körper ein und werden von Gewebe und Knochen unterschiedlich reflektiert. Die Schallwellen des Echos übersetzt der Computer in ein Bild.
Mit Ultraschall kann man auch die Lage, Größe und Funktion innerer Organe untersuchen.

Auch bei Operationen kann Ultraschall unschätzbare Dienste leisten. Wenn z. B. ein Glassplitter ins Auge eingedrungen und „verschwunden" ist, führt der Chirurg ein feines Instrument in den Augapfel ein. |3
Es besteht aus einem winzigen Ultraschallkopf und einer kleinen Zange. Sowohl der Fremdkörper als auch die Spitzen der Zange reflektieren den Ultraschall.

Operieren mit Ultraschall
Viele Menschen sind „steinreich": In ihrer Niere entstehen Steine durch Kristallbildung aus dem Harn (Urin). Kleine Nierensteine werden meist mit dem Harn ausgeschieden. Setzt sich aber ein größerer Stein im Harnleiter fest, kommt es zu starken Schmerzen und Krämpfen.
Mit gezielten „Stößen" von Ultraschallwellen kann der Arzt solche Nierensteine zertrümmern. Die Reste werden mit dem Urin ausgespült.

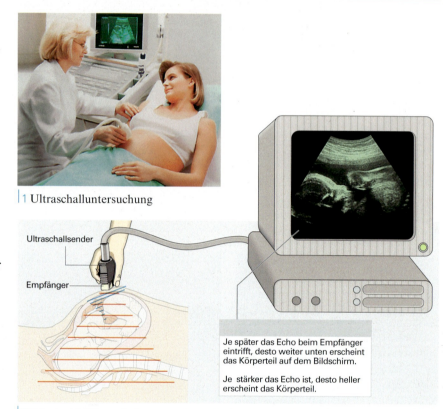

|1 Ultraschalluntersuchung

Je später das Echo beim Empfänger eintrifft, desto weiter unten erscheint das Körperteil auf dem Bildschirm.

Je stärker das Echo ist, desto heller erscheint das Körperteil.

|2 Prinzip der Ultraschalluntersuchung des Kindes im Mutterleib

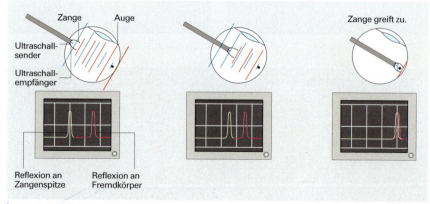

|3 Auffinden und Entfernen eines Fremdkörpers im Auge

A Beschreibe das physikalische Prinzip der Ultraschalluntersuchung.
B Worin liegt der Vorteil der Ultraschallmethode bei Untersuchungen während der Schwangerschaft? Eine Untersuchung des Gehirns ist mit der Ultraschallmethode nicht möglich. Woran liegt das?
C Beschreibe, wie der Chirurg den unsichtbaren Fremdkörper im Auge findet. |3 Achte dabei auf das aufgezeichnete Echolot.

Zusammenfassung

Wie Schall entsteht

Alles was man hört, bezeichnet man als Schall. Schall entsteht, wenn sich ein Körper schnell hin und her bewegt. Diese schnellen Bewegungen heißen Schwingungen.
Wie stark eine Schallquelle schwingt, kann man am größten Ausschlag einer Schwingung erkennen. Er wird von der Ruhelage gemessen und *Amplitude* genannt.

Je größer die Amplitude einer Schallschwingung ist, desto lauter ist die Schallquelle.

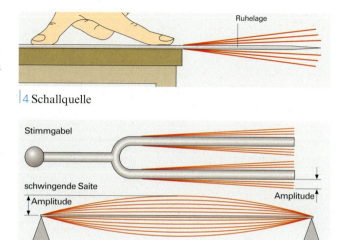

4 Schallquelle

5 Amplitude – laut und leise

Hoch und tief

Die *Frequenz f* gibt an, wie oft die Schallquelle in einer Sekunde hin und her schwingt. Die Einheit der Frequenz ist 1 Hertz (1 Hz).

Wir können Schwingungen von 16 bis 20 000 Hz hören. Je größer die Frequenz ist, desto höher ist der Ton.

6 Tonhöhe – Frequenz

Schallwellen

Schallquellen erzeugen in Luft Verdichtungen und Verdünnungen. Diese breiten sich nach allen Seiten aus. Man spricht von *Schallwellen*.

Schallwellen breiten sich in der Luft mit einer Geschwindigkeit von 340 Metern pro Sekunde aus. In 3 Sekunden legt der Schall 1 km zurück.

Schallwellen werden an Körpern zurückgeworfen, sie werden *reflektiert*. Wenn Schallwellen von weit entfernten Hindernissen zurückkehren, kann man sie als *Echo* hören.

7 Schallgeschwindigkeit

Alles klar?

A Bei den Musikinstrumenten unterscheidet man Schlag-, Blas-, Streich- und Zupfinstrumente. Nenne je ein Beispiel und erkläre, wie der Schall dort erzeugt wird.

B Wie kann die Lautstärke einer Stimmgabel verändert werden?

C Eine Hummel hat einen Flügelschlag von 240 Hz und eine Mücke von 600 Hz. Vergleiche die Tonhöhe.

D Beschreibe eine Methode, mit der man die Entfernung eines Gewitters bestimmen kann.

E Wieso ist es im Autotunnel so laut?

Wie wir hören

Der Bau des Ohres

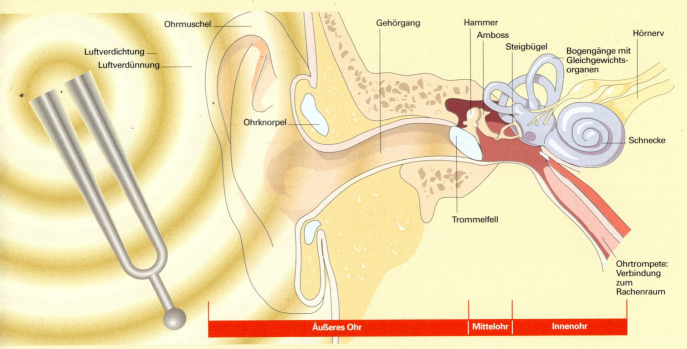

1 Aufbau des Ohres

Das *Außenohr* besteht aus Ohrmuschel, Gehörgang und Trommelfell. Im *Mittelohr* liegen die Gehörknöchelchen. Sie verbinden das Trommelfell mit einer weiteren Membran. Dort beginnt das *Innenohr*. Es ist mit Flüssigkeit gefüllt. Die Schnecke ist das eigentliche Hörorgan. Hier befinden sich die Hörsinneszellen.

Probier's mal!

1 Was Geräusche verraten
Setze dich mit geschlossenen Augen ans offene Fenster. Konzentriere dich auf Geräusche von draußen.
a Welche Geräusche kannst du erkennen und zuordnen? An welchen Merkmalen erkennst du die Geräusche?
b Kannst du sagen, wie weit die Geräuschquelle entfernt ist?
Aus welcher Richtung kommt der Schall? Bewegt sich die Schallquelle?
c Sind dir die Geräusche schon zuvor aufgefallen? Falls die Geräusche schon früher da waren, hast du eine Erklärung dafür, dass du sie erst jetzt bemerkst?

2 Die Bedeutung der Ohrmuscheln
Im Zimmer wird eine Schallquelle aufgestellt, z. B. ein laut tickender Wecker.
a Lausche auf das Geräusch.
– Drücke deine Ohrmuscheln mit den Fingern ganz zurück an den Kopf.
– Dann biegst du sie nach vorne.
– Halte die Handflächen hinter die Ohrmuscheln und vergrößere sie so.
– Decke die Ohrmuscheln mit den Händen von vorne ab.
b Wie ändert sich jeweils der Höreindruck? Erkläre die Ergebnisse.

Gesundheit Pflege des Ohres

Die Wanddrüsen des Gehörgangs bilden Ohrenschmalz. Es verklebt Staubteilchen, damit sie sich nicht vor dem Trommelfell ablagern. Durch Bewegungen der Kiefermuskulatur beim Kauen wird das Ohrenschmalz ständig nach außen befördert. Das kannst du spüren, wenn du deine Finger leicht in den Gehörgang steckst und dann kaust. Du brauchst deshalb deine Ohren nur äußerlich zu reinigen. Verwende am besten einen Tuchzipfel, sei dabei aber sehr vorsichtig. Bohre niemals in den Gehörgang hinein, auch nicht mit einem weichen Wattestäbchen. Dabei könntest du nämlich das Ohrenschmalz zu einem Ohrpfropf zusammenschieben. Der würde die Schwingungen des Trommelfells behindern. Nur der Arzt kann dann einen solchen Pfropf entfernen. Spitze Gegenstände gehören nie in den Gehörgang.

3 Druck auf das Trommelfell
Halte deine Nase zu und presse vorsichtig Luft in den Mund- und Rachenraum. Jetzt kannst du im Ohr ein leichtes Knacken wahrnehmen.
a Erkläre mit dem Aufbau des Ohres, wie das Knacken zustande kommt.
b Ein solches Knacken verspürt man auch im Fahrstuhl oder beim Tauchen. Was könnte hier die Ursache sein?

4 Knochen leiten Schall
Verschließe mit den Fingern deine beiden Ohrgänge, sodass du nichts hörst. Dein Partner oder deine Partnerin hält dir nun eine angeschlagene Stimmgabel direkt ans Ohr.
Dann setzt er oder sie dir die Stimmgabel direkt auf den Kopf, erst in die Mitte, dann seitlich.
a Wann hörst du den Ton? Ändert sich der Höreindruck bei der seitlichen Verlagerung der Stimmgabel?
b Warum kannst du hören, obwohl dein Gehörgang verschlossen ist?
c Für dich klingt deine Stimme anders, wenn du sie aus einem Lautsprecher hörst. Begründe!

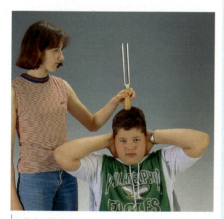

2 Schallleitung durch Knochen

5 Hörfähigkeit
Eine Versuchsperson aus der Klasse sitzt mit verschlossenen Augen vorne im Unterrichtsraum.
Flüstere aus verschiedenen Entfernungen der Versuchsperson Worte zu. Dabei muss sie jeweils ein Ohr zuhalten. Prüfe die Hörfähigkeit beider Ohren.

Grundlagen Schallempfang mit dem Ohr

Das Außenohr
Die Ohrmuscheln fangen den Schall auf. Der Schall wird durch den Gehörgang zum Trommelfell geleitet und versetzt es in Schwingung. Das Trommelfell ist ein dünnes Häutchen, eine Membran.

Das Mittelohr
Die Gehörknöchelchen Hammer, Amboss und Steigbügel sind die kleinsten Knochen des Menschen. Sie werden durch das Trommelfell mitbewegt und übertragen die Schwingungen auf die Membran am Eingang des Innenohrs. Durch Hebelwirkung haben sie Verstärkerfunktion. Diese Verstärkung ist nötig, weil im Innenohr eine Flüssigkeit in Schwingungen versetzt werden muss – und Flüssigkeiten lassen sich schwerer in Bewegung setzen als Luft. Zum Druckausgleich ist das Mittelohr mit dem Rachenraum verbunden.

Das Innenohr
Die Schnecke ist das eigentliche Hörorgan im Innenohr. In ihrem Innern sitzen die Hörsinneszellen. In der Schnecke breiten sich die Schallwellen in einer Flüssigkeit aus und reizen die Sinneszellen.

Über den Hörnerv schicken die gereizten Sinneszellen elektrische Signale an das Gehirn. Das Gehirn wertet die Signale aus: Jetzt erst hören wir unser Lieblingslied, unterscheiden bekannte von unbekannten Stimmen und wissen, ob ein Geräusch weit weg oder bedrohlich ist.

Weitere Aufgaben des Ohres
Das Innenohr enthält auch das Organ für unseren Gleichgewichtssinn.

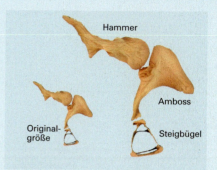

3 Gehörknöchelchen

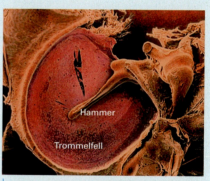

4 Trommelfell und Hammer

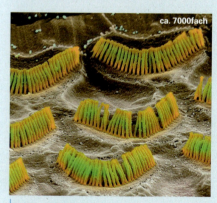

5 Hörsinneszellen in der Schnecke

Die Schallwellen werden von den Ohrmuscheln aufgefangen und zum Trommelfell geleitet (Außenohr). Im Mittelohr übertragen die Gehörknöchelchen die Schwingungen auf die Schnecke im Innenohr. Dort werden Wellen hervorgerufen, die die Hörsinneszellen im Schneckengang reizen.

Was man alles hören kann

1 Richtungshören

Wie gut können wir die Richtung bestimmen, aus der ein Laut kommt?
Was leistet unser Gehör sonst noch?

1 Wir erproben das Richtungshören
a Schülerinnen und Schüler stehen im Kreis um die Versuchsperson herum und klatschen einzeln. Kann sie mit verbundenen Augen angeben, aus welcher Richtung das Klatschen kommt?
b Die Versuchsperson verschließt sich mit einem Wattestöpsel ein Ohr. Wieder soll sie die Richtungen erkennen.
c Was zeigt dieser Versuch über das Richtungshören?

2 Wie wir Richtungen hören
a Markiere einen 1 m langen Gummischlauch genau in der Mitte. Dein Partner hält die beiden Schlauchenden in seine Ohren. |2
Klopfe mit einem Stift leicht auf den Schlauch. Kann dein Partner angeben, ob du links, rechts oder in der Mitte auf den Schlauch geklopft hast?
b Versuche das Ergebnis zu erklären.

3 „Vertauschte Ohren"
Stecke auf zwei Gummischläuche jeweils einen Trichter. Befestige die Schläuche so wie in der Abbildung gezeigt. |3 Stelle dich nun in die Mitte des Klassenzimmers, schließe die Augen und halte die Enden der Schläuche in deine Ohren.
a Deine Mitschüler klatschen abwechselnd in die Hände. Kannst du die Richtung des Klatschenden eindeutig bestimmen?
b Vertausche nun die Schlauchenden. Was stellst du fest?

4 Tonhöhe
a Prüfe mit einem Tongenerator deine obere Hörgrenze. Bis zu welcher Frequenz kannst du hören?
b Vergleiche mit deinen Mitschülern. Ergibt sich ein deutlicher Unterschied zu deiner Lehrerin oder deinem Lehrer?

Grundlagen Leistungen des Gehörs

Unser Gehör unterscheidet laut und leise, hoch und tief. Außerdem können wir die Richtung wahrnehmen, aus der Schall kommt.
– *Tonhöhe:* Im vorderen Teil der Schnecke werden die hohen, weiter hinten die tiefen Töne registriert. Durch diese örtliche Zuordnung innerhalb der Schnecke kann das Gehirn die Töne unterscheiden.
– *Lautstärke:* Je lauter der Schall, desto stärker werden die Hörsinneszellen gereizt und desto mehr Signale senden sie an das Gehirn. So nehmen wir die Lautstärke wahr.
– *Richtung:* Der Zeitunterschied zwischen dem Eintreffen des Schalls in den beiden Ohren wird wahrgenommen. Aus dem winzigen Zeitunterschied ermittelt das Gehirn die Richtung, aus welcher der Schall kommt.

Hörbereich und Hörgrenzen

Lebewesen	Frequenz in Hz
Mensch	
Kind	16 bis 20 000
35-Jähriger	16 bis 15 000
55-Jähriger	16 bis 12 000
Greis	16 bis 5 000
Hund	15 bis 50 000
Buchfink	240 bis 30 000
Heuschrecke	100 bis 100 000
Fledermaus	20 000 bis 150 000
Delphin	150 bis 280 000

2 Richtungshören mit einem Schlauch

3 „Vertauschte Ohren"

Zusammenfassung

Bau der Ohren

Zum Außenohr gehören Ohrmuschel, Gehörgang und Trommelfell. Das Mittelohr umfasst Paukenhöhle, Ohrtrompete und Gehörknöchelchen. Das Innenohr enthält die Schnecke, das eigentliche Hörsinnesorgan. Außerdem befindet sich im Innenohr der Gleichgewichtssinn.

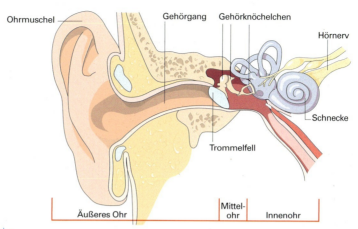

4 Aufbau des Ohres

Hören mit Ohr und Gehirn

Über den Gehörgang, das Trommelfell und die Gehörknöchelchen gelangen die Schallwellen zum Innenohr. Dort bringen sie eine Flüssigkeit zum Schwingen. Die Hörsinneszellen im Schneckengang werden gereizt. Sie erzeugen elektrische Signale, die über den Hörnerv zum Gehirn geleitet werden. Im Gehirn entsteht der Höreindruck.

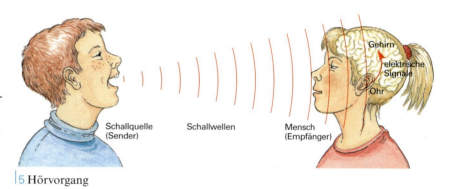

5 Hörvorgang

Alles klar?

A Beschreibe die Schallübertragung im Ohr vom Außenohr bis zu den Sinneszellen.

B Warum halten Menschen bei Gesprächen hin und wieder eine Hand hinter ein Ohr? 6

C Warum hilft es altersschwerhörigen Menschen, wenn man mit ihnen in etwas tieferer Stimme redet, ohne dabei lauter zu werden?

D Weshalb hört man sich auch dann sprechen, wenn beide Ohren fest verschlossen sind?

E Bei einem Schnupfen kann das Fahren in einem schnellen Lift Ohrenschmerzen hervorrufen. Erkläre!

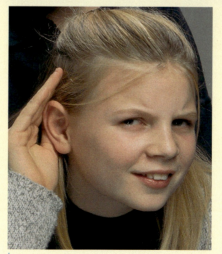

6

F* Eine bakterielle Erkrankung des Nasen-Rachen-Raums kann zu einer Mittelohrentzündung führen.
1 Auf welchem Weg gelangen Bakterien wohl zum Mittelohr?
2 Die starken Schmerzen sind ein Alarmzeichen. Ohne Behandlung kann die Entzündung auf die Gelenke der Gehörknöchelchen, das Trommelfell oder auf das Innenohr übergreifen. Überlege dir die Folgen, je nachdem, welcher Teil des Mittelohrs befallen wird.

Sprechen und Sprache

Verständigung durch Sprache

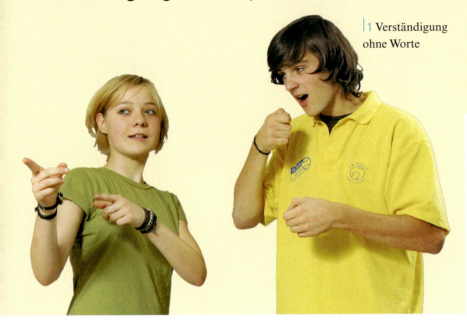

1 Verständigung ohne Worte

In einem fremden Land könnt ihr euch verständlich machen, obwohl ihr die Sprache nicht beherrscht. Was wollen die Personen „sagen"? Wie drücken sie sich aus?

1 Verständigung ohne Sprache
a Spielt in Gruppen Szenen, bei denen sich Menschen miteinander verständigen ohne zu sprechen.
Wählt Spielszenen z. B. aus dem Sport oder spielt das Schlichten eines Streits. Achtet auf Körperhaltung, Handbewegungen und Gesichtsausdruck.
b Was lässt sich durch die Mimik ausdrücken? Welche Ausdrucksformen werden meist leicht verstanden?

2 Bild oder Ton
Die eine Hälfte der Klasse schaut sich fünf Minuten lang eine Nachrichtensendung ohne Ton an. Die andere Hälfte hört sich die gleiche Sendung an – ohne Bild. Jede Gruppe schreibt eine kurze Zusammenfassung. Vergleicht!
Wo ist mehr Information enthalten – im Ton oder im Bild?

3 Kehlkopf und Lunge
a Ertaste mit den Fingerspitzen die Teile des Kehlkopfs. 4
– Atme dabei normal aus und ein.
– Sprich die Laute „a" und „g" laut, leise, tief und hoch.
– Schlucke, als ob du essen würdest.
Welche Veränderungen spürst du?
b Lege beim Sprechen deine Hand auf den Brustkorb. Versuche sowohl beim Einatmen als auch beim Ausatmen zu sprechen. Welche Aufgabe hat die Lunge beim Sprechen?
c Wie Kehlkopf und Lunge zusammenarbeiten, zeigt ein Modellversuch. Blase den Ballon auf und lass die Luft ab. Wie kannst du dabei hohe Töne, wie tiefe hervorrufen? Stelle den Bezug zu Kehlkopf und Lunge her.

Wissenswertes Stimmumfang

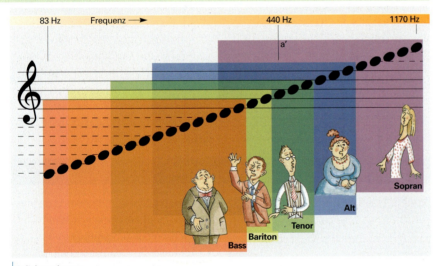

2 Stimmlagen

Sänger haben unterschiedliche Stimmlagen. Sie umfassen jeweils etwa zwei Oktaven. 2
Der Stimmbruch ist eine Belastungsprobe für Jungen: Die Stimme gerät außer Kontrolle, kippt und fällt in tiefe Töne ab. Richtiges Singen fällt in dieser Zeit oft besonders schwer. In der Pubertät vergrößert sich der Kehlkopf, die Stimmbänder werden länger und die Stimmlage sinkt ab. Diese Änderung ist bei Jungen viel stärker als bei Mädchen.

Stimmumfang

Lebewesen	Frequenz in Hz
Mensch	85 bis 1 100
Hund	450 bis 1 000
Rotkehlchen	2000 bis 13 000
Fledermaus	2000 bis 120 000

Grundlagen Sprache und Sprechen

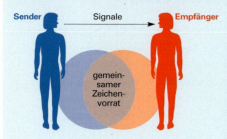

|3 Verständigung

Für die Verständigung der Menschen untereinander ist die Sprache sehr wichtig. Weitere Verständigungsmittel sind der Gesichtsausdruck, Gebärden und die Schrift. |3

Bei der Verständigung durch Sprache werden von einem „Sender" sprachliche Signale an einen „Empfänger" übermittelt. Wichtig ist, dass sie die gleiche Sprache sprechen, also einen gemeinsamen „Zeichenvorrat" haben.

Bau des Sprechorgans
Der Kehlkopf liegt am oberen Ende der Luftröhre. Zwei Knorpelspangen geben ihm seine äußere Form. |4 Zwischen den Spangen sind zwei Stimmbänder gespannt. Muskeln können sie auseinander ziehen. Die Öffnung zwischen den Stimmbändern heißt *Stimmritze*. Beim Essen verschließt der Kehldeckel den Eingang zur Luftröhre. Beim Atmen und Sprechen ist er hochgeklappt.

Schallerzeugung im Kehlkopf
Im Kehlkopf wird die Stimme gebildet. Beim Ausatmen strömt Luft zwischen den Stimmbänder hindurch und bringt sie zum Schwingen. Stark gespannte Stimmbänder schwingen schneller und erzeugen hohe Töne. Bei geringerer Spannung sind die Töne niedriger. Lauter sind Töne, wenn mehr Luft schneller durch die Stimmritze strömt. Beim Sprechen werden die Töne durch die Form und Lage von Zunge, Zähnen, Mundhöhle und Lippen verändert.

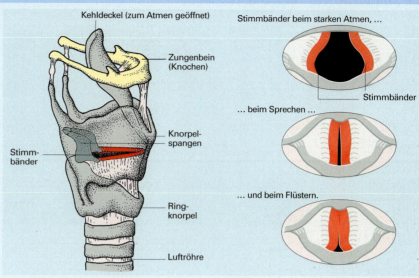

|4 Das Sprechorgan Kehlkopf

Wissenswertes Wie sich Tiere verständigen

Der Gesang der Buckelwale
Die Gesänge von Buckelwalen |5 gibt es auf einer CD zu kaufen. In der Natur sind sie bis zu 30 km weit zu hören. Bis heute weiß man nicht, zu welchem Zweck Wale singen. Der Walgesang weist ein festes Muster von Wiederholungen auf. Einzelne „Strophen" dauern zwischen drei Minuten und eine halben Stunde. Deutlich lassen sich verschiedene „Lieder" unterscheiden. Im Lauf eines Jahres verändern sich die Lieder, im nächsten Jahr sind neue zu hören. Nur männliche Wale singen.

„Affenmusik"
Unter den Affen gibt es einige Arten, die sich ausgiebig durch Rufen verständigen. Dazu gehören die südamerikanischen Brüllaffen und die in Südostasien lebenden Gibbons. |6 Ihre Lebensräume sind dichte Urwälder, in denen man viel weiter hören als sehen kann.

A Man hat bisher nur männliche Wale singen gehört. Welche Vermutung ergibt sich daraus?
Welchen Vorteil könnte das Neukombinieren von Liedern einem Wal bringen?

|5 Buckelwal

|6 Brüllaffe

Schall und Gesundheit

„Power" für die Ohren?

1 Lärm belastet.

Die Klasse 7c schreibt eine Arbeit in Mathematik. Beim Klingeln gibt ihnen die Lehrerin noch etwas Zeit. Draußen ist Schulschluss: Türen werden geschlagen, Kinder schreien, wegfahrende Mofas knattern …
„Das ist ja nicht zum Aushalten!"

2 Schallpegelmessung

3 Lärm belastet.

1 Wie wirkt sich laute Musik auf die Konzentration aus?
Löse 20 Rechenaufgaben (z. B. 12 · 15) in ruhiger Umgebung. Lass dir dafür 5 Minuten Zeit. Setze dann einen Kopfhörer auf, über den laute Musik eingespielt wird, und löse wieder 5 Minuten lang ähnliche Aufgaben. Wie viele richtige Ergebnisse hast du jeweils erreicht?

2 Die Lautstärke wird gemessen
Die Lautstärke wird mit einem Schallpegelmesser gemessen und in Dezibel A oder kurz dB(A) angezeigt. 2
a Messt die Lautstärke
- an verschiedenen Orten der Schule während der Pause,
- direkt an einem Kopfhörer bei voller Musiklautstärke,
- an einer Lautsprecherbox,
- von Motorgeräuschen an Mofas und Motorrollern. 3

Tipp: Richtet das eingebaute Mikrofon stets in gleicher Weise auf die Schallquelle.
b Stellt die Messergebnisse auf einem Plakat zusammen. Vergleicht die Werte mit den Vorschriften am Arbeitsplatz und der Lärmskala (s. folgende Doppelseite).

3 Wie kann eine Schallquelle gedämpft werden?
a Miss aus 1 m Abstand die Lautstärke eines klingelnden Weckers mit dem Schallpegelmesser. Notiere den Wert.
b Wiederhole die Messung bei gleichem Abstand für die folgenden Anordnungen:
- Stelle den Wecker in einen Schuhkarton.
- Kleide den Karton mit Styropor aus.
- Lege den Karton mit Watte aus.
- Lege den Karton mit Teppich aus.
- Kleide den Karton mit den Waben von Eierkartons aus.

Notiere deine Messwerte in einer Tabelle und ermittle den besten Schalldämpfer.

4 Schalldämmung durch Schallumlenkung?
Setze einen Lautsprecher in eine tiefe, mit Schaumstoff ausgekleidete Box. Schließe ihn an einen Tongenerator an und richte den Lautsprecher auf eine Reflektorplatte im Abstand von 0,5 m. Miss im gleichen Abstand hinter der Platte die Lautstärke in dB(A). Notiere die Lautstärkewerte für verschiedene Reflektormaterialien. 4

Reflektor	Lautstärke in dB(A)
direkte Messung	?
Glas	?
Schaumstoffmatte, 50 mm dick	?
Styroporplatte, 50 mm dick	?
Spanplatte, 19 mm dick	?
Korkplatte, 5 mm dick	?
Dämmplatte, 15 mm dick	?

4 Lautstärke hinter einer Reflektorplatte

Grundlagen Lautstärke kann man messen

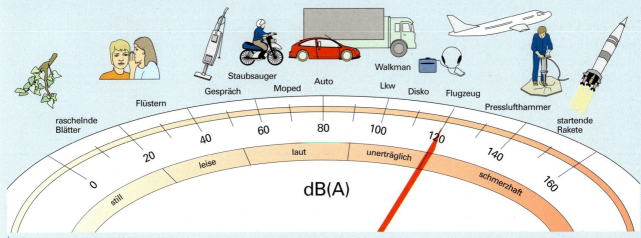

5 Verschiedene Lautstärken

Die Lautstärke
Schall empfinden wir als laut oder leise. Wir hören ihn mit einer bestimmten *Lautstärke*. (Der Fachmann spricht von Schallpegel.) Die Lautstärke hängt davon ab, wie weit unser Ohr von der Schallquelle entfernt ist.
Zwei Schallquellen geben pro Sekunde doppelt so viel Schallenergie ab wie eine. Doch unser Gehör nimmt nicht die doppelte Lautstärke wahr. Erst die zehnfache Schallenergie pro Sekunde empfinden wir als doppelt so laut.
Um Lautstärken vergleichen zu können, misst man sie mit einem *Schallpegelmesser*. Er besitzt ein Mikrofon und eine Skala, die Werte in Dezibel A angibt.

Die Lautstärke wird in Dezibel A oder dB(A) gemessen.

Die Dezibel-A-Skala
Bei 0 dB(A) hören wir nichts. Geräusche bis 30 dB(A) empfinden wir als ruhig. Dauernder Lärm über 85 dB(A) macht schwerhörig. Nervliche Belastungen setzen schon bei Lautstärken von 70 dB(A) ein. 5 Eine Zunahme um 10 dB(A) entspricht der zehnfachen Schallenergie pro Sekunde. Wir empfinden den Anstieg nur als Verdopplung der Lautstärke. 6 Bei einem Anstieg um 20 dB(A) empfängt das Ohr schon die 100fache Schallenergie pro Sekunde, empfindet es aber nur als viermal so laut.
Hier liegt eine Gefahr für unsere Gesundheit: Wir empfinden die laute Diskothekenmusik von 110 dB(A) nur als achtmal so laut wie den Straßenverkehr von 80 dB(A). Doch unser Gehör muss in der Disko die 1000fache Schallenergie pro Sekunde ertragen.

Wenn die Lautstärke um 10 dB(A) steigt, empfinden wir es als doppelt so laut.

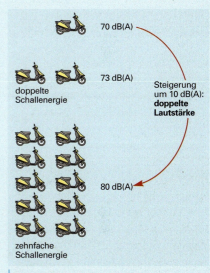

6 Zunahme der Lautstärke

A Ein Kompressor mit 100 dB(A) erzeugt in jeder Sekunde genauso viel Schallenergie wie 1000 Motorroller. Erkläre die Aussage.
B Ein Rasenmäher erzeugt eine Lautstärke von 65 dB(A). Wie viel Lärm erzeugen zehn gleiche Mäher?
C Aus dem stillen Wald mit 20 dB(A) Lautstärke geht es direkt in die Diskothek mit 100 dB(A) lautem „Technosound" – ein Schock für die Ohren. Die wievielfache Lautstärke empfinden wir in der Diskothek (verglichen mit dem Wald)?

Umwelt Schutz vor Lärm

Dauernder Lärm macht krank. |1
Nicht nur der Lärm von Straßen, Baustellen und Fabriken führt zu Hörschäden, sondern auch zu laute Musik aus Boxen und Kopfhörern.

Am Arbeitsplatz in Fabriken oder Büros gilt die „Unfallverhütungsvorschrift Lärm", die Obergrenzen festlegt. In Büros darf es nicht lauter als 70 dB(A) sein. In Fabrikhallen muss bei Lautstärken ab 85 dB(A) den Beschäftigten ein Gehörschutz gestellt werden. An Arbeitsplätzen, an denen Lärm von 90 dB(A) und mehr auftritt, ist jeder verpflichtet, einen Gehörschutz zu tragen. |2
Als Schutz kann man mit Stöpseln aus Schaumstoff oder Silikon den Gehörgang verschließen. Man verwendet auch Kapseln, die wie Kopfhörer auf die Ohrmuscheln gesetzt werden. Gehörschutzmittel sind dann geeignet, wenn sie eine CE-Kennzeichnung besitzen.

In der Arbeitswelt gibt es gesetzlich vorgeschriebene Lautstärkegrenzen – nicht aber im Privatbereich. Hier setzen sich Personen freiwillig Lautstärken von mehr als 100 dB(A) ohne Schutz aus. Bei einem „voll aufgedrehten" Walkman muss dein Ohr Lautstärken wie bei einem Kompressorhammer aushalten. Dabei kommt es zu bleibenden Schädigungen des Gehörs. Geschädigte Sinneshärchen in der Schnecke wachsen nicht nach! |3
Der ganze Körper leidet unter Lärm: Hoher Blutdruck, Magenschmerzen, Nervosität und Schlaflosigkeit sind die Folgen. Am Ende kann eine hohe Lärmbelastung zu Magen- und Herz-Kreislauf-Erkrankungen führen.

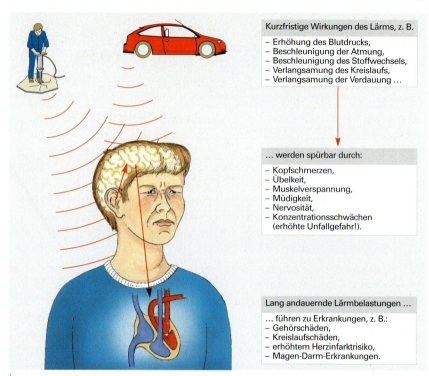

|1 Lärm und seine Wirkungen

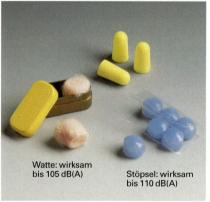

|2 Gehörschutz

|3 Gesunde und geschädigte Sinneshärchen im Innenohr

Umwelt **Dämmung und Dämpfung**

Schalldämmung

Du sitzt am offenen Fenster und musst eine schwierige Aufgabe lösen. Draußen dröhnt der Autoverkehr. Du kannst dich schlecht konzentrieren. Also schließt du das Fenster. Es tritt nun weniger Schall in das Zimmer, weil das Fensterglas einen Teil des Schalls reflektiert. Auch das Mauerwerk des Hauses reflektiert den Schall. Diese Art des Schallschutzes heißt *Schalldämmung*. Wesentlich besser als eine einfache Glasscheibe dämmt ein Schallschutzfenster. |4

Bei der Schalldämmung wird ein Teil des Schalls durch Reflexion fortgelenkt und so die Lautstärke gemindert. Zur Dämmung kommen Betonplatten, Stein, Holz oder Glas zum Einsatz. Solche Materialien werden auch beim Bau von Lärmschutzwänden an Straßen verwandt. |5

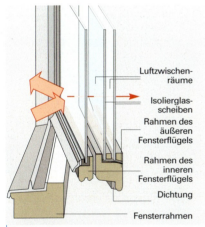

|4 Schallschutzfenster

|5 Schallschutzwand

Schalldämpfung

Bei der Schalldämpfung wird ein Teil der Schallwellen von geeigneten Materialien verschluckt oder abgeschwächt.

Schallschluckende Materialien:
Zur Schalldämpfung eignen sich Materialien mit einer lockeren, rauen Oberfläche oder vielen Poren, in denen Luft eingeschlossen ist. Hartschaumplatten, Teppiche oder Textilien wirken daher in Wohnräumen schalldämpfend. |6

Schalldämpfer:
Der Schalldämpfer eines Motorrads oder Autos ist in mehrere Kammern aufgeteilt, in denen der Schall hin- und hergeworfen wird. Dadurch wird der Schall abgeschwächt und das Motorengeräusch gedämpft. |7

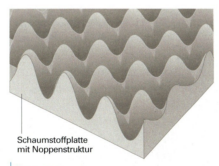

|6 Schalldämpfung

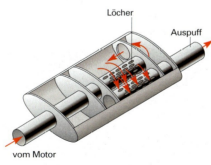

|7 Schalldämpfer eines Autos

A Wie wirken große Schallstärken auf den menschlichen Körper? Wie kannst du dich schützen?

B Mache für deinen Klassenraum verschiedene Schallschutzvorschläge. Der Schall, der im Raum entsteht, soll leiser wirken und die Geräusche von draußen sollen weniger zu hören sein.

C Der Schlagzeuger eurer Schülerband hat seit Wochen starke Magenschmerzen. Schreibe ihm deinen Ratschlag auf.

Medizin **Tinnitus und Hörsturz**

Mehr als 3 Millionen Menschen in Deutschland empfinden ständig Geräusche in ihrem Ohr, obwohl von außerhalb kein Schall ins Ohr dringt. Die Ärzte nennen diese Krankheit *Tinnitus*. Niemand außer dem Betroffenen hört die Geräusche. Für den Kranken ist das starke Ohrensausen aber sehr unangenehm und belastend. Er kann sich oft nur schwer konzentrieren und schläft auch schlecht. Bis jetzt ist die Krankheit nicht heilbar. Selbsthilfegruppen in vielen Orten wissen aber über Möglichkeiten Bescheid, wie man mit der Krankheit leben kann. Häufig werden Jugendliche nach dem Besuch eines Rockkonzerts plötzlich von Tinnitus geplagt.

Wenn ein Mensch plötzlich auf einem Ohr – selten auf beiden – nicht mehr hören kann, ist ein *Hörsturz* eine mögliche Ursache. Zum Hörsturz kommt es, wenn ein Mensch unter Stress steht, wenn er also „viel um die Ohren" hat. Nur die schnelle Hilfe durch einen Arzt kann vielleicht verhindern, dass der Patient schwerhörig oder taub wird.

Projekt Lärm und seine Folgen

1 „Power" für die Ohren

Ines und Irina waren am Vortag in der Disko. Die Musik war so laut, dass sie ihr eigenes Wort nicht verstehen konnten. Am Tag darauf hat Ines in der Schule Kopfschmerzen, Irina klagt über ein unbestimmtes Dröhnen und Sausen im Ohr.

Das Thema „Lärm" eignet sich gut zur Projektarbeit. Folgende Fragen bieten sich zur Bearbeitung an:
– Was wird als Lärm empfunden?
– Wie stark ist eine Gegend von Lärm belastet?
– Wie wirksam sind Lärmschutzmaßnahmen?
– Welche Hörstörungen gibt es? Wie kann man vorbeugen?

1 Empfindung von Schall – Lärm oder nicht Lärm?

a Mit dem Kassettenrekorder wird Lärm aufgezeichnet: Verkehrslärm, Geräusche einer Bohrmaschine, Blasmusik, Musik von einer CD …
Dazu entwickelt ihr einen Fragebogen mit einer Skala für die Lärmempfindung. Die Skala soll von 0 für „keine Störung" bis 6 für „unerträglich" reichen.
b Mit Kassettenrekorder und Fragebogen werden nun Mitschüler und Erwachsene befragt, wie sie den Lärm beurteilen.
c Wertet die Fragebogen aus:
– Stimmen die Bewertungen der verschiedenen Personen überein oder gibt es große Unterschiede?
– Lassen sich die unterschiedlichen Einschätzungen erklären?
d Findet ihr weitere Beispiele für Schall, zu dem verschiedene Menschen unterschiedliche Einstellungen haben?

2 Lärmschutz

a Untersucht die Wirkung von Lärmschutzmaßnahmen. Messt mit dem Schallpegelmessgerät beispielsweise
– vor und hinter einem Lärmschutzwall,
– an einer Durchgangsstraße und in einer Grünzone innerhalb der Stadt,
– vor und hinter einem Lärmschutzfenster.
Vergleicht die Ergebnisse.
b Welche Lärmschutzeinrichtungen gibt es sonst noch in eurem Wohnort? Sind weitere geplant?
c Wenn möglich, nehmt Fotos für eure Präsentation auf.

3 Erstellen einer „Lärmkarte"

a Fertigt für die Umgebung eurer Schule eine „Lärmkarte" an. 2
Zeichnet dazu Straßen und Kreuzungen als Grundriss auf. Messt an verschiedenen Stellen die Lautstärke. Ist die Lärmbelastung von der Tageszeit abhängig?
b Ihr könnt auch eine „Lärmkarte" der Schule erstellen. Messt dazu in Klassenräumen, in der Pausenhalle, im Pausenhof, in der Turnhalle, in der Küche.
c Überlegt, was man gegen den Lärm tun könnte.

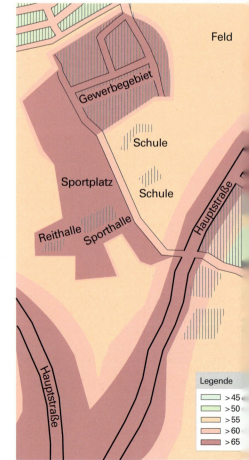

2 „Lärmkarte"

Arbeitsweise Projektarbeit: Planen – Durchführen – Präsentieren

Bei einem Projekt arbeitet ihr in Gruppen an verschiedenen Themen. Bei der Auswahl des Projekts und beim Festlegen der Teilthemen könnt ihr selber mitwirken.

1. Arbeitsschritt: Planung
Nachdem ihr euch für ein bestimmtes Teilthema entschieden habt und Gruppen gebildet wurden, wird die Arbeit geplant. Haltet eure Planung schriftlich in einem *Arbeitsplan* fest.
– Notiert das Ziel eures Projekts.
– Welche Aufgaben sind zu bearbeiten?
– Wo erhaltet ihr Informationen zu eurem Thema?
– Welche Messungen und Versuche könnt ihr durchführen?
– Wer übernimmt welchen Auftrag oder welche Aufgabe? Wobei braucht ihr Lehrerhilfe?
– Wie viel Zeit ist für die einzelnen Arbeitsschritte nötig (Zeitplan)?
– Wie stellt ihr die Ergebnisse eurer Arbeit vor?

Tipp zur Informationsbeschaffung: Büchereien und Schulbüchereien, Schulbücher (auch anderer Fächer), Stadt- oder Gemeindeverwaltungen, Internet, verschiedene Firmen, Organisationen und Ministerien …

2. Arbeitsschritt: Durchführung
Die übernommenen Aufgaben bearbeitet ihr allein oder zu zweit.
– Zwischenergebnisse oder Fragen solltet ihr aber immer wieder in eurer Gruppe besprechen.
– Beachtet unbedingt, dass die vereinbarte Zeit eingehalten wird.

3. Arbeitsschritt: Präsentation
Um eure Arbeitsergebnisse darzustellen, gibt es verschiedene Möglichkeiten:
– Poster oder Wandzeitung,
– Folien für den Tageslichtprojektor,
– Ausstellung eurer Arbeitsergebnisse,
– Bildschirmseiten, die miteinander verknüpft sind und eventuell Bestandteil der Homepage eurer Schule werden.

Am Ende stellt ihr den Mitschülern die Arbeitsergebnisse eurer Gruppe vor – und zwar so anschaulich wie möglich. Übt auch das mündliche Vortragen in der Gruppe.

4 Hörschäden und ihre Vermeidung

a Führt ein Interview mit einem Hörgeräte-Akustiker. Erstellt dafür zunächst einen Fragenkatalog. Danach bittet ihr telefonisch um einen Gesprächstermin. Mögliche Fragen:
– Welche Hörstörungen gibt es? Wie häufig kommen sie vor?
– Sind Hörschäden heilbar?
– Welche Personengruppe ist besonders betroffen?
– Welche Hilfsmittel können Hörgeschädigten angeboten werden?

b Welche gesetzlichen Vorschriften zur Lärmvermeidung gibt es? Wie lässt sich Lärm bekämpfen? Welche Hilfen werden für Tinnitus-Geplagte angeboten?
Sammelt Informationen zu diesem Thema. Benutzt auch das Internet.

5 Präsentation
Erstellt ein Poster mit der Überschrift „Lärm, seine Folgen und Möglichkeiten zur Lärmbekämpfung". Jede Gruppe liefert dafür einen Beitrag mit ihren Arbeitsergebnissen. Gesammelte Zeitungsartikel und Abbildungen vervollständigen das Poster.

3 Präsentieren

Ernährung und Verdauung

Woraus unsere Nahrung besteht

1

Wieso müssen wir essen?

1 Angaben auf Lebensmittelverpackungen
Auf Verpackungen findest du Angaben
– über die enthaltenen Nährstoffe Kohlenhydrate (Stärke und Zucker), Fette, Eiweiß (Protein) und
– den Energiegehalt von Lebensmitteln.
a Notiere die Angaben von fünf verschiedenen Lebensmitteln.
b Vergleicht die Angaben in der Klasse miteinander und stellt Gemeinsamkeiten heraus.
c Welche Nahrungsmittel enthalten jeweils besonders viele Kohlenhydrate, viel Fett oder Eiweiß?

Grundlagen **Nährstoffe**

Unsere Nahrung kann von Tieren oder von Pflanzen stammen, sie kann roh oder gekocht, fest oder flüssig sein. Wenn wir essen und trinken, nehmen wir verschiedene Stoffe auf. Der Körper braucht diese Stoffe, z. B. um zu wachsen oder um sich zu bewegen.
Für eine gesunde Ernährung brauchen wir zwei Stoffgruppen: Nährstoffe und Ergänzungsstoffe (z. B. Vitamine).

Nährstoffe für den Aufbau
Nährstoffe werden für das Wachstum des Körpers gebraucht. Dazu gehören auch das Heilen einer Wunde und die Erneuerung von Hautschichten. Für den Aufbau des Körpers sind vor allem Eiweiße nötig.

Energie aus Nährstoffen
Energie brauchen wir, wenn wir laufen, Treppen steigen, einen Gegenstand anheben … Auch zum Denken ist Energie notwendig. Sogar beim Schlafen wird sie gebraucht, denn das Herz pumpt auch im Schlaf Blut durch die Adern, und die Muskeln von Zwerchfell und Rippen bewegen sich beim Atmen. Mit Energie wird die Körpertemperatur gleichmäßig hochgehalten. Unser Körper erhält die nötige Energie aus den Nährstoffen. Ähnlich wie Kohle und Holz beim Verbrennen Energie als Wärme abgeben, liefern die Nährstoffe im Körper Energie. 2 Für diesen Vorgang ist Sauerstoff aus der Luft nötig.
Für die Energiegewinnung nutzt der Körper die Kohlenhydrate (Stärke und Zucker) sowie Fett.

Wir Menschen benötigen Energie – ähnlich wie eine Maschine. Wir erhalten sie aus den Nährstoffen, die im Körper „verbrannt" werden. Außerdem werden die Nährstoffe auch für das Wachstum des Körpers benötigt.

2 Energiezufuhr durch Brennstoffe oder Nahrung

Welche Nährstoffe in Lebensmitteln enthalten sind, könnt ihr in Versuchen nachweisen. Führt den Nachweis zunächst an reinen Stoffen wie Stärke, Traubenzucker, Eiweiß und Fett (Öl) durch.

Danach könnt ihr mit den Nachweisverfahren Lebensmittel untersuchen. Bildet Teams und verteilt die Aufgaben – ein Mitglied des Teams führt ein Versuchsprotokoll.

2 Nachweis von Stärke
Stärke gehört zu den Kohlenhydraten. Sie lässt sich mit Lugol-Lösung nachweisen.
a Gebt einen Teelöffel Stärke auf ein Schälchen und fügt zwei oder drei Tropfen der Lösung hinzu. |3
Notiert die Beobachtung im Protokoll.
b Zur Kontrolle wiederholt ihr den Versuch mit Traubenzucker.

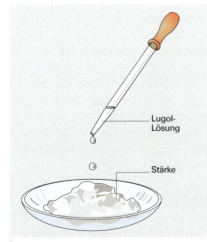

|3 Nachweis von Stärke

3 Nachweis von Traubenzucker
Auch Traubenzucker gehört zu den Kohlenhydraten. Er lässt sich einfach mit Teststreifen nachweisen. Man bekommt sie in der Apotheke. |4
Die Teststreifen funktionieren aber nur in Flüssigkeiten. Daher musst du zuerst eine Zuckerlösung herstellen.
a Löse einen Teelöffel Traubenzucker in einem kleinen Becherglas mit Wasser. Halte den Teststreifen hinein und notiere die Beobachtung im Protokoll.
b Zur Kontrolle kannst du den Streifen auch in Wasser halten.

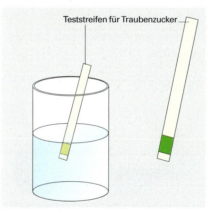

|4 Nachweis von Traubenzucker

4 Nachweis von Eiweiß (Protein)
In Lebensmitteln ist Eiweiß der einzige Stoff, der Schaumblasen bildet – es gibt nur ganz wenige Ausnahmen.
Daher kannst du durch Schütteln Eiweiß in Lebensmitteln nachweisen. Wenn die Probe Schaum bildet, ist Eiweiß enthalten.
a Füllt ein Reagenzglas 2 cm mit Eiklar und verdünnt es mit der gleichen Menge Wasser. Schließt das Reagenzglas mit einem Stopfen und schüttelt. Notiert die Beobachtung im Protokoll.
b Zur Kontrolle wiederholt ihr den Versuch mit reinem Wasser.

5 Nachweis von Fetten
Fettige Lebensmittel hinterlassen auf Papier durchscheinende Flecken. Das Fett saugt sich im Papier fest und verdunstet nicht wie z. B. Wasser.
Diese Eigenschaft nutzt man, um Fett (z. B. Öl oder Margarine) in Lebensmitteln nachzuweisen.
a Gebt einen Tropfen Öl und zur Kontrolle einen Wassertropfen auf ein Stück Filterpapier. Kennzeichnet die Stelle mit einem Stift. |5
b Wartet eine Viertelstunde und notiert eure Beobachtung im Protokoll.

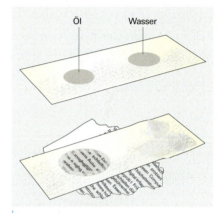

|5 Nachweis von Fett

6 Wir prüfen den Nährstoffgehalt von Nahrungsmitteln
Suche Lebensmittel aus, die du auf den Gehalt der einzelnen Nährstoffe untersuchen möchtest. Für den Fettnachweis reicht es, wenn du ein Stück auf das Filterpapier drückst und zerreibst. Für die anderen Nachweise müssen feste Lebensmittel wie Brot oder Gemüse zuerst zerkleinert und in Wasser gegeben werden – mit einer Küchenreibe oder einem Mörser.
Fertige eine Tabelle an. |6

Lebensmittel	Stärke	Trauben-zucker	Eiweiß	Fett
z. B. Kartoffel	++	–	–	–

Zeichenerklärung: ++: enthält sehr viel; +: enthält viel; +/–: enthält etwas; –: nicht nachweisbar

|6

Wissenswertes Ergänzungsstoffe gehören dazu

Zu den Ergänzungsstoffen in der Nahrung gehören: Vitamine, Mineralstoffe, Ballaststoffe und Wasser.

Vitamine
Vitamine werden für viele Vorgänge im Körper gebraucht. |1 Vitamin A verstärkt unter anderem die Sehleistung. Es dient auch dem Aufbau der Haut und der Schleimhaut. Vitamin D sorgt dafür, dass genügend Kalk in die Knochen eingelagert werden kann. Vitamin C stärkt die Abwehrkräfte gegen Krankheiten.
Fehlen die Vitamine in der Nahrung, kann der Mensch krank werden. So waren früher die Seeleute oft monatelang unterwegs, ohne frisches Obst oder Gemüse zu bekommen. Viele litten unter Skorbut. Diese Krankheit tritt bei Mangel an Vitamin C auf. Das Zahnfleisch beginnt zu bluten, die Zähne werden lose und können ausfallen, man fühlt sich schlapp und müde.

Mineralstoffe
Genauso wie die Vitamine sind auch die Mineralstoffe für unsere Gesundheit notwendig. |2
Calcium gibt Knochen und Zähnen Festigkeit.
Eisen ist wichtig für den roten Farbstoff im Blut, der den Sauerstoff transportiert.
Fluor macht den Zahnschmelz hart und Iod wird für den richtigen Ablauf von Wachstum und Entwicklung gebraucht. In unseren Nahrungsmitteln sind diese beiden Mineralstoffe nur in geringen Mengen vorhanden. Sie reichen häufig für die Versorgung des Körpers nicht aus. Daher wird in manchen Ländern dem Trinkwasser Fluor zugesetzt und das Speisesalz wird mit Iod angereichert.

Ballaststoffe
Zu den Ballaststoffen gehören Schalen und Fasern (z. B. von Obst, Gemüse, Vollkornbrot). Nahrung mit vielen Ballaststoffen muss gründlich gekaut werden, wodurch das Gebiss gekräftigt wird. Ballaststoffe regen die Darmtätigkeit an.
Viele Ballaststoffe enthalten Vollkorn-, Leinsamen- und Roggenbrot, Vollkornkekse, Brombeeren, Erdbeeren, Feigen, Erbsen und Kartoffeln.
Ballaststoffarm sind z. B. Weißbrot, Blätterteigtaschen, Pudding, Kopfsalat und Salatgurke.

Wasser
Täglich gibt der menschliche Körper 2,5 Liter Flüssigkeit in Form von Schweiß und Urin sowie mit der Atemluft ab. Diese Verluste müssen ersetzt werden. Verdünnte Fruchtsäfte und Mineralwasser sind dabei zu bevorzugen.

Vitamine und Mineralstoffe liefern im Gegensatz zu den Nährstoffen keine Energie. Dennoch müssen wir sie täglich in kleinen Mengen über die Nahrung zu uns nehmen. Zu einer gesunden Ernährung gehören auch Ballaststoffe.

Vitamin A
Leber, Butter, Margarine, Eigelb, Milch, Paprika, Melone, Mohrrübe

Calcium
Milch, Milchprodukte, Brokkoli, Grünkohl, Fenchel, Mineralwasser

Vitamin D

Hering, Makrele, Eigelb, Milch und Milchprodukte, Butter, Margarine

Eisen
Fleisch, Leber, Vollkornbrot, Haferflocken, Salat, Spinat, Hülsenfrüchte

Vitamin C
Apfelsine, Zitrone, Schwarze Johannisbeere, Paprika, Kartoffel

|1 Vitamine in Nahrungsmitteln

Iod
Hering, Seelachs, Milch, Iodsalz und damit hergestellte Lebensmittel

|2 Mineralstoffe in der Nahrung

Gesundheit **Gesunde Ernährung – was gehört dazu?**

Zur gesunden Ernährung gehört eine „vollwertige" Nahrung. Sie muss alle Nährstoffe und Ergänzungsstoffe enthalten, die wir brauchen. Ernährungswissenschaftler haben dazu den „Ernährungskreis" entwickelt. |3 Die Mahlzeiten sollten an jedem Tag Lebensmittel aus allen Feldern des Kreises enthalten – aus den breiten Feldern größere Mengen, aus den schmalen Feldern kleinere Mengen.

Gesunde Ernährung heißt aber auch, dass man zur richtigen Zeit isst. Auch wenn ständig Energie im Körper gebraucht wird, müssen wir nicht ununterbrochen essen. Leber, Muskeln und Fettgewebe enthalten Reservestoffe. Sie liefern Energie, wenn keine Nahrung aufgenommen wird. Nach der Nachtruhe sind diese Reserven größtenteils aufgebraucht und müssen durch ein ausreichendes Frühstück ersetzt werden.
Das Frühstück sollte etwa ein Viertel der täglichen Energiemenge enthalten. Kleine Zwischenmahlzeiten am Vormittag (2. Frühstück) und am Nachmittag helfen uns, den ganzen Tag über leistungsfähig zu sein. |4
Ideale Zwischenmahlzeiten sind dünn belegte Brote, Gemüse-Rohkost, Obst, Joghurt oder auch Quarkspeisen.

A Nenne zwei Gründe dafür, dass fünf kleine Mahlzeiten am Tag günstiger sind als zwei sehr große.
B Warum empfehlen Ernährungswissenschaftler, zu den Mahlzeiten Rohkostsalate und Frischobst zu reichen?

|3 Der Ernährungskreis

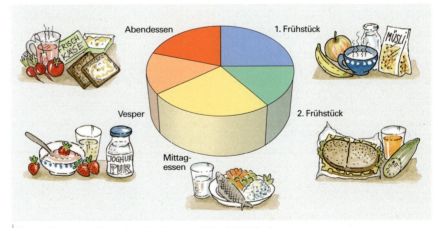

|4 Verteilung der Energieaufnahme auf fünf Mahlzeiten

Unser Energiebedarf

Grundlagen: Der Energiebedarf des Menschen

Der Energiebedarf der Menschen ist unterschiedlich. Er hängt vom Alter, von der Arbeit und der Lebensweise ab. Junge Menschen brauchen mehr Energie als ältere. Wer viel Sport treibt, benötigt dafür mehr Energie als jemand, der liest. |2|3

Die Energie wird in Joule (J) oder in Kilojoule (kJ) angegeben:
1000 J = 1 kJ.
Achte darauf, dass du nicht mehr Energie mit der Nahrung aufnimmst, als du wirklich brauchst. Nicht genutzte Nährstoffe werden in Fett umgewandelt und im Gewebe abgelagert.

Daraus können sich die ungeliebten „Pölsterchen" bilden. Auch mit „Light"-Produkten sollte man vorsichtig sein, da sie zwar den Magen füllen, aber keine Energievorräte schaffen. Ein Hungergefühl bleibt.

Übergewicht – Untergewicht

Übergewicht ist nicht nur eine Frage des Aussehens, es belastet den ganzen Körper. Nur 5 kg Übergewicht bedeuten, dass Knochen und Gelenke 5 kg mehr tragen müssen. Herz und Blutkreislauf müssen zusätzliches Gewebe mit Nährstoffen und Sauerstoff versorgen.
Zu hohes Körpergewicht begünstigt Bluthochdruck und Arterienverkalkung. Die Zuckerkrankheit (Diabetes) und andere Krankheiten können durch Übergewicht verstärkt werden.
Auch Untergewicht kann die Gesundheit beeinträchtigen. Dem Körper fehlen dann Energie und oft auch notwendige Vitamine und Mineralstoffe. Dieser Mangel führt zu Müdigkeit und Anfälligkeit gegen Krankheiten oder zu Störungen im Ablauf von Lebensvorgängen.

Alter	Jungen/Männer	Mädchen/Frauen
9 bis 12 Jahre	9 700 kJ	8 800 kJ
13 bis 15 Jahre	11 700 kJ	10 500 kJ
16 bis 18 Jahre	13 000 kJ	10 500 kJ
19 bis 35 Jahre	11 700 kJ	9 700 kJ
36 bis 60 Jahre	10 100 kJ	8 400 kJ

|2 Energiebedarf an einem Tag (für Erwachsene bei leichter Arbeit)

|3 Zusätzlicher Energiebedarf bei 1 Stunde Tätigkeit

1 Ermittle deinen Energiebedarf
a Schreibe auf, was du an einem Tag tust und wie lange die einzelnen Tätigkeiten dauern.
b Vergleiche deine Tätigkeiten mit den Beispielen in der Abbildung. |3
Berechne deinen persönlichen Energiebedarf. Rechne dabei Ruhe- und Schlafzeiten mit 280 Kilojoule pro Stunde (Durchschnittswert).
c Begründe, warum sich der Energiebedarf im Lauf des Lebens ändert.

2 Erstelle einen Speiseplan
a Besorge dir eine Tabelle für den Energieinhalt von Nahrungsmitteln. Bei abgepackten Lebensmitteln ist er auch auf die Verpackung gedruckt.
b Notiere, was du an drei aufeinander folgenden Tagen alles isst.
Wie viel Energie enthält die Nahrung? Prüfe, ob die Ernährung vollwertig ist.

Gesundheit „Fastfood"

„Fastfood" heißt wörtlich übersetzt „schnelles Essen". Es wird schnell zubereitet und ohne großen Aufwand verspeist. |4 Zu solchen Gerichten gehören Pommes frites, Hamburger und Currywurst. Diese Nahrungsmittel enthalten sehr viel Energie.

Fastfood kann aber auch Obst, Salate, Milchgetränke und Joghurts sein. |5 Es kommt also auch beim Fastfood darauf an, richtig auszuwählen, wenn man sich gesund ernähren will.
Den Begriff „schnelles Essen" sollte man jedoch nicht ganz wörtlich nehmen. Zur gesunden Ernährung gehört es nämlich auch, dass die Mahlzeiten in sauberer Umgebung und ohne Hast eingenommen werden. Der Magen und die anderen Verdauungsorgane brauchen immer ein wenig Zeit, damit sie die Nahrung aufnehmen und gut verdauen können.

A Mit der Energie von drei Tafeln Schokolade kann ein Mensch auf den Mount Everest steigen. Berechne den Energiegehalt der drei Tafeln und finde mit deinem Atlas heraus, wie hoch der Berg ist.

B Stellt ein gesundes Klassenfrühstück zusammen.

C Wenn dem Körper viele Kohlenhydrate zugeführt werden, kann er dann eher auf Eiweiß oder eher auf Fett in der Nahrung verzichten? Begründe deine Meinung.

D Beurteile das dargestellte Fastfood-Essen.
Wofür würdest du dich entscheiden? Begründe!

|4 Fastfood – so …

|5 … oder so

Produkt	Energie in kJ	Eiweiße in g	Fette in g	Kohlenhydrate in g
Hamburger	1087	13,3	9,7	28,9
Pommes frites (mittlere Portion)	1454	3,5	16,2	44,6
Currywurst	2378	19,0	49,0	8,0
Cola-Getränk (0,25 l)	552			33,0
Banane	409	1,3	0,2	22,6
Joghurt (natur, 150 g)	381	5,0	5,3	6,0
Müsliriegel	398	1,8	2,8	15,5
Vollmilch (0,25 l)	669	8,0	8,8	11,8

|6 Verschiedene Fastfood-Produkte im Vergleich

Gesundheit Naschen und knabbern

Wer isst nicht gerne beim Fernsehen Salzstangen, Chips und Erdnüsse? Und wer kann schon Süßigkeiten wie Bonbons, Eis und Schokolade widerstehen?
Die Nahrungsmittel sollten aber nur in geringen Mengen gegessen werden, da sie sehr viel Energie enthalten. Beispielsweise besitzen 100 g Schokolade ungefähr 2200 kJ, 100 g Kartoffelchips sogar etwa 2400 kJ.

|7

Der Weg der Nahrung im Körper

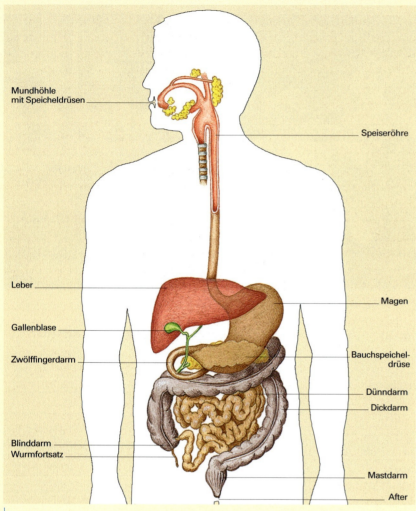

1 Die Verdauungsorgane des Menschen

Welche Aufgaben haben die einzelnen Organe bei der Verdauung?

Grundlagen Die Verdauung

Der Weg, den die Nahrung im Körper zurücklegt, ist etwa 5 bis 6 m lang. Auf diesem Weg werden ihre Nährstoffe in Bausteine gespalten und zusammen mit den Ergänzungsstoffen ins Blut abgegeben. Diese Vorgänge laufen in den Verdauungsorganen ab. |1

Mundhöhle
Die Verdauung beginnt im Mund. Dort wird die Nahrung von den Zähnen zerkleinert. Der Speichel hüllt die Nahrungsbröckchen ein, weicht sie auf und macht sie gleitfähig. Die Zunge bewegt die Nahrung dabei hin und her. Es entsteht ein Nahrungsbrei.
Die Speicheldrüsen geben oft schon dann Speichel ab, wenn man eine Speise nur sieht oder riecht. Manchmal braucht man nur vom Essen zu reden, damit einem „das Wasser im Mund" zusammenläuft.
Der Speichel kann Stärke zerlegen, dabei entsteht Zucker.

Speiseröhre
Der Nahrungsbrei wird aus dem Rachenraum durch Schluckbewegungen in die Speiseröhre gedrückt. Die Speiseröhre zieht sich zusammen und transportiert auf diese Weise den Speisebrei bis in den Magen.

Magen
Wenn der Magen leer ist, liegen seine Wände aneinander. Er kann sich aber so weit ausdehnen, dass er ein bis zwei Liter Nahrung aufnehmen kann.
Der Magen ist von einer Schleimhaut ausgekleidet. |2 Sie enthält viele Drüsen, die Schleim sowie Magensaft abgeben. Der Magensaft enthält Salzsäure und tötet Krankheitserreger ab. Außerdem bereitet der Magensaft die Spaltung der Eiweiße in ihre Bausteine vor. Der Schleim schützt die Magenwand

---

Probier's mal!

1 Wozu dient der Speichel?
Wie Speichel Stärke verändert, kannst du leicht selbst ausprobieren.
Kaue einen Bissen Brot 25 Mal. Durch den Speichel wird das Brot flüssig, aber auch sein Geschmack ändert sich …

2 Fällt die Nahrung durch die Speiseröhre?
Probiere aus, ob du im Handstand essen kannst.

3 Die Stationen der Verdauung
Bildet in der Klasse eine Kette, die dem Weg der Nahrung entspricht. Welche Aufgabe haben die einzelnen Stationen der Verdauung?

vor Selbstverdauung. In der äußeren Magenwand liegen Muskeln, die sich in regelmäßigen Abständen zusammenziehen. So wird der Nahrungsbrei durchmischt und zum Magenausgang gedrückt.

Darm

Der Dünndarm ist 4 bis 5 m lang. Im Dünndarm wird in der Darmschleimhaut der Darmsaft gebildet. Er vollendet die Zerlegung der Nährstoffe.
Der Anfang des Dünndarms heißt *Zwölffingerdarm*. Zusätzlich werden in den Zwölffingerdarm auch Bauchspeichelsaft aus der Bauchspeicheldrüse und Gallensaft aus der Leber abgegeben. Beide Säfte sind ebenfalls an der Zerlegung der Nährstoffe beteiligt.
Die Schleimhaut des Dünndarms besitzt sehr viele, sehr dünne Ausstülpungen, die Zotten. |3 Durch diese Zotten ist die innere Oberfläche des Darms stark vergrößert. Die Bausteine der Nährstoffe gelangen durch die dünnen Wände der Darmzotten in die Blutgefäße und werden vom Blut weitertransportiert. Zuletzt gelangt der nun dünnflüssige, nährstoffarme Nahrungsbrei in den Dickdarm. Hier wird ihm das Wasser entzogen. Die unverdaulichen Reste der Nahrung werden im Mastdarm gesammelt und als Kot durch den After ausgeschieden.

Mundhöhle, Speiseröhre, Magen und Darm sind Verdauungsorgane. In ihnen wird die Nahrung zerkleinert, durchmischt und in ihre Bausteine zerlegt. Die Zerlegung erfolgt mithilfe von Speichel, Magen- und Darmsaft sowie durch Bauchspeichel und Gallensaft. Über den Dünndarm gelangen die Bausteine der Nährstoffe ins Blut und damit zu allen Teilen des Körpers.

A Beschreibe den Weg der Nahrung im Körper.
B Nenne die einzelnen Verdauungsorgane. Erläutere die Funktionen jedes Organs.
C Erkläre, was du unter Verdauung verstehst.
D Beschreibe die Veränderungen der Nahrung in der Mundhöhle. Welche Bedeutung haben diese Veränderungen?
E Warum müssen die Nährstoffe in ihre Bausteine zerlegt werden?

Gesundheit Ein gesundes Gebiss

„Gut gekaut ist halb verdaut." Je länger man die Nahrung kaut, desto kleiner werden die Nahrungsbröckchen und desto besser kann der Speichel einwirken. Ein gesundes Gebiss ist also eine wichtige Voraussetzung für die Verdauung. |4
Jeder Zahn ist in Krone, Hals und Wurzel gegliedert und besteht aus mehreren Schichten: Harter Zahnschmelz hüllt die Krone ein und bildet die Kaufläche. Die Wurzel wird von einer dünnen Schicht Zahnzement geschützt. Den Hauptbestandteil des Zahns bildet das Zahnbein. Es umgibt das Zahnmark mit den Blutgefäßen und Nervenfasern. |5

F Welchen Teil der Zähne sieht man, wenn man in den Mund schaut?
G Welche Aufgaben hat das Gebiss?

|2 Magenschleimhaut (mikroskopische Aufnahme)

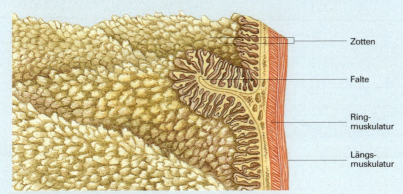
|3 Schleimhaut des Dünndarms

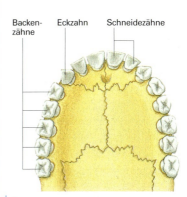
|4 Erwachsenengebiss im Oberkiefer

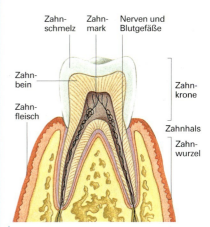
|5 Schnitt durch einen Backenzahn

Fit bleiben durch gesundes Essen

Wie ernährt man sich gesund? Einige praktische Vorschläge findest du auf dieser Seite.

1 Selbst gezogene Keimlinge und Sprossen

Schon vor 5000 Jahren wusste man in China, dass Keime und Sprossen sehr gesunde Nahrungsmittel sind. |1 Aber erst heute weiß man, warum: Sie sind reich an Vitaminen und Mineralstoffen. Alfalfa-Samen, Kressesamen, Mungobohnen und Weizenkörner sind die bekanntesten Sorten. Du bekommst sie im Reformhaus oder im Bioladen.

a Wir wollen mit Weizen Keime und Sprossen züchten. Du brauchst ein großes Glas mit Schraubdeckel, der mehrfach durchlöchert wird. Wasche eine Hand voll Weizenkörner gründlich und fülle sie in das Gefäß. Gieße lauwarmes Wasser darüber und lass die Körner acht Stunden quellen. In dieser Zeit entwickeln sie sich zu Keimlingen. Drehe das Gefäß um, sodass das Wasser durch die Löcher im Deckel abfließt.

b Stelle das Glas bei Zimmerwärme dunkel oder umwickle es mit einem Schal. Etwa alle zehn Stunden musst du die Keimlinge spülen. Achte darauf, dass stets genügend Feuchtigkeit im Glas ist.

Nach zwei, drei Tagen sind die Sprossen etwa 0,5 cm lang und erntereif. Du kannst sie zu Salaten, mit Quark, als Brotbelag oder einfach so essen.

2 Leckere Pausensnacks

Dein Frühstück sollte dir schmecken und gesund sein! |2 Obst, Nüsse, Milch- und Vollkornprodukte sind für die Zähne besser geeignet als Süßigkeiten und Limonade. Wenn du vor Schulbeginn noch nicht viel essen magst, ist das zweite Frühstück umso wichtiger. Frühstücke doch einmal gemeinsam mit deinen Klassenkameraden.

|1 Keimlinge und Sprossen

|2 Gesundes Frühstück

Vollkornmüsli
Vermische 4 Esslöffel Vollkornmüsli mit je einem Teelöffel Rosinen, Nüssen und Sonnenblumenkernen oder Kokosflocken. Gib Bananen-, Apfel-, Birnen- und Orangenstückchen dazu und gieße Milch, Joghurt oder Fruchtsaft darüber.

Doppeldecker
Bestreiche eine Scheibe Vollkornbrot dünn mit Butter und belege sie mit Camembert. Darauf kommen Radieschenscheiben und eine Scheibe Knäckebrot. Dazu gibt es eine Mandarine.

Süß oder herzhaft
Bestreiche die Hälften eines Vollkornbrötchens mit Doppelrahmkäse. Belege sie je nach Geschmack mit Apfel- oder Bananenscheiben, Salatblättern, Tomaten- oder Gurkenscheiben, Paprikastreifen oder Keimlingen.

Ernährung und Verdauung

Zusammenfassung

Bestandteile der Nahrung

Unsere Nahrung enthält Nährstoffe und Ergänzungsstoffe. Nährstoffe benötigen wir
- für das Wachstum des Körpers (vor allem Eiweiß) und
- als Energielieferanten (vor allem Kohlenhydrate und Fett).

Zur Energiegewinnung werden die Nährstoffe im Körper mit Sauerstoff aus der Luft „verbrannt". Zu den Ergänzungsstoffen zählen Vitamine, Mineralstoffe, Ballaststoffe und Wasser.

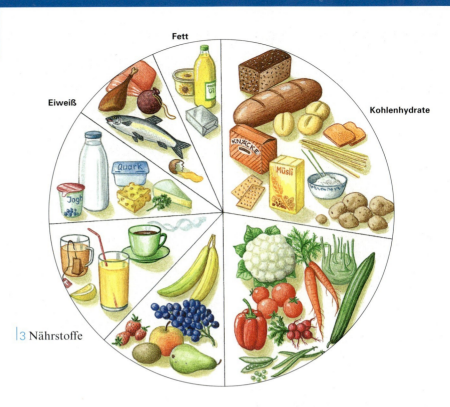

3 Nährstoffe

Energiebedarf

Der Energiebedarf eines 13-Jährigen liegt bei etwa 12 000 Kilojoule (kJ) pro Tag, der einer 13-Jährigen bei etwa 10 000 Kilojoule. Wer körperlich arbeitet oder Sport treibt, braucht mehr Energie. Führt man mit der Nahrung zu viel an Energie zu, werden die nicht benötigten Nährstoffe in Fett umgewandelt und gespeichert.

4 Nährstoffe liefern Energie.

Der Weg der Nahrung im Körper

Zu den Verdauungsorganen gehören die Mundhöhle, die Speiseröhre, der Magen und der Darm. In ihnen wird die Nahrung in ihre Bausteine zerlegt.
Über den Dünndarm gelangen die Bausteine der Nährstoffe ins Blut und damit zu allen Teilen des Körpers.

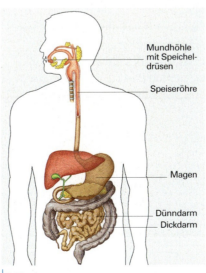

5 Verdauungsorgane

Alles klar?

A Säuglinge oder Junge von Säugetieren werden ausschließlich durch die Muttermilch ernährt.
1 Erkläre, welche Bestandteile in der Milch enthalten sein müssen, damit ein heranwachsendes Baby oder Jungtier ausreichend ernährt werden kann.
2 Wie kannst du deine Antwort überprüfen?

B Der Energiebedarf eines Menschen wird nie genau angegeben, sondern immer nur ungefähr.
1 Erkläre, warum das sinnvoll ist.
2 Wann wäre es sinnvoll, den Energiebedarf eines Menschen festzulegen und die Energiezufuhr zu überwachen?

C Früher sagte man: „Frühstücke wie ein König, iss zu Mittag wie ein Edelmann und zu Abend wie ein Bettler."
1 Vergleiche das Sprichwort mit den modernen Erkenntnissen zur Ernährung.
2 Seit es dieses Sprichwort gibt, haben sich die Lebensbedingungen stark verändert. Unter welchen Bedingungen besitzt es heute noch Gültigkeit?

Atmung und Blutkreislauf

Wie wir atmen

|1 Atmen gehört zum Leben …

|2

|3

Arbeitsweise Lernen an Stationen – Bewertung

Beim Stationenlernen arbeitet ihr in Gruppen. Welche Stationen bereits bearbeitet sind, lässt sich am „Laufzettel" erkennen.
Jeder muss seine Beobachtungen daheim auswerten und zusätzliche Aufgaben bearbeiten. Damit eure Ausarbeitungen positiv beurteilt werden können, achtet auf Folgendes:
– Ist der Laufzettel vollständig ausgefüllt?
– Auf dem Laufzettel ist eine Reihenfolge für die Stationen angegeben. Sind alle Stationen in dieser Reihenfolge eingeordnet?
– Sind die Ausarbeitungen richtig?
– Sind die Ausarbeitungen vollständig? Sind sie vielleicht sogar durch Zusatzinformationen ergänzt?
– Passen die Zusatzinformationen zum Teilthema?
– Sind die Zusatzinformationen bearbeitet oder wurden nur Texte oder Abbildungen abgeheftet?
– Sind die Ausarbeitungen gut lesbar, übersichtlich angeordnet? Ist die Gestaltung insgesamt gelungen?

Auf dem Beurteilungsbogen kann die Lehrkraft jeweils die entsprechende Punktzahl ankreuzen. Die erreichten Punkte werden dann in eine Note umgerechnet.

Bewertung für „Laufzettel":
+1 Punkt   Laufzettel ist vollständig ausgefüllt und mit Bemerkungen versehen.
 0 Punkte Laufzettel ist vorhanden.
–1 Punkt   Der Laufzettel fehlt.

Bewertung für Station …:
+2 Punkte Perfekte Ausarbeitung mit passenden Zusatzinformationen
+1 Punkt   Gelungene Ausarbeitung
 0 Punkte Vollständig ausgearbeitet
–1 Punkt   Unvollständige Ausarbeitung
–2 Punkte Die Station ist nicht bearbeitet.

Lernstationen Atmung
Gruppenmitglieder:

	Bearbeitet am	Bemerkungen
Brust- und Bauchatmung	?	?
Atemvolumen	?	?
Atmung bei Belastung	?	?
Brenndauer einer Kerze	?	?

|4 Muster für Laufzettel

	+2	+1	0	–1	–2
„Laufzettel"	–				–
Ausarbeitung der Station 1	?	?	?	?	?
Ausarbeitung der Station 2	?	?	?	?	?
Ausarbeitung der Station 3	?	?	?	?	?
…					
…					
Gesamtgestaltung, Schrift, Farbe	?	?	?	?	?

|5 Muster für Beurteilungsbogen

1 Brenndauer einer Kerze in Frischluft und Ausatemluft

Versuchsaufbau:

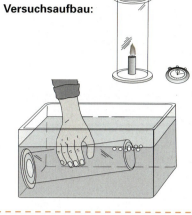

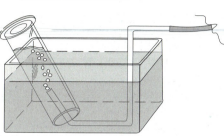

Versuchsdurchführung:

a Stülpt einen Standzylinder über eine brennende Kerze. Nach wie vielen Sekunden erlischt sie? Führt den Versuch dreimal durch. Schwenkt jeweils den Standzylinder gut mit Frischluft aus.

b Füllt den Standzylinder über einen Schlauch mit Ausatemluft und stülpt ihn über eine brennende Kerze. Messt die Brenndauer. Führt den Versuch wieder dreimal durch.

Versuchsauswertung:
Berechne jeweils die durchschnittliche Brenndauer. Vergleiche die Werte und suche eine Erklärung.

2 Veränderung der Luft beim Atmen

Versuchsaufbau:

Schutzbrille! Kalkwasser darf nicht in den Mund gelangen!

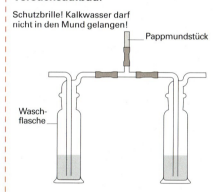

Pappmundstück

Waschflasche

Versuchsdurchführung:

a Füllt die beiden Flaschen zum Ausprobieren jeweils zu einem Drittel mit Wasser. Verbindet sie wie in der Zeichnung. Eine Versuchsperson atmet über das Mundstück langsam ein und aus. Beobachtet den Weg der Luft und zeichnet ihn durch Pfeile auf.

b Ersetzt das Wasser in beiden Flaschen durch Kalkwasser und wiederholt den Versuch.

Versuchsauswertung:
Was kannst du aus euren Beobachtungen schließen?

3 Eigenschaften ausgeatmeter Luft

Versuchsdurchführung:

a Die Versuchsperson atmet durch den Mund gegen ein Thermometer in den hohlen Händen – so lange, bis sich die Temperatur nicht mehr verändert. Vergleicht diese Temperatur mit der Umgebungstemperatur.

b Was beobachtet ihr beim Ausatmen gegen einen Spiegel?

Versuchsauswertung:
Was kannst du aus euren Beobachtungen schließen?

4 Messung des Atemvolumens

Versuchsaufbau:

Atemmesser

Versuchsdurchführung:
Benutzt jeweils ein neues Pappmundstück für den *Atemmesser*!

a Stellt den Zeiger vor Beginn auf null. Atmet sehr tief ein und blast alle Ausatemluft durch das Messgerät. Notiert den Wert.

b Stellt den Zeiger wieder auf null. Atmet jetzt fünfmal ganz normal durch den Atemmesser aus. Berechnet den Durchschnittswert für einen normalen Atemzug und tragt ihn in die Klassenliste ein.

Versuchsauswertung:
Vergleiche die Werte in der Klassenliste. Gibt es einen Zusammenhang zwischen Atemvolumen und Größe, Geschlecht oder Trainingszustand?

5 Atmung bei Belastung

Versuchsdurchführung:
a Zähle 1 min lang deine Atemzüge in Ruhe.
b Führe 20 Kniebeugen aus. Noch besser ist es, wenn du auf dem Schulhof 50 m rennst. Bestimme wieder die Anzahl der Atemzüge pro Minute. Vergleiche mit den Ergebnissen deiner Mitschülerinnen und Mitschüler.

Versuchsauswertung:
Welche Erklärungen findest du für Unterschiede?

6 Weg der Luft in den Körper

Der Torso ist ein Modell des Menschen. Erkundet daran den Weg der Luft in die Lunge. Nehmt die Organe aus dem Torso heraus und benennt sie. Welche Funktionen erfüllen sie? Übertrage die Abbildung vergrößert ins Heft und beschrifte sie, nachdem du im Text *Grundlagen* den Abschnitt *Weg der Atemluft* gelesen hast. Warum solltest du durch die Nase und nicht durch den Mund einatmen? Erfüllt der Kehldeckel seine Aufgabe immer fehlerfrei?

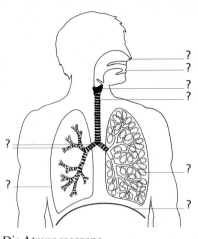

Die Atmungsorgane

7 Brustatmung

Versuchsdurchführung:
Miss den Brustkorbumfang deines Mitschülers nach dem Einatmen und nach dem Ausatmen mit dem Bandmaß. Trage die Werte in die Klassenliste ein.

Lies im Text *Grundlagen* den Abschnitt *Brust- und Bauchatmung*. Beschreibe den Unterschied zwischen Brust- und Bauchatmung.

Klassenliste (Muster)

Name	Brustumfang in cm	
	eingeatmet	*ausgeatmet*
Max	88 cm	77 cm
?	?	?

8 Bauchatmung

Versuchsaufbau:

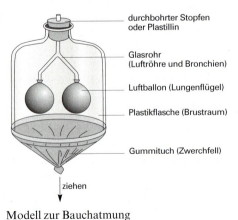

- durchbohrter Stopfen oder Plastillin
- Glasrohr (Luftröhre und Bronchien)
- Luftballon (Lungenflügel)
- Plastikflasche (Brustraum)
- Gummituch (Zwerchfell)

ziehen

Modell zur Bauchatmung

Versuchsdurchführung:
Miss den Bauchumfang deines Mitschülers nach starkem Einatmen und nach intensivem Ausatmen mit dem Bandmaß. Trage die Werte in die Klassenliste ein.
Erkläre anhand des Modells den Unterschied. Lies dazu auch im Text *Grundlagen* den Abschnitt *Brust- und Bauchatmung*.

Grundlagen Die Atmungsorgane

Weg der Atemluft
Meist wird die Luft durch die Nase eingeatmet. |1
Dort bleibt der Staub im Nasenschleim hängen – die Luft wird gereinigt. Außerdem wird sie in den Nasenhöhlen angefeuchtet, erwärmt und durch den Geruchssinn geprüft. Am Eingang zur Luftröhre liegt der Kehlkopf mit den Stimmbändern. Beim Schlucken verschließt der Kehldeckel die Luftröhre. So kann keine Nahrung hineingelangen. Die Luftröhre ist durch Knorpelspangen verstärkt. Innen ist sie mit einer Schleimhaut und Flimmerhärchen versehen, die zur Reinigung der eingeatmeten Luft dienen. Im Brustkorb teilt sich die Luftröhre in zwei Äste, die Bronchien. Jede Bronchie führt zu einem Lungenflügel.

Die Luft gelangt über die Luftröhre und die Bronchien in die Lunge.

Brust- und Bauchatmung
Die Lunge hat keine Muskeln. Sie kann also nicht durch eigene Bewegungen ein- oder ausatmen. Aber die Lunge ist sehr elastisch. Sie funktioniert ähnlich wie ein Blasebalg. Hat sie Platz, um sich auszudehnen, strömt Luft in die Lunge hinein. Beim Platzschaffen hilft das *Zwerchfell* – eine Muskelschicht zwischen Lunge und Bauchraum. Normalerweise ist es nach oben gewölbt. Wenn sich seine Muskeln verkürzen, ist das Zwerchfell gespannt und fast waagerecht. Es drückt die Baucheingeweide nach unten und der

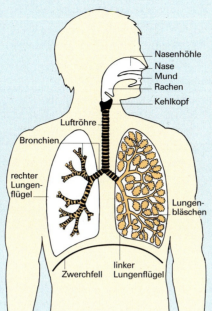

|1 Atmungsorgane

Bauch wölbt sich vor. Dadurch wird der Raum für die Lunge vergrößert. Man spricht von *Bauchatmung*. |2
Die vielen kleinen Muskeln zwischen den Rippen helfen den Lungenraum zu vergrößern. Wenn sie sich zusammenziehen, werden die Rippen angehoben, der Brustraum wird größer und frische Luft gelangt in die Lungen *(Brustatmung)*. |3

Atemvolumen
Bei normaler Atmung atmet man pro Atemzug einen halben Liter Luft ein. |4|5 Wenn man tief einatmet, kann man zusätzlich etwa zwei Liter Luft in die Lunge aufnehmen. Bei starkem Ausatmen stößt man bis zu 5 Liter aus. Trotzdem bleibt auch dann noch ein Rest Luft in der Lunge.

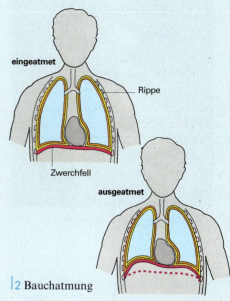

|2 Bauchatmung

|3 Brustatmung

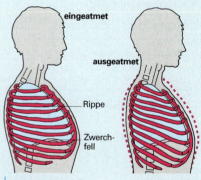

Tätigkeit	Volumen
Schlafen	5 Liter
Sitzen	7 Liter
Gehen	17 Liter
Radfahren	19 Liter
Schwimmen	36 Liter

|5 Luftbedarf eines Erwachsenen pro Minute (Durchschnittswerte)

	Luftmenge pro Atemzug	Anzahl der Atemzüge pro min (ohne Belastung)
Erwachsener	500 ml	ca. 15
Jugendlicher	300–400 ml	15–20
Grundschulkind	200–300 ml	ca. 20
Kleinkind	100–200 ml	ca. 25
Säugling	ca. 20 ml	40–60

|4 Eingeatmete Luftmenge

Bau und Aufgabe der Lunge

Wie unterscheidet sich ausgeatmete Luft von frischer Luft?
Was geschieht in der Lunge mit der Luft?

1 Verzweigungen der Bronchien

Eingeatmete Luft

| Sauerstoff 21 % | Stickstoff 78 % |

Edelgase 0,9 %
Kohlenstoffdioxid unter 0,1 %

Ausgeatmete Luft

| Sauerstoff 17 % | Stickstoff 78 % |

Edelgase 0,9 %
Kohlenstoffdioxid 4,0 %

2 Zusammensetzung der Luft

Grundlagen Die Lunge – Austauschplatz für Atemgase

Zufuhr von Sauerstoff
Frische Luft ist reich an Sauerstoff, sie enthält 21 % Sauerstoff. Beim Einatmen gelangt die sauerstoffreiche Luft durch die Luftröhre, die Bronchien und deren Verzweigungen bis in die Lungenbläschen. |3 Die Lungenbläschen sind von einem Netz kleiner Blutgefäße umgeben. Der Sauerstoff durchdringt die dünnen Wände der Lungenbläschen und der Blutgefäße und gelangt so ins Blut. Vom Blut wird er an alle Stellen des Körpers transportiert.

Abgabe von Kohlenstoffdioxid
Muskeln, Gehirn und innere Organe brauchen Sauerstoff, um aus den Nährstoffen Energie für ihre Aufgaben (Bewegung, Denken, Verdauung …) zu gewinnen. Dabei entsteht als Abfallstoff Kohlenstoffdioxid. Er wird von den Körperzellen ins Blut abgegeben und mit dem Blutstrom zu den Lungenbläschen transportiert. Genau wie Sauerstoff durchdringt auch Kohlenstoffdioxid die Wände der Blutgefäße und der Lungenbläschen. Die Ausatemluft enthält daher 4 % Kohlenstoffdioxid und nur noch 17 % Sauerstoff.

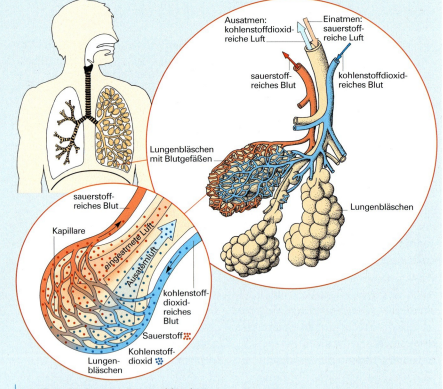

3 Aufbau der Lunge – Lungenbläschen

In den Lungenbläschen geht Sauerstoff von der Atemluft ins Blut über. Dort gibt auch das Blut Kohlenstoffdioxid an die Luft ab.

A Im Alltag spricht man von „frischer Luft" und „verbrauchter Luft". Was ist damit gemeint?

B Was geschieht in den Lungenbläschen mit dem Sauerstoff, was mit dem Kohlenstoffdioxid?

1 Wir bauen das Modell eines Lungenbläschens

Baue das Modell eines Lungenbläschens aus den abgebildeten Materialien. |4

Überlege dir Vorteile und Nachteile dieses Modells.

Wie könnte man die Durchlässigkeit des Lungenbläschens für Sauerstoff und Kohlenstoffdioxid im Modell besser darstellen?

|4 Modell eines Lungenbläschens

Interessantes Die Lunge in Zahlen und in Fotos

Die Lunge eines Erwachsenen enthält 500 Millionen Lungenbläschen. Wenn man alle Lungenbläschen nebeneinander ausbreiten könnte, würde man eine Fläche von 150 m^2 brauchen – das entspricht der Fläche eines Volleyballfelds. |5
Die Bilder auf dieser Seite zeigen dir auch, wie eine Lunge und wie Lungenbläschen aussehen. |6 |7

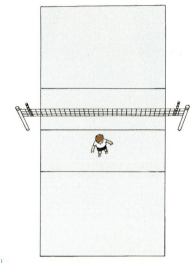

|5 Größenvergleich

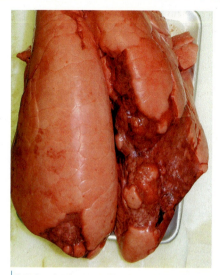

|6 Schweinelunge, teilweise mit Strohhalm „aufgeblasen"

|7 Lungengewebe unter der Stereolupe

Gesundheit Atemwegserkrankungen

Schnupfen
Beim Schnupfen nisten sich Viren in der Nasenschleimhaut ein und vermehren sich dort. Die Schleimhäute schwellen an, die Nase läuft. Die Ansteckung erfolgt z. B. über Tröpfcheninfektion beim Niesen.

Bronchitis
Bei einer Bronchitis sind die Schleimhäute in der Luftröhre und Atemwege der Lunge von Krankheitserregern befallen. Oft sind Bakterien die Ursache. Sie zerstören die Schleimhäute der Bronchien und bilden einen Eiterbelag. Es kommt zu Hustenreiz, wodurch der schleimig-eitrige Belag abgehustet wird.

Lungenentzündung
Die Entzündung des Lungengewebes wird meist durch Bakterien hervorgerufen. Die Anzeichen einer Lungenentzündung sind Fieber, Husten und allgemeine Körperschwäche.

Asthma
Vererbte Veranlagungen oder Allergien können zu Krämpfen in der Muskulatur der Atemwege führen. Bei Asthma-Anfällen sind die Atemwege verengt und die Erkrankten leiden unter starker Atemnot.

Der Blutkreislauf

Bei großer Anstrengung schlägt uns das Herz bis zum Hals. Wir spüren den Puls (lat. *pulsus:* Schlag).

Wenn das Herz nicht mehr schlägt, können Erste-Hilfe-Maßnahmen das Leben retten.
Welche Aufgabe hat das Herz?

1

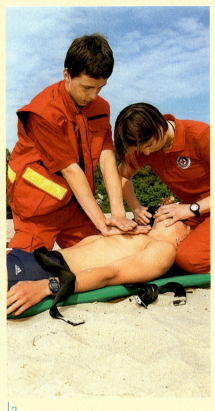
2

Probier's mal!

1 Wo lässt sich der Blutkreislauf erkennen?
a Suche Stellen deines Körpers, die stark durchblutet sind. Schau dir dazu dein Gesicht und deine Hände an. Woran erkennst du starke Durchblutung?
b An manchen Stellen kannst du das fließende Blut unter der Haut mit den Fingern spüren. Suche solche Stellen.

2 Zähle deine Pulsschläge
Auch in Ruhe lässt sich der Puls an den Schlagadern ertasten, die nahe an der Körperoberfläche verlaufen. Am Handgelenk fühlst du den Puls so: Fahr mit Zeige- und Mittelfinger den Unterarm auf der Daumenseite entlang abwärts. Wenn du den Sehnenstrang und den Handknöchel gleichzeitig fühlst, presst du die Finger etwas fester und wartest eine Weile … 3

3 Wie kommt der Pulsschlag zustande?
Zur Erklärung, was du eigentlich fühlst, kann dir ein Modell weiterhelfen. 4
a Was spürst du, wenn du auf den Kolben presst und gleichzeitig kurz vor dem Stopfen leicht auf den Schlauch drückst? Was ist die Ursache dafür?
b Was geschieht, wenn du den Kolben fester drückst?
c Vergleiche das Modell mit der Zeichnung. 5 Was kann das Modell zeigen? Wo ist das Modell unvollständig?
d Erkläre, wie der Druck in den Blutgefäßen zustande kommt und warum du ihn an der Hand spüren kannst.
e Weshalb fließt das Blut in den Schlagadern nur in eine Richtung?

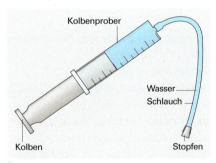
4 Modell zum Pulsschlag

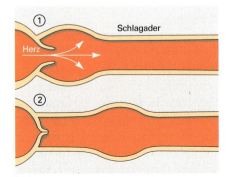
5 Fortschreitende Pulswelle

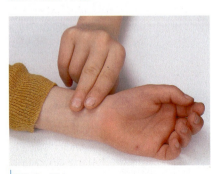
3 Puls zählen

Grundlagen **Der Blutkreislauf**

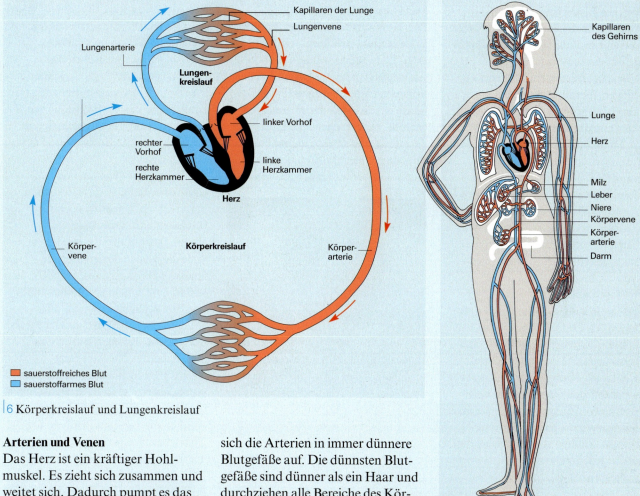

6 Körperkreislauf und Lungenkreislauf

7 Der Blutkreislauf im Körper

Arterien und Venen

Das Herz ist ein kräftiger Hohlmuskel. Es zieht sich zusammen und weitet sich. Dadurch pumpt es das Blut durch die Adern. Blutgefäße, die das Blut vom Herzen wegführen, heißen *Schlagadern* oder *Arterien*. In den *Venen* strömt das Blut zum Herzen zurück. Wo eine Arterie dicht unter der Haut verläuft, wie an den Schläfen oder an der Innenseite des Unterarms, fühlst du das stoßweise Strömen des Bluts als Pulsschlag.

Der Körperkreislauf des Bluts

In jeder Minute schlägt dein Herz etwa 80-mal. Wenn sich das Herz zusammenzieht, presst es das Blut aus der linken Herzkammer in die große Körperarterie. Diese verzweigt sich im Körper in rund 40 große Arterien, die zu allen Organen in Kopf, Rumpf und Gliedmaßen führen. 6 7 Auf ihrem Weg zu den Organen zweigen sich die Arterien in immer dünnere Blutgefäße auf. Die dünnsten Blutgefäße sind dünner als ein Haar und durchziehen alle Bereiche des Körpers. Aus diesen *Haargefäßen* oder *Kapillaren* gibt das Blut die zerlegten Nährstoffe und Sauerstoff ab. Das sauerstoffarme Blut fließt durch die wegführenden Kapillaren ab. Sie vereinen sich zu den *Venen*. In ihnen gelangt das Blut zur rechten Herzkammer. Damit ist der *Körperkreislauf* des Bluts geschlossen.

Der Lungenkreislauf des Bluts

Die Trennwand im Herzen verhindert, dass sauerstoffarmes Blut aus der rechten in die linke Herzkammer fließt. Das sauerstoffarme Blut der rechten Herzhälfte wird in die Lunge gepumpt, wo es Kohlenstoffdioxid abgibt und Sauerstoff aufnimmt. Das sauerstoffreiche Blut strömt dann zurück zum Herzen, und zwar in die linke Herzkammer. Diesen zweiten Kreislauf heißt *Lungenkreislauf*. Nun beginnt der doppelte Kreislauf des Bluts von neuem.

Das Blut transportiert lebensnotwendige Stoffe und wehrt Krankheitserreger ab. Das Herz pumpt es in zwei Kreisläufen durch den Körper.

A Verliert man mehr als 2 Liter seines Bluts, so besteht höchste Lebensgefahr. Begründe!

B Der Mensch hat zwei Blutkreisläufe. Erkläre, was damit gemeint ist.

C Beschreibe den Weg des Bluts durch den Körper.

Grundlagen Das Blut hat viele Aufgaben

Blut und Blutgerinnung
Jeder Mensch hat etwa *5 Liter Blut*. Es fließt in *Blutgefäßen* oder *Adern*, die wie ein feinmaschiges Netz den Körper durchziehen. Blut ist im Körper überall vorhanden.
Schon bei kleinen Verletzungen sickert ein Blutstropfen aus der Wunde. Meist hört es aber rasch wieder auf zu bluten. Das Blut enthält nämlich Stoffe, die es fest werden lassen, sobald es aus einer Wunde tropft. Man sagt, das Blut *gerinnt*. Dadurch wird die Wunde „abgedichtet", sodass man bei Verletzungen möglichst wenig Blut verliert.

Aufgaben des Bluts
Auf seinem Weg durch den Körper *bringt* das Blut *lebenswichtige Stoffe* dorthin, wo sie gebraucht werden. Verbrauchte Stoffe transportiert es wieder ab. Wenn Krankheitserreger wie Bakterien oder Viren in den Körper eindringen, werden sie von den *Abwehrstoffen* im Blut bekämpft. Zudem sorgt das Blut dafür, die im Körper entstehende *Wärme* zu verteilen.

Blut als Transportmittel
Die in kleinste Teilchen zerlegten Nährstoffe sowie Vitamine und Mineralstoffe treten durch die Wand des Dünndarms ins Blut über. Das Blut transportiert sie überall hin, z. B. zu den Muskeln. Aus einem Großteil der Nährstoffe wird *Energie* für die Lebensvorgänge gewonnen. Der nötige *Sauerstoff* wird ebenfalls durch das Blut von der Lunge herangeführt. Bei der Energiegewinnung entsteht schädliches *Kohlenstoffdioxid*. Das Blut transportiert es zurück zur Lunge, wo es ausgeatmet wird.

A Stelle die Aufgaben zusammen, die das Blut erfüllt.

Das Herz – Motor des Lebens
Das Blut selbst wird durch das *Herz* in Bewegung gehalten – ein Leben lang. Dein Herz ist ungefähr so groß wie deine Faust. Es liegt, mit der Spitze nach links zeigend, in der Mitte des Brustkorbs. |1 Innen ist es hohl. Eine *Trennwand* teilt es in eine linke und in eine rechte Hälfte. Jede dieser Herzhälften besteht aus einem *Vorhof* und einer *Kammer*.

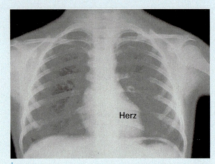

|1 Röntgenbild des Brustkorbs

	Blutmenge
Frau	65 ml je kg Körpergewicht
Mann	75 ml je kg Körpergewicht

vom Herzen beförderte Blutmenge je Minute …	
… in Ruhe	ca. 5 l
… bei Anstrengung	bis 30 l
… am Tag	ca. 10 000 l
… in 70 Jahren	ca. 250 000 000 l

Herzschlag je Minute …	
… beim 14-Jährigen	ca. 80-mal
… beim Erwachsenen	ca. 70-mal
… bei Anstrengung	bis zu 250-mal

Kreislauf: Haargefäße	
Zahl	ca. 30 Milliarden
Durchmesser	ca. 0,008 mm
Gesamtlänge	ca. 1200 km

|2 Blut und Blutkreislauf in Zahlen

B Welche Farbe hat deine Haut, wenn sie kalt ist? Begründe!

Interessantes Blut und Leben

Von alters her wird Blut eine besondere Bedeutung beigemessen. So wurden im Mittelalter manche Verträge mit Blut unterschrieben. Damit bürgte der Unterzeichner symbolisch mit seinem Leben für die Einhaltung des Vertrags.
Der Sage nach badete Siegfried in Drachenblut. Dadurch wurde er unverwundbar.
Die Wörter *Blutsbande* oder *Blutrache* drücken aus, dass Personen bereit wären, ihr Blut, ihr Leben füreinander hinzugeben.
Im 15. Jahrhundert versuchte ein Arzt das Leben des im Sterben liegenden Papstes *Innozenz VIII.* zu verlängern, indem er ihm das Blut von drei Knaben übertrug. Das Ergebnis war verheerend: Der Papst und die drei Knaben starben nach dem Eingriff. Der Arzt floh.
Bis ins 19. Jahrhundert wurde Blut von Schafen auf kranke Menschen übertragen. Für die Patienten endeten die Versuche tödlich. Das Menschenblut vertrug sich nicht mit Tierblut – es verklumpte. |3

|3 Tödlicher Versuch (1671): Einem Menschen wird Tierblut übertragen.

Zusammenfassung

Organsysteme arbeiten zusammen

Muskulatur
Die Muskeln sind die „Motoren" unseres Körpers. Sie sorgen dafür, dass wir uns bewegen können.

Skelett
Das Skelett stützt den Körper und schützt die inneren Organe. Die Knochen sind über Gelenke beweglich miteinander verbunden.

Verdauung und Atmung
Die Verdauungsorgane zerlegen die Nahrung in kleinste Bausteine. Aus ihnen werden körpereigene Stoffe aufgebaut und Energie für Lebensvorgänge gewonnen. Den zur Energiegewinnung notwendigen Sauerstoff nehmen wir über die Lunge auf. Kohlenstoffdioxid atmen wir aus.

Blut
Das Blut ist das Transportsystem des Körpers.

Gehirn und Nervensystem
Alle Lebensvorgänge werden von Gehirn und Nervensystem überwacht und gesteuert.

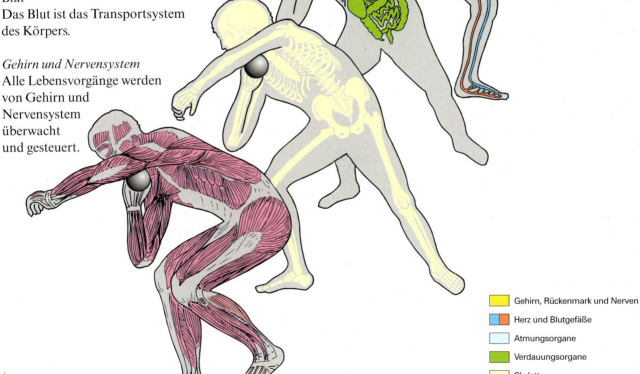

- Gehirn, Rückenmark und Nerven
- Herz und Blutgefäße
- Atmungsorgane
- Verdauungsorgane
- Skelett
- Muskulatur

4 Zusammenspiel der Organe

Weg der Atemluft

Frische Luft ist reich an Sauerstoff, sie enthält 21 % Sauerstoff. Bei normaler Atmung atmet ein Erwachsener pro Atemzug etwa 0,5 l Luft ein.

Beim Einatmen gelangt die sauerstoffreiche Luft durch die Luftröhre, die Bronchien und deren Verzweigungen bis in die einzelnen Lungenbläschen.

Die Ausatemluft enthält etwa 4 % Kohlenstoffdioxid und nur noch 17 % Sauerstoff.

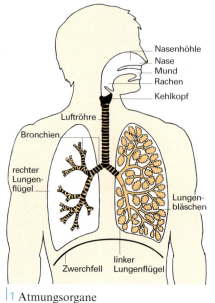

1 Atmungsorgane

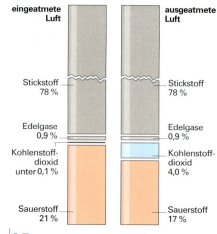

2 Zusammensetzung von eingeatmeter und ausgeatmeter Luft

Aufgabe der Lunge

Die Lungenbläschen sind von einem Netz kleiner Blutgefäße umgeben. Der Sauerstoff durchdringt die dünnen Wände der Lungenbläschen und der Blutgefäße und gelangt so ins Blut. Vom Blut wird er an alle Stellen des Körpers transportiert.

In allen Teilen des Körpers wird Sauerstoff benötigt, um Energie zum Beispiel für Bewegung, Denken oder Verdauung zu gewinnen. Dabei entsteht als Abfallstoff Kohlenstoffdioxid. Es wird ins Blut abgegeben und mit dem Blutkreislauf zu den Lungenbläschen transportiert. Auch Kohlenstoffdioxid durchdringt die dünnen Wände der Blutgefäße und der Lungenbläschen und wird dann mit der Ausatemluft abgegeben.

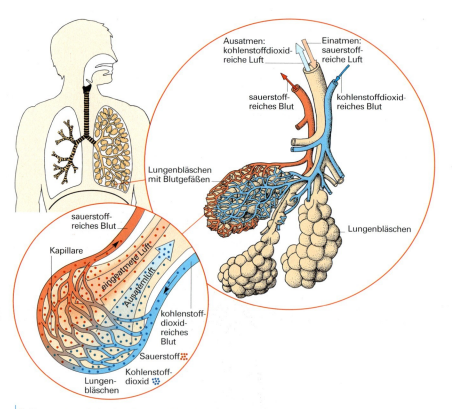

3 Gasaustausch in den Lungenbläschen

Funktionsweise der Lunge

Die Lunge funktioniert so ähnlich wie ein Blasebalg. Hat die Lunge Platz um sich auszudehnen, strömt Luft in sie hinein.

Für den nötigen Platz sorgt das Zwerchfell, eine Muskelschicht zwischen Lunge und Bauchraum. Auch die vielen kleinen Muskeln zwischen den Rippen haben die Aufgabe, den Lungenraum zu vergrößern.

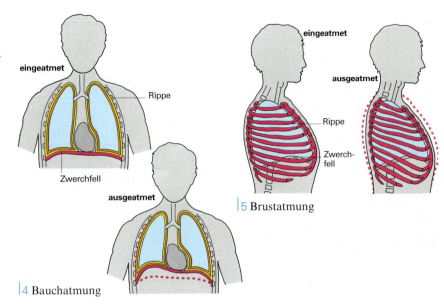

4 Bauchatmung

5 Brustatmung

Der Blutkreislauf

Das Blut durchströmt den Körper in zwei Kreisläufen, dem *Lungen-* und dem *Körperkreislauf*. Dabei wird das Blut durch das *Herz* angetrieben. Die *Arterien* führen das Blut vom Herzen weg, die *Venen* führen es zum Herzen hin. *Kapillaren* nennt man die feinsten Verzweigungen der Blutgefäße.
Das Blut versorgt alle Organe mit Sauerstoff und Nährstoffen.

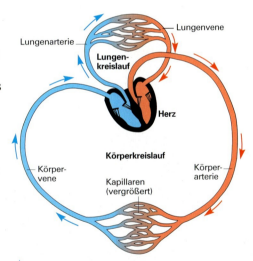

6 Körperkreislauf und Lungenkreislauf

Alles klar?

A Begründe, warum das Klassenzimmer regelmäßig gelüftet werden sollte.
B Warum sollte man durch die Nase einatmen?
Wann ist es notwendig, durch den Mund einzuatmen?
C „Atmung ist Gasaustausch."
Welche Gase werden getauscht? Wo findet der Gasaustausch statt?

D Wenn du einatmest, hebt sich dein Brustkorb. Wird das durch die einströmende Luft bewirkt?
Begründe deine Antwort.
E Welche Folge hätte es für den Atemvorgang, wenn der Brustraum (z. B. durch einen Stich) ein Loch hat?
F Aus einer Wunde tritt stoßweise Blut aus. Welche Art von Blutgefäß ist verletzt? Begründe!

G Beschreibe mithilfe von Bild 6 den Weg des Bluts durch den Körper. Gib auch an, an welchen Stellen jeweils ein Gas- und ein Stoffaustausch erfolgt.

Sich entwickeln – erwachsen werden

Ich bin kein Kind mehr

1 Paula – früher und heute

Im Alter zwischen 9 und 14 Jahren ändert sich allmählich der kindliche Körper. Er nimmt jetzt mehr und mehr die Gestalt eines Erwachsenen an.
Auch die Interessen und Wünsche ändern sich: Mit den Eltern etwas zu unternehmen ist auf einmal langweilig. Mit Freunden zusammen sein, Musik hören, mit der Clique weggehen ist viel interessanter. Mädchen und Jungen werden neugierig aufeinander. Vieles passiert zum ersten Mal: die erste Verabredung, der erste Kuss …
Mit der *Pubertät* oder *einsetzenden Geschlechtsreife* beginnt eine aufregende, oft auch schwierige Zeit.

A Seht euch die Fotos von Paula an. |1 Welche Unterschiede fallen euch auf? Wie alt dürfte Paula sein? Wonach habt ihr euch beim Schätzen gerichtet?
B Auch das Interesse an Spielsachen ändert sich. Womit habt ihr früher gespielt und womit heute?
C Bringt Babyfotos mit. Versucht zu erraten, zu wem die Fotos gehören.

Grundlagen Reifezeit und Zeit des Wandels

Alles wird anders
Die Körper von Mädchen und Jungen sind in der Kindheit sehr ähnlich. |2–|6 Man kann sie häufig nur an ihren Geschlechtsorganen unterscheiden.
Ein auffälliger Wachstumsschub zeigt den Beginn der Geschlechtsreife an.

Da die Geschlechtsreife nicht bei allen zur gleichen Zeit einsetzt, gibt es bei Kindern gleichen Alters oft enorme Größenunterschiede. Jetzt wachsen unter den Achseln und im Schambereich Haare. Die Flaumhärchen auf den Unterarmen und Beinen werden – vor allem bei den Jungen – kräftiger und dunkler.

2 Junge oder Mädchen?

3 „Junge Dame"

4 „Junger Mann"

Alltag Wo kommen plötzlich die Pickel her?

Die Veränderungen, die in der Pubertät vor sich gehen, werden durch die *Hormone* ausgelöst – d. h. durch biochemische Stoffe, die viele Abläufe im Körper steuern.
Hormone werden vor allem in *Drüsen* produziert. Sie kreisen mit dem Blut durch den Körper. An einigen Stellen bewirken die Hormone dann Veränderungen. Es gibt z. B. Drüsen für Geschlechtshormone und Drüsen für Wachstumshormone.
Die Geschlechtshormone sorgen dafür, dass sich die Geschlechtsorgane weiterentwickeln. Während der Kindheit sind sie noch in „Wartestellung". Durch vermehrte Hormonbildung werden dann die Geschlechtsorgane angeregt, das weibliche Hormon *Östrogen* oder das männliche Hormon *Testosteron* zu bilden. Diese lassen *Eizellen* bzw. *Samenzellen* heranreifen. Somit werden Mädchen und Jungen zeugungs- und fortpflanzungsfähig.
Und die *Pickel*? Als Nebenprodukt dieser Umstellung kommt es zu vermehrter Fettbildung auf der Haut: Die Haare werden schneller fettig, die Poren der Haut verstopfen und entzünden sich. Schließlich bilden sich unschöne Pickel auf der zarten Gesichtshaut, dem Dekolletee oder dem Rücken.

*Aus einem Tagebuch
(Lisa, 12 Jahre)*

*Meine Eltern behandeln mich immer noch wie ein Baby. Dabei bin ich schon 12 Jahre alt. In die Disko vom Jugendtreff darf ich nicht, aber auf meine kleine Schwester aufpassen soll ich – dafür bin ich offenbar alt genug. Früher habe ich mich so gut mit meinen Eltern verstanden. Doch jetzt …
Keiner versteht mich. Meine Mutter kramt ständig in meinen Sachen herum und ist beleidigt, wenn ich sie mal anfahre, dass sie mich einfach mal in Ruhe lassen soll. Und mein Vater zieht mich laufend damit auf, dass ich Schlabberpullis trage. Ich verstehe mich manchmal selbst nicht. Ist das so, weil ich in der Pubertät bin?*

Bei den Mädchen ändert sich die Form der Augenbrauen: Sie erhalten einen Schwung.
Bei den Jungen beginnt der Bart zu wachsen. Bei den Mädchen wachsen die Brüste.
Die Stimme wird jetzt tiefer – bei Jungen und Mädchen. Das bemerkt man vor allem bei den Jungen; man sagt, sie sind „im Stimmbruch".
Die Schweiß- und Talgdrüsen arbeiten jetzt stärker und viele Jugendliche entdecken ihre ersten Pickel.

Die Gefühle fahren Achterbahn
Nicht nur der Körper verändert sich. |5 |6 Auch die Gefühle und Empfindungen erfahren einen Wandel. Plötzliche Gefühlsumschwünge sind nun an der Tagesordnung. Jugendliche können einerseits sehr gereizt und launisch sein, andererseits aber auch voller Kraft und Tatendrang. Alles wird jetzt angezweifelt und kritisiert. Vor allem die Eltern scheinen plötzlich recht „rückständig" zu sein.
Alles soll sich ändern. Gleichzeitig soll aber auch alles so bleiben, wie es ist. Das Leben schwankt zwischen dem Wunsch, „cool" zu sein, und Angst, zwischen Gehorsam und Auflehnung, zwischen Langeweile und fantastischen Ereignissen. Eine Zeit der Extreme!

D Überlege dir, was man unter dem Begriff *Pubertät* versteht.
E Was ist an dieser Entwicklungsstufe besonders typisch? (Siehe auch den obigen Tagebuchauszug.)
F Miss die Größe mehrerer gleichaltriger Kinder. Was stellst du fest?
G Zeichne die Umrisse der Hände gleichaltriger Kinder. Beschreibe, was du siehst.

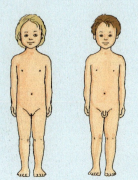
|5 Mädchen und Junge, 4 Jahre alt

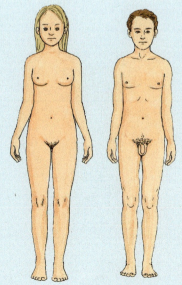
|6 Mädchen und Junge, 14 Jahre alt

Ich werde eine Frau – Ich werde ein Mann

1 Sie sind ein Paar: junge Erwachsene am Strand

Während der Pubertät hat sich das Aussehen von Mädchen und Jungen verändert. 1 Ihr Körper ist dem der Erwachsenen immer ähnlicher geworden.
Sowohl beim Mädchen als auch beim Jungen zeigt sich das an den *primären* und den *sekundären* Geschlechtsmerkmalen.

Grundlagen Primäre Geschlechtsmerkmale

Unterschiede schon im Mutterleib
Eine (weibliche) Eizelle muss erst von einer Samenzelle befruchtet werden, damit ein Kind entstehen kann. Das weißt du bereits.
Schon in dieser Eizelle ist der Unterschied der Geschlechter angelegt.
In den ersten sechs Wochen der Entwicklung des Kindes im Mutterleib sind aber noch keine äußeren Unterschiede erkennbar.
Ab der 12. Woche gibt es aber eine Wende: Es bilden sich die *primären* (zuerst vorhandenen) Geschlechtsmerkmale aus.

Die Pubertät ist die Übergangszeit zwischen Kindheit und Erwachsenwerden. Die Geschlechtsmerkmale prägen sich jetzt aus:
Die Eierstöcke der Mädchen beginnen mit der Produktion von Eizellen, die Hoden der Jungen produzieren Samenzellen (Spermien).
Die Jugendlichen sind von nun an in der Lage, selbst Kinder zu zeugen.

Weibliche Geschlechtsmerkmale 2
Beim Mädchen sind äußerlich die Schamlippen zu erkennen.
Scheide, Gebärmutter, Eileiter und Eierstöcke liegen im Körperinnern.
In den Eierstöcken bilden sich die *Eizellen*.
Die Gebärmutter und die schlauchförmige Scheide sind mit einer Schleimhaut ausgekleidet.

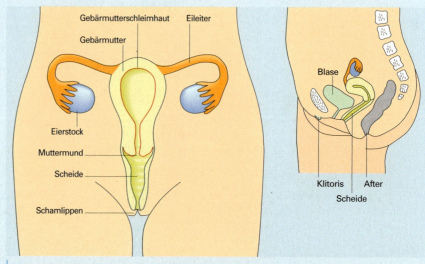

2 Die weiblichen Geschlechtsorgane im Unterleib (von vorne und von der Seite)

Grundlagen Sekundäre Geschlechtsmerkmale ...

In den ersten Lebensjahren unterscheiden sich Mädchen und Jungen nur durch die primären Geschlechtsmerkmale. Das ändert sich mit dem Beginn der Pubertät. Nun setzt auch die Ausbildung der *sekundären* (als Zweites vorhandenen) Geschlechtsmerkmale ein.

... beim Mädchen
Bei ihr wachsen nun Haare unter den Achseln und um die Scheide herum *(Schamhaare)*.
Fettpolster lagern sich ab. Der Körper wird damit runder, die Brüste vergrößern sich, die Hüften werden breiter, die Oberschenkel kräftiger. Auch das Körpergewicht des Mädchens nimmt zu.
In den Eierstöcken reift nun jeden Monat eine Eizelle. Das Mädchen wird jetzt alle 4 Wochen seine *Periode (Menstruation)* bekommen. Meist dauert es einige Monate, bis dies regelmäßig geschieht. Gleichzeitig verstärken sich sexuelle Gefühle.

... beim Jungen
Bei ihm wachsen jetzt Achselhaare, Schamhaare und Barthaare. Die Körperbehaarung an Brust, Bauch, Armen und Beinen wird dichter. Der Kehlkopf vergrößert sich und die Stimmbänder werden länger. Es tritt der Stimmbruch ein; die Stimme wird deutlich tiefer.
Die Haut wird fettiger und die Muskulatur wird kräftiger – in der Regel mehr als bei den Mädchen. Der Penis und die Hoden vergrößern sich. Die Hoden produzieren nun Millionen von Spermien. Auch beim Jungen werden die sexuellen Gefühle stärker.

Neue Erfahrungen und Gefühle
Bis sich die Gestalt eines Erwachsenen entwickelt hat, dauert es Jahre. In dieser Reifezeit fühlen sich Jugendliche oft unwohl in ihrer Haut. Viele sind unzufrieden mit ihrem Körper. Es fällt ihnen nicht immer leicht, mit ihrer „neuen" Gestalt fertig zu werden. Sie erleben auch, dass Verliebtsein mit sexuellen Empfindungen verbunden sein kann.
Es ist manchmal schwierig, mit diesen aufregenden Gefühlen zurechtzukommen.

Männliche Geschlechtsmerkmale |3
Beim Jungen sind äußerlich das *Glied* (der *Penis*) und der *Hodensack* zu sehen. Im Hodensack befinden sich die beiden Hoden, in denen die *Spermien*, die Samenzellen, gebildet werden.
Im Körperinnern liegt der *Samenleiter* mit den verschiedenen Hilfsdrüsen.

A Geschlechtsmerkmale:
1 Was bedeuten die Ausdrücke „primäre Geschlechtsmerkmale" und „sekundäre Geschlechtsmerkmale"?
2 Nenne die Fachbegriffe für die primären Geschlechtsmerkmale von Mann und Frau.
3 Nenne sekundäre Geschlechtsmerkmale von Mann und Frau.
B Gib an, nach welcher Veränderung Mädchen und Jungen geschlechtsreif sind.

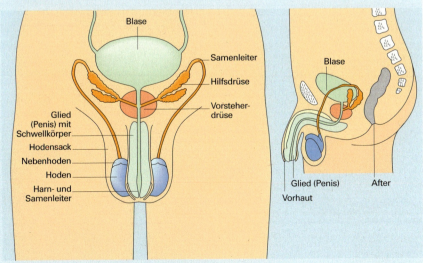

|3 Die männlichen Geschlechtsorgane (von vorne und von der Seite)

Menstruation und Empfängnisregelung

Jasmine sorgt vor: In Kürze wird sie wieder „ihre Tage" bekommen. Dafür gibt es in Drogerien und Kaufhäusern ein reichhaltiges Angebot. |1
Weißt du, um was es dabei geht?

|1 In der Drogerie

Menstruationsbeschwerden
Manche Mädchen und Frauen fühlen sich während der Regel nicht sehr wohl. Andere klagen über ein Ziehen im Unterleib, über Rückenschmerzen oder Bauchkrämpfe. Dagegen helfen meist leichte Bewegung, sanfte Massagen, ein warmes Bad, eine Wärmflasche oder etwas Kräutertee.

Grundlagen Der Menstruations- oder Monatszyklus

Der Eisprung
Etwa alle vier Wochen löst sich eine Eizelle aus einem der Eierstöcke. Das ist der *Eisprung*. Die Eizelle wandert dann durch den Eileiter hindurch und gelangt in die Gebärmutter. Am Tag nach dem Eisprung steigt die Körpertemperatur der Frau um etwa 0,5 °C an. |2

Woher kommen die Blutungen?
Bis zum Zeitpunkt des Eisprungs ist die Schleimhaut in der Gebärmutter dicker geworden; sie ist jetzt besonders stark durchblutet. Damit wurde sie auf eine mögliche Einnistung der Eizelle gut vorbereitet.

Eine Eizelle nistet sich nur ein, wenn sie innerhalb von 12 bis 24 Stunden nach dem Eisprung befruchtet wird. Das ist aber normalerweise nicht der Fall. Wenn sie nicht befruchtet wird, stirbt sie ab. Die vorbereitete Gebärmutterschleimhaut wird damit überflüssig. Sie löst sich unter *Blutungen* ab und wird über die Scheide ausgeschieden.
Die Blutung dauert 3 bis 7 Tage. Sie wird als *Regel* bezeichnet, als *Menstruation* oder *Periode*. Frauen und Mädchen sagen dazu auch: „Ich habe meine Tage."
Sie benutzen Binden oder Tampons, um das Blut aufzufangen.

Etwa alle vier Wochen findet bei der Frau ein Eisprung statt. Die Eizelle wandert dann durch den Eileiter in die Gebärmutter.
Wenn die Eizelle nicht von einer Samenzelle befruchtet wird, stirbt sie ab. Die Gebärmutterschleimhaut löst sich dann ab und wird unter Blutungen aus der Scheide ausgeschieden.

A Erkläre den Begriff „Eisprung". |2
Woran ist unter anderem zu erkennen, dass ein Eisprung erfolgt ist?
B Die Schleimhaut in der Gebärmutter wird im Lauf des Monats dicker. Was geschieht mit ihr, wenn sich keine befruchtete Eizelle einnistet?
C Beschreibe den Monatszyklus der Frau. |2
Warum spricht man von der „Regel"?

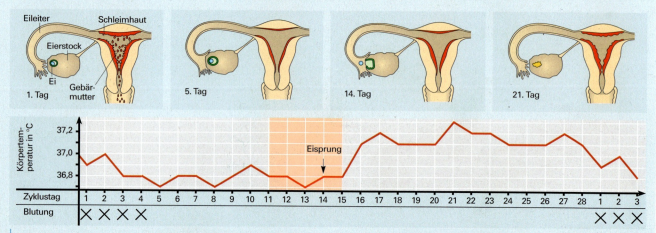

|2 Monatszyklus einer Frau (hier: 28 Tage angenommen) – Zusammenhang mit der Körpertemperatur

Grundlagen Empfängnisregelung

Schwangerschaft – ja oder nein?
Schwangerschaft und Geburt sind für die Mutter und den Vater eine wunderbare und schöne Erfahrung – vorausgesetzt, die Beziehung der Eltern ist in Ordnung.
Anders sieht es aus, wenn der Zeitpunkt der Schwangerschaft ungünstig ist. Das ist z. B. der Fall, wenn die werdende Mutter zu jung ist, wenn die Schwangerschaft nicht gewollt wird oder medizinische Gründe gegen sie sprechen. Dann muss die Schwangerschaft vermieden werden.

Ab wann ist eine Frau fruchtbar?
Mädchen können schon von der ersten Periodenblutung an – also ab dem 10./11. Lebensjahr – schwanger werden, wenn sie mit einem Jungen oder einem Mann Geschlechtsbeziehungen haben. Darum steht die *Empfängnisregelung* in jungen Jahren im Vordergrund.
Beim ersten Zusammensein mag es unromantisch sein, über *Verhütung* zu reden. Doch das ist sehr wichtig! Eine frühe Schwangerschaft würde das Leben des jungen Mädchens und des zukünftigen Vaters in andere Bahnen lenken als vorher geplant.

Verhütungsmethoden 3
Es gibt verschiedene Methoden zur Verhütung einer Schwangerschaft:
1. Die natürliche Methode: Dabei werden die Tage ermittelt, an denen der Eisprung stattfindet. An diesen „fruchtbaren Tagen" darf dann kein Geschlechtsverkehr erfolgen. Man ermittelt die Tage durch Messen der morgendlichen Körpertemperatur. Die Temperaturkurve zeigt dann die befruchtungsfähigen Tage an. 2
Bei dieser Methode bleibt ein hohes Risiko einer ungewollten Schwangerschaft. Die fruchtbaren Tage können sich nämlich verschieben.
2. Die Barrieremethode: Ein Kondom (ein dünner Gummischutz) wird über den Penis des Mannes gestreift. Er fängt die Spermien auf. Hierbei bleibt ein geringes bis mittleres Risiko. Ein großer Vorteil ist: Das Kondom bietet einen Schutz vor Aids oder anderen sexuell übertragbaren Krankheiten.
3. Die hormonelle Methode: Das Mädchen oder die Frau nimmt täglich eine Antibabypille – das heißt eine Hormonpille – ein. Antibabypillen verhindern den Eisprung. Wenn die Pillen genau nach Anleitung eingenommen werden, besteht nur ein geringes Risiko einer ungewollten Schwangerschaft. Durch die künstliche Hormonzufuhr kann es zu starken Nebenwirkungen kommen. So kann z. B. bei Jugendlichen das Knochenwachstum zu früh beendet werden. Das führt dann zu erheblichen psychischen Problemen. Über die Einnahme der Pille muss daher immer ein Arzt entscheiden.

Erweiterung Die Befruchtung

Im Körper der Frau wird jeden Monat eine Eizelle reif. Sie kann durch eine männliche Spermazelle befruchtet werden.
Wenn beim *Geschlechtsverkehr* keine *Empfängnisverhütung* vorgenommen wird, können die Spermien des Mannes eine Eizelle der Frau befruchten. Beim Geschlechtsverkehr führt der Mann seinen Penis in die Scheide der Frau ein. Dort erfolgt dann bei ihm ein Samenerguss.
Die Spermazellen bewegen sich mithilfe ihres Schwanzteils von der Scheide durch die Gebärmutter in die Eileiter.
Spermazellen haben eine Lebensdauer von etwa 12 Stunden. Nur die schnellsten und kräftigsten unter ihnen erreichen die Eizelle und nur eine dringt in sie hinein. Eizelle und Spermazelle verschmelzen dann miteinander. Das heißt: Die Eizelle ist nun befruchtet. 4
Sobald eine Spermazelle die Wand der Eizelle durchbrochen hat, fällt ihr Schwanzteil ab.
Die Eizelle bildet sofort eine Schutzhülle, damit andere Spermazellen nicht mehr hineingelangen. Sie sterben ab und lösen sich auf.
Aus der befruchteten Eizelle kann nun ein neuer Mensch entstehen.

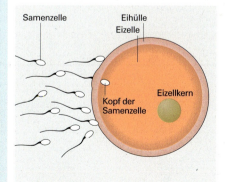

4 Eizelle und Spermazelle verschmelzen.

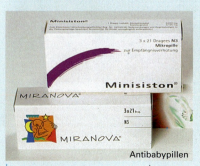

Antibabypillen

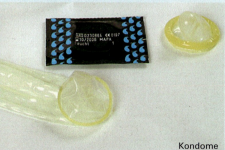

Kondome

3 Verhütungsmittel

Was in der Schwangerschaft geschieht

Kennst du eine Frau, die gerade schwanger ist?
Vielleicht erwartet sogar deine Mutter zurzeit ein Baby?
Was hast du bemerkt? Was hat sich geändert? Wie geht es ihr?
Erzähle davon.

1 Eine besondere Zeit für die ganze Familie

Die folgenden Bilder und Texte helfen, über das Thema zu sprechen.

Mit der Körperflüssigkeit wird die befruchtete Eizelle in 3 bis 6 Tagen durch die Eileiter zur Gebärmutter getragen. Dort teilt sie sich und verdoppelt immer wieder ihre Zellen. 2 Gleichzeitig wächst sie an der Innenwand der Gebärmutter fest.

Manchmal kommt es vor, dass sich die befruchtete Eizelle bei der ersten Teilung vollständig in zwei Teile trennt. Dann entwickeln sich *eineiige* Zwillinge („aus einer Eizelle entstanden"). Dadurch erklärt sich ihre große Ähnlichkeit. 3

Es passiert auch, dass zufällig zwei Eizellen durch die Eileiter wandern und dort befruchtet werden. Dann entstehen zweieiige Zwillinge. Zweieiige Zwillinge sehen sich einfach nur ähnlich – wie andere Geschwister auch. 4

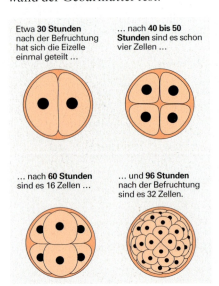

2 Eine befruchtete Eizelle teilt sich.

3 Eineiige Zwillinge

4 Zweieiige Zwillinge

Der Körper der Mutter stellt sich während der Schwangerschaft durch Einflüsse verschiedener Hormone um.
Das Kind – in den ersten drei Monaten Embryo, später Fötus genannt – wächst in einer mit Fruchtwasser gefüllten Fruchtblase heran. Das Fruchtwasser dient dem Schutz des Kindes. |5

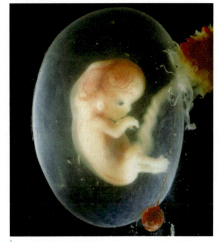

|5 In der Fruchtblase

Ab dem 1. Monat bewegt sich das Kind. Ab dem 5. Monat ist das Gehör voll funktionsfähig. Die Nabelschnur zwischen dem Bauchnabel des Kindes und der Gebärmutterwand ist die körperliche Verbindung von Mutter und Kind. Durch die Blutgefäße in der Nabelschnur wird das Ungeborene mit Sauerstoff und Nährstoffen versorgt. |6 Der Blutkreislauf der Mutter ist jedoch nicht direkt mit dem Blutkreislauf des Kindes verbunden. Die Stoffe dringen durch die Blutgefäßwände wie durch ein Filter vom mütterlichen Blut in das kindliche Blut. Giftstoffe wie Alkohol, Zigaretteninhaltsstoffe und Drogen gehen denselben Weg und bedeuten eine große Gefahr für das werdende Kind.

Die Schwangerschaft dauert etwa neun Monate (40 Wochen).
Im Lauf dieser Zeit hat sich der Embryo zu einem lebensfähigen Kind entwickelt. |7 Ob es ein Mädchen oder ein Junge wird, steht schon im Augenblick der Befruchtung fest. Doch erst vom 5. Monat an ist das Geschlecht äußerlich zu erkennen.
Im 8. Monat wiegt das Kind ungefähr 2 kg.
Es dreht sich nun so im Mutterleib, dass es mit dem Kopf nach unten in der Gebärmutter liegt.
Nun ist die Schwangerschaft beinahe beendet: Die Mutter bekommt Wehen. Die Fruchtblase platzt und das Fruchtwasser läuft aus.
Mithilfe einer Hebamme, einer Ärztin oder eines Arztes kommt das Kind auf die Welt.

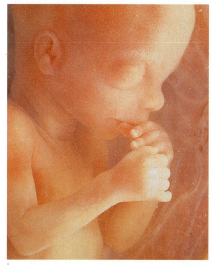

|7 Das Kind wächst heran.

Die letzten stärkeren Wehen pressen das Kind aus dem mütterlichen Körper heraus.
Das Neugeborene fängt an zu schreien – ein Zeichen dafür, dass seine Lunge ihre Arbeit beginnt. Die Nabelschnur wird durchtrennt und das Kind wird als Erstes der Mutter kurz in die Arme gelegt. Dann wird es gewaschen, gewogen und untersucht.
Endlich können die beiden Eltern ihr Baby etwas länger in den Armen halten. |8

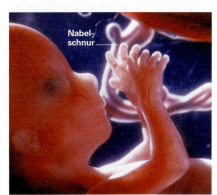

|6 Die Nabelschnur

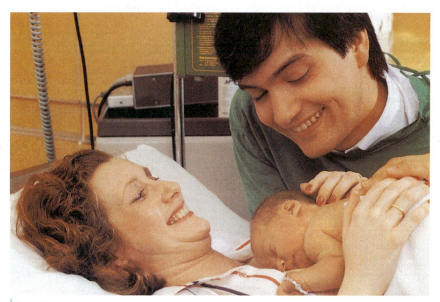

|8 Endlich geschafft!

Mein Körper und meine Gefühle

1 Die tägliche Körperpflege …

2 … auch mit Reinigungsmilch!

Körperpflege ist in der Pubertät besonders wichtig. Das gilt aber nicht nur für die Pflege des Gesichts. |1 |2
Vor allem der Intimbereich und die Achselhöhlen müssen gewaschen werden!

Hygiene Regelmäßige Körperpflege

In der Pubertät musst du auch lernen selbst für deinen Körper zu sorgen. Schweiß- und Talgdrüsen *(Hautfettdrüsen)* beginnen nämlich verstärkt zu arbeiten. Du schwitzt bei körperlicher Anstrengung oder wenn du aufgeregt bist.
Vor allem in den Achselhöhlen entwickeln sich dadurch Duftstoffe, die sehr unangenehm riechen können. Deshalb sollten Gesicht, Hals, Achselhöhlen, Hände, Geschlechtsorgane und Füße täglich gewaschen werden. Regelmäßiges Duschen mit einer milden Reinigungslotion ist ebenfalls zu empfehlen.
Die Jungen müssen jeden Tag die Absonderungen zwischen Eichel und Vorhaut entfernen. Sonst können sich dort Entzündungen bilden.

Die Scheide der Mädchen kann sich innerlich selbst reinigen. Äußerlich muss sie aber jeden Tag gewaschen werden. Besonders wichtig ist dies während der Menstruation – sonst könnten Krankheitskeime von außen in die Gebärmutter eindringen. Regelmäßiges Wechseln von Unterwäsche, Slipeinlagen, Binden und vor allem Tampons ist unerlässlich.

3 Duschen säubert und erfrischt.

Tipps zur Körperpflege
- Dusche oder bade dich mindestens zwei- bis dreimal pro Woche.
- Wasche dir mindestens zwei- bis dreimal pro Woche die Haare.
- Wasche täglich die Achselhöhlen. Nimm bei Bedarf zusätzlich ein Deo.
- Putze dir regelmäßig die Zähne.
- Verwende Hautpflegemittel nur ganz wenig und gezielt.
- Nach dem Gang zur Toilette darfst du nicht das Händewaschen vergessen.
- Reinige und kürze regelmäßig die Finger- und Zehennägel.
- Zieh täglich frische Unterwäsche an.

Tipps für Mädchen
- Wasche die Hautfalte zwischen den großen und kleinen Schamlippen täglich mit Wasser.
- Wasche den Intimbereich während der Menstruation morgens und abends.
- Binden oder Tampons müssen je nach Stärke der Blutung alle zwei bis sechs Stunden gewechselt werden.

Tipps für Jungen
- Wasche den Penis täglich. Zieh dabei die Vorhaut vorsichtig zurück und spüle die Talgabsonderungen mit Seifenwasser ab.

Zusammenleben Körperkontakte

Die meisten Menschen haben das Bedürfnis, eine Person, die sie sehr mögen, zu berühren. Sie möchten auch gerne von ihr berührt werden. Umarmen und zärtliches Streicheln kann Freude bereiten. Es kann beruhigen, manchmal auch erregen. Unsere Haut ist überall empfindlich für Berührungen. Während der Pubertät machen Mädchen und Jungen auch auf diesem Gebiet ganz neue Erfahrungen.
Jeder Mensch hat intime Körperteile. Sie haben für ihn eine ganz persönliche Bedeutung. Bei Mädchen und Frauen sind dies die Scheide, das Gesäß und die Brüste. Auch die Lippen und die Zunge sind äußerst empfindsam.
Wenn diese Körperteile berührt werden, kann dies besonders angenehm und lustvoll sein. Deshalb ist es sehr wichtig, diese Stellen nicht jedem preiszugeben! Das erreichst du dadurch, dass du sie nicht von jedem berühren lässt. Vor allem solltest du nur das erlauben, was du wirklich möchtest.

Hilfe bei Kindesmissbrauch
1. Sprich mit jemandem, dem du vertraust, z. B. mit deinen Eltern, einem Lehrer oder einer Lehrerin.
2. Nutze das kostenlose Info-Telefon des Deutschen Kinderschutzbundes: 01308 11103.
3. Wende dich an spezielle Beratungsstellen in deiner Nähe, z. B.:
Deutscher Kinderschutzbund, 0800 111 0 333
Weißer Ring, 01803 343434,
Jugend-/Mädchennotdienst, Berlin 030 55051900.

Zusammenleben Vom Neinsagen

Was Ela erlebt hat
Ela geht mit ihrer Familie gern zu ihrem Onkel Klaus. Auch im Kindergarten erzählt sie immer voller Freude von diesen Wochenendbesuchen.
Wieder ist ein Wochenende vorüber. Der Erzieherin Marion fällt auf, dass Ela heute gar nicht wie sonst von diesen Besuchen erzählt. Vielmehr hockt sie still in einer Ecke und will nicht mitspielen.
Marion geht zu ihr und Ela kuschelt sich sofort in ihre Arme. Allmählich erfährt Marion, warum Ela so durcheinander ist. Sie will nicht mehr zu „diesem doofen Onkel", der sie plötzlich so komisch geküsst hat – „ganz nass und sabbelig". Es war ihr eklig. Und als sie weglaufen wollte, hat er sie festgehalten, sodass es ihr richtig wehtat.
Ela war ganz still vor Schreck und wusste nicht, was sie tun sollte …

Falsche Kinderfreunde
Liebe und Zärtlichkeit sind etwas sehr Schönes.
Es gibt aber Erwachsene, die Jungen oder Mädchen an intimen Körperstellen anfassen oder sich selbst anfassen lassen. Man sagt dazu, sie *missbrauchen* diese Kinder. Andere Erwachsene erzwingen sogar Geschlechtsverkehr mit ihnen. Das ist sehr schlimm für die betroffenen Mädchen oder Jungen.

Solche Personen fordern die Kinder auf, alles geheim zu halten. Sie sagen die „tollsten Dinge", verlangen aber immer höchste Geheimhaltung und Verschwiegenheit.
In seiner Angst wagt es ein Kind häufig nicht, seiner Mutter, seinem Vater oder einer anderen Vertrauensperson davon zu erzählen. Doch solche Geheimnisse, die mit Angst und Lügen verbunden sind, muss ein Kind nicht bei sich behalten. Die darf es auf jeden Fall weitererzählen.
Ein Kind hat niemals Schuld, wenn es durch einen Erwachsenen zu solchen Handlungen gezwungen oder überredet wird.
Fast alle Kinder werden davor gewarnt, mit Fremden mitzugehen. Leider sind aber die Täter oft keine Fremden, sondern gut bekannte Personen aus der Nachbarschaft. Manche stammen sogar aus der eigenen Familie. Das hindert die missbrauchten Kinder noch mehr, diese Personen zu „verraten".
Aber die Taten, die solche Menschen verüben, sind unrecht! Sie müssen Vertrauenspersonen erzählt werden, damit sie endlich aufhören.

Man muss auch „Nein" sagen!
Achte auf deine Gefühle! Wenn du das Gefühl hast, dass du eine Berührung gerne magst, ist es wahrscheinlich in Ordnung. Wenn aber „deine innere Stimme" *Nein* sagt und dir die Berührung unangenehm ist, dann lass sie dir nicht gefallen! Sage *Nein* und zeige deine Ablehnung deutlich! Das gilt für dich jetzt – in jungen Jahren – und viel mehr noch, wenn du älter geworden bist.
Wenn du etwas erlebt hast, das dich beunruhigt, musst du auf jeden Fall mit einer Vertrauensperson darüber sprechen und sie um Hilfe bitten.

Zusammenleben **Zuwendung und Urvertrauen**

Unser ganzes Leben lang begleitet uns ein Wunsch: von Menschen umgeben zu sein, denen wir vertrauen können. Wir wollen Menschen ohne Angst betrachten können und auch den Körperkontakt mit ihnen genießen.
Das fängt im frühen Säuglingsalter an. |1–|3 Dieses Bedürfnis endet auch im Alter nicht.
Der erste Hautkontakt kommt unmittelbar nach der Geburt zustande: Dann liegt der Säugling im Arm der Mutter.
Die Berührung der mütterlichen Brust ist besonders wichtig. Wenige Minuten nach der Geburt ist nämlich der Saugreflex stark ausgeprägt (*Überlebensreflex*).
Aus dieser engen Beziehung erwachsen für die Mutter Zuwendung und für das Neugeborene Geborgenheit. Das hält gewöhnlich ein Leben lang. Kinder, die früh mit dauernd wechselnden Personen zu tun haben, sind oft unruhig und Krankheiten gegenüber anfällig.
Der Blickkontakt zwischen Kind und Mutter ist ebenfalls von großer Bedeutung. Wenn das Kind beim Anblick des Gesichts der Mutter lächelt, lächelt die Mutter zurück. Das Lächeln des Kindes verstärkt sich und es entsteht eine tiefe innere Verbindung.
Sprache, Blicke und Berührungen bilden eine Einheit. In ihr entwickelt sich beim Kind ein *Urvertrauen*, das es ein Leben lang begleiten wird. Wenn in den ersten Entwicklungsjahren diese Kontaktmöglichkeiten gestört sind, wird auch dieses Urvertrauen ein ganzes Leben lang gestört sein.
Säuglinge und Kleinkinder brauchen den engen Kontakt zu vertrauten Menschen. Nur so können sie ein Urvertrauen aufbauen.

|1 Wenige Stunden nach der Geburt

|2 Enger Kontakt und Fürsorge sind lebenswichtig.

|3 Das Baby wird gestillt.

Zusammenleben **Freundschaft und Liebe**

Vor der Pubertät
Sich zu mögen, sich anzufreunden, sich zu verkrachen und zu versöhnen – ganz einfach *Freundschaften* (auch mit „denen vom anderen Geschlecht") sind vor der Pubertät selbstverständlich.
Auch die *Liebe* ist bekannt. Sie ist ein tiefes warmes Gefühl für die Eltern, die Geschwister, den Hund, den besten Freund oder die beste Freundin.
Mit der Pubertät kommt aber zur Freundschaft und Liebe ein neues Gefühl hinzu, das beim Verliebtsein eine Rolle spielt: die *Sexualität*.

Sich kennen lernen
Liebe äußert sich anfangs oft als Schwärmerei. In der Pubertät sind die Umschwärmten allerdings häufig „weit weg": ein Lehrer, eine Lehrerin, der Bruder einer Freundin oder auch Sportler und Popstars. |4

|4 Lieben „aus der Ferne"

Irgendwann kann es aber passieren, dass man sich „bis über beide Ohren" in jemanden verliebt, der für einen erreichbar ist. Dann ist oft das *Kennenlernen* das größte Problem. Je verliebter man ist, desto schwerer wird es nämlich, das zu zeigen. Oft warten beide darauf, dass der andere den ersten Schritt tut.

Mit etwas Mut und Fantasie klappt das Kennenlernen dann doch. Wenn es nun bei dem anderen „funkt", hat man viel gewonnen.
Es kann aber sehr wehtun, wenn der andere nichts von einem wissen will. Das muss man jedoch akzeptieren – schließlich kann man niemanden zur Liebe überreden.

Verliebtsein
Dann will man am liebsten immer beieinander sein. Man will über alles reden, sich einander anvertrauen, sich berühren.
Mit der Zeit finden zwei, die „miteinander gehen", über den anderen und über sich selbst immer mehr heraus. Auch gegensätzliche Gefühle gehören dazu: sich zu streiten und zu versöhnen, zusammen sein zu wollen und Abstand zu halten. Irgendwann wollen sie vielleicht auch miteinander schlafen.

Auseinandergehen
Es kann auch sein, dass man feststellt, nicht zusammenzupassen. Vielleicht trennt man sich dann als Freunde, die noch vieles gemeinsam haben. Vielleicht geht man sich aber lieber erst einmal aus dem Weg.

A Sieh dir die Bilder dieser Seiten an. Erzähle dann, was dir zu Freundschaft und Liebe einfällt.
B Es gibt verschiedene Formen von „Liebe". Beschreibe einige.

|9 Und welcher Meinung bist du?

|5–|8

> Man kann Tiere und Menschen lieben. Ich mag zum Beispiel meinen Vogel furchtbar gern.
> *Liane, 10 Jahre*

> Mein Freund und ich sind sehr verschieden, in fast allem wie Gegensätze. Aber wir mögen uns sehr!
> *Melanie, 10 Jahre*

> Wenn man verliebt ist, fühlt man es im Herzen und im Magen!
> *Achim, 11 Jahre*

> Man soll alle Menschen lieben, auch die, die aus einem anderen Land kommen.
> *Markus, 12 Jahre*

Kommt Sucht von Suchen?

1 Fernsehen kann süchtig machen!?

Tina ist 12 Jahre alt. Ihre Eltern sind beide beruflich stark beschäftigt und haben selten Zeit für das Mädchen. Dies wollen sie durch viele Geschenke ausgleichen. Tina hat in ihrem Zimmer ein Fernsehgerät, einen Computer, teures Spielzeug und eine übervolle Spardose. Doch wenn sie Fragen hat, ist häufig keiner da. Nur der Fernseher „spricht" mit ihr. Sie sieht auch abends oft Filme. Am nächsten Morgen in der Schule ist sie dann übermüdet und unkonzentriert. Die Lehrerin macht sich Sorgen und spricht mit Tina über ihre „Fernsehsucht". Empört wehrt sich das Mädchen gegen diese Bezeichnung, sie ist doch nicht süchtig! Sie nimmt doch keine Drogen.

Grundlagen Was heißt „Sucht"?

Wodurch kann man süchtig werden?
In Deutschland sind 1,5 Millionen Menschen tablettenabhängig. 2,5 Millionen sind alkoholkrank. Über ein Viertel der Jugendlichen rauchen. Etwa 100 000 Menschen sind von Rauschdrogen abhängig.
Für die Sucht ist nicht unbedingt ein Suchtmittel wie Nikotin oder Alkohol nötig. Auch Fernsehen, Einkaufen, Computer- oder Glücksspiele können zur Sucht führen.
Dem Süchtigen verschafft das Suchtmittel oder das Suchtverhalten ein angenehmes Lebensgefühl. Es hebt die Stimmung oder steigert scheinbar die Leistungsfähigkeit.

Der Süchtige verspürt einen übermächtigen Drang, sich die Befriedigung durch das Suchtverhalten immer wieder zu verschaffen.

Suchtverhalten
Schon alltägliches Verhalten kann zu ersten Suchterfahrungen führen. Für viele Menschen ist es der Fernseher, der allmählich zur Ersatzdroge geworden ist. Andere verzehren unkontrolliert Chips oder Süßigkeiten und ärgern sich, dass sie dick werden. Und weil sie sich ärgern, essen sie noch mehr.
Viele Jugendliche und Erwachsene lassen sich von Spielen fesseln und beschäftigen sich stundenlang z. B. mit Computerspielen. Manche Menschen sitzen auch vor Glücksspielautomaten, ohne Rücksicht auf Familie, Freunde, Zeit oder Einkommen.

Wer ist suchtgefährdet?
Jeder kennt Situationen oder Tage, an denen er sich einsam fühlt, Probleme hat oder mit der Welt nichts anzufangen weiß. Das Beste ist es, wenn man von sich aus an die Überwindung von Schwierigkeiten herangeht. Wer das nicht gelernt hat, wird Problemen gern ausweichen. Die Gefahr ist dann groß, von Suchtmitteln oder bestimmten Verhaltensweisen abhängig zu werden.

Wer aktiv an die Bewältigung von Problemen herangeht, ist kaum oder gar nicht suchtgefährdet.
Suchtmittel lösen keine Probleme, sondern man wird von ihnen abhängig.

Sucht durch Suchtmittel	Süchtiges bzw. zwanghaftes Verhalten
Tabletten, Alkohol, Nikotin, Schnüffelstoffe, Drogen (Rauschgift)	Esssucht, Magersucht, Fernsehsucht, Spielsucht, Computerspielsucht, Kaufsucht, Machtsucht, Sexsucht, Putzsucht, Arbeitssucht

2 Verschiedene Arten von Sucht

Gesundheit Der Sucht vorbeugen

Sport und Spiel, bei denen du selbst Leistungen vollbringst, stärken dein Selbstbewusstsein und schaffen Freundschaften. |3 Ein selbstbewusster Mensch ist besser in der Lage, Probleme zu lösen und mit Konfliktsituationen zurechtzukommen. Er kann auch mit Misserfolgen umgehen.

Viele junge Menschen vermissen Verständnis und Aufgeschlossenheit für ihre Fragen und Probleme. Du selbst kannst daran durchaus einiges ändern: Bemühe dich, mit deinen Eltern und Geschwistern, mit Freunden, Lehrern oder anderen vertrauten Personen ins Gespräch zu kommen. Sprich mit ihnen über deine Ängste und über deine Wünsche. Teile deine Freuden und Erfolge mit ihnen.

|3 Aktive Jugendliche beim Sport

A Was könnt ihr in eurer Region in der Freizeit unternehmen? Informationen erhaltet ihr bei Vereinen, aus der Tageszeitung oder Jugend- und Sportämtern. Schreibt die Aktivitäten, Veranstaltungsorte, Termine und Kosten auf ein Blatt Papier. Gestaltet mit den Beschreibungen, mit Fotos, Prospekten und Lageplänen eine Pinnwand.

Gesundheit Alkohol und seine Folgen

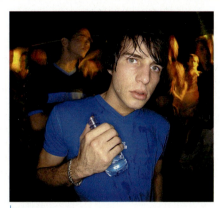

|4 Die Droge Alkohol

Alkohol und Nikotin sind weit verbreitete Drogen. Sie werden als „Genussmittel" bezeichnet, obwohl der Körper von ihnen abhängig wird und Entzugserscheinungen zeigt, wenn sie abgesetzt werden. Das Trinken von Alkohol wird bei uns häufig als „normal" angesehen. Wer nicht mittrinkt, gilt schon fast als Spielverderber. „Trinkfestigkeit" ist aber keine Tugend, sondern ein Zeichen von Alkoholgewöhnung und damit eine Vorstufe zur Alkoholabhängigkeit.

Unter Alkoholeinfluss benehmen sich Menschen anders als sonst. |4 Entweder sind sie reizbar oder von einer lauten Fröhlichkeit, gleichgültig oder aggressiv. Die Wirkung kann je nach Alkoholmenge sehr unterschiedlich sein und bis zu schweren Vergiftungserscheinungen reichen. |5

Alkohol erhöht die Unfallgefahr. Menschen, die Alkohol getrunken haben, überschätzen ihre Leistungen und reagieren wesentlich langsamer auf ihre Umwelt. Dies hat vor allem im Straßenverkehr oft tödliche Folgen.

Neben den akuten Gefahren muss man auch mit Langzeitschäden rechnen: Gehirnzellen werden allmählich abgetötet und die Gedächtnisleistung lässt nach. Bei Jugendlichen reagiert das Nervensystem wesentlich empfindlicher als bei Erwachsenen. Die Magenschleimhaut entzündet sich, es kommt zu Magengeschwüren. Leber, Nieren und Muskeln werden geschädigt. Auch das Herz und der Kreislauf werden stark belastet. Vorzeitiges Altern und Depressionen sind weitere Auswirkungen eines hohen Alkoholkonsums.

Alkoholmenge	Wirkung (bei Erwachsenen)
1 Glas Bier (0,3 l) oder 0,25 l Wein	Wärmegefühl, leichte Anheiterung, Wegfall von Hemmungen, Anzeichen von Plaudersucht, Euphorie – Verkehrsuntauglichkeit
6 bis 7 Glas Bier oder 1 l Wein	Erste Gleichgewichtsstörungen und vermindertes Reaktionsvermögen – deutliche Angetrunkenheit
10 Glas Bier oder 1,5 l Wein	Plaudersucht, Selbstgespräche, Stottern und deutliches Schwanken – starke Trunkenheit
12 Glas Bier oder 2 l Wein	Erbrechen, hilfloser Zustand, schwere Gleichgewichtsstörungen – schwerer Rausch
mehr	Bewegungsnerven versagen, Bewusstsein setzt aus – Lebensgefahr

|5 Wirkung von Alkohol auf das Nervensystem des Menschen

Stark sein: Nein sagen!

„Nimm schon eine, sei kein Feigling!" Wie jeden Tag haben sich die Freunde am Nachmittag getroffen. Heute hat Tim von zu Hause eine Schachtel Zigaretten mitgebracht. Sie kreist in der Runde und fast alle haben schon eine genommen. Nun ist Marco an der Reihe – er zögert.

|1

2 Umfrage zum Thema Rauchen
Führe unter Bekannten und Verwandten eine Umfrage durch. Erstelle einen Fragebogen zum Thema Rauchen. Denke an Beginn, Gründe, Menge, Kosten, Gefahren, Rücksichtnahme auf Nichtraucher usw.

3 Neinsagen lernen
Wer kennt nicht ähnliche Situationen: Da hat man sich überwunden, lernt endlich für die Klassenarbeit und plötzlich klingelt es. Ein Freund steht vor der Tür mit ein paar Videokassetten. Die Eltern sind nicht zu Hause ... Na, was würdest du jetzt tun?
Es gibt viele ähnliche Situationen. Kleine oder große Verführer wollen einen daran hindern, das zu tun, was man eigentlich wollte.
Versucht solche Situationen in der Klasse nachzuspielen. |3 Zwei Schülerinnen oder Schüler stellen sich dazu vor die Klasse. Einer der Spielpartner soll jeweils versuchen den anderen zu überreden. Der zweite muss sich mit passenden Argumenten wehren. Nach einigen Minuten kommt das nächste Spielerpaar an die Reihe.
– Welches Paar hat euch am besten gefallen?
– Welche Antworten haben euch überzeugt?

1 Werbung entlarven
Die Werbung zeigt uns eine schöne, heile Welt. Sport, Freizeit, Urlaub und Abenteuer stehen im Vordergrund. Unbewusst verbindet man die gezeigten Bilder mit dem angepriesenen Produkt. |2
Durch die ständige Berieselung mit Werbung bekommen wir falsche Vorstellungen vom Leben und entwickeln falsche Erwartungen an uns selbst.

Sammle verschiedene Anzeigen. Jede enthält versteckte Botschaften. Du kannst sie mit etwas Geduld erkennen. Beantworte dazu folgende Fragen:
– Wofür wird geworben?
– In welcher Umgebung wird die Ware gezeigt?
– Was erfährt man über die Eigenschaften der Ware? Was wird versprochen, was verschwiegen?
– Was hat das mit deinen eigenen Wünschen zu tun?

|2 Werbung für Zigaretten

|3 Rollenspiel

Sich entwickeln – erwachsen werden

Zusammenfassung

Was man unter „Pubertät" versteht

Die Pubertät ist die Zeit, in der sich ein Mädchen zur Frau und ein Junge zum Mann entwickelt.

Sie beginnt etwa im Alter zwischen 9 und 14 Jahren. Vieles am Körper verändert sich in dieser Zeit: Größe, Gewicht, Stimme, Behaarung.

Geschlechtsreife

Auch die Geschlechtsorgane reifen jetzt aus. |4–|6
Beim Mädchen werden regelmäßig *Eizellen* reif und beim Jungen die *Samenzellen (Spermien)*.

Rein körperlich gesehen, können Mädchen jetzt schwanger werden und Jungen sind zeugungsfähig.

Weitere Veränderungen

Neben dem Körper verändern sich auch Gefühle, Träume und Interessen. Sie bringen eine Vielfalt an Eindrücken mit sich, die die Mädchen und Jungen ganz in Anspruch nehmen.
Es dauert mehrere Jahre, bis sich die Gestalt des Erwachsenen entwickelt hat. In dieser Zeit lernen sich die Jugendlichen selbst immer besser kennen; sie werden selbstständiger und verantwortungsbewusster.

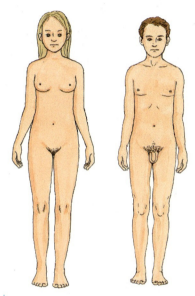
|4 Mädchen und Junge, 14 Jahre alt

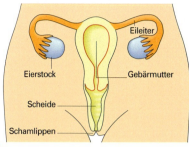
|5 Primäre Geschlechtsmerkmale (Frau)

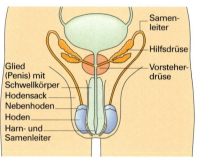
|6 Primäre Geschlechtsmerkmale (Mann)

Alles klar?

A Während der Pubertät entwickeln sich Kinder zu Erwachsenen.
1 Was ändert sich am Körper, wenn ein Mädchen zur Frau wird und ein Junge zum Mann?
Wozu dienen diese Veränderungen?
2 Was ändert sich sonst noch?
B Benenne die primären Geschlechtsmerkmale von Frau und Mann.

C Könnte ein 12-jähriges Mädchen bereits Kinder bekommen? Begründe deine Antwort.
D Regelmäßige Körperpflege trägt zum Wohlbefinden bei.
1 Warum muss man in der Pubertät auch seine Körperpflege ändern?
2 Beschreibe, warum die Hygiene der Geschlechtsorgane besonders wichtig ist.
E Daniela ist elf. In letzter Zeit will sie manchmal alleine sein.
Kannst du dir vorstellen, welche Dinge sie beschäftigen? Beschreibe!
F Mit der Pubertät verändert sich auch der Umgang von Mädchen und Jungen untereinander.
1 Überlege, was du in deiner Klasse beobachtet hast. Gibt es Probleme, die früher nicht da waren?
2 Welche Regeln können helfen das Zusammenleben in der Klasse zu erleichtern?

G Aus den Medien hast du sicher von Fällen erfahren, in denen Kinder sexuell missbraucht wurden.
1 Was versteht man unter sexuellem Missbrauch?
2 Wo bekommen Jugendliche, die solche Erfahrungen gemacht haben, Hilfe?

|7 Sie weiß, was sie will und was nicht.

Kontrolliere deinen Lernstand

A Insekten senden unterschiedliche Summtöne aus.
1 Erkläre, wie sie diese Töne erzeugen.
2 Wie ist der Unterschied in der Tonhöhe zu erklären?
3 Nenne weitere Schallquellen in Natur und Technik, die unterschiedlich hohe Töne erzeugen.
4 Mit einer Schallquelle sollen unterschiedlich hohe Töne erzeugt werden. Plane dazu einen Versuch.

B „Fische sind stumm. Unter Wasser können sie ja sowieso nichts hören."
1 Was hältst von der Aussage?
2 Wie kannst du selbst ausprobieren, ob man unter Wasser hören kann?
3 Kennst du Meerestiere, die unter Wasser Töne aussenden? Wozu könnten diese Töne dienen?

C Jedes Ohr besteht aus drei Ohren!
1 Stimmst du der Aussage zu?
2 Beschreibe den Aufbau des Ohrs und nenne die Ohrbereiche mit ihren wichtigsten Teilen. Beschreibe jeweils ihre Funktion.

D Man bezeichnet den Blutkreislauf des Menschen und der Säugetiere auch als *doppelten* Kreislauf.
1 Erkläre den Begriff des doppelten Blutkreislaufs.
2 Welche Herzkammer treibt welchen Kreislauf an?

E „Gut gekaut ist halb verdaut."
1 Erkläre das Sprichwort biologisch.
2 Nenne die Aufgaben der einzelnen Stationen der Verdauung.
3 Weshalb ist sauerstoffarmes Blut oft nährstoffreicher als sauerstoffreiches Blut?

F Während der Pubertät wird der Körper der Jugendlichen dem der Erwachsenen immer ähnlicher. Die Geschlechtsmerkmale prägen sich mehr und mehr aus.
1 Man bezeichnet einige Geschlechtsmerkmale als „primär" und einige als „sekundär". Erläutere die beiden Begriffe.
2 Erstelle je eine Tabelle
– mit den primären Geschlechtsmerkmalen der Frau und des Mannes,
– mit den sekundären Geschlechtsmerkmalen der Frau und des Mannes.

G Schwanger – ja oder nein? Diese Frage stellt sich irgendwann fast jedem Mädchen oder jeder Frau im gebärfähigen Alter. Was ist zu tun, damit eine Schwangerschaft mit hoher Wahrscheinlichkeit vermieden werden kann?
1 Nenne die drei häufigsten Methoden der Schwangerschaftsverhütung.
2 Was geschieht bei den einzelnen Formen der Verhütung?

H In der Zeit nach der Geburt wird der Grundstein für die Fähigkeit des Kindes gelegt, Vertrauen zu entwickeln.
1 Was ist außer der Versorgung mit Nahrung für den Säugling besonders wichtig?
2 Welche Formen der Freundschaft und Zuneigung kennst du?
3 Es gibt falsche Kinderfreunde. Was kannst du tun, wenn Menschen dir zu nahe kommen?

Die Lösungen findest du im Anhang.

Schätze deine Kenntnisse und Fähigkeiten ein:

Aufgabe	Ich kann …
A	die Entstehung von Schall auf Schwingungen zurückführen und angeben, wann ein Ton hoch ist.
B	meine Kenntnisse über die Schallausbreitung anwenden.
C	den Grundaufbau des Ohrs beschreiben und seine Funktionsweise erläutern.
D	den Blutkreislauf und seine Aufgaben beschreiben.
E	den Weg der Nahrung bei der Verdauung beschreiben und die Aufgaben der Verdauungsorgane angeben.
F	primäre und sekundäre Geschlechtsmerkmale unterscheiden.
G	die verschiedenen Wirkungsweisen von Verhütungsmethoden unterscheiden.
H	erfassen, wie wichtig die Gefühle im Leben sind.

Einschätzung

Ordne deiner Aufgabenlösung im Heft ein Smiley zu:

☺ Ich habe die Aufgabe richtig lösen können.
😐 Ich habe die Aufgabe nicht komplett lösen können.
☹ Ich habe die Aufgabe nicht lösen können.

Körper und Bewegung

Körper und Bewegung

Vorsicht im Straßenverkehr!

Unterschiedliche Bewegungsformen

Auf die richtige Haltung kommt's an.

Muskeln, Sehnen und Gelenke

Bewegte Welt
Alles auf der Welt ist ständig in Bewegung:
Der Mond umkreist die Erde. Die Erde dreht sich um sich selbst und um die Sonne.
Meeresströmungen bewegen das Wasser im Ozean. Stürme treiben die Regenwolken voran.
Auch Tiere und Menschen sind fast immer in Bewegung. Sie erreichen erstaunliche Geschwindigkeiten.

Noch schneller als alle Tiere bewegen sich technische Geräte, die von Menschen erfunden wurden: Schiffe, Eisenbahnen, Autos, Flugzeuge, Raketen …
Du siehst also: Du lebst in einer bewegten Welt.

In diesem Kapitel kannst du
– den Bewegungsapparat des Menschen kennen lernen,
– erkennen, wie man Haltungsschäden vermeidet,
– verschiedene Formen der Bewegung untersuchen,
– Durchschnittsgeschwindigkeiten ermitteln,
– Fortbewegungsarten verschiedener Landtiere miteinander vergleichen.

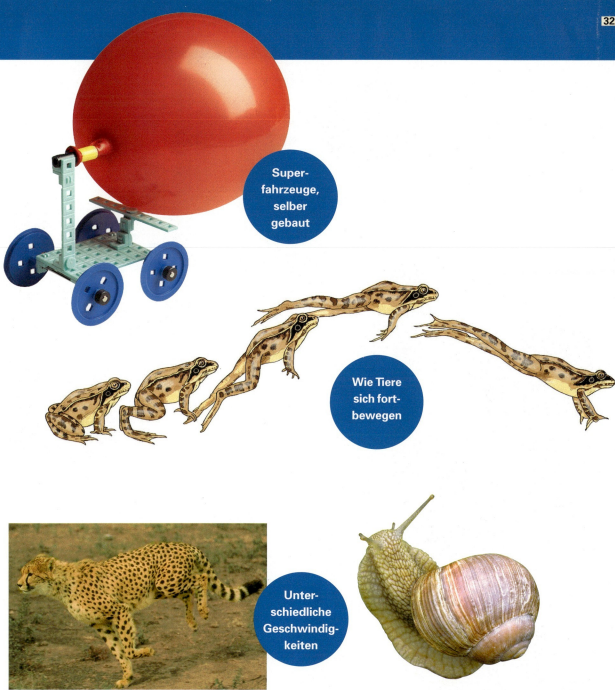

Super-fahrzeuge, selber gebaut

Wie Tiere sich fortbewegen

Unterschiedliche Geschwindigkeiten

Verschiedene Arbeitsmethoden
Du wirst
– experimentieren und deine eigenen Bewegungen beobachten,
– Messwerte in einem Diagramm darstellen,
– einem Diagramm Informationen entnehmen,
– mit verschiedenen Fahrzeugen experimentieren.

Ausblick
Zum Thema „Körper und Bewegung" gehört noch mehr – z. B. die Frage, warum die Reifen eines Motorrads in der Kurve nicht wegrutschen.
Auf diese und andere Fragen wirst du in dem Buch für die Klassenstufe 5/6 keine Antworten finden. Wenn du mehr darüber wissen willst, findest du Informationen
z. B. in Jugendsachbüchern oder in Fernsehsendungen.

Bewegung und Fortbewegung beim Menschen

Wie Bewegung in unseren Körper kommt

|1

|2

|3

75-Meter-Lauf. |1
Davor gespannte Erwartung, dann nichts wie weg! |2

Nicht nur die Beine sind in Aktion. *Überlege, welche Körperteile außerdem eine Rolle spielen.* |3

3 Gehen und Laufen auf dem Schulhof

Unser Gehen geschieht meistens unbewusst. Schau deshalb einmal genau hin – z. B. so:
a Gehe langsam Schritt für Schritt. |4 Achte auf deine Arme und Beine.
b Welche Muskeln bewegst du beim Gehen? Taste dabei deine Oberschenkel ab. |5

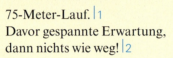

|4 |5

c Welche Gelenke sind beteiligt? |6
d Wie bewegen sich deine Füße? |7

|6 |7

e Geh auf Zehenspitzen. Welche Muskeln spannst du jetzt besonders an?
f Was ist anders, wenn du rennst?

4 Wie steht's mit dem Gleichgewicht?

Zum Gehen brauchst du natürlich Beine und Füße. Aber welche Rolle spielen dabei deine Arme?
a Lege beim Gehen beide Arme eng an den Körper an. Gehe so auf einer Linie oder Kante. |8

|8

b Stell dich an eine Wand – und zwar so, dass eine Schulter und ein Fuß die Wand berühren. |9 Wie lange kannst du den anderen Fuß weghalten, ohne umzukippen?
c Stell dich auf einen Fuß und schließe die Augen. |10 Achte darauf, wodurch dein Körper das Umkippen vermeidet.

|9 |10

Probier's mal!

1 Bewegungen beim Fußballspielen
Eine Sportart, die du sicher gut kennst, ist das Fußballspielen.
a Überlege, auf welche verschiedenen Bewegungen es beim Fußballspielen ankommt.
b Welche Körperteile werden bei den jeweiligen Bewegungen besonders beansprucht?

2 … und bei anderen Sportarten
Trage wenigstens drei davon in eine Tabelle ein.
Gib jeweils an, welche Bewegungen besonders wichtig sind und welche Körperteile vor allem beansprucht werden.

Grundlagen So kommt es zu einer Bewegung

Fast der ganze Körper ist beteiligt, wenn wir uns in Bewegung setzen: die Sinnesorgane (Ohr, Auge …) und das Gehirn sowie viele Muskeln, Knochen und Gelenke. |14
Beim Gehen macht unser Körper automatisch Gegenbewegungen. So schaffen wir es, das Gleichgewicht zu halten. Holpern und Stolpern vermeiden wir durch elastische Ausgleichsbewegungen, die wir unbewusst ausführen.
Wenn sich unser Körper in Bewegung setzt, reagiert er mit schnellerem Atmen und vermehrten Pulsschlägen. Das Herz hat jetzt mehr zu arbeiten.
Bei der Arbeit der Muskeln entsteht außerdem Wärme.

An einer Bewegung sind Muskeln, Gelenke und Knochen beteiligt. Ausgangspunkt für die Bewegung sind Sinnesorgane und Gehirn.

Sport Beim Hürdenlauf

Nur noch Sekunden bis zum Start. Der Läufer kniet in Startposition. Seine Muskeln sind gespannt. Er wartet auf den Startschuss. Jetzt der Knall – der Reiz, der den Läufer reagieren lässt. Über die Nerven wird die Information von den Ohren zum Gehirn geleitet. Dieses gibt sofort Befehle mithilfe anderer Nerven an die Muskeln. Der Läufer schnellt aus dem Startblock hinaus. Vor sich sieht er die Bahn mit den Hindernissen. Seine Augen und sein Gehirn arbeiten zusammen, damit er rechtzeitig vor der Hürde zum Sprung ansetzt. Die Muskeln winkeln die Gelenke an: Er schafft die erste Hürde. Bei der zweiten kommt er aber fast aus dem Gleichgewicht. Unbewusst macht sein Körper Ausgleichsbewegungen, vor allem mit den Armen.
Sein Atem geht sehr schnell. Doch endlich ist er am Ziel. Noch beim Auslaufen pumpt sein Herz schnell viel Blut durch den Körper. Der erhöhte Pulsschlag ist deutlich zu spüren. Bei den anstrengenden Muskelbewegungen hat sich im Körper viel Wärme entwickelt. Der Schweiß auf der Stirn kühlt ihn ab.

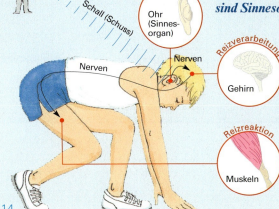
|14

5 Wir untersuchen, was sich im Körper durch Laufen ändert
Die Untersuchung erfolgt in Gruppenarbeit an 3 Stationen. An einer wird eine Uhr mit Sekundenzeiger gebraucht. Ein Teil der Klasse untersucht und protokolliert. Der andere Teil stellt die Versuchspersonen.
Zunächst erfolgen die drei Untersuchungen mit ausgeruhten Versuchspersonen. Dann rennen die Versuchspersonen 3 Minuten lang über den Hof. Danach werden die Untersuchungen wiederholt.
Vergleiche die Ergebnisse.

a Station 1: Wie viele Atemzüge pro Minute zählst du? (Einatmen und Ausatmen bilden zusammen einen Atemzug.) |11

|11

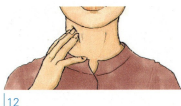
|12

b Station 2: Fühle deinen Puls an der Halsschlagader. Du findest sie seitlich des Kehlkopfs. |12 Fühle nur auf einer Seite! Zähle die Schläge in einer Minute.

|13

c Station 3: Und wie steht's mit dem Schwitzen?
Frage die Versuchspersonen, wie sie sich gerade fühlen. |13

Wie Gelenke dich beweglich machen

Der Mensch ist vielseitig beweglich. Das wird durch seine Gelenke ermöglicht. An der *Hand* kann man das besonders gut sehen. |1

Kannst du dir vorstellen, wie viele Gelenke deine Hand besitzt – mehr als 10, mehr als 20, mehr als 30? Schätze zunächst und zähle sie anschließend. |2

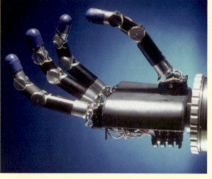
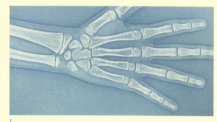

|2 Röntgenaufnahme einer Hand

|1 Hände in Tätigkeit

Probier's mal!

1 Wo befinden sich die Gelenke deiner Hand?
Fertige eine Umrisszeichnung deiner Hand an. Lege dazu eine Hand mit der Handfläche nach unten flach auf ein Blatt Papier. Umfahre sie dann mit einem Farbstift. |3

Suche nach allen Stellen deiner Hand, die du bewegen kannst. Markiere sie in der Umrisszeichnung.
An diesen Stellen befinden sich die Gelenke der Hand.

2 Wo liegen Muskeln und Sehnen in deiner Hand?
a Umgreife deinen linken Unterarm mit der rechten Hand. Öffne und schließe dabei deine linke Hand zur Faust. Wo liegen die Muskeln, die sich jetzt bewegen?
b Bewege mit ausgestreckter Hand die Finger auf und ab. Du erkennst dadurch den Verlauf der Sehnen auf dem Handrücken. Zeichne diese Sehnen mit einem Filzstift nach. |4
c Welche Bewegungen werden durch die Muskeln deines Unterarms hervorgerufen? Welche durch die der Hand?

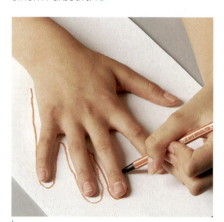

|3 So entsteht eine Umrisszeichnung.
|4 Wo liegen die Sehnen deiner Hand?

Grundlagen **Gelenke – ihr Aufbau und ihre Funktion**

Unsere Beweglichkeit verdanken wir den Knochen, Muskeln und Sehnen – vor allem aber den Gelenken. Durch Gelenke sind die Knochen beweglich miteinander verbunden.

Wie Gelenke aufgebaut sind
Alle *Gelenke* sind ähnlich aufgebaut. |5 Beide Knochenenden sind glatt und mit elastischen *Knorpeln* gepolstert.
Zusätzlich vermindert die *Gelenkschmiere* im *Gelenkspalt* die Reibung. Dadurch lassen sich die Knochen leicht bewegen.
Eine zähe Hülle, die *Gelenkkapsel*, sichert die Festigkeit des Gelenks. Außerdem liegen außen auf der Gelenkkapsel feste *Gelenkbänder*. Sie erhöhen die Stabilität des jeweiligen Gelenks.

Verschiedene Gelenkarten
Die Form von *Gelenkkopf* und *Gelenkpfanne* bestimmt Art und Beweglichkeit des Gelenks. |5–7 *Kugelgelenke* ermöglichen kreisende Bewegungen nach allen Seiten. Das Schultergelenk und das Hüftgelenk sind solche Kugelgelenke.
Beispiele für ein *Scharniergelenk* sind das Ellbogengelenk und die Gelenke zwischen den Fingergliedern. Sie lassen Bewegungen in nur zwei Richtungen zu.
Zwischen Handwurzel und Daumen liegt ein *Sattelgelenk*. Es ermöglicht ebenfalls kreisende Bewegungen. Für die seitliche Drehung des Kopfes ist ein *Drehgelenk* zwischen den Halswirbeln verantwortlich.

Unsere erstaunliche Hand
In einer Hand sind 27 Knochen beweglich miteinander verbunden. Sie werden von 40 einzelnen Muskeln bewegt. Eine Hand bietet nicht ausreichend Platz für alle Muskeln, durch die sie bewegt wird. Deshalb liegen 22 davon im Unterarm. Von dort aus steuern sie mithilfe von Sehnen die Fingerbewegungen.

A Welche Hauptaufgabe hat ein Gelenk?

B Es gibt mehrere Gelenkarten. Weshalb ist das vorteilhaft?

C Sind alle Finger gleich gut beweglich? Kannst du jeden Finger für sich allein bewegen? Erkläre!

D Esst ihr gerade heute zu Hause ein Brathähnchen?
Dann untersuche dessen Gelenke. Beschreibe sie.

3 Bauanleitung
Wir bauen das Modell eines Ellbogengelenks |8
Wir brauchen ein Stück Pappkarton und die Klammer einer Versandtasche.

a In welchen Richtungen ist das Modell-Gelenk beweglich?

b Vergleicht das Modell mit einem Ellbogen: Sucht Gemeinsamkeiten und Unterschiede.

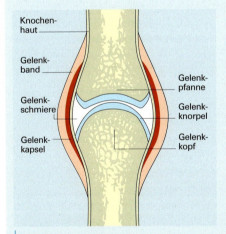
|5 Aufbau eines Gelenks

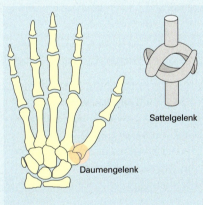
|6 Das Daumengelenk

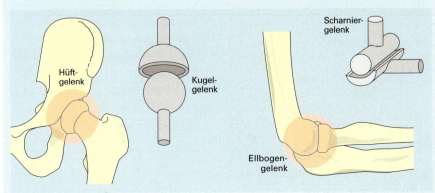
|7 Hüftgelenk und Ellbogengelenk

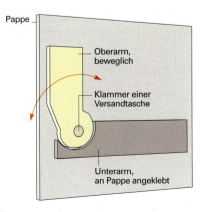
|8 Modell des Ellbogengelenks

Umwelt und Technik Gelenke im Vergleich

Unser Körper ist mit unterschiedlichen Gelenken ausgestattet. Von ihnen ist das *Kniegelenk* das größte. Es muss die Last des gesamten Körpers tragen. |1
An Werkzeugen und Maschinen sind zahlreiche *technische Gelenke* zu finden. Wie beim Skelett des Menschen sorgen sie für die Beweglichkeit von Werkzeugen und Maschinen. Auch bei technischen Gelenken findet man unterschiedliche Gelenkarten – je nachdem, welche Aufgaben sie zu erfüllen haben. |2

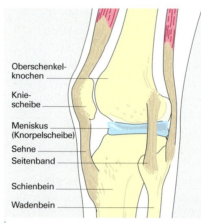
|1 Kniegelenk

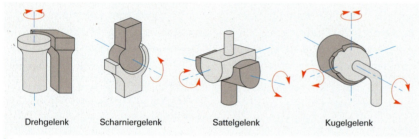
|2 Technische Gelenke

Gelenke verschaffen z. B. dem *Greifarm eines Industrieroboters* vielfältige Bewegungsmöglichkeiten. |3 Wie beim Menschen findet man auch hier z. B. Dreh- und Scharniergelenke.
Die Bewegungen des Industrieroboters erfolgen mithilfe von Elektromotoren. Sie entsprechen der Muskulatur des Menschen. Gesteuert werden die Bewegungen durch einen Computer.
Roboter können für schwere, gefährliche, präzise oder auch eintönige Aufgaben eingesetzt werden.

A Gelenke deines Körpers sind z. B. das Hüftgelenk, das Fingergelenk und das Ellbogengelenk.
1 Gib an, um welche Gelenkart es sich bei diesen Gelenken handelt.
2 Welche Bewegungen lassen sich damit jeweils ausführen?
3 Überprüfe deine Antworten am Skelett eines Menschen aus der Schulsammlung.
B Sieh dir dein Knie und das Bild des Kniegelenks an. |1
1 Welche Bewegungen ermöglicht das Kniegelenk?
2 Wie ist beim Kniegelenk für Stabilität gesorgt?
3 Welche Aufgaben haben die Knorpelscheibe (Meniskus) und die Bänder?
4 Wobei wird das Kniegelenk besonders beansprucht? Wodurch wird es leicht verletzt?
C Nenne Gegenstände deiner Umgebung, an denen du Gelenke findest. Welche Aufgaben haben sie?
D Sieh dir die technischen Gelenke genauer an. |2 Welche Gelenke des Menschen arbeiten ähnlich?
E Auch der Greifarm eines Roboters ist mit Gelenken versehen. |3
1 Wie arbeiten technische Gelenke?
2 Benenne sie.
3 Vergleiche die „Hand" des Roboters mit deiner eigenen Hand:
– Wo findest du ähnliche Gelenke?
– Achte auf die Zahl der Teile, durch die die Roboterhand bewegt wird.
– Vergleiche die Steuerung einer Hand mit der eines Roboters.
4 Spielt einmal selbst Roboter.
– Versucht die Bewegungsmöglichkeiten des Roboters mit eurem Körper nachzuahmen.
– Welche Bewegungen könnt ihr ausführen, der Roboter aber nicht?

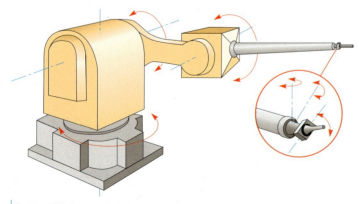
|3 „Hand" eines Industrieroboters

Grundlagen **Das Skelett und seine Bestandteile**

Bei der Fortbewegung wird unser Körper oft stark belastet – vor allem beim Laufen, Turnen oder Springen: Erschütterungen müssen ausgeglichen werden und Stöße sind abzufangen. Dabei gilt es, die Beweglichkeit beizubehalten. Das alles leistet unser Skelett. |4
Das Skelett ist ein Knochengerüst aus über 200 Knochen, deren Namen du dir natürlich nicht alle merken musst. Es besteht aus plattenförmigen, langen röhrenartigen und kurzen Knochen. Lange, schlanke Knochen können große Gewichte tragen. Flächige, gewölbte Knochen bilden schützende Hüllen um empfindliche Organe. Damit sind wichtige Aufgaben unseres Skeletts genannt:

Das Skelett stützt den menschlichen Körper. Außerdem schützt es dessen innere Organe (z. B. Gehirn, Herz und Lungen).

F Schau dir das Skelett der Schulsammlung an. Suche daran einige der hier abgebildeten Knochen. |4
G Nenne die Hauptabschnitte des menschlichen Skeletts.
1 Aus welchen Teilen setzen sie sich zusammen?
2 Welche dieser Knochen kannst du ertasten?
H Was wird durch das Kopf- oder Schädelskelett besonders geschützt?
I Das Kopfskelett hat nur einen beweglichen Knochen. Welchen? Wozu dient er?
J Fertige eine Tabelle an, in die du die Hauptaufgaben der Knochen einträgst.
K In der Bautechnik orientiert man sich oft an Skeletten von Lebewesen: Ein hoher Turm muss standfest sein, aber auch leicht, damit er nicht unter seiner eigenen Last zusammenbricht. Informiere dich über Konstruktionen, die man beim Turmbau anwendet.

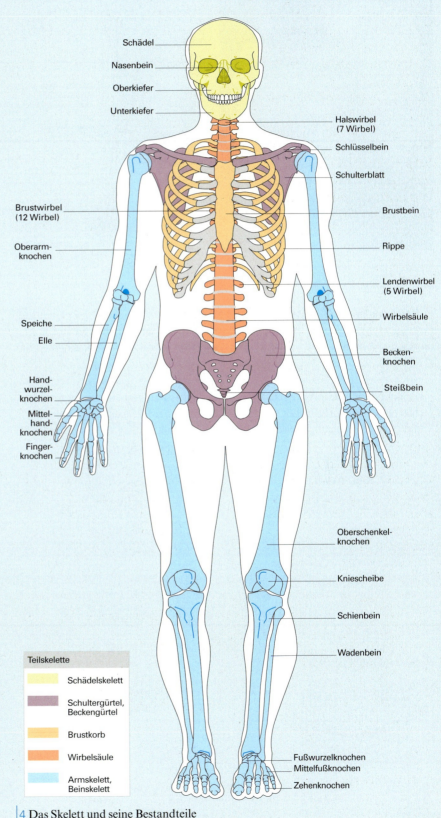

|4 Das Skelett und seine Bestandteile

Wunderwerk der Natur: deine Knochen

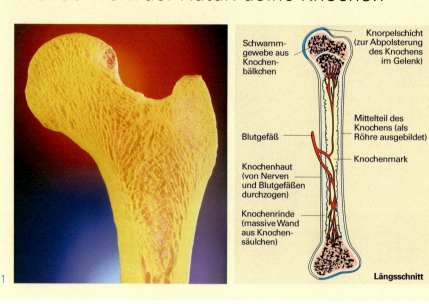

„Einfach nur ein Knochen, nicht viel mehr als ein Stück Holz!" Denkst du so über Knochen? Dann bedenke:
Knochen haben eine Haut sowie Nerven und Blutgefäße.
Knochen leben, sie sind „lebende Organe". |1
Außerdem haben Knochen eine lebenswichtige Aufgabe: Sie spielen eine Rolle bei der Blutbildung.

Übertrage die Skizze des Knochens vergrößert in dein Heft. Beschrifte sie.

1 Belastbarkeit von Knochen

In diesem Versuch sollen zwei Fragen untersucht werden:
– Wie belastbar ist ein Knochen im Vergleich zu einem Kreidestück?
– Knochen sind röhrenförmig. Kann man einen röhrenförmigen „Modellknochen" aus Papier stärker belasten als einen flachen?

a Überlege dir, wie du diese Fragen im Experiment untersuchen kannst. Du kannst z. B. die abgebildeten Versuchsmaterialien verwenden. |2
b Zeichne den geplanten Versuchsaufbau und führe den Versuch durch.
c Notiere die Versuchsergebnisse. Was kannst du über die Belastbarkeit von Knochen schließen?

2 Woraus bestehen Knochen?

Knochen bestehen aus zwei Bestandteilen. Im Bild unten hat man jeweils einen dieser Bestandteile entfernt. |3
a Welche Knocheneigenschaften kannst du aus dem Foto ablesen?
b Der Versuch ist auf der Nachbarseite beschrieben (c und d). Ihr werdet ihn nicht selber durchführen können, aber von Anfang an könnt ihr mitwirken. Legt ein Versuchsprotokoll an, das folgende Teile enthalten soll:
– Angabe zum Versuchsziel,
– kurze Versuchsbeschreibung,
– Versuchsbeobachtungen und Versuchsergebnisse,
– Erklärung der Ergebnisse.

|2 Mögliche Versuchsmaterialien

|3 Knochen, die behandelt wurden

Grundlagen Woraus Knochen bestehen

Bei einem Säugling bestehen Knochen zum größten Teil aus *Knorpelmasse*.
Im Verlauf des Wachstums werden aber immer mehr *Kalk* und andere Mineralsalze in den Knochen eingelagert. Das heißt:
Der Knochen eines Erwachsenen enthält hauptsächlich den harten *Knochenkalk*.
Wenn man einen Knochen in Salzsäure legt, löst sich dieser Knochenkalk auf, denn die Salzsäure ist kalklösend. Zurück bleibt der weiche, biegsame *Knorpel*. Den Knorpel kann man sogar mit einem Messer schneiden.
Glüht man einen Knochen aus, verbrennt der Knorpel. Dann bleibt nur der Knochenkalk zurück. Der ausgeglühte Knochen ist nun brüchig und spröde, da ihm die Knorpelmasse als Bindemittel fehlt.

Knochenbrüche können wieder heilen. Auch Knochen sind nämlich aus *lebenden Zellen* aufgebaut. |6
An der Bruchstelle wächst dann wieder Knochensubstanz und schließt den Bruch.

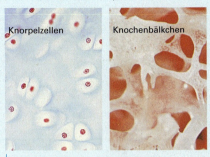

|6 Blick in den lebenden Knochen

A Welches Knochenmaterial wird zersetzt, wenn ein Knochen in Salzsäure gelegt wird? Was geschieht, wenn man einen Knochen ausglüht?

B In Bild |7 siehst du zwei Knochen, von denen einer behandelt wurde. Was könnte man mit diesem Knochen gemacht haben? Begründe!

C Wenn Kleinkinder laufen lernen, fallen sie häufig hin. Dabei brechen sie sich aber nur selten einen Knochen. Worauf deutet das hin?

D Heranwachsende brauchen eine ausgewogene Ernährung mit viel Mineralsalzen, die z. B. Calcium und Magnesium enthalten. Warum?

E Betaste deine Nase vom Ansatz bis zur Spitze. Wo endet das Nasenbein? Und wo beginnt der Nasenknorpel?

c Am Vortag hat euer Lehrer oder eure Lehrerin Hühnerknochen in ein Becherglas mit verdünnter Salzsäure Xi gelegt. (Xi bedeutet „reizend", Anhang.) Diese Knochen werden nun mit einer Tiegelzange herausgeholt und gut mit Leitungswasser abgespült. |4
Seht euch die Knochen an. Wie haben sie sich durch die Salzsäure verändert? Welchen Teil des Knochenmaterials könnte die Salzsäure zerstört haben? (Siehe den Grundlagentext.)

d Ein unversehrter Hühnerknochen wird unter dem Abzug ausgeglüht. |5
Vergleicht den ausgeglühten Knochen mit einem unbehandelten Knochen. Achtet dabei auf die Biegsamkeit und die Festigkeit.
Auch durch das Ausglühen wurde offenbar ein Teil des Knochenmaterials zerstört. Welcher?

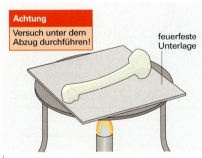

|5 Ausglühen (Lehrerversuch)

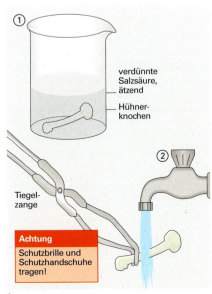

|4 Test mit Salzsäure (Lehrerversuch)

|7 Ein Knochen als Knoten?

Der aufrechte Gang

Aufrecht gehen kann ein *Schimpanse* schon – aber nur ganz kurz. Dass dieser Gang für ihn anstrengend ist, hat etwas mit seiner *Körperhaltung* zu tun. |1
Der aufrechte Gang ist ein besonderes Merkmal des *Menschen*: Nur er kann sich aufrecht gehend fortbewegen. Betrachte die Form der Wirbelsäulen. |2

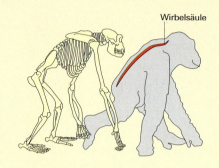

|1 Körperhaltung des Schimpansen

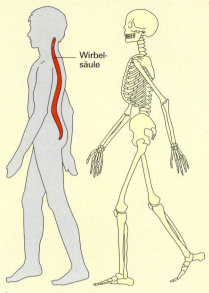

|2 Körperhaltung des Menschen

Grundlagen Die Wirbelsäule

Unsere *Wirbelsäule* durchzieht den Rumpf des Körpers wie eine Achse. Aufgebaut ist sie aus Wirbelknochen oder *Wirbeln*. |2 – |4
Die Form der Wirbelsäule ermöglicht uns den aufrechten Gang. Dadurch haben wir die Hände frei für andere Tätigkeiten.
Von der Seite her gesehen, ist die Wirbelsäule wie ein doppeltes S geformt. So kann sie Stöße beim Gehen oder Springen gut abfedern. Kopf und Körper werden deshalb weitgehend erschütterungsfrei getragen.
Die Wirbelsäule hält auch unseren Körper im Gleichgewicht.
Die Wirbel sind gegeneinander beweglich. Daher kann die Wirbelsäule nach allen Seiten hin gebogen werden. Zwischen den Wirbeln liegen knorpelige *Bandscheiben*. Sie federn unsere Bewegungen ab. |4

Die Wirbel liegen so übereinander, dass sie einen Kanal bilden. In ihm liegt das *Rückenmark*. Dieses enthält viele Nerven, die das Gehirn mit allen Körperteilen verbinden.

Unsere Wirbelsäule ermöglicht uns den aufrechten Gang. Weil sie wie ein doppeltes S geformt ist, kann sie – gemeinsam mit den Bandscheiben – Stöße gut abfangen.

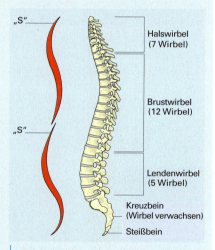

|3 Wirbelsäule – Lage, Form und Aufbau

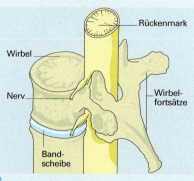

|4 Wirbelknochen

1 Bist du nachmittags genauso groß wie morgens?
Stelle dich ohne Schuhe an eine Wand und schaue geradeaus. Kopf und Rücken sollen die Wand berühren.
Ein Mitschüler markiert die Körpergröße mit Bleistift an der Wand und misst sie dann.
Die erste Messung wird morgens vor der ersten Unterrichtsstunde, die zweite Messung nachmittags nach der letzten Stunde durchgeführt.
a Notiere die Messwerte. Vergleiche mit den Ergebnissen deiner Mitschüler.
b Wie könntest du das Ergebnis erklären?

A Nenne die hauptsächlichen Aufgaben der Wirbelsäule.
B Welche Teile des Körpers sind am Dämpfen eines Aufpralls beteiligt?

2 Wirbelsäulenformen im Test

Baue zunächst unterschiedlich geformte Drahtmodelle von Wirbelsäulen. Stecke sie in Holzklötze. |5

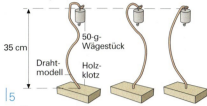

|5

a Überlege: Warum müssen alle Modelle aus dem gleichen Draht bestehen?
b Welches der Modelle entspricht am ehesten unserer Wirbelsäule?
c An die Spitze jedes Drahtes wird ein 50-g-Wägestück angehängt. Was geschieht? Lege eine Tabelle an:

Drahtmodell	Nr. 1	Nr. 2	Nr. 3
Höhe ohne Gewicht	35 cm	35 cm	35 cm
mit Gewicht	…	…	…

d Welchen Vorteil hat die Form der menschlichen Wirbelsäule?

3 Belastbarkeit von Bandscheiben und Fußgewölbe

– Warum führt eine Fehlbelastung der Wirbelsäule zu Bandscheibenschäden?
– Warum sind unsere Füße gewölbt? Warum ermüden Füße bei Menschen mit Plattfüßen schneller?

Überlege dir Versuchsaufbauten, mit denen du Antworten auf diese Fragen finden kannst. Die Abbildung hilft dir. |6

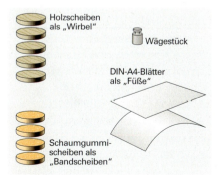

|6 Mögliche Versuchsmaterialien

Gesundheit Haltungsschäden müssen nicht sein!

Viele Menschen haben *Haltungsschäden* (Rundrücken, Hohlkreuz). Oft liegt die Ursache dieser Schäden in einer einseitigen Belastung der Wirbelsäule im Kindes- und im Jugendalter. |7 |8

|7 Tragen – wie ist es richtig?

Auch *Bandscheibenschäden* beruhen häufig auf lange zurückliegenden Fehlbelastungen.

Haltungsschäden verursachen nach einiger Zeit heftige Rücken- und Kopfschmerzen. Deshalb sollte man auch nie längere Zeit die gleiche Sitzposition einnehmen.

Falsche Schuhe können sogar das Fußgewölbe verändern. Eine Belastung für den Fuß stellen Schuhe mit hohen Absätzen dar. |9

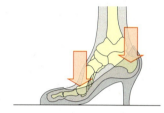

|9

Richtige Körperhaltung sowie gutes Schuhwerk beugen Haltungsschäden vor. Wichtig ist auch die richtige Körperhaltung beim Heben. |10

|10 Heben – wie ist es richtig?

C Gib an, welche Schüler und Schülerinnen auf den Fotos dieser Seite sich richtig bzw. falsch verhalten. Begründe!

|8 Sitzen – wie ist es richtig?

Wie Muskeln deinen Körper bewegen

Mächtig ins Zeug legt sich dieser Ruderer. |1 Seine Bewegungen werden von *Muskeln* ausgeführt. Der Muskel am Oberarm *(Bizeps)* wird dick und hart, wenn der Ruderer den Unterarm beugt. |2 Sobald er den Unterarm streckt, wird ein anderer Armmuskel dick – nämlich der auf der Rückseite des Oberarms *(Trizeps)*. |3 *Kannst du dir denken, warum?*

|1 Beim Rudern – Muskelarbeit

|2 Der Ruderarm – angezogen |3 Der Ruderarm – gestreckt

Grundlagen Muskeln, die zusammengehören

Muskeln entfalten ihre Kraft dadurch, dass sie sich *verkürzen*. Sie sind nicht in der Lage, sich selbstständig zu strecken. Dafür ist immer ein anderer Muskel nötig, der sie auseinander zieht.

Zur Bewegung eines Körperteils sind mindestens zwei Muskeln nötig, ein Beuger und ein Strecker. |4 |5 *Bei der Muskelbewegung arbeiten ein Beuger und ein Strecker als „Gegenspieler" zusammen.*

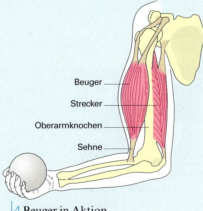

|4 Beuger in Aktion

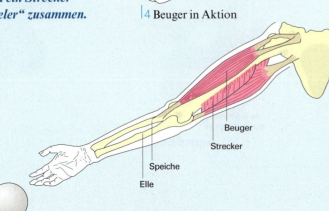

|5 Strecker in Aktion

1 Auf der Suche nach Muskel-„Gegenspielern"

a Umfasse so deinen Oberarm. |6 Winkle den Arm an. Welcher Muskel ruft die Bewegung hervor?

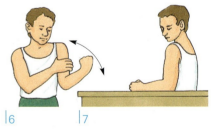

|6 |7

b Lege deinen Unterarm auf den Tisch. Drücke auf die Tischplatte. |7 Welcher Muskel ist aktiv?
c Strecke und beuge abwechselnd deinen Unterarm. Wann verändert sich der Unterarmbeuger (Bizeps), wann der Unterarmstrecker?
d Taste den Unterarmbeuger ab. Bewege dabei den Unterarm. Wo endet der Muskel? Was fühlst du da, wo der Beugemuskel endet?
e Beuge und strecke ein Bein im Sitzen. Suche auch hier die beiden „Gegenspieler". Wann sind die beiden jeweils aktiv?

Grundlagen **Die Muskulatur des Menschen**

Die Aufgabe der Sehnen
Die Sehnen sind an den Knochen festgewachsen und verbinden die Muskeln mit den Knochen. Sehnen kann man nicht dehnen. Deshalb übertragen sie die Muskelbewegung direkt auf die Knochen, mit denen sie verbunden sind. Die Gelenke machen die Knochen gegeneinander beweglich.

Von der Arbeit der Muskeln
Die Gesamtheit aller Muskeln (über 600!) nennt man *Muskulatur*. |9
Die Muskeln bilden das „Fleisch" zwischen den Knochen und der Haut. Sie formen unser Aussehen. Jeder Muskeln kann sich getrennt von den anderen Muskeln zusammenziehen, also kürzer werden.

Muskeln bewegen Knochen, indem sie sich zusammenziehen. Dabei arbeiten viele Muskeln auf Befehl des Gehirns.

Durch ständige Beanspruchung (Training) können Muskeln dicker und kräftiger werden. Umgekehrt werden wenig benutzte Muskeln mit der Zeit dünner und schwächer.

A Ein Muskel arbeitet dadurch, dass er sich verkürzt.
Wie wird der Muskel später wieder gestreckt?
B Sehnen stellen die Verbindung zwischen Muskeln und Knochen dar.
1 Nenne die Aufgaben der Sehnen.
2 Was würde geschehen, wenn die Sehnen elastisch wären?
C Welche Muskeln sind für die aufrechte Haltung des Menschen besonders wichtig? |9

2 Wir bauen das Modell zweier Muskel-„Gegenspieler"
Gebraucht werden: 1 Stück Karton, 5 Klammern von Versandtaschen, 2 Gummiringe. Sieh dir an, wie das Modell am Ende aussehen soll. |8
Fragen zum Modell:
– Was an diesem Modell stimmt mit der Wirklichkeit überein?
– Worin unterscheidet es sich von ihr?
– Erläutere, weshalb man zwei Muskeln „Gegenspieler" nennen kann.

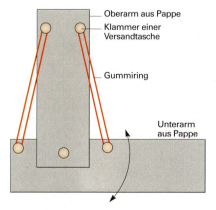

|8 Beuger und Strecker im Modell

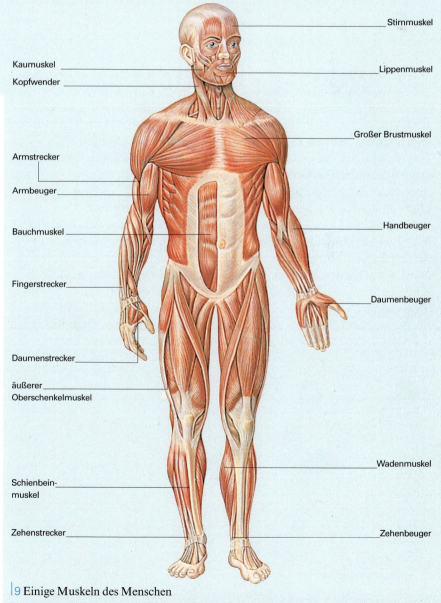

|9 Einige Muskeln des Menschen

Ich halte mich fit

|1 |2

Egal welche Sportart du ausübst – *Training* gehört immer dazu! |1 |2
Denn je weniger deine Muskulatur trainiert ist, desto schneller ermüdet sie.
Und umgekehrt gilt:
Training macht deine Muskulatur – also dich selbst – leistungsfähiger.

Gesundheit Wie Training deinem Körper hilft

Was sich im Körper ändert
Die Sportarten, bei denen man tief durchatmen muss, stärken deine Atmungsorgane. Die Pumpleistung des Herzens nimmt zu. Das heißt: Das Herz pumpt mit jedem Schlag mehr Blut und damit mehr Sauerstoff durch den Körper als vorher. Die Zahl der Pulsschläge pro Minute nimmt ab.
Richtiges Training führt zu einer Verdickung der Muskelfasern und damit des gesamten Muskels. Ein größerer Muskel ist leistungsfähiger als ein kleiner.

Sport im Freien härtet den Körper ab. Da der Körper dabei immer wieder Temperaturschwankungen ausgesetzt ist, wird er weniger anfällig gegen Erkältungen.
Schwimmen und Gymnastik beugen Haltungsschäden vor.

Nicht gleich überdrehen!
Vor dem Start muss dein Körper erst auf richtige „Betriebstemperatur" gebracht werden.
Aufwärmübungen bringen die Muskulatur in Schwung. |3 Das Zusammenspiel von Gelenken und Muskeln wird verbessert. Dadurch sinkt die Verletzungsgefahr.

Das Trainingsprogramm
Von der Sportart hängt es ab, welche Fähigkeiten des Körpers verbessert werden. Um fit zu bleiben, solltest du aber 2- bis 3-mal die Woche je 20–30 Minuten lang trainieren. |4
Achte zu Beginn darauf, dass du nach dem Training nicht völlig k. o. bist. Hast du gerade eine Verletzung gehabt? Dann sei besonders vorsichtig. Leichte Verletzungen verschlimmern sich, wenn der betroffene Körperteil weiter belastet wird. Lege erst mal eine Trainingspause ein.

|3 Aufwärmgymnastik

|4 Muskeltraining (jeweils 1 min)

Zur Diskussion **Die verschiedenen Seiten des Sports**

Skipiste im Sommer

Gesundheit **Bewegung macht Spaß**

Räkeln wie eine Katze
Räkle dich im Sitzen wie eine Katze beim Aufwachen. Neben dem Räkeln kommt es dabei auf das Dehnen und Strecken an. |1

|1

Äpfel pflücken
Pflücke auf Zehenspitzen einen „Apfel" nahe der Decke des Klassenzimmers. Lege ihn in der Hocke in einen „Korb" am Boden. |2
Pflücke dann den nächsten. Wechsle linke und rechte Hand ab.

|2

Schattenboxen
Ahme einen Boxer nach. (Boxer tänzeln, schlagen Haken und decken sich vor Treffern.)

Verknoten und entknoten
Fasst euch durcheinander an den Händen an. |3 Versucht dann den Knoten zu entwirren. Loslassen dürft ihr die Hände dabei aber nicht!

|3

Rennen im Quadrat
Zeichnet mit weißer Kreide ein Quadrat auf den Schulhof (10 m · 10 m). In das Quadrat werden mit roter, blauer, grüner und gelber Kreide je 15 Kreise gezeichnet (jeweils so groß wie ein Handball). Alle Mitspieler stellen sich um das Quadrat herum.
Nach dem Startpfiff muss jeder auf die andere Seite gelangen, darf aber nur auf rote Kreise treten.

Der wandernde Reifen
Alle Mitspieler bilden eine Kreis und halten sich dabei an den Händen. Zwei Personen haben einen Hula-Hoop-Reifen auf den Armen. |4
Nun versucht einer nach dem anderen durch den Reifen zu steigen und ihn im Kreis wandern zu lassen.

|4

Dehnungsübungen (Stretching)
Übungen zur Lockerung und Dehnung der Muskulatur, der Bänder und der Sehnen wärmen den Körper richtig auf. |5
Warmlaufen hat etwa die gleiche Wirkung.

1 nach vorne neigen, Ferse auf den Boden drücken

2 Fuß ans Gesäß hochziehen, Becken vorschieben

3 mit geradem Rücken nach vorn beugen

4 seitliche Rumpfbeugen

5 Hüfte nach vorn abwärts drücken

6 Rücken rund machen

|5 Dehnungsübungen

Gelenkigkeitsübungen

Die folgenden Übungen a, b und c beugen Schäden an der Wirbelsäule vor; sie fördern die aufrechte Körperhaltung. |6 Die Übungen d, e und f dienen dem Ausgleich des Hohlkreuzes; sie machen die Wirbelsäule im Bereich der Lendenwirbel beweglicher.

a
in Bauchlage den Oberkörper heben

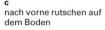

b
Armkreisen rückwärts

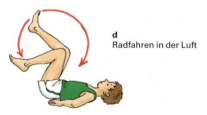

c
nach vorne rutschen auf dem Boden

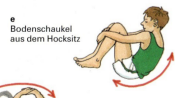

d
Radfahren in der Luft

e
Bodenschaukel aus dem Hocksitz

f
aus dem Kniestand seitlich hinsetzen

|6

Warnzeichen

Sport kann auch riskant sein. Deshalb ist es wichtig, auf Warnzeichen deines Körpers zu achten.

Seitenstechen bekommst du, wenn du die körperliche Belastung zu schnell steigerst, falsch atmest oder kurz vor dem Training gegessen hast.

|7

Muskelkater tritt nach einer übermäßigen Anstrengung auf, wenn du ungenügend trainiert bist. Feinste Verletzungen im Muskelgewebe sind dafür die Ursache. Die nächsten Trainingseinheiten solltest du etwas verringern und dann erst wieder langsam steigern.

|8

Schwellungen sind oft die Folge einer Verstauchung oder Verrenkung. Nach einigen Tagen gehen sie von alleine zurück. So lange solltest du eine Trainingspause einlegen.

|9

Sport macht durstig

Bei körperlicher Anstrengung verliert der Körper durch Schwitzen viel Wasser. Wer Sport treibt, muss viel trinken. Es eignen sich vor allem Mineralwässer und Fruchtsäfte. Sie enthalten viel Mineralsalze und wenig Zucker.

Nötige und unnötige Fitmacher

Wer regelmäßig trainiert, braucht vermehrt Energie. Deshalb muss er sich ausgewogen ernähren: Obst und Gemüse, Vollkornbrot und Milchprodukte enthalten ausreichend Nährstoffe und Vitamine. Spezielle Sportmenüs oder Fitnessgetränke sind aber unnötig, Eiweiß- oder Vitaminpräparate auch. Ein Müsli-Riegel oder etwas Traubenzucker können den ersten Hunger stillen, bis man zu Hause eine richtige Mahlzeit zu sich nimmt.

Schwitzen gehört dazu

Schwitzen ist wichtig, denn dadurch wird überschüssige Körperwärme abgeführt. Dazu muss aber die Sportkleidung Feuchtigkeit aufnehmen und nach außen transportieren können. Frage im Sportgeschäft nach, welche Kleidungsstücke schnell trocknen. Was passiert, wenn Kleidung über längere Zeit nass auf deiner Haut liegt? Nach dem Schwitzen muss man sich gründlich waschen oder duschen. Das verhindert Körpergeruch und die Vermehrung von Bakterien.

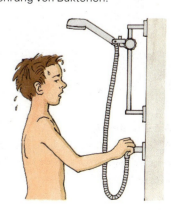

|10

Medizin Verletzungen und Erste Hilfe

Knochenverletzungen
Starke Schmerzen, die sich bei Bewegung verstärken, sind Anzeichen für einen Knochenbruch. |1 Die Bruchstelle ist sehr druckempfindlich.

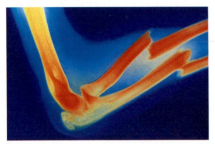

|1 Knochenbruch (Röntgenbild)

Prellungen
Bei einer Prellung werden Blutgefäße verletzt. Das umliegende Gewebe ist dann angeschwollen. |2

|2 Die Prellung wird vereist.

Verrenkungen
Der Gelenkkopf ist aus der Gelenkpfanne geschnappt. |3

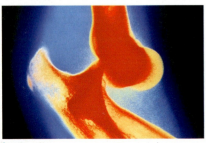

|3 Ausgerenktes Gelenk (Röntgenbild)

Gelenkverletzungen
Durch eine heftige Bewegung kann die Gelenkkapsel überdehnt werden. Bei einer solchen *Verstauchung* kann es auch sein, dass feine Blutgefäße platzen.
Dann kommt es auch noch zu einem *Bluterguss.* |4

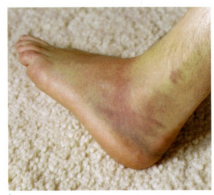

|4 Verstauchter Fuß mit Bluterguss

Muskelverletzungen
Eine anhaltende Überanstrengung der Muskulatur kann zu einem *Muskelkater* oder einem *Muskelkrampf* führen. |5 Das kann auch passieren, wenn man ohne vorheriges Aufwärmen Sport treibt.
Bei einem *Muskelriss* sind Muskelfasern und Blutgefäße im Muskel eingerissen.

|5 Behandlung eines Wadenkrampfs

A Einen Erste-Hilfe-Kurs sollte jeder einmal mitmachen.
Überlegt in der Klasse, wie man die Teilnahme an einem solchen Kurs organisieren könnte.

B Kannst du dir denken, was bei einem Bänderriss passiert?

C Verletzungen kann man vermeiden. Voraussetzung dafür ist aber, dass man seine Sportaktivitäten nicht übertreibt und dass man sich vorher immer aufwärmt.
Welche Übungen zum Warmmachen kennst du?

D Das Röntgenbild auf dieser Seite zeigt einen Knochenbruch. |1
Um welche Knochen handelt es sich?

Erste Hilfe
Richtig *Erste Hilfe* zu leisten, kann man nur in einem Erste-Hilfe-Kurs lernen.
Ihr solltet aber auf jeden Fall die folgenden Notrufnummern kennen:
Polizei: 110,
Feuerwehr: 112.

Eure Notrufmeldung sollte folgende Angaben enthalten:
Was ist passiert oder welche Verletzungen liegen vor?
Wie viele Verletzte gibt es?
Wo ist es geschehen?
Wer meldet diesen Unfall?
Wichtig: Lege nicht sofort auf, sondern warte auf Rückfragen!

Zusammenfassung

An einem Läufer wird deutlich, wie die Zusammenarbeit im Körper bei einer Bewegung erfolgt: |6
Er hört zunächst den Startschuss; das ist der *Reiz*, auf den er reagiert. Das heißt: *Sinnesorgane* (Ohr, Auge), *Nerven* und *Gehirn* wirken so zusammen, dass daraufhin *Knochen*, *Gelenke* und *Muskeln* aktiv werden.

Knochen sind lebende Gebilde. Sie bestehen aus Knochenkalk und Knorpel. |7 Dadurch sind sie hart und außerdem etwas elastisch. Durch *Gelenke* sind zahlreiche Knochen beweglich miteinander verbunden. |8 Je nach Aufgabe ist unser Körper mit unterschiedlichen Gelenktypen ausgestattet.
Mithilfe der *Muskeln* können wir unseren Körper bewegen. |9 Muskeln arbeiten nach dem „Gegenspielerprinzip".
Das heißt: Zur Bewegung eines Körperteils sind jeweils ein *Beuger* und ein *Strecker* erforderlich.
Sehnen schaffen eine Verbindung zwischen Muskeln und Knochen. |10 Dadurch übertragen sie die Bewegung der Muskeln auf die Knochen.

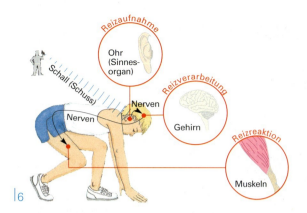

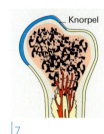 |7
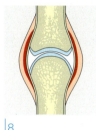 |8
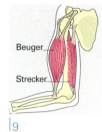 |9
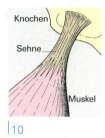 |10

Alles klar?

A Ein Blick auf unseren Körper:
1 Benenne die verschiedenen Teile des Skeletts.
2 Nenne drei Gelenkarten und gib an, wozu sie gebraucht werden.
3 Wenn du etwas anhebst, wird dein Bizeps dick und außerdem kürzer. Wie wird er wieder gestreckt?

 |11

Testaufgaben

B Skitag! Gleich bei der ersten Abfahrt ist Sven gestürzt. Jetzt sitzt er im Schnee und hat Schmerzen.
1 Wie müssen Svens Freunde vorgehen, wenn der Verletzte nicht mehr alleine weiterkann?
2 Sven hat sich nicht – wie die anderen – vor dem Losfahren warm gemacht. Siehst du darin eine Ursache für seine Verletzung? Begründe deine Antwort.
3 Das Knie wird beim Gehen und erst recht beim Skifahren besonders beansprucht.
– Welche Erklärung hast du dafür?
– Skizziere ein Kniegelenk. Markiere die Teile des Gelenks, die für die Festigung besonders wichtig sind.
– Welche Aufgaben könnten die anderen Teile des Kniegelenks haben?
4 Regelmäßiger Sport – richtig betrieben – erhält die Gesundheit.
– Welche Teile deines Körpers werden durch Sport leistungsfähiger?
– Wie könnte eine richtige Trainingseinheit für deine Lieblingssportart aussehen? Stelle einen Plan auf.

C Du siehst einen Weitspringer. |11
1 Schreibe eine Kurzreportage über den Sprung, vom Start bis zur Landung im Sand. (Gehe auf die Zusammenarbeit im Körper bei den Bewegungsabläufen ein.)
2 Bevor der Springer loslief, bewegte er sich eine Zeit lang auf der Stelle hin und her. Weshalb wohl?

Formen der Bewegung

Die Geschwindigkeit

Kannst du die Geschwindigkeit von Fahrrädern oder Autos richtig schätzen?
Was bedeutet überhaupt „Geschwindigkeit"?
Wie misst man sie?

1

Probier's mal!

1 Geschwindigkeiten schätzen – und am Tacho ablesen
Ein Tacho zeigt die Fahrgeschwindigkeit in Kilometern pro Stunde an.
a Jemand fährt mit gleich bleibender Geschwindigkeit große Kreise, z. B. auf dem Schulhof. |2 Wenn er „jetzt" ruft, notiert jeder den Wert, den er schätzt. Dann ruft der Fahrer den tatsächlichen Wert. Auch der wird notiert.
b Wiederholt den Vorgang mit unterschiedlichen Geschwindigkeiten.
c Wer hat am besten geschätzt?

2 50 Meter zu Fuß und per Fahrrad – wie lange dauert das?
Beim letzten Sportfest ist Britta 50 Meter in 10 Sekunden gelaufen.
a Welche Zeit wirst du wohl brauchen, um schnell laufend oder per Fahrrad eine gleich lange Strecke zurückzulegen? Überlege, mit welchen Messgeräten du das herausbekommen kannst.
b Schätze die Geschwindigkeit, die du beim Laufen erreichst.
c Was zeigt der Fahrradtacho während der 50-m-Fahrt an?

3 Wie schnell sind eigentlich Spielzeugautos?
Das Bild unten zeigt einige Spielzeug- und Experimentierautos. |3
a Schätzt zunächst die Geschwindigkeit eurer Autos.
b Messt dann eine gerade Strecke von 5 m Länge ab.
Wie viel *Zeit* benötigen die Autos für diesen *Weg*?
c Aus dem Weg und der Zeit könnt ihr die *Geschwindigkeit* berechnen.
Hilfen zur Berechnung stehen auf der Nachbarseite.

|2 Wer schätzt am besten?

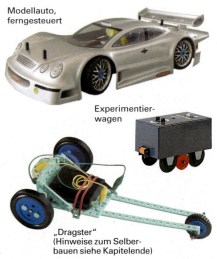

|3 Wie schnell sind diese Fahrzeuge?

Grundlagen Geschwindigkeiten

Wer ist schneller?
Beispiel 1: Marc läuft beim Sportfest 50 Meter in 9,5 Sekunden. Aydin braucht für die 50 m 9,2 s. Damit ist er schneller als Marc; er legt nämlich *den gleichen Weg in einer kürzeren Zeit* zurück.
Beispiel 2: Claudia fährt mit ihrem Rad in 5 Sekunden 24 Meter weit. Anne fährt mit dem Rad in 5 s 25 m weit. Anne ist somit schneller als Claudia; sie legt nämlich *in gleicher Zeit einen längeren Weg* zurück.
Immer gilt:

Am schnellsten ist, wer in der gleichen Zeit den längsten Weg zurücklegt.

Was ist „Geschwindigkeit"?

Die Geschwindigkeit gibt an, welchen Weg man in einer bestimmten Zeit zurücklegt.
Geschwindigkeit = $\frac{Weg}{Zeit}$

Bei Geschwindigkeitsmessungen im Alltag und in der Technik gibt man meist an, wie viel *Kilometer* jemand in einer *Stunde* zurücklegt:
Legt man z. B. in einer Stunde 18 km zurück, so beträgt die Geschwindigkeit 18 $\frac{km}{h}$ (sprich: *18 Kilometer pro Stunde*). Annes Tachometer zeigt diese Geschwindigkeit gerade an. |4
In der Physik wird die Geschwindigkeit meist in der Einheit *Meter pro Sekunde* angegeben ($\frac{m}{s}$).

|4 Tachoanzeige

Grundlagen Wie man Geschwindigkeiten berechnet

Bisher habt ihr Geschwindigkeiten mit einem Tachometer (Tacho) gemessen. Man kann sie aber auch berechnen. Dazu müssen der zurückgelegte Weg und die dafür benötigte Zeit bekannt sein.

Zwei Beispiele vom Sportfest
Britta ist 50 Meter in 10 Sekunden gelaufen. Lena dagegen lief 75 Meter in 14 Sekunden. Jetzt möchten sie wissen, wer *schneller* gelaufen ist.

Britta: In *10 s* lief sie 50 m;
       in *1 s* lief sie also 50 m : 10
       = **5,0 m**.
Lena: In 14 s lief sie 75 m;
       in *1 s* lief sie also 75 m : 14
       = ca. **5,35 m**.

Lena ist schneller gelaufen als Britta. Lenas Durchschnittsgeschwindigkeit betrug knapp 5,4 $\frac{m}{s}$ („5,4 Meter pro Sekunde").

Umrechnung von $\frac{m}{s}$ in $\frac{km}{h}$
Nun möchten Britta und Lena wissen, wie groß ihre Geschwindigkeiten in km/h waren. Auch hier helfen einfache Rechnungen:
1. Brittas Geschwindigkeit betrug 5 $\frac{m}{s}$. Wenn sie ständig so schnell gelaufen wäre, hätte sie *in einer Minute* 5 m · 60 = 300 m zurückgelegt. (1 Minute hat 60 Sekunden.)
In einer Stunde (60 min) hätte sie 300 m · 60 = 18 000 m = 18 km geschafft.
Das bedeutet:
Britta hat die 50 m lange Strecke mit einer Durchschnittsgeschwindigkeit von 18 km zurückgelegt.
Die Umrechnung erfolgt so:
1 $\frac{m}{s}$ = 3,6 $\frac{km}{h}$.
2. Lena war schneller als Britta. Für sie gilt nämlich:
5,4 $\frac{m}{s}$ = 5,4 · 3,6 $\frac{km}{h}$ = 19,4 $\frac{km}{h}$.
Lena hatte also eine Durchschnittsgeschwindigkeit von 19,4 $\frac{km}{h}$.

E Mit welcher Geschwindigkeit läuft der Vogel Strauß? |5

|5 Der Strauß: 90 Meter in 3 Sekunden!

A Wie weit kannst du wahrscheinlich in einer Stunde (an einem Tag) zu Fuß gehen?
B Du planst eine viertägige Radtour. Wie weit kannst du wohl an jedem Tag mit dem Rad fahren?
C Ergänze die beiden folgenden Sätze:
1 Je länger die Zeit ist, die man für einen bestimmten Weg braucht, desto... ist die Geschwindigkeit.
2 Je länger der Weg ist, den man in einer bestimmen Zeit zurücklegt, desto... ist die Geschwindigkeit.

D Nach einer Fahrradtour zeigt Marcels Tacho Folgendes an: „Durchschnittsgeschwindigkeit 15 $\frac{km}{h}$".
Marcel denkt:
„Komisch! Ich bin doch mal 30 $\frac{km}{h}$ gefahren."
Was meinst du dazu?

Aus Natur und Technik Verschiedene Geschwindigkeiten

Geschwindigkeiten in der Natur

mäßiger Wind (Windstärke 4)	$7 \frac{m}{s}$
Schwalbe	ca. $17 \frac{m}{s}$
Rennpferd	ca. $25 \frac{m}{s}$
Falke	ca. $28 \frac{m}{s}$
Orkan (Windstärke 12)	$60 \frac{m}{s}$
Schall (in Luft)	$330 \frac{m}{s}$
Erde um die Sonne	$30 \frac{km}{s}$
Licht	$300\,000 \frac{km}{s}$

Geschwindigkeiten im Alltag

Fußgänger	ca. $5 \frac{km}{h}$
Radfahrer	ca. $15 \frac{km}{h}$
Zulässige Höchstgeschwindigkeiten:	
Mofas	$25 \frac{km}{h}$
Autos (in Ortschaften)	$50 \frac{km}{h}$
Autos (auf Landstraßen)	$100 \frac{km}{h}$
Autos (Richtgeschwindigkeit auf Autobahnen)	$130 \frac{km}{h}$
U-Bahn	$50 \frac{km}{h}$
Schnellzug („Intercity")	bis $200 \frac{km}{h}$
Düsenverkehrsflugzeug	bis $980 \frac{km}{h}$

A Diese Aufgaben kannst du mithilfe der Tabellen lösen. (Achte auf die jeweiligen Einheiten!)
1 Wer ist schneller: ein Auto auf der Landstraße oder ein Gepard?
2 Wie viel Zeit benötigt eine Schnecke für einen 1 m langen Weg?
3 Wie lange etwa benötigt der Schall für eine Strecke von 1 km?
B Die höchste Geschwindigkeit in der Natur hat das Licht. Die Strecke, die es im Weltall in einer Sekunde durchläuft, ist siebenmal länger als der Äquator. Trotzdem ist das Licht von der Sonne zur Erde 500 s lang unterwegs!
1 Wie viele Minuten braucht das Licht von der Sonne zu uns?
2 Vergleiche damit, wie lange das Licht vom Mond bis zur Erde benötigt (Entfernung: rund 400 000 km).
C Mit welcher Geschwindigkeit – in Kilometer pro Stunde – umkreist der Mond die Erde?

1 Sehr langsam die Schnecke: ca. $5 \frac{mm}{s}$

4 ICE in voller Fahrt: ca. $300 \frac{km}{h}$

Umrechnungstabelle

Die folgende Tabelle kann helfen, Geschwindigkeiten zu vergleichen – auch wenn sie in unterschiedlichen Einheiten angegeben sind.

Umrechnung: $1 \frac{m}{s} = 3{,}6 \frac{km}{h}$

$\frac{m}{s}$	$\frac{km}{h}$	$\frac{km}{h}$	$\frac{m}{s}$
1	3,6	10	2,8
2	7,2	20	5,6
3	10,8	30	8,3
4	14,4	40	11,1
5	18	50	13,9
6	21,6	60	16,7
7	25,2	70	19,4
8	28,8	80	22,2
9	32,4	90	25,0
10	36	100	27,8

2 Sehr schnell der Gepard: ca. $34 \frac{m}{s}$

5 Rennwagen: maximal $360 \frac{km}{h}$

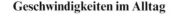

3 Der Mond umkreist die Erde: ca. $1 \frac{km}{s}$.

6 Bis zu $130 \frac{km}{h}$ – unhaltbar!

Grundlagen Unterschiedliche Bewegungsformen

|7 Der Rennfahrer wird beschleunigt.

|8 Der Rennfahrer fährt gleichförmig.

|9 Der Rennfahrer bremst ab.

Sämtliche Bewegungen in Natur und Technik sind durch ihre Geschwindigkeit gekennzeichnet. Sie kann groß oder klein sein. Meistens ändert sie sich auch noch im Laufe der Zeit.

Beschleunigte Bewegung |7
Start zum Zeitfahren: Der Rennfahrer wird zunächst immer schneller. Er beschleunigt von $0 \frac{km}{h}$ auf etwa $60 \frac{km}{h}$.

Bei einer beschleunigten Bewegung wird die Geschwindigkeit immer größer.

Gleichförmige Bewegung |8
Auf geraden Strecken fährt der Fahrer mit etwa gleich bleibender Geschwindigkeit (seiner Höchstgeschwindigkeit).
Er bewegt sich jetzt gleichförmig.

Bei einer gleichförmigen Bewegung bleibt die Geschwindigkeit immer gleich.

Verzögerte Bewegung |9
Vor jeder scharfen Kurve muss er abbremsen – vor allem, wenn die Straße nass ist.
Ist er nicht langsam genug, „fliegt er aus der Kurve" und verliert die Chance auf den Sieg.

Bei einer verzögerten Bewegung wird die Geschwindigkeit immer kleiner.

D Hier findest du einige Beispiele für unterschiedliche Bewegungen:
1. Eine Rolltreppe bringt die Kunden ins 1. Stockwerk.
2. Die U-Bahn fährt in den Bahnhof ein.
3. Der Rhein fließt zur Nordsee.
4. Eine Rakete startet zum Flug ins Weltall.
5. Ein Reisebus fährt nach Vorschrift $100 \frac{km}{h}$.
6. Ein Auto prallt gegen einen Baum.
7. Ein ICE verlässt den Bahnhof.
8. Auf ebener Strecke rollt ein Fahrrad im Leerlauf.
9. Ein Auto fährt von der Auffahrt auf die Autobahn.
10. Ein Windhund rennt mit Höchstgeschwindigkeit.
11. Der Fußball landet im Tornetz.
12. Nach einem Kopfsprung vom 3-m-Brett taucht der Körper einer Springerin ins Wasser ein.

1 Ordne die Aussagen in einer Tabelle danach, ob es sich um eine gleichförmige, beschleunigte oder verzögerte Bewegung handelt.

2 Füge zu jeder Bewegungsform zwei weitere Beispiele hinzu.

E Beschreibe mit eigenen Worten, woran du gleichförmige, beschleunigte und verzögerte Bewegungen erkennen kannst.

F Ein Autofahrer sagt: „Ich bin heute 270 Kilometer weit in 3 Stunden gefahren."

1 Wandle den Wert in Kilometer pro Stunde um.

2 Was kannst du über die Höchstgeschwindigkeit sagen?

Ganz schnell bremsen!

Mit 25 km/h saust Christoph auf dem Fahrrad durchs Wohngebiet. Das ist nicht verboten, denn auf dem Verkehrsschild steht „30 km/h". Da läuft plötzlich 5 m vor ihm ein Kind auf die Straße. |1 Christoph macht eine Vollbremsung.

Ob er es schafft, rechtzeitig anzuhalten?
Schätze einmal seinen Bremsweg.

|1

1 Der Einfluss der Geschwindigkeit auf den Bremsweg

Ihr braucht wieder ein Fahrrad mit Tachometer. Fahrt mit ihm Geschwindigkeiten von 10, 15 und 20 $\frac{km}{h}$.
Bremst jeweils gleich stark, wenn das Fahrrad einen Strich überfährt.
Messt dann euren Bremsweg. Tragt eure Messwerte in eine geeignete Tabelle ein.

2 Der Einfluss von Reifen und Straßenzustand auf den Bremsweg

Wir gehen ähnlich wie in Versuch 1 vor – diesmal aber mit immer gleicher Geschwindigkeit (mit 10 $\frac{km}{h}$).
a Streut Sand, Kies oder Laub auf eine Stelle des Schulhofs. Stellt dann fest, wie lang die Bremswege auf diesen Untergründen sind.
b Wie ändert sich der Bremsweg, wenn Wasserpfützen auf dem Schulhof stehen? Wie wäre es wohl bei Eis?
c Welchen Einfluss hat das Profil der Reifen?

Grundlagen Die Bremswege beim Radfahren

Wer sein Fahrrad schnell abbremsen will, muss sich ganz schön anstrengen. Er muss die Pedale kräftig rückwärts treten oder die Hebel der Handbremsen anziehen.
Außerdem müssen die Bremsen und Reifen in Ordnung sein. Und die Felgen des Rads sollten nicht verschmutzt sein.
Wichtig ist auch, dass die Straße selbst möglichst sauber und trocken ist. Nur dann haften und bremsen nämlich die Reifen gut.
Doch selbst wenn alle Bedingungen ideal wären: Bremsen kann man leider nicht blitzschnell.
Der Bremsvorgang benötigt Zeit und Bremswege können sehr lang sein. Das gilt vor allem dann, wenn man schnell fährt.
Die Fahrgeschwindigkeit hat nämlich den größten Einfluss auf die Länge des Bremswegs.

Bei doppelter Geschwindigkeit ist der Bremsweg viermal länger:
Doppelte Geschwindigkeit – vierfacher Bremsweg!

Bei dreifacher Geschwindigkeit ist der Bremsweg neunmal länger:
Dreifache Geschwindigkeit – neunfacher Bremsweg!

Das Bild unten zeigt den Zusammenhang zwischen der Geschwindigkeit eines Fahrrads und seinem Bremsweg auf trockener Straße. |2

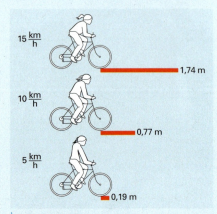

|2 Bremswege

Arbeitsmethode Wie liest man ein Diagramm?

In physikalischen Versuchen untersucht man oft, wie zwei unterschiedliche Werte voneinander abhängen (z. B. der Bremsweg eines Fahrzeugs vom Straßenzustand oder von der Fahrgeschwindigkeit).
Man protokolliert dazu die Messwerte aus vielen Experimenten in Tabellen. Die Wertepaare aus der Tabelle werden dann in ein Diagramm übertragen. |3

Der Bremsweg von Fahrrädern
Radfahrer wissen aus Erfahrung, dass der Bremsweg länger wird, je schneller sie fahren. Aber sie wissen meist nicht, *um wie viel* länger der Bremsweg wird.
Manche meinen vom Gefühl her, dass sich der Bremsweg bei doppelter Geschwindigkeit ebenfalls verdoppelt. Diese Vermutung stimmt aber ganz und gar nicht!
Den tatsächlichen Zusammenhang zeigt das Diagramm. |3

Der Bremsweg von Autos
In dem Diagramm unten siehst du, wie der Bremsweg eines Autos von der Geschwindigkeit abhängt. |4
Natürlich spielt für die Länge des Bremswegs auch der Zustand der Straße eine Rolle …

Und so liest du das Diagramm:
Möchtest du z. B. den Bremsweg bei der Geschwindigkeit 15 $\frac{km}{h}$ wissen? Dann gehe so vor:
1. Suche auf der Achse, die nach oben zeigt, den Wert 15 $\frac{km}{h}$ (in der Geschwindigkeitsskala).
2. Gehe von dort aus waagerecht nach rechts (blauer Pfeil), bis du die rote Kurve erreichst.
3. Von diesem Kurvenpunkt aus gehst du nach unten (grüner Pfeil); du erreichst so die Achse, die nach rechts zeigt. (Sie ist mit der Bremswegskala versehen.)
4. Dort, wo du auf die Achse triffst, liest du den Bremsweg ab; er gehört zu der Geschwindigkeit 15 $\frac{km}{h}$. Hier beträgt er ungefähr 1,7 m.

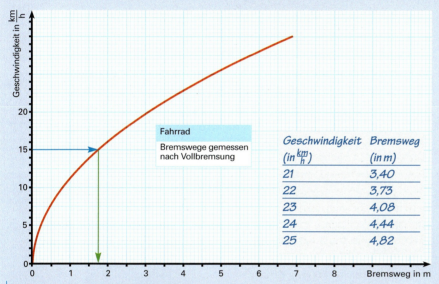

|3 Bremswege auf trockenem Asphalt in Abhängigkeit von der Geschwindigkeit

Geschwindigkeit (in $\frac{km}{h}$)	Bremsweg (in m)
21	3,40
22	3,73
23	4,08
24	4,44
25	4,82

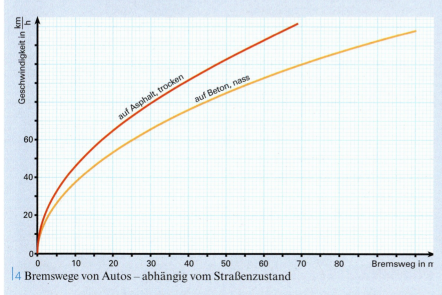

|4 Bremswege von Autos – abhängig vom Straßenzustand

A Sieh dir das Diagramm an. |3
Lies ab, wie lang der Bremsweg bei der Geschwindigkeit 30 $\frac{km}{h}$ ist.
Vergleiche den abgelesenen Wert mit dem für 15 $\frac{km}{h}$.

B Lies im zweiten Diagramm. |4
Vergleiche die Bremswege eines Autos auf trockenem Asphalt für 50 und 100 $\frac{km}{h}$.
Formuliere die Ergebnisse in einem Satz: „Bei doppelter Fahrgeschwindigkeit ist der Bremsweg …"

C Vergleiche die Bremswege von Fahrrad und Auto bei jeweils 30 $\frac{km}{h}$ (auf trockenem Asphalt). |3 |4 Was fällt dir auf?

D Vergleiche die Bremswege auf trockener und nasser Straße. |4

Alltag Am wichtigsten sind Bremsen und Fahrradhelm

Von der Wichtigkeit der Bremsen
Alle Autos haben vom TÜV geprüfte Bremsen, eine Knautschzone und Sicherheitsgurte – viele besitzen sogar noch Airbags.
Und ein *Radfahrer*? Wenn der mit einer Geschwindigkeit von 30 km/h gegen einen Baum prallt, entspricht das einem Sturz aus 3,50 m Höhe. |1
Hoffentlich kann er das Rad vorher noch abbremsen ...
Beim Bremsen wird das Vorderrad stark belastet und das Hinterrad entlastet. Dieses wird dadurch nicht mehr so stark gegen die Straße gepresst. Die Bremskraft ist nun also hinten geringer als vorn.
Viele Räder haben *Trommelbremsen*. Ihr Nachteil: Bei längeren Abfahrten werden sie heiß und dadurch unwirksam. Fahrräder mit Kettenschaltung haben meist *Felgen-* oder *Scheibenbremsen*. Sie werden vom Fahrtwind gut gekühlt.
Bremsen brauchen Pflege! Bedienhebel und Bowdenzüge musst du öfter schmieren. Dabei darf aber an die Bremsbeläge und Felgen bzw. Bremsscheiben niemals Öl kommen. Die Bremsbeläge müssen von beiden Seiten gleichmäßig zugreifen und richtig ausgerichtet sein.

Fahre nie ohne Helm!
Radrennfahrer trugen schon immer Fahrradhelme.
Es gibt aber auch schicke, sichere Helme für dich!
Wie der Schutz des Kopfes bei einem möglichen Sturz funktioniert, zeigen die beiden Versuche auf dieser Seite.

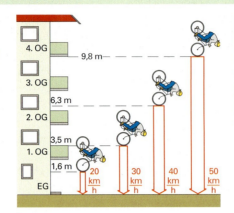

|1 Wer möchte hier hinunterstürzen?

A Rücktrittbremsen sind Trommelbremsen. Welchen Nachteil haben sie?
B Weshalb wirken die Vorderbremsen bei jedem Fahrzeug stärker als die Bremsen hinten?
C Was haben die Versuche 3 u. 4 mit dem Thema „Fahrradhelm" zu tun?

3 „Fallversuche" mit Eiern
Wenn jeder von euch ein hart gekochtes Ei mitbringt, könnt ihr eine schöne Versuchsreihe durchführen. |2
Anschließend können die Eier gemeinsam gegessen werden.
Benötigt werden auch mehrere Meterstäbe und weiche, etwa 2 cm dicke Unterlagen (Schaumgummi, Kork, Styropor®, Wellpappe oder Watte).
a Lasst einige Eier aus immer größerer Höhe auf eine Tischplatte fallen. Beginnt mit der Fallhöhe 1 cm. Erhöht dann schrittweise um jeweils 1 cm. Ab welcher Fallhöhe zerbrechen bei allen von euch getesteten Eiern die Schalen?
b Lasst diesmal Eier auf unterschiedlich weiche Unterlagen fallen. Beginnt bei der höchsten Fallhöhe von Versuchsteil a.

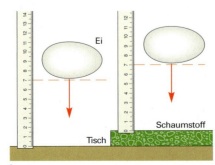

|2 Wann „überlebt" das Ei den Sturz?

4 „Fallversuch" mit zwei Wassermelonen
Die Wassermelonen werden in Frischhaltefolien gesteckt; so kann man sie anschließend noch essen. Sie stellen den Kopf eines Fahrradfahrers dar. |3
Eine Melone trägt einen Fahrradhelm, die andere fällt ohne Schutz zu Boden.

|3 Wenn das dein Kopf wäre ...

Alltag **Gefahren rechtzeitig erkennen!**

|4

|5

|6

|7

Radfahren macht Spaß. Manchmal kann es aber auch gefährlich werden. Schließlich bist du ja nicht allein unterwegs und auch andere Verkehrsteilnehmer können Fehler machen.
Die Bilder oben zeigen Verkehrssituationen, die für Radfahrer ziemlich gefährlich sind. |4–|7
Hier musst du ganz besonders gut aufpassen!

D Beschreibe die Situationen der vier Bilder oben. |4–|7 Wie kann man sie als Radfahrer verhindern?

E Kennst du die Verkehrsschilder von Bild |8? Erkundige dich danach, was sie bedeuten.

|8 Sechs wichtige Verkehrsschilder

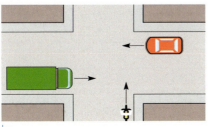
|9 Wer darf zuerst fahren?

F Nenne Gefahren, die vom Zustand der Straße herrühren.

G Fachleute sagen: „Zu breite Lenker sind gefährlich." Warum stimmt das?

H Rechtsabbiegen ist ziemlich ungefährlich – dagegen ist Linksabbiegen gefährlich. Begründe diese Aussage.

I Fahrradunfälle passieren oft, weil ein Verkehrsteilnehmer die Vorfahrtregeln missachtet.
Eine wichtige Regel im Straßenverkehr lautet: „Rechts vor links."
1 Was bedeutet diese Regel?
2 Wer darf bei der hier gezeichneten Situation zuerst losfahren? |9 Das heißt: Wer hat hier Vorfahrt?

J Ab und zu werden Fahrrad-Wettbewerbe durchgeführt.
Wollt ihr teilnehmen? Erkundigt euch, wann und wo solche Wettbewerbe in eurer Nähe stattfinden (z. B. beim ADAC oder bei der Verkehrswacht).

Wir bauen Modellautos und -schiffe

Fahrzeugmodelle mit einfachem Antrieb zu bauen ist nicht besonders schwierig.
Allerdings braucht ihr dazu – außer einem Chassis aus Holz oder Kunststoff – vier Räder, die möglichst reibungsarm laufen. (Fragt euren Techniklehrer danach.)
Falls euer Modell nur für den Betrieb auf glatten Böden gedacht ist, könnt ihr einfache Radscheiben benutzen – ganz ohne Profil. |3|4

Für den Betrieb draußen sollte das Fahrzeug allerdings Gummireifen mit Profil besitzen. |1|2|5

Für den Bau von einfachen Modellautos und -schiffen findet ihr hier Anregungen.

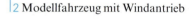
Windrichtung

1 Bau eines Fahrzeugs mit Gummimotor
Das unten stehende Modell wird mit einem Gummimotor angetrieben. |1
Um den Gummi zu spannen, muss das Fahrzeug zunächst rückwärts – also entgegen der Fahrtrichtung – gezogen werden.

2 Bau eines windgetriebenen Fahrzeugs
Das rechts stehende Modell wird vom Wind angetrieben.
a Erprobt verschieden große Segelflächen und auch „Tragflächen-Profile". |2
b Lasst eure Modelle bei unterschiedlich starkem Wind fahren.

|2 Modellfahrzeug mit Windantrieb

3 Bau eines einfachen Raketenautos
Das „Raketenauto" funktioniert so: |3
Wenn der Ballon die Luft nach hinten fortschleudert, bewegt sich das leichte Fahrzeug voran. Man nennt das einen *Rückstoß*-Antrieb.
(Richtige Raketen schleudern allerdings nicht Luft nach hinten fort. Dort sind es heiße Gase aus ihren Motoren.)

|1 Fahrzeug mit Gummimotor

|3 Einfaches Raketenauto

4 Bau eines motorgetriebenen Fahrzeugs

Auch ein motorgetriebener Propeller kann Luft nach hinten fortwerfen und dadurch ein Fahrzeug antreiben. |4
Dieses Modell fährt also ebenfalls mit Rückstoß-Antrieb.
Erprobt verschiedene Propellerformen und -größen.

5 Bau des „Dragsters"

Ein kleines Zahnrad auf der Welle des Elektromotors (das so genannte *Ritzel*) treibt ein größeres Zahnrad der Hinterachse des Fahrzeugs an. |5
Die Geschwindigkeit der Motorwelle wird dadurch verringert.
Der Dragster fährt trotzdem so schnell, dass ihr rennen müsst, um ihm zu folgen …

6 Bau des „Katamarans"

Vielleicht habt ihr ein Gewässer in der Nähe der Schule und einige von euch möchten deshalb viel lieber ein Schiff bauen.
Auch dafür könnt ihr hier eine Anregung finden. |6
Ein solcher „Katamaran" lässt sich viel einfacher bauen als ein Modell mit einem normalen Bootsrumpf.
Nur wer ein Floß aus Holz oder Styropor® baut, ist noch schneller fertig.
Aber fehlt da nicht noch ein geeigneter Antrieb?

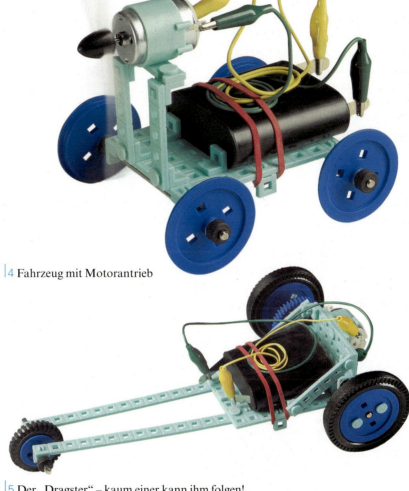

|4 Fahrzeug mit Motorantrieb

|5 Der „Dragster" – kaum einer kann ihm folgen!

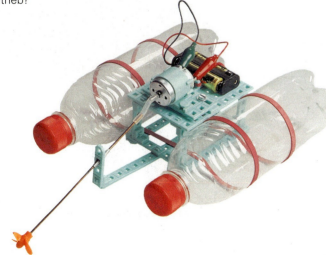

|6 Ein „Katamaran" – überraschend einfach!

A Erfindet, plant, baut und erprobt auch andere Fahrzeugmodelle (z. B. solche mit nur drei Rädern).

B Beobachtet und beschreibt die unterschiedlichen Bewegungsformen bei der Fahrt eurer Modellfahrzeuge.

C Welches eurer Fahrzeuge …
… läuft am leisesten,
… rollt ohne eigenen Antrieb am weitesten (Start von einer Schräge),
… fährt am schnellsten,
… fährt die steilsten Berge hoch?
Veranstaltet mit euren Modellen Wettbewerbe!

D Wessen Schiff hält am besten Kurs?

Zusammenfassung

Was bedeutet „Geschwindigkeit"?

Je länger die Wegstrecke ist, die man in einer bestimmten Zeit zurücklegt, desto größer ist die Geschwindigkeit.

Von der Geschwindigkeit hängt es also ab, wie weit man in einer bestimmten *Zeit* kommt. |1

Je kürzer die Zeit ist, die man für eine bestimmte Wegstrecke benötigt, desto größer ist die Geschwindigkeit.

Von der Geschwindigkeit hängt es also ab, wie schnell man einen bestimmten *Weg* zurücklegt. |2

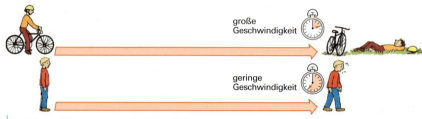

|1 Unterschiedlicher Weg, gleiche Zeit

|2 Gleicher Weg, unterschiedliche Zeit

Wie misst man Geschwindigkeiten?

Geschwindigkeiten kann man an einem Tachometer ablesen. Durchschnittsgeschwindigkeiten kann man auch *errechnen*:

Man teilt die Länge einer bestimmten Wegstrecke durch die Zeit, die man für diesen Weg benötigt hat.

Geschwindigkeit = $\frac{Weg}{Zeit}$

Beispiel 1:
Ein Radfahrer fährt in drei Stunden 54 Kilometer weit.
Seine Geschwindigkeit beträgt durchschnittlich:
54 km : 3 h = 18 $\frac{km}{h}$
(sprich: achtzehn Kilometer pro Stunde).

Beispiel 2:
Ein Läufer läuft eine 400-m-Strecke in 80 s.
Seine Geschwindigkeit beträgt durchschnittlich:
400 m : 80 s = 5 $\frac{m}{s}$
(sprich: fünf Meter pro Sekunde).

Unterschiedliche Bewegungsformen

Bewegungen können entweder gleichförmig, beschleunigt oder verzögert sein.

Auf der Erde laufen fast alle Bewegungen in dieser Reihenfolge ab: beschleunigt – gleichförmig – verzögert. |3

|3

Alles klar?

A Max sagt: „Ich bin mit meinem Fahrrad schon mal 45 Stundenkilometer gefahren." Was meint er damit? Wie muss es richtig heißen?

B Ergänze: „Die Geschwindigkeit gibt an, welchen Weg man in ..."

C Carlo will mit seinem Rad schnell bremsen. Es klappt aber nicht. Woran könnte das deiner Meinung nach liegen?

D Tina fragt ihre Lehrerin: „Ist Bremsen nicht eigentlich das Gleiche wie Beschleunigen – nur verkehrt herum?"
Was würdest du auf Tinas Frage antworten?

Testaufgabe

E Marie hat von ihren Eltern einen Tachometer für ihr Fahrrad bekommen. Am Sonntag darauf macht sie eine Radtour – ganz allein. |4 Dabei schaut sie natürlich oft auf den Tacho. Abends wird dann alles ins Tagebuch geschrieben. |5

1 Suche auf der Karte, welche Wege Marie benutzt hat. |6
2 In welchem Ort wohnt Marie?
3 Maries Vater musste zuerst am Tacho den Umfang des Vorderrads eingeben. Wieso?
4 Wie spät war es, als Marie nach Hause zurückkam?
5 Wie lange bewegte Marie ihr Rad auf dieser Tour? (Ziehe die Pausen ab.)
6 Berechne aus Maries Geschwindigkeits- und Zeitangaben die zurückgelegten vier Teilstrecken. Wie viele Kilometer zeigt Maries Tacho als TRP an (TRP: engl. *trip:* Fahrstrecke; das entspricht also den Tageskilometern).
7 Vergleiche Maries Tourenlänge mit der Strecke, die beim Marathonlauf zurückgelegt wird (42 195 m). Gute Läuferinnen schaffen diese in 3 Stunden. Wie findest du Maries Leistung?
8 Maries Tacho zeigt abends AVS 13,6 km/h an (AVS: engl. *average speed:* Durchschnittsgeschwindigkeit). Was bedeutet das?
9 Von welchen Gegebenheiten hängt die Durchschnittsgeschwindigkeit auf einer Radtour ab?
10 Maries Tacho zeigt nach der Rückkehr MAX 36 km/h an (MAX: engl. *maximum speed*). Was ist mit dieser Angabe gemeint? An welcher Stelle ihrer Tour könnte Marie diese Geschwindigkeit erreicht haben?
11 Marie fährt nie ohne Fahrradhelm. Welche Begründung würde sie wohl abgeben, wenn man sie nach dem Grund dafür fragt?
12 Warst du schon einmal dabei, als ein Loch im Fahrradschlauch geflickt wurde? Beschreibe, wie man das macht.

|4 Marie auf Tour

Radtour zum Burgberg

Start: 11 Uhr
Eine Stunde ganz gemütlich mit 16 km/h gefahren.
Als Abkürzung den Wanderweg mit 4 km/h hochgeschoben. Nach 30 Minuten die Burgruine erreicht.
45 Minuten Pause, Eis vom Kiosk und dann die Abfahrt mit durchschnittlich 32 km/h auf der asphaltierten Zufahrt. In 15 Minuten wieder unten.
Mist! Ich habe einen Platten. Ein Motorradfahrer will mir helfen.
Ich sage cool: „Nicht nötig. Solche Kleinigkeiten mache ich selbst."
„Na dann man los, du Powergirl", meint er und fährt weiter.
Reparatur in 40 Minuten erledigt.
Ich bin ganz stolz auf mich.
Auf der Rückfahrt 80 Minuten gegen den Nordwestwind gekämpft. Der Tacho zeigt schlappe 12 km/h an. Ich bin ganz schön aus der Puste.
Erst nach dem Duschen geht's dem Powergirl wieder besser.
Mein Tacho zeigt für heute:
AVS 13,6 $\frac{km}{h}$.

|5 Aus Maries Tagebuch

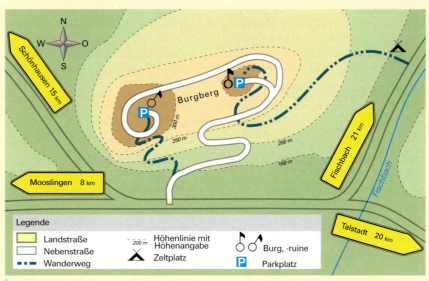

|6 Maries Strecke

Fortbewegung im Tierreich

Wie sich Landtiere fortbewegen

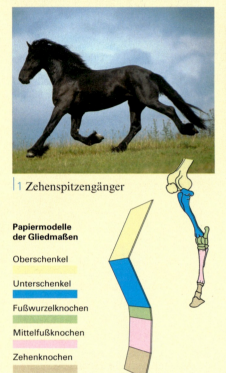

1 Zehenspitzengänger

2 Zehengänger

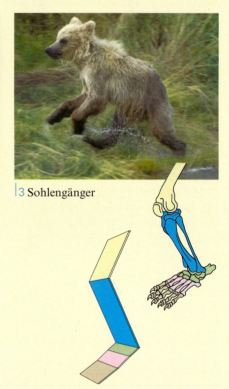

3 Sohlengänger

Papiermodelle der Gliedmaßen

Oberschenkel

Unterschenkel

Fußwurzelknochen

Mittelfußknochen

Zehenknochen

Grundlagen Unterschiedliche Gehweisen der Landtiere

Auf dem Festland gibt es ganz unterschiedliche Lebensräume. Deshalb sind auch die Fortbewegungsweisen der Tiere verschieden. Zwischen der Form der Beine und Füße und deren Aufgaben besteht eine enge Beziehung: Je länger die Beine sind, desto schneller können die Tiere laufen.
Beim *Laufen* bleiben die Beine mit dem Boden in Berührung.
Beim *Springen* löst sich das Tier für kurze Zeit vom Boden.
Schnell laufende Tiere treten nur mit den *Zehenflächen* oder *Zehenspitzen* statt mit der ganzen Sohle auf.
Vierbeinige Säugetiere gehen überwiegend im *Kreuzgang*. Dabei werden das linke Vorderbein und das rechte Hinterbein nahezu gleichzeitig nach vorn gesetzt. Die anderen Beine folgen entsprechend.
Bären und Kamele gehen im *Passgang*. Dabei setzen sie Vorder- und Hinterbein derselben Seite nacheinander nach vorne.

A Wälder, Grasländer oder Wüsten sind Lebensräume des Festlandes.
1 Welchen Tierarten bieten die Wälder gute Möglichkeiten zum Klettern und Hangeln?
2 Welche Anpassungen an die Baumlebensweise zeigen diese Arten?
B Antilopen, Strauße und Kängurus sind Tiere der Wüsten und Savannen.
1 Welche Probleme ergeben sich für Tiere in solchen Lebensräumen?
2 Welche Fortbewegungsweise wäre hier vorteilhaft?
C Auch der Untergrund ist für die Fortbewegung von Bedeutung. Auf Schneeflächen, Mooren und Sandgebieten besteht die Gefahr einzusinken.

Zehenspitzengänger, Zehengänger, Sohlengänger – so nennt man das Pferd, den Löwen und den Bären. |1–|3
Kannst du dir vorstellen, wie man auf diese Bezeichnungen gekommen ist?

1 Nenne Tiere dieser Lebensräume.
2 Welche Anpassungen ermöglichen diesen Tieren eine Fortbewegung im weichen Untergrund?
D Die Bilder oben zeigen einen Sohlengänger, einen Zehengänger und einen Zehenspitzengänger. |1–|3
1 Mit welchen Teilen des Fußes berühren die Tiere jeweils den Boden?
2 Nenne für jede Gruppe weitere Tierarten.
3 Vergleiche die Lebensweise der Zehengänger, Zehenspitzengänger und Sohlengänger miteinander.

Natur **Die Fortbewegungsweisen der Landtiere – genauer betrachtet**

Die Fortbewegung des Pferdes

Wenn *Pferde* sich fortbewegen, berühren sie den Boden nur mit den Zehenspitzen. Man nennt sie *Zehenspitzengänger*. An jedem Fuß besitzen Pferde nur *eine* Zehe, die anderen Zehen sind verkümmert. Die Zehenspitze ist von einem Huf aus Horn umgeben und so vor Verletzungen geschützt. Man zählt Pferde zu den *Unpaarhufern*, weil sie nur auf einer Zehe gehen (und nicht auf zwei Zehen wie z. B. Rinder). Je nachdem, wie schnell sich die Pferde fortbewegen, tun sie das auf unterschiedliche Art: im *Schritt*, im *Trab* oder im *Galopp*. |4
Im Galopp kann ein Pferd über kurze Strecken Geschwindigkeiten von 55 km pro Stunde erreichen.

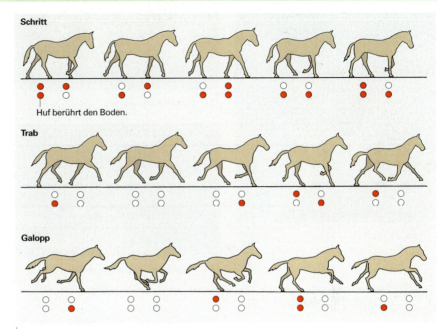

|4 Verschiedene Gangarten des Pferdes

Fortbewegung unter der Erde

Der *Maulwurf* ist ganz an seine unterirdische, grabende Lebensweise angepasst. |5 Sein Körper ist walzenförmig. Das samtartige Fell lässt sich gleich gut nach vorne und nach hinten streichen.
Er hat keine Ohrmuscheln. Die Ohröffnungen kann er schließen, desgleichen seine kleinen Augen, die Schnauze und die Nasenlöcher. Die Vordergliedmaßen des Maulwurfs sind zu kurzen Grabbeinen mit kräftigen, langen Krallen umgebildet. Die Unterarme sind sehr kurz, die Hände sind schaufelartig verbreitert. Sie stehen waagerecht vom Körper ab.

Fortbewegung über der Erde

Das *Eichhörnchen* ist ein Baumtier. Leichte Knochen und lange Hinterbeine ermöglichen ihm ein gewandtes Klettern und Springen.
Der buschig behaarte Schwanz hilft ihm dabei, das Gleichgewicht zu halten. Er dient als Steuerruder. |6

Eichhörnchen können mit Fingern, Zehen oder Krallen geschickt greifen. Das gilt auch für andere kletternde Tiere *(Affen, Faultiere)*. Vielen Affen dient ein langer Schwanz als zusätzliches Greiforgan.

|5 Maulwurf

|6 Eichhörnchen

E Verschiedene Gangarten des Pferdes wurden nachgezeichnet. |4
1 Wie viele Beine werden bei den verschiedenen Gangarten abgehoben und nach vorne gesetzt?
2 In welcher Reihenfolge werden die Beine bewegt?
3 Bei welcher Gangart steht das Tier am stabilsten?
4 Bei welcher Gangart ist der Raumgewinn am größten? Begründe!

F Stell dich auf die Zehenspitzen und versuche so ein Stück weit zu gehen.
1 Was stellst du fest?
2 Warum macht diese Gehweise den Pferden keine Probleme?

G Der Maulwurf ist an das Leben im Boden angepasst.
1 Fertige eine Skizze vom Maulwurf an und trage wichtige Anpassungsmerkmale ein.
2 Überlege, warum für den Maulwurf kurze Arme vorteilhaft sind.
3 Nenne weitere Tiere, die ebenfalls unter der Erde leben.
Zu welchem Zweck benutzen sie jeweils ihre unterirdische Wohnung?

Jäger und Gejagte

|1 Ein Gepard …

|2 …beginnt zu spurten …

|3 …und beschleunigt …

|4 … und erreicht die Gazelle.

Auf der Suche nach Beute hat der Gepard vom Termitenhügel aus Ausschau gehalten.
Ob seine Jagd erfolgreich wird? …

Natur Ein Gepard auf der Jagd

Geduckt schleicht er auf die Gazelle zu. Plötzlich – 100 Meter vor ihr – setzt er zum Spurt an: Gut 30 Meter schafft er jetzt in einer Sekunde. |2
In dieser Zeit führt der Gepard *drei vollständige Bewegungsabläufe* aus. Bei jedem Schritt hebt der Fuß dabei den Körper etwas vom Boden ab; so schiebt er ihn nach vorn. |2–|4
Die muskulösen Hinterbeine leisten zunächst die Hauptarbeit. Dann sind die Vorderbeine dran: Sowie der Körper nach vorn geschnellt ist, fangen sie das Gewicht auf.
Die Schrittweite des Gepards ist gegenüber der beim langsamen Gehen deutlich erhöht. Dadurch ist der Raumgewinn größer.
Obwohl hier der Jäger schneller ist als die Gejagte, sind neun von zehn Jagdversuchen erfolglos. Die Gazelle schlägt nämlich beim Fliehen Haken und der Gepard ist schon nach wenigen Sekunden außer Atem. Völlig erschöpft muss er aufgeben – bis die Jagd von Neuem beginnt.

Natur Von Hasen und Kängurus

Fußspuren geben Auskunft
Fast hätte der Spaziergänger den *Hasen* erreicht. Da springt dieser auf und flieht in weiten Sätzen.
Seine Vorderbeine berühren nacheinander den Boden und fangen den Sprung ab. Zugleich schwingen die Hinterbeine weit nach vorn.
Nur die Zehen setzen auf dem Boden auf.
Bis zu 80 Kilometer pro Stunde kann der Hase so erreichen.
Beim Hoppeln ist der Hase viel langsamer. Seine Spur im weichen Boden (seine *Fährte*) zeigt, dass er mit dem ganzen langgestreckten Fuß der Hinterbeine aufgetreten ist. |5

Hopsen wie ein Känguru
Bis zu zehn Meter weit und dabei zwei Meter hoch hopst ein australisches *Riesenkänguru* durch den Busch.
Mit einem „Pogostick" kannst du ähnlich wie ein Känguru hopsen – sogar schneller, leichter und weiter.
|6 Entscheidend dabei ist die Spiralfeder des Pogosticks: Durch dein Gewicht wird sie gestaucht, dann entspannt sie sich wieder, sodass du nach oben geschleudert wirst.
Beim Känguru ist die Achillessehne ähnlich elastisch wie die Spiralfeder. Kängurus hopsen also wie auf Spiralfedern, die beim Landen gestreckt

|5 Hase mit Fußspuren

Probier's mal!

1 Die Katze als Jäger
Hast du schon eine Katze beim Jagen beobachtet? Wenn nicht, dann vielleicht jetzt. Wirf ihr notfalls ein Papierbällchen zu, das an einem Faden hängt.
a Beschreibe die Haltung der Katze. Achte auch auf die Stellung ihrer Ohren und Augen.
b Wie schleicht sich die Katze an?
– In welcher Reihenfolge setzt sie die Beine?
– Welche Fußteile setzt sie auf?
– Siehst du ihre Krallen? Beschreibe!
– Aus welcher Entfernung setzt sie zum Sprung an?

2 Ein Hund auf der Jagd
In Parkanlagen kann man gut Hunde beobachten.
a Versuche an seinem Verhalten zu erkennen, welche Sinne er beim *Mäusefangen* einsetzt.
b Wie geht er vor, um die Maus zu erwischen?
c Beim *Apportieren* bringt der Hund einen weggeworfenen Gegenstand (z. B. einen Stock) zurück. |7
– Wie verhält sich der Hund, bevor man den Gegenstand wirft?
– Sieht der Hund den Stock in der Luft? Begründe deine Antwort.

|7 Der Hund apportiert.

– Beschreibe den Lauf des Hundes: Welche Beine setzen gleichzeitig auf? Mit welchen Teilen des Fußes tritt der Hund auf? Wie verändert sich seine Wirbelsäule beim Lauf?

3 Hund und Katze im Vergleich
Einige Merkmale kennzeichnen Hund und Katze als Raubtiere.
a Welche Sinnesorgane sind beim Hund für den Beuteerwerb entscheidend? Welche setzt die Katze bei der Jagd überwiegend ein?
b Worin unterscheidet sich das Verhalten von Hund und Katze beim Mäusefang?
c An welchen Körpermerkmalen erkennt man, dass der Hund ein besserer Läufer ist als die Katze?

und beim Absprung zusammengezogen sind. |6 Die Sehne verschafft dem Tier somit eine Kraft sparende Art der Fortbewegung.

A Lies die Texte über die Fortbewegung beim Gepard und beim Hasen.

1 Kläre unbekannte Begriffe in deiner Tischgruppe, bei Bedarf auch bei deiner Lehrerin oder deinem Lehrer.
2 Suche nach Gemeinsamkeiten von Hase und Gepard im Hinblick auf die hohe Laufgeschwindigkeit.
3 Schreibe in einem Kurzbericht auf, was die hohe Laufgeschwindigkeit des Gepards ermöglicht. Achte dabei auf den Fuß und die Form der Wirbelsäule.

B Suche nach Fährten verschiedener Säugetiere. Was verraten die Fußspuren darüber, wie sich die Tiere fortbewegt haben?

C Die Körperhaltung des Kängurus ist der des Menschen ähnlich.
1 Welche Gemeinsamkeiten bei der Fortbewegung von Mensch und Känguru gibt es? Nenne auch Unterschiede.
2 Wie wirken Knochen, Muskeln und Sehnen beim Hopsen zusammen?
3 Welcher Teil der Hinterbeine wird beim Hopsen des Kängurus besonders beansprucht? Begründe!
4 Woher kennst du Spiralfedern aus dem täglichen Leben? Welche Aufgabe haben sie?

Grundlagen Häusliche Raubtiere

Hund und Katze sind durch ihren Körperbau an den Fang lebender Beutetiere angepasst – allerdings in unterschiedlicher Weise.
Hunde sind ausdauernde Läufer. Bei ihnen ist das Erbe des *Hetzjägers* Wolf noch gut erhalten.
Die Katze kann sich als *Schleichjäger* geräuschlos an ihre Beute heranpirschen. Sie schnellt dann plötzlich – aus einer gespannten Haltung heraus – mit gestreckten Vorderbeinen vorwärts.

|6 Und hopp!

Kriechen und Schlängeln

Zauneidechse und Kreuzotter – beides sind Kriechtiere. |1 |2 Doch sie bewegen sich auf unterschiedliche Art und Weise fort.

|1 Zauneidechsen (Weibchen und Männchen)

|2 Kreuzotter

Grundlagen Fortbewegungsarten der Kriechtiere (Reptilien)

Kriechtiere
Eidechsen und Schlangen bewegen sich durch schlängelndes Kriechen vorwärts. Das gab einer ganzen Wirbeltierklasse den Namen *Kriechtiere* oder *Reptilien*.

Die Fortbewegung der Kreuzotter
Die Kreuzotter *kriecht* durch Winden ihres Körpers vorwärts. Dabei ziehen sich abschnittsweise Muskeln in der linken und rechten Körperhälfte zusammen. Dadurch werden die Rippen auf die Schuppen des Bauches gedrückt. |3

Die Folge ist, dass sich die Schuppen abspreizen und im Boden verankern. So wird ein Rückwärtsgleiten verhindert. Den restlichen Körper zieht die Schlange in Wellenform nach. Bei ihrer Vorwärtsbewegung stemmt sich die Schlange von Unebenheiten des Bodens ab.

Die Fortbewegung der Zauneidechse
Die Eidechse *schlängelt sich* vorwärts: Anders als die Schlange setzt sie zur Fortbewegung ihre Beine ein. Diese schieben den beweglichen Körper vorwärts. |4

1 Bauanleitung
Wir bauen ein Eidechsenmodell |5
Führe damit das Kriechen der Eidechse vor. Achte auf die Stellung der Beine und die Biegung des Rumpfes.

|5 Modell einer Eidechse

Dabei setzt die Zauneidechse gleichzeitig das rechte Vorder- und das linke Hinterbein vor. Anschließend geschieht das Gleiche mit dem linken Vorderbein und dem rechten Hinterbein.

A Fortbewegung der Schlange: |3
1 Warum muss die Wirbelsäule einer Schlange besonders biegsam sein?
2 Wodurch werden die Bauchschuppen der Schlange bewegt?
3 Warum kommt eine Schlange auf glatter Grasfläche nicht voran?
B Fortbewegung der Eidechse: |4
Erläutere die Art der Fortbewegung einer Eidechse.

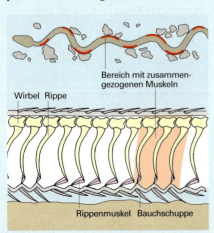

|3 Rippen und Muskeln der Schlange

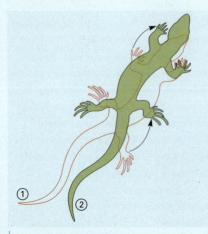

|4 Beineinsatz der Eidechse

Die Mehrfachkönner

Die meisten Tierarten sind auf eine Fortbewegungsart spezialisiert. Sie bewegen sich zu Lande oder zu Wasser oder in der Luft.
Der Grasfrosch und die Stockente sind da vielseitiger. |6|7

|6 Grasfrosch

|7 Stockenten

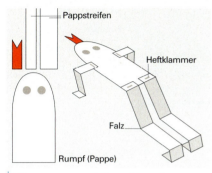
|8 Funktionsmodell zum Froschsprung

Grundlagen Frosch und Ente

Der Grasfrosch
An Land bewegt sich der Grasfrosch *gehend* fort. Bei Gefahr kann er aber auch weit *springen*. Außerdem ist er ein guter *Schwimmer*.
Mit den stark entwickelten Hinterbeinen kann ein Grasfrosch bis zu 1 m Meter weit springen.
Zwischen den Zehen der Hinterbeine hat er Schwimmhäute. Deshalb schwimmt und taucht er sehr gut.
Die kurzen Vorderbeine benutzt der Grasfrosch an Land mehr als Stütze als zur Fortbewegung.

Die Stockente
Die *Ente* hat Ruderfüße mit Schwimmhäuten. Sie ist ein guter *Schwimmer* und kann sogar *tauchen*. An Land bewegt sich die Ente *watschelnd* fort. Mit ihren kurzen Beinen kommt sie allerdings nur langsam vorwärts.
Bei Gefahr erhebt sie sich vom Wasser in die Luft und *fliegt* mit schnellem Flügelschlag davon.

2 Bauanleitung
Wir bauen ein Froschmodell |8
Was stellen an dem Modell die Pappstreifen dar, was die Heftklammern?

A Mehrfachkönner „Grasfrosch": |9
1 Beschreibe, wie der Grasfrosch *springt*. Achte auf seine Hinterbeine und darauf, wie er landet.
2 Welche Rolle spielen die Schwimmhäute zwischen den Zehen der Hinterbeine beim *Schwimmen*? Wie müssen die Zehen beim Vorwärtsziehen der Beine stehen, wie beim Zurückschlagen? Beschreibe seinen Schwimmstil.
3 Wozu dienen die Vorderbeine beim Springen und beim Schwimmen?
B Mehrfachkönner Stockente": |10
1 Was macht die Ente zu einem guten Schwimmer? Vergleiche den Fuß einer Stockente mit dem eines Singvogels. Beschreibe die Zehenstellung des Entenfußes beim Schwimmen.

Den Fuß der Stockente bezeichnet man als *Ruderfuß*. Begründe, weshalb diese Bezeichnung passend ist.
2 Der Körper der Ente ist kahnförmig. Das dichte Federkleid enthält viel Luft und ist eingefettet. Kahnform, Luftpolster und das Einfetten sind „Schwimmhilfen". Erläutere!

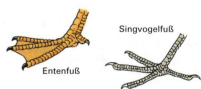

|10 Merkmale eines guten Schwimmers

|9 Der Frosch beim Schwimmen und Springen

Vögel – angepasst ans Fliegen

1 Taube im Flug

Zu fliegen wie ein Vogel – ohne Hilfsmittel gelingt das keinem Menschen! Vögel sind an den Lebensraum Luft auf vielfältige Weise angepasst …

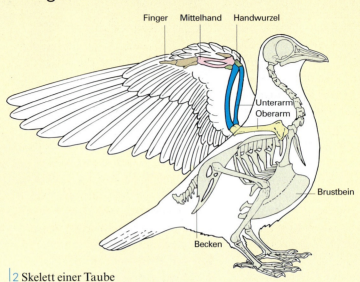

2 Skelett einer Taube

1 Federsammlung
Im Wald findest du häufig Vogelfedern. Lege eine Federsammlung an. Notiere dazu die Vogelart, den Federtyp, den Fundort und das Funddatum. 3

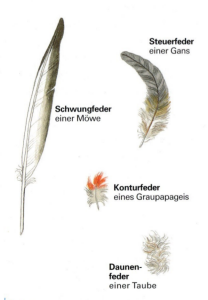

3 Federtypen

2 Bau und Eigenschaften von Federn
a Vergleiche das Gewicht einer Vogelfeder mit dem eines gleich großen Papierstücks.
b Untersuche eine Feder mit der Lupe. Wie ist sie gebaut? Zeichne und beschrifte ihre Teile. Schau dir dazu den Text *Grundlagen* an.
c Wodurch wird die Fahne der Feder fest zusammengehalten?
d Knicke einen Federschaft hin und her, bis er abbricht. Zähle, wie oft du ihn knicken musst. Wiederhole den Versuch mit einem Stück Draht.
e Halte eine große Feder vor eine Kerzenflamme. Versuche mit einem Trinkhalm die Kerze durch die Feder hindurch auszublasen. 4 Führe denselben Versuch zum Vergleich mit einem straff gespannten Taschentuch durch.

4 Luft durch eine Feder blasen

3 Körpergewicht von Vögeln
Vergleiche die Körpergewichte etwa gleich langer Säugetiere und Vögel aus der Tabelle. Was stellst du fest? Begründe die Unterschiede.

	Körperlänge	Körpergewicht
Feldhase	67 cm	4000 g
Stockente	60 cm	1200 g
Wildkaninchen	46 cm	1800 g
Rabenkrähe	48 cm	550 g

4 Leichtbauweise
a Ermittle mit einer Balkenwaage die Gewichte zweier etwa gleich großer Knochen eines Vogels und eines Säugetiers.
b Vergleiche den Längsschnitt durch einen Vogelknochen mit dem abgebildeten Flugzeugflügel. 6
c Wo findest du die Leichtbauweise in der Technik?

5 Flügelform
Betrachte an einem ausgestopften Vogelbalg die Form der Flügel. Achte auf die Form der Vorderkante und die der Hinterkante des Flügels. Vergleiche mit dem Querschnitt der Tragfläche eines Flugzeugs.

Grundlagen Wie Vögel ans Fliegen angepasst sind

Federn und Flügel

Vögel sind die einzigen Wirbeltiere mit Federkleid. |5 Die flauschigen *Daunenfedern* hüllen den Körper ein und schützen ihn vor Wärmeverlust. Darüber liegen die *Deckfedern* wie Dachziegel übereinander und nehmen dem Körper die Ecken und Kanten. So erhält er eine strömungsgünstige Form. Große *Schwungfedern* sitzen an den Unterarm- und Handknochen des Flügels. Sie bilden beim Fliegen die Tragfläche. Die *Schwanzfedern* dienen zum Steuern. Die Federn sind so gebaut, dass kaum Luft hindurchströmen kann. Eine Taube hat rund 4000 Federn, alle zusammen wiegen nur 15 g!

Die Leichtbauweise

Das Skelett eines Vogels ist erheblich leichter als das eines gleich großen Säugetiers. Viele Knochen sind hohl und von Luftsäcken durchzogen. |6 Innen sind sie durch Verstrebungen verstärkt. So erhalten sie trotz des geringen Gewichts genug Stabilität. Am Kamm des Brustbeins setzen gewaltige Flugmuskeln an. Bei einer Taube wiegen die Brustmuskeln ein Drittel des gesamten Körpergewichts, das Skelett aber nur ein Zwanzigstel.

Die Schädeldecke der Vögel ist papierdünn. Anstelle eines schweren Gebisses besitzen Vögel einen leichten Hornschnabel. Besonders leicht sind die Federn gebaut.

Anpassungen im Stoffwechsel

Zum Fliegen ist viel Energie nötig. Bei Vögeln laufen daher alle Stoffwechselvorgänge rasch ab. Sie fressen viel und verdauen schnell. Ihre Atmungsorgane sind besonders leistungsfähig. Sie bestehen aus Lunge und 5 Paar Luftsäcken. Die Luftsäcke wirken wie Blasebälge und sorgen für eine gute Belüftung der Lunge. Das Herz schlägt sehr rasch.

Vogelkörper sind durch Leichtbauweise an das Fliegen angepasst. Die vorderen Gliedmaßen der Vögel sind zu Flügeln umgebildet und wie der ganze Körper mit Federn bedeckt. Federn sind das Kennzeichen aller Vögel. Federn bestehen aus Horn und werden von der Haut gebildet.
Die Lungen der Vögel stehen mit Luftsäcken in Verbindung und sind dadurch sehr leistungsfähig.

A Vergleiche die Atmungsorgane eines Vogels mit denen eines Menschen. Nenne die wesentlichen Unterschiede.

B Das Herz eines Rotkehlchens schlägt bis zu 600-mal in der Minute. Vergleiche seinen Puls mit der Häufigkeit der Herzschläge beim Menschen. Begründe den Unterschied.

C Fasse die Anpassungen des Vogelkörpers an das Fliegen in einer Tabelle zusammen. Kennst du Vogelarten, die nicht fliegen können?

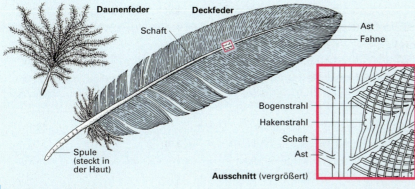

|5 Aufbau einer Feder

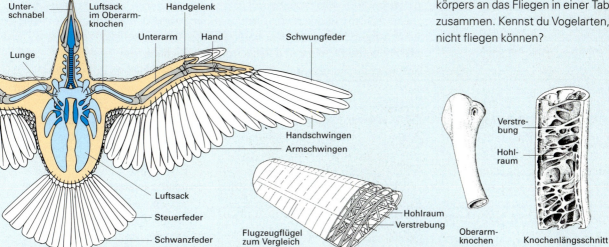

|6 Vögel sind in ihrem Körperbau an das Fliegen angepasst

Wie Vögel fliegen

1 Höckerschwan beim Ruderflug

2 Abschlag

Grundlagen Vom Vogelflug

Beim Fliegen muss der Vogel mit drei Problemen fertig werden:
- Sein eigenes Gewicht zieht ihn nach unten.
- Der Luftwiderstand bremst seine Geschwindigkeit.
- Luftwirbel können ihn zum Absturz bringen.

Trotzdem sind die meisten Vögel ausgezeichnete Flieger. Vogelflügel und Vogelkörper sind strömungsgünstig gebaut. So wird der Vogel beim Vorwärtsgleiten kaum durch den Luftwiderstand gebremst. Um beim Fliegen nicht allmählich an Höhe zu verlieren, nutzen viele Vögel aufsteigende warme Luftströmungen. Aufwinde entstehen auch dort, wo Luft gegen einen Hang strömt.

Beobachtungen am Höckerschwan 1
Der Start: Nach einem langen Anlauf mit ausgebreiteten Flügeln versucht der Schwan genügend Fahrt zu bekommen. Weit ausholend schlägt er kraftvoll mit den Flügeln, bis er sich schließlich in die Luft erhebt.

Der Ruderflug: Der Schlag der Flügel nach unten, der *Abschlag*, lässt den Vogel steigen und bringt ihn voran. Die Schwungfedern bilden einen lückenlosen Fächer, der keine Luft durchlässt. Hand- und Armschwingen wirken als Tragfläche. 2
Beim *Aufschlag* führt der Vogel die Flügel wieder nach oben. Dabei knickt er die Flügel im Handgelenk ein. Jetzt wirken nur noch die Armschwingen als Tragfläche. 3
Steuern: Beim Fliegen steuert der Schwan mit den Schwanzfedern.
Landen: Zum Landen senkt der Vogel die Schwanzfedern. Um die Geschwindigkeit zu verringern, spreizt er Flügel und Schwanz. Gleichzeitig streckt er die Beine vor.

Flügelform
Die Flügelform hängt von verschiedenen Ansprüchen ab. Schnell fliegende Vögel haben spitzwinklige Flügel. Sie setzen dem Auftrieb wenig Widerstand entgegen. Für kurze Entfernungen sind breite, abgerundete Flügel besser. So kann der Vogel schneller abheben.

A Beschreibe mit der Bildfolge oben, wie der Höckerschwan fliegt.
1 Warum nimmt der Vogel einen Anlauf?
2 Wie hält er seine Flügel beim Auf- und beim Abschlag?
B Warum kann ein Mensch nicht aus eigener Kraft fliegen?

1 Wie verschiedene Vögel fliegen
Beobachte im Garten, in einem Park oder an einem See, wie Vögel losfliegen und landen.
a Wie fliegt der Vogel los?
b Wie hält er sich in der Luft?
c Achte auf die Stellung des Schwanzes beim Steigen, Fallen, Abbremsen, Stehen und Wenden in der Luft. Stellst du Unterschiede zwischen den verschiedenen Arten fest?
d Was ist gleich wie beim Höckerschwan, wo findest du Unterschiede?

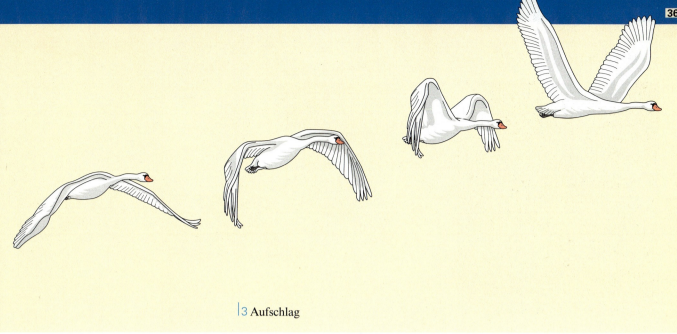

3 Aufschlag

2 Flugarten im Modellversuch: Gleitflieger

Vögel können durch die Luft gleiten, segeln und rudern, sie können rütteln und schwirren. Wir untersuchen jetzt das Gleiten. Bastle einen Papierflieger. Achte darauf, dass er symmetrisch ist.

a Finde durch Ausprobieren die beste Wurftechnik heraus.

b Optimiere deinen Flieger durch Trimmen. Wenn der Schwerpunkt richtig liegt, wird er am weitesten fliegen. 4

c Vergleiche unterschiedlich schwere und verschieden große Papierflieger. Baue dazu 4 Flugmodelle aus folgenden Materialien:
Flugmodell 1: ein DIN-A-4-Bogen,
Flugmodell 2: zwei übereinander geklebte DIN-A-4-Bögen,
Flugmodell 3: ein DIN-A-5-Bogen,
Flugmodell 4: zwei übereinander geklebte DIN-A-5-Bögen.
Bestimme das Gewicht deiner Papiermodelle. Vergleiche ihre Flugzeit mit der Stoppuhr. Achte darauf, dass die Flugbedingungen immer gleich sind.

Flugmodell Nr.	Gewicht in g	Flugzeit in s
?	?	?

d Verändere an deinen Papierfliegern die Flügelform und miss erneut.

e Formuliere aus deinen Messergebnissen, welche Bedingungen für einen guten Flieger wichtig sind.

3 Flugarten im Modellversuch: Segelflug im Aufwind

a Durch Erwärmen von Luft kommt es zu Aufwinden. 5 Halte über die Glasröhre eine Daunenfeder. Lass sie los, damit sie in die Glasröhre fällt. Führe den Versuch einmal bei gelöschter Kerze und einmal bei brennender Kerze durch.
Beobachte und erkläre.

b Stelle ein Buch auf den Tisch. Lass eine Daunenfeder vom Buchrücken auf den Tisch fallen. 6
Wiederhole das Ganze bei eingeschaltetem Föhn.
Erkläre deine Beobachtungen.
Welche Verhältnisse in der Natur soll das Buch darstellen?

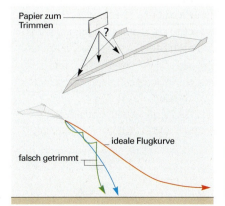

4 Trimmen des Papierfliegers

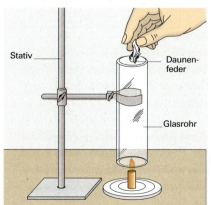

5 Aufwind durch Erwärmung

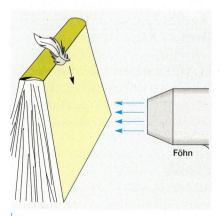

6 Aufwind durch Umlenkung der Luft

Flugformen

1 Rotkehlchen beim Ruderflug

Welche Phasen lassen sich beim Ruderflug des Rotkehlchens unterscheiden?

Grundlagen **Flugformen**

Auf welche Art ein Vogel fliegen kann, hängt von seinem Körpergewicht sowie von der Größe und Gestalt seiner Flügel ab. Zum Beispiel sind kleine Singvögel mit ihren rundlichen Flügeln schlechte Gleitflieger. Segeln können sie überhaupt nicht.

Ruderflug
Der Ruderflug ist die häufigste Flugform der Vögel. Dabei werden die Flügel mit Muskelkraft auf und ab geschlagen. Beim Abschlag bilden die Federn der Flügel eine luftundurchlässige Fläche. Der Vogel wird nach oben und vorn gedrückt. Beim Aufschlag sind die Handschwingen so gestellt, dass Luft von oben durchströmt. So sackt der Vogel nicht ab.

Gleitflug
Befindet sich ein Vogel schon hoch in der Luft oder auf einem Baum, kann er ohne Flügelschlag herabgleiten. Beim Gleiten benutzt er seine Flügel als starre Tragflächen. Je größer die Flügel im Verhältnis zum Körpergewicht sind, desto länger ist die mögliche Gleitstrecke.

Segelflug
Segelnde Vögel lassen sich ohne Flügelschlag von aufsteigenden Luftströmungen emportragen. Breite Flügel sind dabei eine günstige Voraussetzung. 2

Rüttelflug
Der Rüttelflug ist ein Ruderflug auf der Stelle. Dabei scheint der Vogel für kurze Zeit in der Luft zu stehen. 3

Beim Gleitflug und Segelflug fliegt der Vogel ohne Flügelschlag. Ruderflug und Rüttelflug erfordern Muskelkraft. Rüttelflug ist Fliegen auf der Stelle.

2 Segelnder Mäusebussard

3 Turmfalke beim Rüttelflug

A Beschreibe den Ruderflug der Meise. Achte jeweils beim Ab- und beim Aufschlag auf die Bewegung des Vogels sowie auf die Stellung und Bewegung seiner Flügel.
Übertrage die Tabelle in dein Heft und fülle sie aus.

	Ab-schlag	Auf-schlag
Bewegung des Vogels im Raum	?	?
Flügelstellung	?	?
Flügelbewegung	?	?

B Sicherlich hast du schon verschiedene Flugformen beobachtet. Ordne einigen Vogelarten Flugformen zu.

C Die Flügelform ist eine wichtige Voraussetzung für die Flugform. Vergleiche die Flugbilder von Vogelarten. |4
1 Es gibt zwei Grundtypen von Flügeln. Beschreibe sie.
2 Gib jeweils Vogelarten an, deren Flügel ähnlich sind.
3 Welche Arten sind gute Segler, welche gute Gleiter?
4 Erkläre den Zusammenhang zwischen der Flügelform und der vorwiegenden Flugart der einzelnen Vögel.

D Von einem 10 m hohen Baum gleiten Vögel unterschiedlich weit. |5
Welche Zusammenhänge erkennst du?

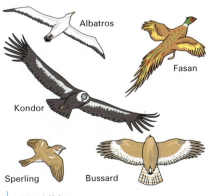

|4 Flugbilder

Interessantes Was sonst noch fliegt

|6 Mausohrfledermaus

Die Fledermaus jagt Fluginsekten. |6 Ihre Flughäute werden vor allem mithilfe der Arm- und Handknochen aufgespannt. Sie ist ein fliegendes Säugetier.
In jeder Klasse der Wirbeltiere gibt es fliegende Vertreter. Aber nicht alle sind aktive Flieger, die ihre Flügel mit Flugmuskeln bewegen. Manche breiten beim Springen nur Flughäute oder große Flossen aus und können so ein Stück weit durch die Luft gleiten. |7

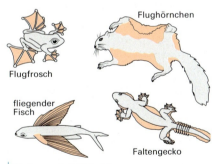

|7 Fliegende Wirbeltiere

E Fledermäuse und Vögel sind Flugtiere. Welche Eigenschaften müssen Fledermäuse und Vögel gemeinsam haben?
Was unterscheidet das Säugetier Fledermaus von den Vögeln?

F Außer der Fledermaus jagen viele Vögel nach Insekten, ebenso der Grasfrosch und die Libelle, die selbst ein Insekt ist.
Informiere dich über diese Tiere und begründe, warum sie trotz der Konkurrenz untereinander genügend Nahrung finden.

G Zu welchen Wirbeltierklassen gehören die abgebildeten Arten? |7
Unterscheide zwischen aktiven Fliegern und passiven Gleitfliegern.
Welche Flugeinrichtungen kannst du jeweils erkennen?

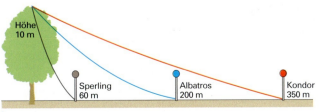

|5 Flugweite beim Gleitflug

Fortbewegung im Wasser

1 Schleie – Fortbewegung im Wasser

Landtiere brauchen ein kräftiges Skelett, das ihren Körper trägt. Fische kommen mit einem viel schwächer gebauten Knochengerüst aus. Das Wasser trägt sie – sie schweben. Wann schwimmt ein Tier oder ein Gegenstand, wann schwebt er?

Grundlagen Schweben

Im Alltag sagt man: „Eine Schraube sinkt, weil Eisen schwerer als Wasser ist. Und ein Holzklotz schwimmt, weil er leichter als Wasser ist." Diese Erklärung ist richtig, wenn man gleiche Rauminhalte vergleicht, also 1 Milliliter Eisen oder Holz und 1 Milliliter Wasser. Es kommt also auf die Dichte an. |4

Die *Dichte* gibt an, wie viel Gramm ein Milliliter eines Stoffs wiegt. Eisen hat eine Dichte von 7,9 g pro ml. Die Dichte von Wasser ist 1 g pro ml, die von Kiefernholz 0,7 g pro ml.

Ein Gegenstand geht im Wasser unter, wenn seine Dichte größer als die Dichte von Wasser ist.
Er schwimmt, wenn seine Dichte kleiner als die Dichte von Wasser ist.
Ein Körper schwebt im Wasser, wenn seine Dichte gleich der Dichte von Wasser ist.

1 Wettbewerb: Wie viele Nägel trägt ein Blatt Papier?
Wenn ihr etwas Zeit habt, könnt ihr einen Wettbewerb durchführen. Wer schafft es, die meisten Nägel auf ein Blatt Papier zu legen, ohne dass es untergeht?

2 Was schwimmt, was geht unter?
Untersucht, welche Stoffe im Wasser schwimmen: Eisen, Kupfer, Wachs (Stearin), Holz, Sand, Kohle, Eis, Glas, Gummi, Stein, Kunststoff …
Notiert die Ergebnisse in einer Tabelle.

3 Plastilin muss nicht untergehen!
Eine Kugel aus Plastilin sinkt, wenn sie ins Wasser fällt. Ihr könnt die Form des Plastilins aber so verändern, dass es auf dem Wasser schwimmt und noch belastet werden kann.

4 Wann schwebt ein Körper?
Fische schwimmen nicht im Wasser, sondern sie schweben. Sauge in mehrere Pipetten unterschiedlich viel Wasser ein und bringe sie dann in ein Wassergefäß. |2
Welche der Pipetten schwimmt, welche geht unter? Erkläre.
Wie kannst du eine Pipette dazu bringen, dass sie schwebt?

5 Modell einer Schwimmblase
Fische besitzen eine Schwimmblase, mit der sie in unterschiedlicher Tiefe schweben können.
Führe einen Luftballon samt Schlauch in einen Glaskolben ein. |3 Bringe das Ganze in ein Wassergefäß und blase über den Schlauch Luft in den Luftballon. Was stellst du fest?

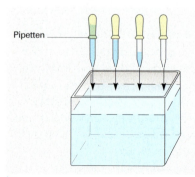

2 Im Wasser schweben

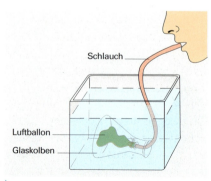

3 Modell einer Schwimmblase

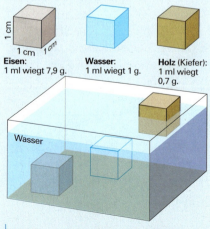

4 Sinken – Schweben – Schwimmen

6 Flossenmodelle

Schneide aus festem Karton unterschiedliche Flossenformen aus. |5 Halte sie nacheinander mit zwei Fingern fest und bewege sie in einem Wassergefäß in alle Richtungen. Welche Bewegungen lassen sich im Wasser leicht, welche schwerer ausführen?

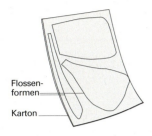

|5 Modelle für Flossen

7 Strömungsgünstige Form

Wiege drei gleich schwere Portionen Plastilin ab. Forme daraus
- eine dünne, lange „Zigarre",
- eine dünne, breite „Scheibe" und
- eine Kugel.

Lass die drei Körper aus gleicher Höhe ins Wasser fallen. Bestimme jeweils die Eintauchtiefe. Welche Form ist also strömungsgünstiger? Erkläre!

8 Körperform und Geschwindigkeit

Forme aus der gleichen Menge Plastilin verschiedene Körper. Knote jeden Körper an einen Faden. An der anderen Seite des Fadens zieht ein Wägestück. Bringe die Modelle in ein langes Gefäß mit Wasser. |6
Veranstalte ein Wettschwimmen mit den verschiedenen Schwimmkörpern. Notiere deine Messergebnisse. Welche Körperform ist für die rasche Fortbewegung im Wasser günstig?

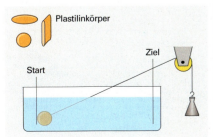

|6 Körperform und Fortbewegung

Grundlagen Fische sind an das Wasserleben angepasst

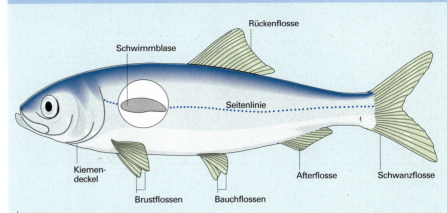

|7 Anpassung an den Lebensraum Wasser

Warum kann ein Fisch im Wasser schweben?

Im Körper der meisten Fische liegt eine Schwimmblase. |7 Sie wird über den Darm mit Gas gefüllt. Mithilfe der Schwimmblase kann der Fisch seine Dichte regulieren. Von der Menge des Gases in der Schwimmblase hängt es also ab, ob der Fisch im Wasser sinkt, ob er schwebt oder ob er nach oben treibt. Enthält die Schwimmblase wenig Gas, ist der Fisch schwerer als Wasser: Er sinkt. Enthält sie viel Gas, ist der Fisch leichter als Wasser: Er steigt. Macht ihn das Gas gerade so schwer wie Wasser, dann schwebt der Fisch im Wasser.

Die Schwimmblase ist also ein Schwebeorgan. Mithilfe ihrer gasgefüllten Schwimmblase können Fische in jeder Wassertiefe schweben.

Angepasste Körperform

Wenn du durch knietiefes Wasser gehst, merkst du, dass Wasser jeder Bewegung einen größeren Widerstand entgegensetzt als Luft. Wassertiere erreichen daher keine so hohen Geschwindigkeiten wie viele Landtiere oder gar die Vögel. Vergleicht man verschiedene Fischarten, erkennt man, dass die schnell schwimmenden Fische besonders strömungsgünstig gebaut sind. Sie haben die Form einer Spindel. Eine strömungsgünstige Form bietet dem Wasser weniger Widerstand, der Körper wird beim Schwimmen vom Wasser weniger gebremst.

In der Haut der Fische stecken Schuppen. Darüber liegt eine Schleimschicht, die den Fisch zusätzlich glitschig macht.

Angepasste Bewegung

Zum Vorwärtsschwimmen schlagen die meisten Fische mit dem hinteren Teil ihres Körpers und der Schwanzflosse kräftig von einer Seite zur anderen. Die Schwanzschläge drücken das Wasser abwechselnd nach hinten rechts und links weg. Dadurch schiebt sich der Fisch nach vorn. Schlägt er mit dem Schwanz zu einer Seite kräftiger aus, macht der ganze Körper eine Wendung.

Beim aktiven Schwimmen dienen die Flossen als Antrieb und Steuer. Die Schwanzflosse dient als Antrieb und Seitensteuer, Brust- und Bauchflossen dienen dem langsamen Antrieb und der Steuerung. Rückenflosse und Afterflosse stabilisieren die Lage des Fischs im Wasser.

Beobachtungen an Fischen

Wie bewegt sich ein Fisch beim Vorwärtsschwimmen?

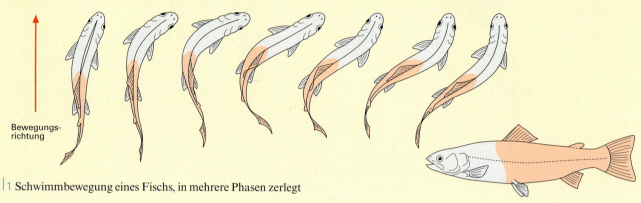

1 Schwimmbewegung eines Fischs, in mehrere Phasen zerlegt

1 Beobachtungen an Aquarienfischen – Körperbau
Beobachte einen Fisch im Aquarium. Zeichne den Körperumriss des Fischs. Beschrifte die Flossen. Welche Flossen sind paarweise vorhanden?

2 Beobachtungen zur Bewegung
a Markiere in deiner Zeichnung die Körperteile, die sich beim Fisch bewegen.
b Beobachte die Flossen des Fischs. Welche Flossen bewegt der Fisch …
– beim langsamen Schwimmen?
– beim Vorwärtsschwimmen?
– beim Wenden?
Braucht der Fisch zum Aufsteigen zur Oberfläche und zum Absinken zum Boden auch seine Flossen?
c Welche Flossen bewegen sich während deiner Beobachtung kaum? Kommt ihnen auch eine Aufgabe zu?
d Nenne die unterschiedlichen Aufgaben der verschiedenen Flossen.
e Warum kippt der Fisch im Wasser nicht zur Seite?
f Wie schafft es der Fisch bei Gefahr, im Bruchteil einer Sekunde eine hohe Fluchtgeschwindigkeit zu erreichen?

3 Maul und Kiemendeckel
Beobachte Maul und Kiemendeckel. Wie oft öffnet der Fisch sein Maul in der Minute, wie oft die Kiemendeckel? Besteht ein Zusammenhang zwischen beiden Vorgängen? Zähle einmal während einer Ruhepause des Fischs und einmal nach schnellem Schwimmen.

4 Die Zeitlupe verrät mehr
Die einzelnen Schwimmbewegungen eines Fischs laufen innerhalb einer Sekunde ab. |1
Wie gelingt es dem Fisch, geradeaus zu schwimmen? Warum schwankt er nicht bei jeder Bewegung der Schwanzflosse hin und her?

5 Was die Körperform verrät
Ein Hecht kann aus der Lauerstellung im Versteck blitzschnell auf seine Beute zuschießen. Er erreicht bis zu 20 Kilometer pro Stunde. Ein Karpfen kann nicht annähernd so schnell fliehen.
a Vergleiche die Körperform und die Lage und Größe der Flossen von Hecht und Karpfen miteinander. Suche eine Erklärung für die unterschiedlichen Geschwindigkeiten. |2
b Der Thunfisch ist ein schneller Schwimmer, der Mondfisch ein langsamer. |2
Kannst du einen Zusammenhang zwischen Körperbau, Flossen und Bewegung herstellen?
Was vermutest du über den Lebensraum, was über die Ernährung der Fische? Vergleiche deine Vermutungen mit den Angaben im Lexikon.

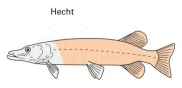
Hecht

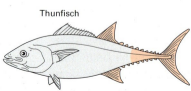
Thunfisch

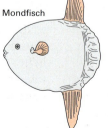
Mondfisch

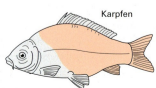
Karpfen

2 Körperform, nicht maßstabsgetreu (rot: wichtig für den Antrieb)

Artenvielfalt **Vielfalt der Fische**

Süßwasserfische ▶

3 Der **Hecht** ist mit einer Körperlänge von über 1 m und einem Gewicht bis zu 30 kg der größte Raubfisch in unseren Gewässern. Sein Maul ist mit vielen spitzen Fangzähnen besetzt.

4 Der **Flussbarsch** lebt in Trupps in Seen und größeren Flüssen. Junge Barsche fressen in der Uferregion Würmer, Krebse und Wasserinsekten. Ältere Tiere jagen in der Tiefe des Gewässers nach Fischen.

5 Die **Rotfeder** lebt in Schwärmen in krautreichen Weihern und Seen. Im Uferschlamm sucht dieser Friedfisch nach Pflanzen und Kleintieren, von der Wasseroberfläche holt er sich Stechmückenlarven.

6 Beim **Stichling** stehen die ersten Stacheln der Rückenflosse frei nach oben.
Stichlinge leben in Schwärmen im flachen, warmen Süßwasser.

Wanderfische ▶

7 Der **Aal** verbringt den größten Teil seines Lebens im Süßwasser. Zur Laichzeit zieht er ins Meer und schwimmt bis zu 5000 km weit zu seinem Laichgebiet. Aale werden bis zu 1,50 m lang. Nach 6 bis 14 Jahren sind sie ausgewachsen.

8 Der **Lachs** laicht im Fließgewässer. Die Jungtiere wandern ins Meer und kehren zum Laichen in die Heimatgewässer zurück. Sie überspringen dabei Stromschnellen von bis zu 3 m Höhe. Ihren Heimatfluss finden sie mit dem Geruchssinn.

Meeresfische ▶

9 **Thunfische** sind bis 5 m lang und wiegen bis zu 500 kg. Sie jagen vor allem Makrelen und Heringe und erreichen Geschwindigkeiten bis zu 50 $\frac{km}{h}$. Ihr Hauptverbreitungsgebiet ist das Mittelmeer, aber auch in anderen Meeren kommen sie vor.

10 **Heringe** leben in riesigen Schwärmen in Atlantik, Pazifik, Nord- und Ostsee. Sie wandern zwischen den Laichplätzen in Küstennähe und dem offenen Ozean. Ihre Nahrung sind Schnecken, Fische, Kleinkrebse und Muschellarven.

11 Haie sind Knorpelfische – ihr Skelett ist nicht verknöchert. Da sie keine Schwimmblase besitzen, müssen sie ständig aktiv schwimmen. Der **Weiße Hai** kommt in allen Ozeanen vor. Er macht Jagd auf Robben, Seehunde und Tintenfische.

Säugetiere, die im Wasser leben[Z]

|1 Biber

|2 Biberburg

Der Biber ist unser größtes Nagetier. Mit seinen kräftigen Nagezähnen kann er dicke Bäume fällen. Er frisst die Baumrinde und baut mit den Ästen der gefällten Bäume Dämme und Wohnburgen. Sogar Wasserkanäle gräbt er.

Welche Anpassungen an das Wasserleben kannst du aus den Bildern ablesen?
Beschreibe die Lage des Wohnkessels in der Biberburg.

Interessantes Von Robben und Walen

Der Seehund gehört zu den Robben. Die meiste Zeit jagt er im Meer nach Fischen. An Land kommt er nur, um auf Sandbänken zu ruhen, die Jungen zu gebären und zu säugen. |3
Zum Vorwärtsschwimmen schlägt der Seehund seine Hinterbeine kräftig zusammen. An Land zieht er sie hinterher.
Zum Schutz vor Wärmeverlust ist er mit einem dicht anliegenden Fell bedeckt, darunter liegt ein dickes Fettpolster.

Am stärksten an das Wasserleben sind Wale angepasst. Sie sind reine Wassertiere und verlassen das Meer zeitlebens nie. Zu den Walen zählen auch die Delphine. |4
Trotz ihrer fischähnlichen Gestalt sind die Wale echte Säugetiere. Sie bringen lebende Junge zur Welt und atmen mit Lungen.

A Seehund und Wal sind an das Wasserleben angepasst.
1 Welche Anpassungen erkennst du bei der Körperform und bei den Beinen?
2 Siehst du beim Delphin Hinterbeine? Beschreibe die Schwanzflosse des Delphins. Achte auf die Stellung im Vergleich zur Schwanzflosse bei Fischen.

B Wale bekommen ihre Jungen unter Wasser und säugen sie auch dort. Warum müssen die neugeborenen Wale sofort nach der Geburt zur Wasseroberfläche schwimmen?

C Auf den ersten Blick kann man Delphin und Hai miteinander verwechseln. In Wirklichkeit bestehen große Unterschiede zwischen beiden.
Lege in deinem Heft eine Tabelle an und vergleiche Delphin und Hai. Gib dabei an:
Wirbeltierklasse, Art der Fortpflanzung, Atmung, Körpertemperatur, Anpassung ans Wasserleben.

|3 Seehund

|4 Delphine

Zusammenfassung

Fortbewegung an Land

Der Körperbau lässt Rückschlüsse darauf zu, wie sich Tiere fortbewegen. Tiere an Land laufen, springen oder kriechen.
Die schnellste Fortbewegungsart ist der *Galopp*. Beim *Gehen* setzen verschiedene Tierarten unterschiedliche Teile des Fußes auf (Sohlengänger, Zehengänger, Zehenspitzengänger).

5 Fortbewegung an Land

Fortbewegung in der Luft

Der Körper der Vögel ist an das Fliegen angepasst. Durch hohle Knochen und den leichten Bau der Federn hat ein Vogel nur ein geringes Gewicht.

6 Fortbewegung in der Luft – Federn und hohle Knochen

Fortbewegung im Wasser

Fische sind an das Schwimmen angepasst. Die Flossen dienen als Antrieb und Steuerung und stabilisieren die Lage im Wasser. Die Körperform ist strömungsgünstig und bietet dem Wasser wenig Widerstand. Wenn Fische nicht aktiv schwimmen, hängt es von der Gasmenge in ihrer Schwimmblase ab, ob sie steigen, schweben oder sinken.

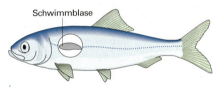

7 Fortbewegung im Wasser

Alles klar?

A Nenne Beispiele für Sohlengänger, Zehengänger und Zehenspitzengänger. Erkennst du einen Zusammenhang zwischen der Art der Fortbewegung und der Geschwindigkeit der Tiere?
B Beschreibe Ruderflug, Gleit-, Segel- und Rüttelflug. Nenne je eine Vogelart, für die diese Flugform typisch ist.
C Vergleiche den Flug eines Habichts mit dem Flug der Flugechse. Nenne Gemeinsamkeiten und Unterschiede.
D Beschreibe, wie die Eidechse kriecht. Worin unterscheidet sich ihre Fortbewegung von der des Fuchses?
E Schlangen haben keine Beine. Wie bewegen sie sich trotzdem fort?
F Ein Fisch schwebt im Wasser.
1 Ist der Fisch schwerer, leichter oder gleich schwer wie das Wasser?
2 Wie kann der Fisch ohne Flossenbewegung an die Oberfläche steigen oder an den Grund absinken? Begründe.
G Warum ist es im Wasser viel schwerer als an Land, sich rasch fortzubewegen?
Was kannst du deshalb über die Körperform schnell schwimmender und langsamer Fische vermuten?

H Tiere können sich auf verschiedene Weise fortbewegen.
1 Stelle in einer Tabelle Fortbewegungsweisen von Tieren zusammen. Unterscheide nach Fortbewegung an Land, im Wasser und in der Luft. Nenne jeweils eine Tierart als Beispiel.
2 Zwischen dem Bau der Gliedmaßen und der Art der Fortbewegung gibt es einen Zusammenhang. Nenne Beispiele.
3 Nenne jeweils besondere Anpassungen einer Tierart an die Fortbewegung an Land, in Wasser und in Luft.
4 Die Landtiere kann man in Lauftiere, Baumtiere und Grabtiere einteilen. Erläutere diese Einteilung.
5 Bei der Fortbewegung in der Luft erreichen Tiere höhere Geschwindigkeiten als bei der Fortbewegung auf der Erde. Begründe.

Kontrolliere deinen Lernstand

A Tina fährt mit ihrem Fahrrad. Sie braucht für 36 km 120 Minuten. Tim braucht zu Fuß für 36 km 8 Stunden.
1 Wer hat die größere Geschwindigkeit? Begründe, ohne zu rechnen.
2 Berechne die Geschwindigkeiten der beiden in $\frac{km}{h}$.
3 Du willst wissen, ob dein Modellauto schneller ist als Tim oder Tina. Plane dazu einen Versuch, den du auf dem Flur im Schulgebäude durchführen kannst.
4 Warum ist ein Fahrradhelm wichtig? Gehe auf seinen Aufbau ein.

B Tom und Tina haben mit einer Videokamera 1 Minute lang eine Ameise gefilmt. Auf dem Bildschirm eines Fernsehgeräts zeichnen sie mit Folienstift den Weg der Ameise nach.
1 Wie viel Meter hat die Ameise in der Minute zurückgelegt? Tipp: Achte auf den Maßstab!
2 Bestimme die Geschwindigkeit mit der die Ameise durchschnittlich vorankrabbelt (in Zentimeter pro Sekunde).
3 Ob die Ameise durchgehend mit der gleichen Geschwindigkeit gekrabbelt ist? (Achte auf ihren Weg!)

C Bewegungen bei Tier und Mensch entstehen auf dieselbe Weise.
1 Wie verändern sich Muskeln, um eine Bewegung hervorzurufen?
2 Fertige eine Skizze des Oberarms vom Menschen mit Knochen, Muskeln und Gelenken an. Beschrifte deine Skizze.
Erkläre anhand deiner Skizze das Gegenspielerprinzip der Muskeln.
3 Lege eine Tabelle zu den Organen an, die an der Armbewegung beteiligt sind.

Organ	Eigenschaften	Aufgaben
?	?	?

4 Viele Menschen zeigen Körperfehlhaltungen. Was versteht man darunter? Nenne Beispiele.
5 Was kannst du für eine gesunde Körperhaltung tun?

1 cm in der Zeichnung entsprechen 10 cm in der Wirklichkeit.

D Tiere bewegen sich auf unterschiedliche Weise fort.
1 Welche Bedeutung hat die Bewegung bei Tieren? Nenne Beispiele.
2 Nenne verschiedene Fortbewegungsweisen. Führe jeweils eine Art als Beispiel an.
3 Beschreibe mit wenigen Sätzen die Bewegungen von Katze und Pferd.
4 Bei der Fortbewegung in der Luft erreichen Tiere eine höhere Geschwindigkeit als im Wasser. Begründe!
5 Wie sind Fische an die Fortbewegung im Wasser angepasst?
6 Wie kann eine Schlange ohne Gliedmaßen vorwärts kriechen?
7 Vögel können auf verschiedene Weise fliegen. Wie unterscheiden sich Gleitflug und Ruderflug?

Die Lösungen findest du im Anhang.

Schätze deine Kenntnisse und Fähigkeiten ein:

Aufgabe	Ich kann …
A	im Versuch Weg und Zeit bestimmen und daraus die Geschwindigkeit ermitteln.
B	auch bei Bewegungen mit Richtungsänderungen die Durchschnittsgeschwindigkeit bestimmen.
C	das Zusammenspiel von Knochen und Muskeln bei Bewegungsvorgängen erklären.
D	den Zusammenhang zwischen Lebensraum, Körperbau und Fortbewegungsweise bei verschiedenen Tieren erkennen und beschreiben.

Einschätzung
Ordne deiner Aufgabenlösung im Heft ein Smiley zu:
☺ Ich habe die Aufgabe richtig lösen können.
😐 Ich habe die Aufgabe nicht komplett lösen können.
☹ Ich habe die Aufgabe nicht lösen können.

Anhang

Arbeitsweise Wir fertigen eine Gedankenkarte an (Mind-Map)

Eine Gedankenkarte dient dazu, Gedanken zu sammeln und zu ordnen. Durch die übersichtliche Darstellung kannst du dir vieles leichter merken.

1. Lege ein weißes DIN-A4-Blatt quer vor dich hin und schreibe das Thema in die Mitte. |1
2. Überlege, welche Begriffe dir zu dem Thema einfallen. Zeichne für jeden Leitbegriff einen „Ast" und schreibe daran den Begriff. Versuche mit einem einzigen Wort auszukommen.
Am Ende der Äste zeichnest du „Zweige" und beschriftest sie mit Begriffen, die zu dem Leitbegriff des Asts gehören.
3. Bei Bedarf kannst du an den Zweigen weitere Verzweigungen anbringen.
4. Du kannst die Gedankenkarte noch mit Skizzen oder kleinen Bildern ergänzen.

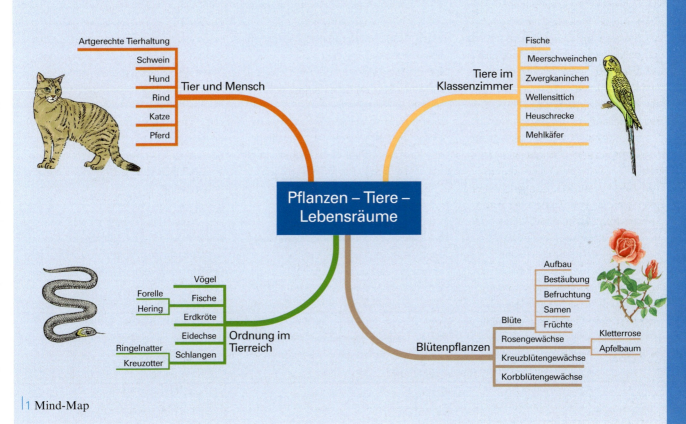

|1 Mind-Map

Kontrolliere deinen Lernstand – Lösungen

Pflanzen – Tiere – Lebensräume (S. 104)

A1 Ich informiere mich in der Zoohandlung über das richtige Futter. Ich gebe der Maus täglich immer die gleiche Menge Futter und kontrolliere, wie viel sie davon gefressen hat.

A2 Täglich wird eine bestimmte Futtermenge abgewogen und in den Fressnapf gebracht. Es sollte etwas mehr Futter sein, als die Maus üblicherweise frisst. Am anderen Tag wird das übrige Futter gewogen, die gefressene Menge wird notiert. Nun wird erneut die Tagesmenge in den Napf gegeben. Nach einer Woche werden die gefressenen Mengen der sieben Tage addiert.

A3 Wiegen, protokollieren, vergleichen, beobachten.

A4 Thema des Versuchs, Datum des Versuchsbeginns, Dauer des Versuchs, Tierart, tägliche Futtermenge, besondere Beobachtungen, Ergebnis des Versuchs.

A5 Die erwachsene Maus ist ausgewachsen. Sie frisst nur so viel Futter, wie sie zum Leben braucht. Das Futter dient der Maus zur Energiegewinnung und zur Aufrechterhaltung ihrer Lebensvorgänge.

B1 Antwortmöglichkeiten: Zehengänger; ausdauernde Läufer, die ihre Beute hetzen; Fleischfresser mit Raubtiergebiss; guter Geruchssinn; Rudeltiere, die sich einem Ranghöheren unterordnen; gleiche Körperbewegungen und Laute, um Stimmungen auszudrücken.

B2 Beispiel „Vom Wildschwein zum Hausschwein": Der Mensch wählt Tiere mit für ihn vorteilhaften Eigenschaften aus. Beim Schwein sind dies beispielsweise rascher Wuchs oder schnelle Fleischproduktion. Zur Fortpflanzung kreuzt er solche Tiere miteinander. Auslese und Kreuzung nennt man Züchtung.
Durch Züchtung lassen sich Körpermerkmale verändern.

B3 Rind: Milch- und Fleischproduktion; Hausschwein: Fleischproduktion; Pferd: Schönheit und Leichtgängigkeit beim Reiten.

B4 Ist deine Wohnung für die Hundehaltung geeignet? Sind alle Familienmitglieder einverstanden? Wer erzieht den Hund? Er sollte nicht länger als fünf Stunden am Tag allein sein. Wer kümmert sich um ihn? Wohin mit ihm in den Ferien? Willst du sein Leben lang, also 10 bis 15 Jahre, für ihn verantwortlich sein?

C1 Hund – Säugetier, Karpfen – Fisch, Taube – Vogel, Frosch – Lurch, Schlange – Kriechtier.

C2 Siehe Tabelle unten. |1

C3 Lurche: Eier werden als Laich abgelegt. Larven schlüpfen als Kaulquappen, die im Wasser leben. Nach der Metamorphose gehen die erwachsenen Lurche an Land.

D1 Wie alle Blütenpflanzen besteht auch die Kartoffelpflanze aus Spross und Wurzel.

D2 Die Kartoffelknolle ist keine Frucht, sondern ein umgewandelter verdickter Spross ohne Blätter. Sie dient der ungeschlechtlichen Vermehrung.

D3 Wie alle Blütenpflanzen pflanzt sich die Kartoffel geschlechtlich über die Befruchtung fort. Pollenkörner gelangen auf die Narbe. In den Pollenschläuchen entwickeln sich männliche Geschlechtszellen. Im Fruchtknoten verschmilzt die männliche Geschlechtszelle mit der weiblichen Eizelle.

E1 Bei kühlem, stürmischem Wetter sind wenige Honigbienen und andere Insekten zur Bestäubung unterwegs. Ohne Bestäubung gibt es keine Befruchtung und somit auch keine Kirschfrüchte.
Die Hasel ist als Windblütler unabhängig von Insekten.

E2 Die Kirsche wird von Insekten bestäubt, bei der Hasel trägt der Wind die Pollen heran.

E3 Die Kirsche ist eine Steinfrucht. Der äußere Teil des Fruchtknotens hat sich zu einer fleischigen Schicht entwickelt. Aus dem inneren Teil ist eine steinharte Schicht geworden, die den Samen einschließt.
Die Hasel bildet eine Nuss. Die Fruchtknotenwand ist zu einer harten Schale geworden, die einen Samen umschließt.

Wirbeltierklasse	Hautbeschaffenheit	Atmung	Körpertemperatur
Fische	Schuppen in Schleim auf Haut	Kiemen	wechselwarm
Lurche	nackte Haut mit Drüsen	Atmung durch Lungen, Mundhöhle und Haut (Kaulquappen mit Kiemen)	wechselwarm
Kriechtiere	Hornschuppen und Hornplatten	durch Lungen	wechselwarm
Vögel	Federn	Lungen mit Luftsäcken	gleichwarm
Säugetiere	Fell aus Haaren	durch Lungen	gleichwarm

|1 Tabelle zu Aufgabe C2

E4 Samen werden durch Wind, Wasser und Tiere verbreitet. Dadurch können sich die ortsfesten Pflanzen ausbreiten und neue Lebensräume besiedeln.

Sonnne – Wetter – Jahreszeiten (S. 166)

A1 Die Platte strahlt Wärme ab. Der Topf nimmt sie auf.
A2 Der Boden sollte möglichst aus Kupfer sein, weil Kupfer ein guter Wärmeleiter ist.
A3 Das Wasser wird zuerst unten heiß, es strömt dann nach oben. Von oben sinkt kaltes Wasser nach unten.
A4 Die Wärme geht in die Luft im Raum. Die Temperatur steigt. Wenn der Raum klein ist, müsste man mit einem empfindlichen Thermometer eine Temperaturerhöhung feststellen.
A5 Mögliche Antworten: Topf ins Bett stellen, Kochkiste aus Hartschaum bauen, Topf in Karton mit Wolle oder Styroporflocken stellen.
A6 Beispiele aus Natur und Technik: Vögel plustern sich auf. Tiere haben ein dichtes Winterfell oder ein Speckschicht. Hohlziegel werden beim Hausbau eingesetzt. Außenwände werden mit Hartschaumplatten isoliert, Dächer mit Glaswolle. Doppelfenster verringern die Wärmeverluste.

B1 Das Wasser ist zu Eis geworden. Das Eis wölbst sich nach oben. Das Volumen des Wassers ist beim Gefrieren größer geworden.
B2 Geplatzte Flaschen im Eisfach, geplatzte Wasserrohre, Frostaufbrüche von Straßen.
B3 Das Schmelzwasser hat eine Temperatur von 0 °C.

C1 fest (Eis), Flüssig (Wasser), gasförmig (Wasserdampf)
C2 0 °C (schmelzen und erstarren), 100 °C (verdampfen und kondensieren)
C3 *Eis:* Die Teilchen haben feste Plätze. Der Zusammenhalt ist stark. Die Abstände zwischen den Teilchen sind klein.
Flüssigkeit: Die Teilchen können sich gegeneinander verschieben. Der Zusammenhalt ist schwächer. Der Abstand zwischen den Teilchen ist klein.
Wasserdampf: Die Teilchen bewegen sich im ganzen Raum, der ihnen zur Verfügung steht. Zwischen ihnen gibt es keinen Zusammenhalt. Die Abstände zwischen den Teilchen sind groß.

D1 Die Lampe ersetzt die Sonne, auf der beleuchteten Seite der Erde ist es jetzt Tag, auf der im Schatten Nacht.
D2 Im größten Teil Afrikas ist es Tag, in Asien Nacht. (In Amerika ist es ebenfalls Tag, in Australien Nacht.)
D3 Deutschland liegt an der Schattengrenze. Hier geht die Sonne gerade unter. Wir würden sie im Westen sehen.
D4 Der Globus muss nach rechts gedreht werden. (Beim Blick auf den Nordpol also entgegen dem Uhrzeigersinn.)
D5 Der Südpol. Dort sieht man auch um Mitternacht die Sonne über dem Horizont.
D6 Die Bahn verläuft länger auf der kalten Nachtseite der Erde. Bei uns ist Winter.
D7 Deutschland müsste genau unter dem Haltebügel des Globus liegen.
D8 Es gibt zwei Möglichkeiten: Entweder muss der Globus umgestellt werden (Haltebügel auf der linken Seite) oder die Lampe muss auf der rechten Seite stehen (und den Globus von der Seite des Haltebügels aus beleuchten).
D9 Immer, also zu jeder Jahres- und Tageszeit, liegt genau die Hälfte der Erdoberfläche im Sonnenlicht bzw. auf der Nachtseite.
D10 Ohne die Schrägstellung gäbe es keine Jahreszeiten.

Umgang mit Stoffen aus dem Alltag (S. 200)

A1 Aluminium, Eisen, Kunststoff, Glas, Kupfer.
A2 Ein Fahrradrahmen aus Glas würde leicht brechen, ein Sattel aus Holz wäre unbequem usw.: Die Stoffeigenschaften müssen passen.
A3 Aluminium ist ziemlich leicht (geringe Dichte) und rostet nicht.
A4 Der Stoff sollte nicht rosten, leicht und sehr fest, aber nicht spröde sein.

B1 Du brauchst ein hitzebeständiges Gefäß, eine Wärmequelle, einen Rührstab, sauberes Wasser und ein geeignetes Thermometer. Wenn die Temperatur nicht mehr steigt, kannst du sie ablesen (ohne das Thermometer aus dem kochenden Wasser zu nehmen).
B2 Nein. Es ist für Temperaturen über 45 °C nicht ausgelegt.
B3 Wasser (als Flüssigkeit) kann nur 100 °C heiß werden.

C1 Im Chemieraum darf grundsätzlich weder gegessen noch getrunken werden. Die Stoffe könnten gesundheitsschädlich oder verunreinigt sein.
C2 1. Jeweils eine kleine Probe wird in einem Reagenzglas stark erhitzt. Zucker verkohlt und wird schwarz, Salz nicht.
2. Jeweils eine kleine Probe wird in Wasser gelöst. Salzlösungen leiten den elektrischen Strom (Glühlampe als Nachweis), Zuckerlösungen nicht.
C3 Das Verhalten beim Erhitzen und die elektrische Leitfähigkeit

D1 Da die Münzen gleich groß sind, haben sie das gleiche Volumen. Die Münze mit dem größeren Gewicht hat daher auch die größere Dichte, ist also aus Gold.
D2 Die Dichte

E1 Ja, da ein Stoff in verschiedenen Aggregatzuständen vorliegen kann.
E2 Es könnte Wasser sein. Es kann als hartes Eis, flüssiges Wasser oder als Wasserdampf vorliegen.
E3 Eis schmelzen, das Wasser verdampfen, anschließend kondensieren und wieder zu Eis erstarren lassen. Es ist der gleiche Stoff geblieben: Wasser.
E4 Im Eis sind die Wasserteilchen nahe beieinander. Beim Schmelzen bleiben es dieselben Eisteilchen, nur sind sie jetzt beweglich. Beim Wasserdampf

nehmen Abstände und Beweglichkeit der Wasserteilchen noch mehr zu.

F1 Am Teebeutel bilden sich braune Schlieren, die zu Boden sinken. Nach längerer Zeit ist das Wasser gleichmäßig braun.
F2 Farb- und Aromastoffe werden zunächst aus den Teeblättern herausgelöst (Extraktion). Das „Teewasser" dringt nun durch die Poren des Teebeutels nach außen, während die Teeblätter innen zurückbleiben (Filtration).
F3 Der dunkle Schwarztee hellt sich auf, weil Grapefruitsaft sauer ist.

G1 1. Destillieren von Wasser (verdampfen und kondensieren).
2. Das Salzwasser wird durch ein Spezialfilter gepresst.
G2 Beim Eindampfen verdampft und „verschwindet" das Wasser. Statt des gewünschten Wassers bleibt Salz zurück.
G3 Die Wasserteilchen werden durch das Erhitzen so schnell, dass sie entweichen können, während die Salzteilchen in der Salzlösung „kleben" bleiben.

Welt des Großen – Welt des Kleinen
S. 248

A Pflanzenzellen sind von einer Zellwand umgeben, Tierzellen nicht. Pflanzenzellen können einen Zellsaftraum und Chloroplasten enthalten.

B Salz ist für den Menschen notwendiger Nahrungsbestandteil. Es ist in Fleisch enthalten, löst sich aber beim Kochen. Den Speisen muss daher Salz zugeführt werden. Salz dient auch dem Haltbarmachen von Speisen.
An salzhaltigen Quellen siedelten Menschen. Salz ist seit Jahrtausenden eine wichtige Handelsware. In manchen Teilen der Erde war so kostbar wie Gold.
An den Salzhandelsstraßen wurden viele bedeutende Städte gegründet.

C1 Wenn bei Dunkelheit Licht von einer Lichtquelle auf einen lichtundurchlässigen Gegenstand fällt, entsteht hinter dem Gegenstand ein Schatten.
C2 In der Nähe der Laterne sind die Schatten auf dem Boden kurz und werden mit zunehmender Entfernung immer länger.
Zwei Schatten sieht man in der Mitte zwischen zwei Straßenlaternen.
C3 Mit zunehmender Entfernung trifft das Licht immer flacher auf. Eine stehende Person schirmt daher immer größere Bereiche vor dem Licht ab. |1

D1 Die Dicke der Augenlinse kann durch Muskeln verändert werden. Dadurch kann das Auge nahe und entfernte Dinge scharf abbilden.
D2 Das Bild eines weit entfernten Gegenstands wird vor der Netzhaut erzeugt.

Körper – Gesundheit – Entwicklung
S. 324

A1 Die Insekten erzeugen die Summtöne durch das Schwingen ihrer Flügel oder Reiben an den Beinen (z. B. Grille).
A2 Wenn die Flügel schnell schwingen, entstehen hohe Töne, bei langsamerer Schwingung hören wir tiefere Töne.
A3 Beispiele für mögliche Antworten: Blitz, Klingel, Lautsprecher, Stimmbänder, Summer, Sirene, Musikinstrumente.
A4 Mit einem Lineal, das unterschiedlich lang eingespannt ist, kann ich tiefe und hohe Töne erzeugen. Es geht auch mit unterschiedlich vollen Flaschen oder Gläsern, die angepustet oder angestrichen werden.

B1 Fische sind zwar stumm, aber Wale und Delfine erzeugen und hören Laute unter Wasser. Im Wasser breitet sich Schall ebenfalls aus. (Übrigens gibt es auch Fische, die Geräusche erzeugen können.)
B2 In der Badewanne oder im Schwimmbad kann man sich unter Wasser unterhalten.
B3 Delfine und Wale senden Töne aus. Die Töne dienen der Verständigung oder sind Lockrufe. Delfine können mit Schallsignalen auch Fischschwärme orten.

C1 Die Aussage ist richtig.
C2 Es gibt das Außenohr mit dem Gehörgang und dem Trommelfell. Das Trommelfell wird durch die eingehende Schallwelle in Schwingung versetzt. Im Mittelohr leiten Hammer, Amboss und Steigbügel den Schall weiter. Im Innenohr dienen die Schnecke und der Gehörnerv zur Signalübermittlung an unser Gehirn.

D1 Lungenkreislauf und Körperkreislauf werden voneinander unterschieden.
D2 Die linke Herzkammer treibt den Körperkreislauf an, die rechte den Lungenkreislauf.

E1 Der Mundspeichel braucht Zeit, um in dem Speisebreigemisch seine Wirkung zu entfalten. Kohlenhydrate werden zerkleinert.
E2 Mund und Zähne: mechanische Zerkleinerung, Vorverdauung von Kohlenhydraten durch den Mundspeichel; Speiseröhre: Transport;

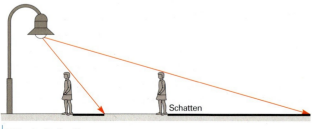

|1 Zu Aufgabe C

Magen: Spaltung von Eiweißen, Abtöten von Krankheitserregern durch die Magensäure;
Dünndarm (Zwölffingerdarm): Spaltung von Kohlenhydraten, Eiweißen und Fetten durch den Saft der Bauchspeicheldrüse und die Gallenflüssigkeit, Aufnahme der Nährstoffe ins Blut;
Dickdarm: Rückgewinnung von Wasser
Mastdarm: Sammlung unverdaulicher Reste, Ausscheidung durch den After.
E3 Auf dem Weg durch den Körper wird der Sauerstoff verbraucht, im Darmbereich werden Nährstoffe aufgenommen und weitertransportiert.

F1 Primäre Geschlechtsmerkmale sind zuerst vorhanden. Die sekundären Geschlechtsmerkmale treten erst mit Eintritt der Pubertät auf.
F2 *Primäre Geschlechtsmerkmale*
Frau: Schamlippen mit Klitoris, Scheide, Gebärmutter mit Eileitern und Eierstöcken;
Mann: Hoden mit Nebenhoden und Hodensack, Penis mit Harnsamenleiter, Vorsteherdrüse mit Hilfsdrüsen, Samenleiter.
Sekundäre Geschlechtsmerkmale
Frau: Brüste, Fettablagerungen in Hüften und Oberschenkeln, Achsel- und Schamhaare, stärkere Körperbehaarung, Eizellen reifen, Stimme wird tiefer;
Mann: Der Brustkorb wird breiter, die Muskulatur wird stärker, die Körperbehaarung verstärkt sich, Bartwuchs tritt auf, Penis und Hoden vergrößern sich und Spermien werden produziert.

G1 Natürliche Methode: Die Frau ermittelt morgens ihre Körpertemperatur; Barrieremethode: das Kondom; hormonelle Methode: die Hormonpille (Antibabypille).
G2 Die Änderung der Körpertemperatur zeigt den Tag des Eisprungs und somit die befruchtungsfähigen Tage an. Das Kondom verhindert, dass Samenzellen in die Gebärmutter eindringen können. Die Hormonpille verhindert einen Eisprung.

H1 Zuwendung, Liebe, Blickkontakt, Berührung, Sprechen mit de≠m Säugling.
H2 Schwärmerei aus der Ferne (Sportler, Stars), Verliebtheit oder Liebe zum Freund oder zur Freundin, Zuneigung zu Menschen aus anderen Kulturen, Liebe zu seinem Haustier, Freundschaft.
H3 Sprich mit einer Person deines Vertrauens darüber (Eltern, Lehrerin oder Lehrer, Pfarrer oder Pfarrerin). Wende dich an den Kinderschutzbund.

Körper und Bewegung S. 376
A1 Tina, da sie für die gleiche Strecke (32 km) weniger Zeit braucht (2 Stunden statt 8 Stunden).
A2 Tina legt 32 km in 2 Stunden oder 18 km pro Stunde zurück: 16 $\frac{km}{h}$;
Tim legt 32 km in 8 Stunden oder 4 km pro Stunde zurück: 4 $\frac{km}{h}$.
A3 Man zeichnet eine kurze „Rennstrecke" von z. B. 10 m ein und stoppt die Zeit in Sekunden. Benötigt das Auto 2 s, so beträgt seine Geschwindigkeit 5 $\frac{m}{s}$ bzw. 5 · 3,6 $\frac{km}{h}$ = 18 $\frac{km}{h}$. Das Auto hätte bei diesem Beispiel die gleiche Geschwindigkeit wie Tina.
A4 Eine Geschwindigkeit von 20 $\frac{km}{h}$ entspricht einem Sturz aus 1,6 m Höhe. Welcher Schaden dabei eintreten kann, zeigt der „Melonenversuch". Der Helm ist außen hart, um vor spitzen Gegenständen zu schützen, und innen weich, um den Stoß abzufangen.

B1 Die Ameise ist 0,90 m gelaufen.
B2 Geschwindigkeit: 1,5 cm pro s.
B3 Vor und nach jedem Richtungswechsel ist die Geschwindigkeit kleiner.

C1 Muskeln ziehen sich zusammen.
C2 Als Gegenspieler arbeiten Muskeln paarweise zusammen: Zieht sich ein Muskel zusammen, ist sein Gegenspieler entspannt und wird gedehnt.
C3 Siehe Tabelle unten. |1
C4 Fehlhaltungen sind unnatürliche Veränderungen am Skelett (Wirbelsäulenverkrümmung, Rundrücken, Bandscheibenvorfall, Spreiz-, Plattfüße …).
C5 Vorbeugung gegen Fehlhaltungen:
– aufrechte Sitzhaltung,
– Anheben schwerer Gegenstände aus den Knien heraus und
– Tragen von Lasten auf dem Rücken.
Durch Training kann ich die Muskeln stärken und Schäden am Bewegungsapparat vermeiden.

D1 Tiere bewegen sich, um Nahrung zu suchen, um vor Feinden zu fliehen, um einen Schlafplatz aufzusuchen, um einen Geschlechtspartner aufzufinden, um neue Gebiete zu besiedeln.
D2 Aufrecht gehen (Mensch), rennen (Pferd), klettern (Eichhörnchen), graben (Maulwurf), kriechen (Eidechse), springen (Grasfrosch), schwimmen (Forelle), fliegen (Mäusebussard).
D3 Katzen treten mit den Zehen voll auf, Pferde nur mit den Zehenspitzen. Katzen können ihre Krallen einziehen und sich so geräuschlos anschleichen. Pferde können mit großen Schritten im Galopp fliehen.
D4 Wasser setzt dem Tier mehr Widerstand entgegen als Luft. (Die Reibung im Wasser ist größer als in Luft.)

Organ	Eigenschaften	Aufgabe
Muskeln	Sie können sich verkürzen.	Sie bewegen den Körper, geben ihm Aussehen und Halt. Entspannte Muskeln sind dehnbar.
Sehnen	fest, straff, reißfest, kaum dehnbar	Sie verbinden Muskeln und Knochen.
Knochen	hart, elastisch, schwer zerbrechlich	Sie stützen den Körper.
Gelenke	beweglich	Verbindung zwischen Knochen
Nerven	Sie durchziehen den ganzen Körper.	Sie leiten Befehle vom Gehirn zum Muskel.

|1 Tabelle zu Aufgabe C3

D5 Für die Fortbewegung am wichtigsten ist die Schwanzflosse. Die Schwimmblase ermöglicht ein Schweben im Wasser. Die strömungsgünstige Körperform und die schleimige Haut verringern den Bewegungswiderstand.

D6 Beim Kriechen hebt die Schlange ihren Körper nur wenig vom Boden ab. Durch Schlängeln stößt sie sich an Unebenheiten des Bodens ab. Die Bauchschuppen unterstützen sie dabei.

D7 Beim *Gleitflug* segeln die Vögel mit ausgebreiteten Flügeln. Sie verlieren dabei an Höhe. In Aufwinden können sie auch aufsteigen. Beim *Ruderflug* schlägt der Vogel mit den Flügeln und gelangt so nach oben und voran.

Verzeichnis der Bild- und Textquellen

Teilband 1:
agrar-press: 37.15; akg-images: 44.4; **Angermayer,** Holzkirchen: 38.1 (Hausschweine), 56.8, 56.6, 119.6d, Pfletschinger: 60.2, 77.11; Anthony Picture Power, Erasburg (VCL): 13.7; Anthony: 38.2 Wölfe; **Arco**/H. & M. Kuczka: 145.6 u. 7, Steiner: 16.1, K. Wothe: 116.1 (Störche), Straesser, H.: 193.8–09; argum/Einberger, Thomas: 10.5 (Melken) u. 37.16; argus/Dott: 37.9; Astrofoto, Sörth: 118.1; Attendorner Tropfsteinhöhle: 184.8; BHS, München: 192.4; **Bio-Info**/Kratz: 72.3, Toenges: 75.5; **blickwinkel**/Artwork: 119.6c, Blumenstein: 114.1, H. Kuczka: 18.3, Hecker/Sauer: 27.4, 60.5, 72.2, Hummel: 160.2, König: 56.7, Meul-Van Cauteren: 27.8, 60.1 u.8, Royer, P.: 4.1, Schmidbauer: 106.5 (Baum), 109.2, Van Haan: 65.2 (Vogel), Wermter: 72.1, Wisniewski: 93.12, Zoller: 72.4; Buhtz, Heidelberg: 47.7, 93.10, 99.13, 119.6b; Bundesverband der deutschen Gas- und Wasserwirtschaft, Bonn: 146.3; Care Deutschland, Bonn: 188.1; Christann, Berlin: 29.5; Degussa, Frankfurt/Main: 183.6; Deutsches Museum, München: 127.1, 149.6 (rechts); Deutsch-Verlag, Frankfurt/Main: 165.7; Diamant, Hartmannsdorf: 200.1; Döring: 139.5-8; dpa, Frankfurt am Main: 54.1, 107.7 (Eisbär), 107.8 (Schienen), 132.1, 136.1, 138.2, 154.1; Duales System Deutschland, Köln: 197.1-3; Ernst Neukamp aus Dieter Walch: Wolken, Wetter. Gräfe und Unzer Verlag, München: 107.6 (Wolken): 9; Eumetsat: 3.1, 105.1; Filser, Wolfgang: 122.2; Forum Fotoagentur/Peter Meyer: 37.7; Dr. Friedrich Gruppe, Wertheim: 125.5; Gattermann, Berlin: 153.9; Göttler, Freiburg: 193.6; Greiner & Meyer, Braunschweig: 151.6; Grünzweig + Hartmann, Ludwigshafen: 142.3; Hagemeister, Berlin: 165.5 u. 6; Hartwig Bambey/direktfoto: 106.2 (Kinder), 142.2; Heepmann, Herford: 112.1; Historia: 49.6; Historia, Hamburg: 193.5; Höfer/Lavendelphoto: 22.3; Hollatz, Heidelberg: 13.6, 26.1, 47.10, 92.4; Hooge: 70.1; Ifa: 4.2, 56.3, 63.8, 92.3, 106.3 (Sonne), 119.6a; IFA, München: 133.5; Joker/Gerard, R.: 20.1; Kettler, Ense-Parsit: 183.4; Kleesattel, Schwäbisch Gmünd: 15.4, 22.2, 29.7 u. 9–10, 30.2, 36.1, 82.1, 84.3, 85.5, 101.10, 108.1 (Herbstlaub); Klein, Hubert/OKAPIA: 22.1; Kuttig, Siegfried (FREELENS Pool) (Skater): 108.1; Landesmedienzentrum Erfurt, Stuttgart (aus Videofilm „Ringelnatter"): 76.1-8; Lavendelfoto, Hamburg: 61.14, 15, 17, 93.7, 98.4; Limbrunner, Dachau: 75.4; Mahler, B., Berlin: 23.5; Mauritius, Berlin (Sun Star): 12.5, 36.2, 40.2, 84.1; Mc Hugh/NAS/Okapia: 23.6; Mediacolors/Stillo: 98.5; Möckel: 56.5; Muckenfuß, Ravensburg: 123.6–7, 130.3, 151.5; Mühr, B., Karlsruhe: 106.4 (Wetterstation); Museo di Storia della Scienza, Florenz: 149.6 (links); Museum für Früh- und Vorgeschichte, Saarbrücken: 171.8 (Axt); NASA: 125.7; Natura Science, Vaduz: 90.1 (Detail Kirschblüte); **Okapia:** 37.11, 97.3, 184.3, Danegger, M.: 14.1, Gehlken: 72.7, hapo: 97.7, Hopf: 56.4, Lange: 93.5, Laßwitz/Naturbild: 75.6, Naturbild/Schenk: 72.6, Nuridsany & Perennou: 93.11, Pforr, M.: 116.1 (Laubfrosch), Reinhard: 75.7, Schweiger: 37.8, Vock: 60.3; Ökotekt/Bachmann: 66.1; Oster, Mettmann: 12.2; Otto: 194.4; Peters, Essen: 17.4; Petri: 32.1-3; Picture Press: 117.3; **picture-alliance**/CMI/Picture24: 140.2, dpa: 18.1, 42.1, 43.6, 83.3, 84.2, 122.1, 178.3, 196.1, dpa/Göttert: 15.5, dpa/Hiekel: 146.2, KPA/Werle: 27.6, Okapia: 16.3, 53.4, 61.18, 65.2 (Gras und Blüte), 142.1, Okapia/Giel: 77.12, Okapia/Klein & Hubert: 29.8, Okapia/Reinhard: 101.9, Okapia/Schellhammer: 29.6, Okapia/Wothe: 71.3, Picture Press: 43.4, Reinhard: 101.12, ZB: 3.2, 77.10, 78.1, 167.2, 178.4, ZB/Hirschberger: 146.1, ZB/Thieme(Eislaufen): 108.1, ZB/Pleul: 144.2, 146.4, 166.1; Redeker, Gütersloh: 56.2; Reinhard, Heiligkreuzsteinach: 2.1, 9.1, 10.3 (Maus), 12.4, 18.4, 19.5, 20.2, 21.6, 21.7, 21.4 u. 7, 25.2, 28.1, 36.3, 36.4, 36.5, 36.6, 37.10, 38.1 (Wildschweine), 38.2 (Schäferhunde), 42.2, 44.1, 44.2, 44.3, 61.16, 61.10, 61.11, 61.2, 61.13, 63.7, 68.1, 68.2, 72.5, 72.9, 79.4, 90.3, 93.6, 93.8, 93.9, 94.2, 94.3, 97.4, 97.5, 97.6, 97.8, 98.3, 98.6, 99.10, 99.11, 101.13, 101.14, 103.5, 114.3, 114.4, 116.1 (Winterfütterung), 117.2; Sambraus: 40.1; Schacht: 61.12; Schopfer, Beilstein: 62.3; Schrempp, Breisach-Oberrimsingen: 47.8, 77.13, Siemens, München: 183.5; Silvestris, Kastl: 21.5, 37.13, 60.4, 60.7, 65.2 (Würmer), 86.1, 88.1-3, 90.1, 91.6, 91.8, 94.1, 97.9, 114.2, 151.4, 185.14, 188.2, 198.1, 144.4, 144.5, 161.6; Sony Deutschland, Köln: 12.1; Stadtmuseum Erfurt: 171.8 (Faustkeil); Studio-TV-Film/CV: 33.8-9; transit : 132.2; Ullrich, Berlin: 159.4, 161.7; Verein deutsche Salzindustrie, Bonn: 192.1; Visum/Lasse/Zeitenspiegel: 37.14, Pflaum, Thomas: 185.13; Walther, Köln: 154.2; Watercone: 191.8 (Vorlage); Weber, Süßen: 47.9; Wegler, München: 18.2; Werner, Florian/Look: 92.1; **Wildlife**/Arndt, S. E.: 115.6, K.Bogon: 116.1 (Haselmaus), Borrell, B.: 90.2, Hamblin: 72.8, Harms: 97.10, Hartmann: 27.5 u. 60.9, Nagel: 10.2 (Raupe und Käfer), 26.2, 60.6, Stein, B.: 115.5; Zefa, Düsseldorf : 110.1, 133.8, 168.5 (Windsichten), 184.1, 189.9; Zoo, Leipzig: 83.4 u. 83.5, 86.2–4; Titelfoto: Picture-alliance/ASA (Jan Ullrich) bzw. CV/Corel (Bob).

Teilband 2:
Acaluso international/Cramm: 362.2, 226.1; akg-images: 238.2, 304.3; **Angermayer,** Holzkirchen: 226.2, Reinhard: 238.1, Ziesler: 373.6; Anthony/Lauer: 335.6.1; **Arco Digital Images:** 270.2, 279.6, Sutter: 241.10, Wegner: 361.7; Astrofoto, Sörth: 223.7, 225.6, 245.4 u. 5a,b,d, 246.4; **Avenue Images:** 302.1, Index Stock West: 374.4, Index Stock: 361.6 (Pogostick); Bayerischer Fußball-Verband, München: 341.1 (Fußballmannschaft); Bilderberg/Volz: 330.1 (Roboterhand); **blickwinkel**/Giel: 364.1, Hartl: 370.1, Hecker: 373.5, Hecker/Sauer: 229.4, Hummel: 358.2, Lenz: 358.1, Royer, P.: 202.1, 205.1, Schmidbauer, H.: 254.6; Buff, Biberach: 206.3 u. 4(Wasserpest), 216.1 u. 2; Bundesanstalt für Arbeitsschutz und Arbeitsmedizin, Dortmund: 282.3; Bundeszentrale für gesundheitliche Aufklärung, Köln: 315.8; **Caro**/Oberhäuser: 283.5, Teich: 338.1; Corbis: 222.1, Ward: 374.3; CoverSport/Lauter: 341.1 (Rote Karte); Dargaud Editeur: 243.7; **Das Fotoarchiv:** 286.2 (Marathonläufer), Riedmiller: 341.1(Schlittenfahrt), Riedmüller: 357.4; Deutsche Luftbild, Hamburg: 218.1a (Stadt); Diamant Informations-Dienst, Frankfurt/M.: 215.9; **dpa:** 282.2 (Flugzeug), 284.1, Agence France: 296.1, 250.3 (Bläser), Engelhardt, Köln: 225.4; ESO: 222.4; Eurocopter: 260.1; Filser: 341.1 (Skipiste Sommer); **Focus:** 225.3, 293.1, 300.1, 301.7 (Liniengewebe), 315.5 u. 6, 330.2, 334.1, 344.1, 344.3 u. 5, SPL: 224.1, SPL/Gschmeissner: 275.4 u. 5, SPL/Roberts: 275.3; Frank, Ravensburg: 243.8; Gattermann, Berlin: 272.2, 308.1 (Paula früher und heute); Hartmann, Braunschweig: 214.1 u. 2, 215.6, 216.3, 219.6b; Hollatz, Heidelberg: 250.4 (Nahrung), 255.10, 294.1 u. 2; Hoya Lens, Hamburg: 237.10; IFA: 202.2, 226.3, 249.1, 251.8 (Schwangere), 314.1 u. 3, 316.2; Kanehara & Co., Ltd., Tokio (Japan): 235.3 (entnommen aus: Ishihara's Tests for Colour-Deficiency); Kleesattel, Schwäbisch Gmünd: 334.3, 335.7; Kleinert, Hainburg: 322.3; Kühntopp, Essen: 254.1; Landeszentralbank, Hamburg: 256.5; Liebermann, Hagen-Riegsee: 243.9; Lienert, Appenweier: 230.6; LifeART copyright 2004, Lippincott Williams& Wilkins. All rights reserved (Grundlage): 274.1, 277.4, 331.7, 332.1, 333.4, 336.3; Limbrunner, Dachau: 271.4, 368.3; **Maritius, Mittenwald:** 227.5, 235.4, 251.7(Mädchen), 254.4, 256.4, 265.9, 308.3, 308.4, 317.1, 321.4, 330.1 (2 Hände), 369.6, Botha: 368.2, Lange: 251.5 (Torax), 304.1; Meade Instruments Europe GmbH & Co. KG: 206.2(Fernrohr); mediacolors/Eigstler: 258.2; Nagel: 271.5; NASA (vom MPI für Astronomie, Heidelberg): 348.3; Neukamp, Ernst aus Dieter Walch: Wolken, Wetter. Gräfe und Unzer Verlag, München: 264.1; New Eyes: 316.1; Nilsson, Stockholm: 232.1, 335.6.2; Offermann, Arlesheim (Schweiz): 215.7, 219.5; **Okapia:** 228.1 (Nautilus), Cole: 279.5, Doenges: 344.4, Heblich: 271.3, Karwar: 366.1, Leach: 229.7, OSF: 218.1d (Zelle), Pforr: 363.7, Poelking: 360.4, Reinhard: 218.1b (Linde), Tilford: 368.1, Walker: 358.3, Wexler: 254.1; Paysan: 373.10; Pfeiffer, Kirchentellinsfurt: 246.2; Philips, Hamburg: 272.1; **picture-alliance**/dpa: 255.13, 256.1, 319.4, 326.2 (Radfahrer), 327.5 (Schnecke), 340.1 u. 2, 341.1 (Frauenfußball), 341.1 (Fußballfoul), 341.1 (Fußverletzung), 341.1 (Rollstuhlfahrer), 341.1 (Ruderer), 341.1 (Siegerin bei Hymne), 344.2, 348.1, 4 u. 5, 349.7 u. 9, dpa/dpaweb: 348.6, 349.8, dpa/Frey: 250.2 (Zug), Okapia: 373.8, ZB: 255.12, plainpicture/Kuttig: 319.5; Porcelain, USA: 240.6; Premium: 318.1; Redeker, Gütersloh: 319.7 u. 322.1; Rehbach, Kirchseeon: 256.2; Reinhard, Heiligkreuzsteinach: 218.1c (Marienkäfer), 229.11, 254.5, 265.8, 359.5, 359.6, 363.6, 373.3, 373.7, 374.1; Riester, Jungingen: 297. (Atemmesser); Sauer, Karlsfeld: 207.10 (Pantoffeltier); Schacht: 254.7; Schäfer, Düsseldorf: 286.1 (Mutter mit Kind), 319.8; Schiefer: 341.1 (Tischtennis); Schulten/images.de: 302.2; Seifert/F1 Online: 227.4; Signalbau Huber, Bosch: 256.3; Silvestris: 229.8 u. 10, 254.2, 260.2, 271.7, 314.2, 315. 7, 360.5, 362.1; The Stock Market: 318.2; Studio-tv-Film, Schriesheim: 207.9 (Auge), 229.5, Superbild, Grünwald: 296.2, 308.2, 310.1; Testo, Lenzkirch: 255.11; Texas Instruments: 255.8; Theuerkauf, H.: 219.6a; **Visum**/Cornet: 258.1, Hendel: 326.4 (Hand) u. 330.1 (Hand schreibt), Sobotta: 210.1, Weiß, Neckarsteinach: 235.5; **Wildlife**/Cole: 373.9, Giustina: 373.11, Harms: 373.4, Harvey: 347.5, 360.1, 360.2 u. 3, 361.6 (Känguru), HPM: 229.6, Muller: 319.6; Wilhelm-Foerster-Sternwarte, Berlin: 245.5c; Willemsen: 330.1 (Hand auf Tastatur); www.garmin.de: 269.7; www.schulteleskope.de: 222.3; Zeiss Jena GmbH, Jena: 207.5.

Alle anderen Fotos: Cornelsen, Berlin (Fotostudio Mahler, Berlin, und bildart, V. Döring, Hohen Neuendorf)
Grafik: Gabriele Heinisch (Cornelsen), Yvonne Koglin, Ulrike Braun (alle Berlin)

Sach- und Namenverzeichnis

Aal 373
Abendstern 225
Abgießen 195
Ableger 28, 102
Absetzenlassen 189, 195
Adler 229
Affe 86, 87, 279
Aggregatzustand 147, 150, 153, 179
Ahornsamen 92
Ähre 45
Alkoholsucht 321
Allesfresser 42
Aloe 29
Altpapier 198
Aluminium 183
Amphibien 77, 81
Amplitude 261, 273
Amsel 75
Antibabypille 313
Apfel 93, 97
Aronstab 101, 103
Art 95
Artenschutzverordnung 58
Arterien 303, 307
Assel 52
Asthma 301
Atemvolumen 297
Atmung 296 ff.
Atmungsorgane 298 f., 305
Aufschlämmung 188, 191
Auge 229, 232 ff.
Augenfehler 236 f., 239
Augenlinse 233
Augenspülung 235
Ausläufer 28, 102
Auslesen 189, 195
Außenohr 275, 277
Ausstellung 46

Bache 43
Bachforelle 78 f.
Bachnelkenwurz 97
Baldrian 88, 100
Ballaststoff 288
Bänderschnecke 27, 60
Bandscheibe 336 f.
Bandscheibenschaden 337
Bannwald 71
Barometer 127
Bauchatmung 298 f., 307
Bauernhof 36, 39
Baum 73
Baustoffe 158

Beere 93
Befruchtung 90, 102, 313
Befruchtung, äußere 79
Bestäubung 90 f., 102
Bestimmungsschlüssel 96
Beton 158
Beuger 338, 345
Bewegung 328 ff., 344 ff.
–, beschleunigte 349, 356
–, gleichförmige 349, 356
–, verzögerte 349, 356
Bewegungsformen 349, 356
Bewegungsmelder 255
Bewölkung 122, 131
Biber 374
Bildentstehung 232, 239
Bilderzeugung 228, 230
Bildpunkt 231
Bildweite 231
Bimetall 165
Bizeps 338
Blättermagen 40
Blattsammlung 89
Blei 183
Blindenschrift 256
Blindenstock 256
blinder Fleck 233
Blut 304, 307
Blütenpflanze 33 f., 88
Blütenstand 88
Blütenstaub 102
Blutgerinnung 304
Blutkreislauf 302 ff.
Boden 50 ff.
Bodenlebewesen 52 f., 62
Bodentemperatur 63
Breitwegerich 61
Bremse 352
Bremsweg 350 f.
Brenner 134 f.
Brennweite 231
Brille 236 f.
Bronchien 299 f.
Bronchitis 301
Brustatmung 298, 307
Brüten 75
Brutpflege 75
Buche 72
Buchenbockkäfer 72
Buckelwal 279
Bulle 41
Buntspecht 72

Calcium 288
Calciumsulfat 215
Celsius, Anders 149
Chamäleon 229
Chloroplast 216

Dämmstoff 152
Darm 293
Daumengelenk 331
db(A) 280 f.
Dehnungsfuge 165
Delphin 270, 374
Deponie 199
Destillation 191, 195
Dezibel A 280 f.
Diagramm 121, 147, 186, 351
Diamant 215
Dichte 180 f., 187, 370
Dichte-Kennlinie 181
Dompfaff 74
Dorn 95
Drehgelenk 331 f.
Dromedar 84 f.
Dünndarm 293
Durchschnittstemperatur 120

Eber 43
Echo 268 f., 273
Echolot 269
Echopeilung 271
echter Salbei 100
Eichhörnchen 359
Eidechse 58, 76, 80
Eierstöcke 310
Eigenschutzzeit 139
Eileiter 310
Eindampfen 191
Einjähriges Rispengras 61
Einschlaglupe 212, 219
Eisbär 84 f., 142
Eisen 178, 183, 288
Eiskristall 151
Eiskristall 215
Eiweiß 287, 295
Eizelle 309 f., 313, 323
Eizelle 90, 102
Elektromagnet 197
Ellenbogengelenk 331
Embryo 315
Empfängnisregelung 313
Enährung 286 ff.
Energie 133, 286, 290, 295
Energieaufnahme 289
Energiebedarf 290, 295

Energiegewinnung 295
Energietransport 138
Entfernungsmessung 269
Erbse 93
Erdbeere 93, 95, 103
Erde 119
Erdkröte 58, 77
Ergänzungsstoff 288
Ernährung 289 ff.
Ernährungskreis 289
Erste Hilfe 344
Eule 226

Fadentelefon 265
Fahrenheit, Daniel 149
Fahrradhelm 352
Falke 238
Familie 95
farbenblind 235
Farbsehtest 235
Feder 364 f.
Feldrose 95
Fernrohr 220 ff., 255
Fette 287, 295
Fettschicht 84
Feuerbohne 30, 35
Feuerbohnensamen 31
Feuersalamander 77
Fichtenborkenkäfer 72
Fichtengallus 72
Filtrieren 189, 195
Fingerabdruck 210 f.
Fisch 81, 116, 371 ff.
Fixpunkt 148
Flamingoblume 29
Fledermaus 115, 271
Fleißiges Lieschen 29, 32
Fliegen 364 ff.
Flosse 371
Flügel 365
Flugformen 368
Flugfrüchte 92
Fluor 288
Flussbarsch 373
Fohlen 20
Forelle 78 f.
Fortbewegung 328 ff.
Fötus 315
Freibrüter 75
Freilandhaltung 42
Fremdbestäubung 91
Frequenz 261, 273, 276
Freundschaft 319
Frischling 43
Frosch 77
Froschlurch 77
Frostaufbruch 161
Frucht 93
Fruchtblatt 90
Frühling 119
Frühstück 294
Fußabdruck 210 f.

Galilei, Galileo 222
Gänseblümchen 61, 254
Gartenrettich 98
Gasbrenner 134
Gattung 95
Gebärmutter 310
Gebiss 293
Gefahrenerkennung 353
Gefieder 145
Gegenstandspunkt 231
Gegenstandsweite 231
Gehirn 329, 345
Gehör 276
Gehörgang 275, 277
Gehörknöchelchen 275, 277
Gehörschutz 282
gelber Fleck 234
Gelbhalsmaus 72
Gelenkbänder 331
Gelenke 329 ff., 345
Gelenkkapsel 331
Gelenkkopf 331
Gelenkpfanne 331
Gemisch 185 ff., 195
Gepard 360
Gerste 44
Geruch 175
Geschlechtsmerkmale
–, primäre 310, 323
–, sekundäre 311, 323
Geschlechtsreife 308, 323
Geschmack 174
Geschwindigkeit 346 ff., 356
Geschwindigkeitsmessung 347
Gesichtsmaske 41
Getreide 44
Gewicht 180, 186
Gibbon 86 f.
Giftpflanze 101
Glasrecycling 198
gleichwarm 116, 145
Gleitflieger 367
Gleitflug 368
Gold 183
Goldlack 98
Goldregen 101
Golfstrom 141
Gorilla 86
Grad Celsius (°C) 120, 149
Grasfrosch 58, 63, 363
Grashüpfer 60
Greifvogel 238, 254
Grenzwertgeber 159
Große Hufeisennase 271
Grottenolm 226
grüner Punkt 196
Guericke, Otto von 127

Haargefäße 303
Hafer 44
Hagebutte 94 f.
Hagel 151
Halbschatten 244, 247
Haltungsschäden 337
Hand 330 f.
Hase 361
Haselkätzchen 91
Haselnuss 93
Haubenmeise 72
Hausschwein 38, 42 f.
Haustier 38
Hauttyp 139
Hecht 373
Heckenrose 94
Heilpflanze 100 f.
Heimtier 15, 38
Heizungsanlage 140
Hektopascal 125, 127
Herbarium 89
Herbst 119
Hering 373
Hertz (Hz) 261
Hertz, Heinrich 261
Herz 304
Hetzjäger 361
Himbeere 97
Hirtentäschelkraut 61, 98
Hochdruckgebiet 128
Höckerschwan 366 f.
Hoden 311
Höhlenbrüter 75
Hörbereich 276
Hören 275
Hormon 309
Hornhaut 233
Hörschäden 285
Hörsinneszelle 275
Hörsturz 283
Hörvorgang 277
Huflattich 100
Hüftgelenk 331
Huftier 40
Humus 50, 54 f.
Hund 16 f., 38, 254
Hundeerziehung 16
Hundertfüßer 52
Hygrometer 255

Igel 117
Igelkaktus 29
Iglu 133
Innenohr 275, 277, 282
Insekten 116, 229
Insektenfresser 75
Interview 16
Iod 288
Iris 233
Isolator 144
Isolierglasfenster 145
Isolierstoff 152

Jahr 112 f.
Jahreszeiten 108 f., 113 f., 119
Joghurt 41
Johannisbeere 93
Johanniskraut 100
Joule (J) 290

Kalb 41
Kalkgehalt 51
Kaltblutpferd 21
Kamel 85
Kamera 230
Kamille 99
Känguru 361
Kapillaren 303, 307
Kartieren 59
Kartoffel 46 ff.
Kartoffelrose 97
Kartoffelstärke 48
Kartuschenbrenner 135
Katze 18 f., 229, 254
Kaulquappe 77, 81
Kehlkopf 279
Keiler 43
Keimung 30 ff.
Kelchblatt 90
Kernschatten 244, 247
Kiemen 79
Kilojoule (kJ) 290
Kindesmissbrauch 317
Kirsche 90, 95, 103
Klassenprojekt 57, 70
Klatschmohn 93
Kniegelenk 332
Knoblauch 100
Knochen 329, 333 ff., 345
Knochenerde 335
Knochenkalk 335
Knochenleim 335
Knolle 47
Knorpel 335
Kochsalz 192 f.
Kohlenhydrate 287, 295
Kohlenstoffdioxid 300, 304 ff.
Kompass 255
Kompostierung 54 f.
Kondensieren 123
Kondom 313
Kontaktlinse 237
Konvektion 152
Korbblütengewächs 99
Kornblume 99
Körnerfresser 75
Körperkreislauf 303
Körperpflege 316
Kressesamen 31
Kreuzblütengewächs 98
Kreuzgang 358
Kreuzotter 362
Kreuzspinne 60

Kriechtier 76, 80 f., 116, 362
Kristalle 215, 219
Krokodil 76, 80
Kronblatt 90
Kröte 77
Krötenwanderung 77
Küchenzwiebel 217
Kugelgelenk 331 f.
Kuh 41
Kupfer 183
Kurzsichtigkeit 237, 239

Labmagen 40
Lachs 373
Laich 77, 79
Landwind 128
Landwirtschaft 36
Längenausdehnung 155
Längeneinheiten 218
Lärm 282, 284
Lärmkarte 284
Lärmschutz 284
Laubbaum im Jahreslauf 109
Lautstärke 260, 280 f.
Lebensraum 9, 34, 56, 65, 68 ff.
Lebewesen 12 f.
Legierung 182
Leichtmetall 182
Leitfähigkeit 177
Lernstation 156 f., 173
Lichtausbreitung 227
Lichtfalle 52
Lichtquelle 226 f.
Lichtschutzfaktor 139
Lichtstärke 63
Liebe 319
Liebig-Kühler 191
Liguster 101
Liter (l) 186
Lochblende 231
Lochkamera 228 ff.
Löslichkeit 177
Lösung 191
Löwenzahn 61, 99
Löwenzahnsamen 92
Luftdruck 125 ff., 131
Luftfeuchtigkeit 63, 123, 131
Lufthülle der Erde 125
Lugol-Lösung 287
Lunge 300 ff.
Lungenbläschen 305 f.
Lungenentzündung 301
Lungenkreislauf 303
Lupe 212, 219, 221
Lurch 58, 77, 81, 116
Luxmeter 63

Magen 292 f.

Magenschleimhaut 293
Massentierhaltung 42
Mauerassel 60
Maulwurf 359
Mäusebussard 238
Mausohrfledermaus 369
Meerschweinchen 22 ff.
Mehlkäfer 26
Membran 216
Menschenaffe 86 f.
Menstruation 311 f.
Messkurve 147
Metall 177, 182 f.
Mikrokosmos 208 ff., 220
Mikroskop 212 ff., 219 ff.
Milbe 52
Milch 41
Mineralstoff 288
Missbrauch 317
Mittelohr 275, 277
Modell 150
Molch 77
Mond 224
Mondfinsternis 245 ff.
Mondphasen 118, 245
Morgenstern 225
Müll 196 ff.
Mülldeponie 196, 199
Mülltrennung 197
Müllverbrennung 199
Mundhöhle 292 f.
Mundschleimhautzelle 216 f.
Muskeln 329, 338 ff., 345
Muskulatur 339

Nachhall 269
Nacht 119
Nachtsichtgerät 255
Nährstoff 286 ff., 295
Nahrungskette 65, 67
Nahrungsnetz 65, 67, 70
Nautilus 228
Nebel 151
Nektar 90
Nerven 329, 345
Nestflüchter 25, 75
Nesthocker 75
Netzhaut 232 f., 241
Netzmagen 40
Niederschlag 122, 131
Nuss 93
Nutzpflanze 44, 47
Nutztier 38, 40 f.

Objektiv 221
Odermenning 97
Ohr 274 ff.
Ohrenschmalz 276
Ohrmuschel 274, 277
Ohrtrompete 277
Ohrwurm 52, 60

Okular 221
Orangensaft 194
Orang-Utan 86
Orchidee 29

Paarhufer 40
Pansen 40
Passgang 358
Penis 311
Periode (Menstruation) 311 f.
Pfaffenhütchen 101
Pferd 20 f., 359
Pflanze 13, 33 ff., 66 f., 88
Pflanzenfamilie 98
Pflanzenfresser 40
Pflanzenpflege 28
Pflanzenzelle 216, 219
Pflaume 93, 97
pH-Wert 51
Pollen 90, 102
Pony 21
Projektarbeit 58 f., 285
Protein 287
Protuberanz 223
Pubertät 308 ff., 316 ff., 323
Pulsschlag 302
Pupille 233
Pyrit 215, 219

Quark 41

Raps 93, 98
Rauchen 322
Recycling 54 f., 196, 198
Recyclingpapier 198
Regen 151
Regenmesser 122
Regenwurm 53
Reinstoffe 185
Reiterhof 20 f.
Reiz 329, 345
Reptil 362
Reptilien 76, 80
Richtungshören 274
Rind 40
Ringelblume 100
Ringelnatter 58, 76
Rispengras 63
Robbe 374
Roboter 332
Roggen 44
Rohsalz 192
Röntgenstrahlung 255
Rosengewächs 95 ff., 103
Rote Waldameise 72
Roter Fingerhut 101
Rotfeder 373
Rotkehlchen 368